Geheimnis
einer Nachtigall

Victoria Holt

Geheimnis einer Nachtigall

Deutsch von
Margarete Längsfeld

Die Autorin

Victoria Holt wurde als Eleanor Alice Burford als Tochter eines literaturbegeisterten Kaufmanns in London geboren. Da sie zeitlebens ihr Privatleben mehr als geheim hielt, schwanken die Angaben über ihren genauen Geburtstag. Als Tag wird entweder der 1. oder der 6. September zwischen 1906 und 1910 genannt. Schon früh begann sie Kurzgeschichten zu schreiben, konnte aber keinen Verleger finden. 1947 konnte sie ihren ersten Roman *Beyond the Blue Mountains* (dt. *Jenseits der blauen Berge*) verkaufen, der 1949 unter dem Pseudonym Jean Plaidy veröffentlicht wurde. Es folgten mehr als 200 Romane, die unter verschiedenen Pseudonymen veröffentlicht wurden. Am 18. Januar 1993 verstarb die beliebte Autorin auf einer Mittelmeerkreuzfahrt auf hoher See zwischen Athen und Port Said, Ägypten.

Die Hochzeit

In der Nacht vor meiner Hochzeit hatte ich einen merkwürdigen Traum, aus dem ich mit Schrecken erwachte. Ich war in der Kirche, Aubrey war neben mir. Blumenduft hing schwer in der Luft: Lilien, der lastende, überwältigende Geruch des Todes. Onkel James – Hochwürden James Sandown – stand vor uns. Es war dieselbe Kirche, die mir in meiner Internatszeit so vertraut geworden war, als ich in den Ferien bei Onkel James und Tante Grace im Pfarrhaus lebte, weil ich nicht bei meinem Vater bleiben konnte, der in Indien stationiert war. Ich hörte meine Stimme, körperlos, als hallte sie in einem leeren Raum: »Ich, Susanna, nehme dich, Aubrey, zu meinem Ehemann …« Aubrey hielt den Ring. Er nahm meine Hand, sein Gesicht kam näher und näher … und dann ergriff mich Entsetzen. Es war nicht Aubreys Gesicht und doch seins. Es war verzerrt – lauernd, fremd, grauenhaft. Ich hörte eine Stimme schreien: »Nein! Nein!« Es war meine eigene.

Dann saß ich zitternd im Bett, umklammerte mit feuchten Händen das Laken und starrte in die Dunkelheit. Der Traum war so lebhaft gewesen, daß es eine Weile dauerte, bis ich wieder ganz zu mir kam. Alles Unsinn, redete ich mir ein. Ich werde morgen heiraten. Ich *wollte* heiraten. Ich liebte Aubrey. Was konnte diesen Traum ausgelöst haben?

»Am Abend vor der Hochzeit ist man nun mal nervös«, hätte Tante Grace, eine überaus praktische Frau, mit Recht gesagt. Ich versuchte, den Traum zu vergessen, aber es wollte mir nicht gelingen. Ich stieg aus dem Bett und trat ans Fenster. Da stand die Kirche mit ihrem romanischen Turm im Sternenlicht, wie sie es seit 800 Jahren getan hatte: uneinnehmbar, Wind, Regen und den Jahrhunderten trotzend und von vielen Besuchern bewundert, Onkel James' ganzer Stolz. »Es ist ein Privileg, in so einer Kirche getraut zu werden«, sagte er.

Morgen würde mein Vater mich durch den Mittelgang führen, und dann würde ich vorn neben Aubrey stehen. Aber es würde nicht so sein wie in dem Traum.

Ich trat an meinen Schrank und betrachtete mein Hochzeitskleid. Es war aus weißem, mit Spitze besetztem Satin. Dazu gehörte ein Kranz aus Orangenblüten.

Hinter der Kirche, im Gasthof zum Schwarzen Eber, schlief Aubrey. »Ein Bräutigam darf diese Nacht nicht unter demselben Dach wie seine Braut verbringen«, sagte Tante Grace. Ob auch ihn Träume vom kommenden Tag plagten?

Ich ging wieder ins Bett. Ich wollte nicht schlafen, aus Angst, von dem Augenblick an weiterzuträumen, in dem ich »Nein! Nein!« gerufen hatte, während Aubrey mir mit Gewalt den Ring über den Finger streifte.

Ich lag im Bett und dachte noch einmal über alles nach.

Ich hatte Aubrey in Indien kennengelernt, wo mein Vater Dienst tat. Ich war seit kurzem wieder bei ihm, nachdem ich sechs Jahre in England zur Schule gegangen war und die Ferien bei Onkel James und Tante Grace im Pfarrhaus verbracht hatte. Die beiden waren großzügig in die Bresche gesprungen und hatten sich der Tochter des Schwagers angenommen, die wie alle jungen Damen aus guter Familie natürlich in England erzogen werden mußte.

Ich freute mich auf meinen 17. Geburtstag. Es war Juni, und ich befand mich im letzten Schuljahr. Im August sollte ich nach Indien zurückkehren, wo ich die ersten zehn Lebensjahre verbracht hatte.

Vielleicht war es undankbar von mir, mich so auf die Abreise zu freuen, aber sicher ist es verständlich, daß ich zu meinem Vater zurückwollte. Onkel James, Tante Grace und Cousine Ellen waren sehr lieb zu mir gewesen und hatten alles getan, damit ich mich bei ihnen heimisch fühlte, auch wenn ich ihnen anfangs wohl etwas lästig war. Ich drängte mich in ihr Leben, und sie hatten zur Genüge mit den Angelegenheiten der Pfarrei zu tun. Cousine Ellen war zwölf Jahre älter als ich und in den Vikar verliebt, den sie zu heiraten gedachte, sobald er eine eigene Pfarre fand. Onkel James hatte seine Herde anhänglicher Pfarrkinder, und Tante Grace mußte zahllose Veranstaltungen organisieren: Basare, Gartenfeste, die Auftritte der Weihnachtssänger und vieles mehr. Mein Herz weilte in Indien, und weil ich wohl fühlte, daß ich eine Last war, wurde ich arrogant und stellte kritische Vergleiche an zwischen dem alten, zugigen Pfarrhaus mit einer einzigen Köchin, nur einer Zofe sowie einem Hausmädchen und der Residenz eines Colonels mit zahlreichen einheimischen Dienstboten, die eilends umherhuschten, um unsere Wünsche zu erfüllen.

Ich war nicht gerade ein fügsames Kind, und meine Kinderfrau, die man in Indien Aja nannte, sowie meine Gouvernante Mrs. Fearnley pflegten zu sagen, man wisse nie, wie ich mich verhalten würde. Mein Naturell hatte zwei Seiten. So war ich durchaus von sonnigem Gemüt, lieb und anhänglich. »Wie der Mond«, sagte Mrs. Fearnley, die für alles einen nützlichen Vergleich hatte. »Der hat auch eine helle und eine dunkle Seite.« Anders als der Mond offenbarte ich meine dunkle Seite jedoch zuweilen. »Nicht oft, gottlob«, sagte Mrs. Fearnley. »Susanna, so ein unberechenbares Kind wie du ist mir noch nie begegnet.«

Meine Aja, an der ich sehr hing, sah das anders. »In diesem kleinen Leib sind zwei Seelen. Sie ringen miteinander, und wir werden sehen, welche gesiegt haben wird, wenn du einmal eine richtige erwachsene Dame bist.«

Während der Zeit in England wurden meine Erinnerungen an die Jahre in Indien immer verklärter, je weiter sie zurücklagen. Lebhafte Bilder kamen mir abends vor dem Einschlafen in den Sinn. Nach dem Tod meiner Mutter hatte meine Aja mein Leben beherrscht. Mein Vater ragte erhaben im Hintergrund, über ihm war nur noch Gott. Vater war liebevoll und zärtlich, konnte aber nicht so viel bei mir sein, wie er sich wünschte, und heute weiß ich, daß er sich meinetwegen Sorgen machte. Die Stunden, die wir miteinander verbrachten, waren sehr kostbar. Er erzählte mir von seinem Regiment und wie bedeutend es sei, und ich war sehr stolz auf ihn, weil man ihn ehrfürchtig grüßte, wohin er auch kam.

Meine Aja aber, die nach Moschus roch, meine vertraute ständige Gefährtin, war mir damals wichtiger als alle anderen. Ich liebte die Aufregungen, wenn ich mit ihr durch die Straßen ging. Sie hielt mich an der Hand und ermahnte mich, sie ja nicht loszulassen. Das verlieh unseren Ausflügen eine Art Gefährlichkeit und machte sie doppelt abenteuerlich. Überall ging es laut und lebhaft zu, wenn wir uns zwischen Angehörigen aller möglichen Stämme und Kasten hindurchschlängelten. So lernte ich viele Menschen kennen: Die buddhistischen Priester erkannte ich an ihren kahlgeschorenen Köpfen; ihre purpurroten Gewänder raschelten, wenn sie dahineilten, ohne auf die Menschenmassen zu achten. Ich kannte die Parsen mit ihren komischen Hüten, die immer Schirme bei sich trugen, und all die Frauen, die ihre Gesichter nicht zeigen durften und deren schwarzumrandete Augen durch Schlitze in ihren Schleiern blickten. Ich war gefesselt von dem Schlangenbeschwörer mit dem Turban, der seine unheimliche Weise spielte, während die geschmeidige, gefährliche Kobra sich aus dem Korb erhob und zur Verwunderung der Zuschauer emporringelte. Ich durfte jedesmal eine Rupie in den Krug neben ihm werfen, dafür erntete ich überschwenglichen Dank sowie die Verheißung eines glücklichen Lebens mit reichem Kindersegen; das Erstgeborene sollte ein Knabe sein.

Der Moschusgeruch hing in der Luft, doch gab es auch andere, weniger angenehme Gerüche. An ihnen hätte ich mit geschlossenen Augen erkennen können, daß ich in Indien war. Ich betrachtete begeistert die bunten Saris jener Frauen, die unverschleiert waren, weil sie, wie meine Aja sagte, einer niederen Kaste angehörten. Ich fand sie viel hübscher als die Angehörigen der höheren Kasten mit ihren formlosen Gewändern und verschleierten Gesichtern.

Von Mrs. Fearnley erfuhr ich, daß Bombay das Tor nach Indien genannt wurde und an uns gefallen war, als Karl II. Prinzessin Katharina heiratete.

»So ein schönes Hochzeitsgeschenk!« rief ich aus. »Wenn ich heirate, möchte ich auch so ein Geschenk.«

»Solche Geschenke erhalten nur Könige«, sagte Mrs. Fearnley, »und oft sind sie mehr eine Last als ein Segen.«

Manchmal fuhren wir mit der Pferdekutsche die Anhöhen der Malabarküste hinauf, und ich sah das imposante Gouverneurshaus, umgeben von Gärten und Clubs, in denen die Offiziere und britischen Siedler ein und aus gingen. Mrs. Fearnley begleitete uns fast immer bei diesen Ausflügen und nutzte jede Gelegenheit, meine Bildung zu vervollkommnen. Manchmal aber fuhr ich mit meiner Aja allein, die mir vor allem Sachen erzählte, die ich gern hören wollte. Ich interessierte mich weit mehr für die Friedhöfe, wo die nackten Leichen im Freien lagen, auf daß die Geier ihr Fleisch abnagten und die Sonne ihre Knochen bleichte – was, wie meine Aja sagte, würdiger sei, als sie den Würmern preiszugeben –, als für Vorträge darüber, daß die Mongolen einst das Land beherrscht hatten, bevor die Ostindische Kompanie gegründet wurde, und daß die Inder es jetzt gut hätten, weil unsere große Königin sich ihrer annahm.

Während der Jahre in England saß ich während der Schulferien oft sinnend im Pfarrhaus in meinem Zimmer, das auf den Friedhof hinausging. Die Inschriften der grauen Grabsteine waren mit der Zeit zum großen Teil unleserlich geworden, und ich dachte an die heiße Sonne, das blaue Meer, die melodischen Stimmen, die bunten Saris und die geheimnisvollen Augen, die man durch die Schlitze in den Schleiern sehen konnte. Ich dachte an die Dienstboten, die sich um unsere Wünsche gekümmert hatten, die Boys mit den langen weißen Hemden und Hosen und den verschlagenen Khansamah, der in der Küche das Zepter schwang und sich jeden Tag wie ein Maharadscha zum Markt begab. Sein Gefolge ging ein paar Schritte hinter ihm und eilte auf seinen Befehl herbei, um seine Erwerbungen zu schleppen, nachdem das bei jedem Kauf anscheinend unumgängliche Palaver beendet war. Ich dachte an die von geduldigen Ochsen gezogenen Karren, die schmalen Gassen, die lästigen Fliegen, die Ballen bunter Seidenstoffe in den Geschäften, an die Wasserträger, die hungrig dreinblickenden Hunde, die Ziegen mit Glöckchen um den Hals, die beim Gehen bimmelten, an die Bauersfrauen, die aus den umliegenden Dörfern kamen, um ihre Erzeugnisse zu verkaufen; Tagelöhner, Bauern, Tamilen, Paschtunen, Brahmanen bevölkerten in bunter Mischung die belebten Straßen. Hier und da sah man einen würdevollen Herrn mit elegant gewickeltem Turban und prächtigem Geschmeide. Und dann im Gegensatz dazu die Bettler. Nie werde ich sie vergessen, die Kranken und Verkrüppelten mit den flehenden Augen. Ich fürchtete, sie würden mich auf ewig verfolgen, und träumte von ihnen, wenn meine Aja mich zugedeckt unter meinem Moskitonetz allein ließ.

An meine Mutter konnte ich mich nur vage erinnern. Sie war liebevoll, sanft und schön. Ich war vier Jahre alt, als sie starb. Bis dahin war sie stets mit mir zusammen. Wenn sie mir von England erzählte, hatte sie eine Sehnsucht in der Stimme und in den Augen, die mir auffiel, obwohl ich noch so klein war. Ich spürte, daß sie Heimweh hatte. Sie sprach von grünen Feldern, von Butterblumen, dem milden englischen Regen und der Sonne, die warm und angenehm und nie – oder fast nie – grell war. Ich stellte mir England wie eine Art Paradies vor.

Sie sang mir heimatliche Lieder vor und erzählte mir von

10

der Zeit, als sie so klein war wie ich. Sie hatte damals im Pfarrhaus von Humberston gewohnt, denn ihr Vater war der Pfarrer gewesen. Nach seinem Tod hatte ihr Bruder James die Pfründe übernommen. Als ich später dorthin kam, war mir das Haus nicht gänzlich fremd, denn ich hatte das Gefühl, einst mit meiner Mutter hier gewesen zu sein.

Dann kam der Tag, als man mich nicht zu ihr lassen wollte, weil sie an einer ansteckenden Fieberkrankheit litt. Und dann setzte mich mein Vater auf seine Knie und sagte, daß wir nun nur noch uns beide hätten.

Vielleicht war ich zu jung, um zu begreifen, welche Tragödie über unser Haus hereingebrochen war, aber ich fühlte den Verlust, und Traurigkeit beschlich mich, auch wenn ich das Unglück nicht in seiner ganzen Größe ermessen konnte. Wohlmeinende Damen, vornehmlich Offiziersgattinnen, bevölkerten das Kinderzimmer. Sie machten ein großes Aufhebens um mich und sagten, meine Mutter sei in den Himmel gekommen. Ich glaubte, es handle sich um einen Ausflug in ein Land, wo es grüne Felder und milden Regen gab, ähnlich einem Ausflug in die Hügel, nur exotischer, weil man vielleicht mit Gott und den Engeln Tee trank statt mit Offiziersfrauen. Ich nahm an, sie würde eines Tages zurückkehren und mir alles erzählen.

Um diese Zeit kam Mrs. Fearnley zu uns. Ihr Mann, ein Offizier, war in derselben Woche an derselben Krankheit gestorben wie meine Mutter. Mrs. Fearnley, die vor ihrer Heirat eine beliebte Gouvernante gewesen war, war sich über ihre Zukunft noch nicht schlüssig, und mein Vater schlug ihr vor, sich vorerst, bis sie sich entschieden habe, als Gouvernante seiner mutterlosen Tochter zu betätigen.

Sie dürfte etwa 35 Jahre alt gewesen sein, und sie war gutmütig, gewissenhaft und gerecht. Ich hatte sie gern, wahrte jedoch Distanz. Meine Aja war es, der ich die Aufregungen verdankte. Sie war exotisch, hatte gefühlvolle Augen und lange schwarze Haare, die ich liebend gern bürstete. Wenn ich die Bürste beiseite legte, strich ich ihr mit den Fingern durch die Haare, und sie sagte: »Das tut mir gut, kleine Su-Su. Du hast gütige Hände.« Dann erzählte sie mir von ihrer Kindheit im Punjab und wie sie nach Bombay gekommen sei, um bei einer reichen Familie zu dienen, und wie ihr guter Freund, der Khansamah, sie in den Haushalt des Colonels gebracht habe und daß es das große Glück ihres Lebens sei, bei mir zu sein.

Nach dem Tod meiner Mutter war mein Vater fast jeden Tag mit mir zusammen, wenn auch nur für eine gute Stunde, und ich lernte ihn nun besser kennen. Er machte immer einen traurigen Eindruck. Er gab Teegesellschaften, auf denen mich die Leute fragten, wie ich mit dem Lernen vorankäme. Im Regiment waren etliche Kinder, und ich ging auf Feste, die von ihren Eltern ausgerichtet wurden, und Mrs. Fearnley sorgte dann dafür, daß ich diese Gastfreundschaft erwiderte.

Die Offiziersfrauen hatten Mitleid mit mir, weil ich mutterlos war. Als ich älter wurde, begriff ich, daß die Reise meiner Mutter in den Himmel keine vorübergehende Abwesenheit und der Tod unwiderruflich war. Er war ringsum gegenwärtig. Ein Hausdiener erzählte mir, daß viele von den Bettlern, die ich auf der Straße sah, am nächsten Morgen tot seien. »Sie werden mit einem Karren eingesammelt«, sagte er. Wie bei der Pest in London, dachte ich: »Bringt die Toten heraus!« hieß es damals. Aber die Bettler in den Straßen von Bombay mußte man nicht herausbringen, denn sie hatten kein Heim.

Es war eine eigentümliche Welt voll Glanz und Elend, geschäftigem Leben und stillem Tod, die ich nie vergessen würde. Mein Leben lang würden Einzelheiten aufblitzen, der Khansamah auf dem Markt etwa, ein triumphierendes Lächeln im Gesicht, weil, wie ich später erfuhr, bei sämtlichen Einkäufen etwas für ihn heraussprang. Ich hatte die Damen darüber sprechen hören. »So ist das Leben hier eben«, meinte die Frau eines Captains. »Damit muß man sich abfinden.«

Ich saß gern in der Küche und sah unserem Khansamah bei der Arbeit zu. Er war ein großer, schwergewichtiger Kerl; er spürte und genoß meine Bewunderung. Er bot mir kleine Kostproben an und sah mir mit auf seinem dicken Bauch gefalteten Händen aufmerksam zu, wenn ich sie verzehrte. Ich wollte ihm eine Freude machen und zwang mich zu einem Ausdruck ekstatischer Verzückung. »Keiner macht so gutes Tandoori-Huhn wie Sahib Colonels Khansamah. Bester Khansamah in ganz Indien. Hier, Miss Su-Su, schaun Sie mal! Ghostaba!« Er drängte mir ein Fleischbällchen aus feingehacktem Lammfleisch auf. »Schmeckt gut, ja? Jetzt trinken. Ah, fein? *Nimbu pani…*«

Ich trank die gekühlte, mit Rosensirup gewürzte Zitronenlimonade und hörte dem Geplauder des Kochs über seine Gerätschaften und vor allem über sich selbst zu.

Zehn Jahre lang – die entscheidend prägenden Jahre – war das mein Leben, und es ist kaum verwunderlich, daß mir diese Erinnerungen lebhaft im Gedächtnis blieben. Eine jedoch war lebendiger als die übrigen. Ich weiß es noch ganz genau. Die Sonne brannte schon am Morgen heiß. Ich war mit meiner Aja durch die schmalen Marktgassen gewandert. Wir blieben am Schmuckstand stehen, um die Preziosen zu bewundern, während meine Aja ein paar Worte mit dem Besitzer wechselte: Wir kamen an den Saris vorüber, die reihenweise an einem Gestell hingen, und an den höhlenähnlichen Garküchen, wo Fladen zubereitet wurden. Wir wichen vorüberziehenden Ziegen aus, umrundeten gelegentlich eine Kuh, achteten auf die flinken braunen Knaben, die die Leute umschwirrten, und gaben vor allem auf ihre noch flinkeren braunen Finger acht. So gelangten wir über den Marktplatz auf die breitere Straße, und dort geschah es.

Es herrschte viel Verkehr an diesem Morgen. Hier und da bahnte sich ein vollbepacktes Kamel schwerfällig seinen Weg zum Basar, und die Ochsenkarren rumpelten in die Stadt. Gerade als meine Aja meinte, es sei Zeit, nach Hause zu gehen, lief ein Junge von vier oder fünf Jahren vor einen Ochsenkarren. Ich starrte ihn entsetzt an, als er just noch rechtzeitig, bevor der Karren ihn überrollen konnte, zur Seite gestoßen wurde.

Wir liefen hinzu, um ihm aufzuhelfen. Er sah bleich und sehr mitgenommen aus. Wir legten ihn an den Straßenrand. Eine Menschenmenge versammelte sich, und es wurde ausgiebig palavert, aber ich verstand den Dialekt nicht. Jemand ging Hilfe holen.

Ich kniete mich neben den Jungen auf die Erde und legte impulsiv meine Hand auf seine Stirn. Seltsam, ich spürte etwas; ich weiß nicht genau, was es war, ich glaube, es war so etwas wie ein Hochgefühl. Gleichzeitig veränderte sich das Gesicht des Jungen. Es war fast, als habe er – für einen Augenblick – keine Schmerzen mehr. Meine Aja beobachtete mich.

Ich sagte auf englisch zu ihm: »Es wird wieder gut. Gleich kommt Hilfe.« Doch es waren nicht meine Worte, die ihm Linderung verschafften. Es war die Berührung meiner Hände.

Es ging alles sehr schnell. Man kam, um ihn fortzubringen. Er wurde vorsichtig auf einen Karren gehoben, der kurz darauf davonfuhr. Als ich meine Hände von der Stirn des Jungen genommen hatte, war das letzte, was ich von ihm sah, wie seine dunklen Augen mich anblickten und sein Gesicht sich wieder schmerzhaft verzog.

Es war ein merkwürdiges Gefühl: Als ich ihn berührt hatte, war mir, als sei von mir eine Kraft ausgegangen.

Meine Aja und ich setzten unseren Weg schweigend fort. Wir erwähnten den Vorfall nicht, aber er beherrschte unsere Gedanken.

Als mich Aja am Abend zu Bett brachte, nahm sie meine Hände und küßte sie ehrfürchtig. »An diesen Händen steckt

14

eine Kraft, kleine Su-Su. Vielleicht hast du heilkräftige Ströme in dir.«

Ich war ganz aufgeregt. »Denkst du an den Jungen von heute morgen?«

»Ich hab's gesehen«, sagte sie.

»Was hatte das zu bedeuten?«

»Es bedeutet, daß du eine Gabe besitzt. Sie steckt hier, in deinen schönen kleinen Händen.«

»Eine Gabe? Du meinst, Menschen gesund zu machen?«

»Schmerzen zu lindern«, sagte sie. »Ich weiß nicht, das andere liegt in höheren Händen als unseren.«

Manchmal ging ich abends mit meinem Vater reiten. Mein Pony gehörte zu den Freuden des Daseins, und es war jedesmal ein sehr erhebendes Erlebnis, wenn ich in weißem Hemd und Reithose an Vaters Seite ausritt. Je älter ich wurde, desto näher kamen wir uns. Mit kleinen Kindern war er etwas befangen. Ich liebte ihn sehr – um so mehr, als er ein wenig zurückhaltend war. Ich war in einem Alter, in dem zu enge Vertrautheit zu Verachtung führen konnte. Ich hatte einen Vater, zu dem ich aufschauen konnte. Hätte ich mir mehr wünschen können?

Er erzählte mir von seinem Regiment, von Indien und den Aufgaben der Engländer. Ich glühte vor Stolz auf das Regiment und das Empire, vor allem aber auf ihn. Er erzählte mir von meiner Mutter, die sich in Indien nie richtig wohl gefühlt hatte. Sie hatte ständig Heimweh gehabt, sich aber tapfer bemüht, es nicht zu zeigen. Er war besorgt um mich, das mutterlose Kind, dem der Vater nicht so viel Zuwendung geben konnte, wie er wünschte.

Ich versicherte ihm, daß ich wohlauf und glücklich war, daß Mrs. Fearnley eine gute Gefährtin abgab, die ich gern hatte, und daß ich meine Aja liebte.

Er sagte: »Du bist ein braves Mädchen, Susanna.«

Ich erzählte ihm von dem Vorfall mit dem Jungen auf der Straße. »Es war so merkwürdig, Vater. Als ich ihn berührte, fühlte ich etwas aus mir herausströmen, und er fühlte es auch, denn als ich ihm meine Hand auf die Stirn legte, hatte er keine Schmerzen mehr.«

Mein Vater lächelte. »Deine gute Tat des Tages.«

»Du glaubst doch nicht, daß es etwas damit auf sich hat, oder?«

»Du warst der gute Samariter. Hoffentlich ist der Junge gut untergekommen. Die Hospitäler hier sind nicht die besten. Wenn er sich was gebrochen hat, dann gnade ihm Gott! Es ist reine Glückssache, ob ihm die Knochen wieder richtig eingerenkt werden.«

»Dann glaubst du also nicht, daß ich … daß an meiner Berührung etwas Besonderes ist. Die Aja glaubt es.«

»Aja!« Sein Lächeln war ein wenig überheblich. »Was versteht eine Einheimische von solchen Dingen?«

»Sie sagte etwas von schmerzlindernden Strömen. Wirklich, Vater, es war höchst erstaunlich.«

»Der Junge fand es bestimmt vergnüglich, daß eine englische Lady an seiner Seite kniete.«

Ich schwieg. Es hatte keinen Sinn, mit ihm – ebensowenig wie mit Mrs. Fearnley – über mystische Dinge zu sprechen. Die zwei waren zu praktisch veranlagt. Aber ich konnte die Sache nicht so leicht abtun. Dies gehörte zu den bedeutsamsten Dingen, die ich je erlebt hatte.

Nach meinem zehnten Geburtstag meinte mein Vater, als wir wieder einmal zusammen ausritten: »Susanna, so kann es nicht weitergehen mit dir. Du brauchst eine Ausbildung.«

»Mrs. Fearnley sagt, ich komme sehr gut voran.«

»Aber, Liebes, bald wird Mrs. Fearnley dir nicht mehr genügen. Sie sagt, du bist ihr jetzt schon überlegen, und außerdem hat sie beschlossen, heimzukehren.«

»Ach! Mußt du nun eine andere finden?«

»Nicht direkt. Es gibt nur ein Land, in dem junge Engländerinnen ausgebildet werden sollten, und das ist England.«

Ich sann über die Ungeheuerlichkeit seines Vorschlags nach.
»Und was ist mit dir?« fragte ich dann.

»Ich muß natürlich hierbleiben.«

»Du meinst, ich soll allein nach England?«

»Meine liebe Susanna, so ergeht es allen jungen Menschen hier, das weißt du doch! Manche Leute meinen sogar, du solltest schon längst fort sein.«

Dann unterbreitete er mir seine Pläne. Mrs. Fearnley zeigte sich äußerst hilfreich. Sie war uns eine gute Freundin. Wenn sie nach England zurückkehrte, sollte ich mit ihr reisen. Sie würde mich ins Pfarrhaus von Humberston zu Onkel James, dem Bruder meiner Mutter, und seiner Frau Grace bringen, und dort sollte mein Zuhause sein, bis ich mit 17 oder 18 zu Vater nach Indien zurückkehrte.

»Aber das sind ja sieben Jahre! Ein ganzes Leben!«

»Das wohl kaum, Liebes. Der Gedanke an die Trennung ist mir ebenso schmerzlich wie dir, vielleicht sogar noch mehr, aber es muß sein. Wir können dich nicht ohne Ausbildung aufwachsen lassen.«

»Aber ich bin doch gebildet! Ich lese sehr viel. Ich habe schon so viel gelernt!«

»Es geht nicht nur um das Lernen aus Büchern, mein liebes Kind. Es geht um die feine Lebensart, wie man sich in der Gesellschaft benimmt – in der richtigen Gesellschaft, nicht der, die wir hier haben. Nein, mein Liebes, es gibt nur einen Ausweg. Gäbe es eine andere Möglichkeit, ich hätte sie ergriffen, denn das letzte, was ich möchte, ist, dich zu verlieren. Du wirst mir schreiben. Durch unsere Briefe werden wir miteinander verbunden sein. Ich möchte alles wissen, was du erlebst. Es kann sein, daß ich auf einen langen Urlaub nach England komme. Dann werden wir beisammen sein. Unterdessen wirst du die Schule besuchen, und in den Ferien wird das Pfarrhaus dein Heim sein. Die Zeit wird rasch vergehen. Ich werde dich sehr vermissen. Du weißt ja, seit deine Mutter tot ist, bist du mein ein und alles.«

Er blickte starr geradeaus; er mochte mich nicht ansehen, aus Furcht, seine Bewegung zu zeigen. Ich war nicht so zurückhaltend. Ich würde in England unter anderem lernen müssen, meine Gefühle zu beherrschen.

Ich sah das Meer, die Hügel und das weiße Gebäude durch einen Tränenschleier. Das Leben veränderte sich. Alles würde anders werden, nicht langsam wie gewöhnlich, sondern drastisch.

Mehr als ein Monat war vergangen, und ich hatte mich allmählich mit dem Gedanken abgefunden. Nach dem anfänglichen Schrecken verspürte ich nun eine leichte Erregung. Ich hatte oft den weißen Schiffen im Hafen zugesehen, die ein- und wieder ausliefen. Ich hatte die Jungen und Mädchen sich von ihren Eltern verabschieden und abreisen sehen. Das war der Lauf der Welt, und nun war ich an der Reihe.

Mrs. Fearnley war mit Reisevorbereitungen beschäftigt, und der Unterricht fand nicht mehr so regelmäßig statt. »Viel kann ich dir nicht mehr beibringen«, sagte sie. »Es wird dir guttun, mit Gleichaltrigen zusammen zu sein. Lies, soviel du kannst! Das ist das Beste, was du tun kannst.«

Sie war guter Dinge und freute sich auf die Rückkehr. Sie wollte bei einer Cousine wohnen, bis sie, wie sie sagte, »Fuß gefaßt« habe.

Für meine Aja und mich dagegen war es ein trauriger Abschied. Wir hatten uns so nahegestanden, viel näher als ich und Mrs. Fearnley. Aja war zu mir gekommen, als ich noch ein Baby war. Sie hatte meine Mutter gekannt, und seit deren Tod war unsere Bindung noch enger geworden.

Sie sah mich mit der den Menschen ihrer Rasse eigenen Duldsamkeit an und sagte: »So ist es immer mit der Aja. Sie muß ihre Kleinen aufgeben. Sie sind nur geliehen.«

Ich sagte, sie werde wieder eine Kleine finden. Mein Vater werde dafür sorgen.

»Und wieder von vorn anfangen?« fragte sie. »Und wo gibt es eine zweite Su-Su?«

Dann nahm sie meine Hände und betrachtete sie. »Sie sind wie kleine Lotusblüten.«

»Ziemlich schmuddelig«, stellte ich fest.

»Sie sind schön.« Sie küßte sie. »In deinen Händen steckt eine Kraft. Die muß genutzt werden. Eine Gabe ungenutzt zu lassen ist nicht gut. Dein Gott – meine Götter, sie lieben es nicht, wenn man ihre Gaben verachtet. Dein Auftrag wird es sein, Kleines, die Gaben zu nutzen, die dir geschenkt wurden.«

»Ach was, liebste Aja! Du bildest dir nur ein, ich hätte was Besonderes an mir, weil du mich liebhast. Vater sagt, dem kleinen Jungen hat es gefallen, daß ich bei ihm kniete, und deshalb hat er seine Schmerzen vergessen, das war alles.«

»Sahib Colonel ist ein sehr großer Mann, aber große Männer wissen nicht alles. Manchmal hat der Bettler der niedersten Kaste ein Wissen, das dem größten Radscha verwehrt ist.«

»Fein, liebste Aja. Dann bin ich einmalig und was Besonderes. Ich werde meine schönen Hände hüten.«

Darauf küßte sie meine Hände feierlich und sah mir gefühlvoll in die Augen. »Ich werde immer an dich denken, und eines Tages kommst du zurück.«

»Natürlich komme ich zurück. Sobald ich mit der Schule fertig bin. Dann mußt du alles aufgeben und wieder zu mir kommen.«

Sie schüttelte den Kopf. »Dann wirst du mich nicht mehr mögen.«

»Ich mag dich immer. Ich vergess' dich nie.«

Sie stand auf und ging.

Ich hatte mich von allen Freunden verabschiedet. Am letzten Abend speisten mein Vater und ich allein. Es geschah auf seinen Wunsch. Im Haus herrschte eine gedämpfte Atmosphäre. Die Dienstboten beobachteten mich stumm. Der

Khansamah hatte sich selbst übertroffen und eines seiner Spezialgerichte zubereitet, das er Yakhni nannte – gewürztes Lammfleisch, das ich immer besonders gern gemocht hatte. Aber an diesem Abend schmeckte es mir nicht. Wir waren zu bewegt, um zu essen, wir konnten nur so tun, als würden wir essen und uns anschließend über die Mangos, Nektarinen und Trauben hermachen, die man uns auftischte.

Der ganze Haushalt war offenbar wegen meiner Abreise in Trauer. Die Unterhaltung war an diesem Abend gezwungen. Mein Vater gab sich alle Mühe, seine Gefühle zu verbergen, was ihm auf bewunderungswürdige Weise gelang. Niemand hätte gemerkt, wie tief bewegt er war, wäre nicht seine Stimme brüchig und sein Lachen unnatürlich gewesen.

Er erzählte mir viel von England, und wie anders es dort sei als in Indien. Ich müsse mit einer gewissen Disziplin in der Schule rechnen und natürlich immer daran denken, daß ich Onkel James' und Tante Graces Gast sei, die mich so liebenswürdig in den Ferien bei sich aufnahmen.

Ich war froh, als ich mich in mein Zimmer zurückziehen konnte. Zum letzten Mal lag ich unter meinem Moskitonetz. Ich fand keinen Schlaf und fragte mich, wie das neue Leben in England sein würde.

Das Schiff lag bereits in der Bucht. Ich hatte es schon oft betrachtet und mir vorzustellen versucht, wie es mit mir davonfuhr.

Dann kam der Tag, an dem wir Lebewohl sagten, und Mrs. Fearnley und ich teilten uns an Bord die Kabine. Der Augenblick war gekommen. Wir gingen an Deck und winkten. Mein Vater stand sehr aufrecht. Ich warf ihm eine Kußhand zu, die er erwiderte. Ich sah meine Aja. Ihre Augen schienen nur mich zu sehen. Ich winkte ihr, und sie hob eine Hand.

Ich wollte, daß das Schiff endlich ablegte. Das Abschiednehmen war so schrecklich traurig.

Die Aufregungen der Reise halfen mir über die Trennung von meinen Lieben hinweg. Mrs. Fearnley war eine muntere und angenehme Gesellschafterin. Sie hielt gewissenhaft ihr Versprechen, das sie meinem Vater gegeben hatte, und gab so gut auf mich acht, daß sie mich kaum aus den Augen ließ.

Ich wußte, daß ich großes Heimweh nach meinem Vater, meiner Aja und Indien bekommen würde. Mir stand ja nicht nur ein neues Zuhause bevor, sondern auch die ungewohnte Schule. Vielleicht war es gut, daß es so reichlich Abwechslung und so viele neue Erfahrungen gab, denn ich hatte kaum Zeit zum Grübeln.

Bevor Mrs. Fearnley mit der Cousine weiterreiste, die uns am Hafen abgeholt hatte, lieferte sie mich mit der Miene einer Person, die sich einer mühsamen Aufgabe löblich entledigt hat, im Pfarrhaus ab, und ich sagte ihr ohne sonderliche Rührung Lebewohl. Erst als ich allein in dem Zimmer mit der niedrigen Decke, den dicken Eichenbalken und dem Sprossenfenster war, das auf den Kirchhof hinausging, wurde mir meine ungeheure Einsamkeit bewußt. Auf dem Schiff hatte ich so viel erlebt: die Fahrt übers Meer, das wildbewegt oder glatt wie ein Teich sein konnte, Bekanntschaft mit den anderen Passagieren schließen, neue Städte sehen – Kapstadt mit der großartigen Bucht und den Bergen, Madeira mit den bunten Blumen, Lissabon mit dem schönen Hafen. Solche Erlebnisse hatten die Angst vor der Zukunft verdrängt.

Bald aber sollte mir das kleine Zimmer vertraut werden. Alle gaben sich Mühe, damit ich mich bei ihnen heimisch fühlte. Onkel James, ein sehr ernster Mann, der ganz in seiner Arbeit aufging, strengte sich dermaßen an, daß seine Fröhlichkeit stets gequält wirkte und er genau das Gegenteil von dem erreichte, was er beabsichtigte. Jeden Morgen sagte er: »Na, Susanna, mit den Lerchen aufgestanden?« Und wenn ich ein wenig im Garten arbeitete: »Hahaha, der

Arbeiter ist seinen Lohn wert.« Solche Bemerkungen waren immer von einem komischen kleinen Lachen begleitet, das nicht recht zu ihm paßte. Aber ich wußte, daß er mir nur helfen wollte, mich einzugewöhnen. Tante Grace war ziemlich schroff, nicht aus Absicht, sondern weil sie selten ihre Gefühle zeigte und der Umgang mit einem einsamen Kind sie verlegen machte. Ellen war freundlich, aber etwas geistesabwesend; sie war schließlich zwölf Jahre älter als ich und ganz in Mr. Bonner, den Vikar, vernarrt, der sie zu heiraten gedachte, sobald er eine Pfarre gefunden hatte.

In den ersten Wochen war mir das Internat verhaßt, aber dann gefiel es mir dort ganz gut. Ich war so etwas wie eine Exotin, weil ich in Indien gelebt hatte, und wenn im Schlafsaal das Licht ausging, ließ ich mich gern überreden, von dem fremden Land zu erzählen. Ich sonnte mich in der Beliebtheit, die ich dadurch errang, und ersann die haarsträubendsten Abenteuer. Das half mir über die ersten Wochen hinweg. Und ich wurde akzeptiert, weil ich dank Mrs. Fearnleys gewissenhafter Bemühungen den meiner Altersgruppe entsprechenden Leistungsgrad besaß und weil ich einigermaßen gut in Sport war. Nach dem ersten Jahr war mir die Schule liebgeworden. In den Ferien nahm ich eifrig am Dorfleben teil. Die Dienstboten schlossen mich ins Herz. »Das arme, mutterlose Würmchen«, hörte ich die Köchin zum Hausmädchen sagen, »wird quer durch die Weltgeschichte zu Onkel und Tante geschickt, zu Fremden gewissermaßen. Und ist unter Heiden aufgewachsen. Das ist doch kein Leben für ein Kind! Gut, daß sie hier ist.«

Ich lächelte. Sie hatten ja keine Ahnung, wie ich meine Aja vermißte.

Mein Vater schrieb regelmäßig ausführliche Briefe, in denen er von seinem Regiment und den Schwierigkeiten in Indien berichtete.

»Manchmal bin ich froh, daß Du in der Heimat bist«, schrieb er.

Ich möchte alles wissen. Wie gefällt es Dir im Pfarrhaus? Deine Mutter hat oft voller Heimweh von ihm gesprochen. Der Khansamah hat vorige Woche geheiratet. Es war eine große Feier. Er fuhr mit seiner Braut in einem blumengeschmückten Wagen durch die Stadt. Du weißt ja, wie es hier auf Hochzeiten zugeht. Die Braut wird bei uns wohnen. Ich hoffe nur, die Ehe wird nicht ganz so fruchtbar, wie es ihnen alle wünschen. Aja ist glücklich. Sie ist bei einer sehr netten Familie. Die Zeit wird rasch vergehen, und über kurz oder lang wirst Du die Rückreise antreten. Du wirst dann eine junge Dame sein. Hier wird es sehr viel für Dich zu tun geben, und ich hoffe, daß es Dir gefällt. Du wirst die Lady des Colonels sein und weißt, was das bedeutet. Du wirst mich bei offiziellen Anlässen begleiten müssen. Ich bin überzeugt, daß Du Deinen Pflichten mit dem erforderlichen Charme nachkommen wirst. Immerhin wirst Du eine englische Lady sein, die auf einer exklusiven Schule den »gesellschaftlichen Schliff« erhielt. Mehr davon ein andermal. Für heute sende ich Dir meine allerzärtlichsten Grüße. Ich denke an Dich und sehne mich danach, Dich wiederzusehen. Die Trennung ist mir verhaßt, aber ich sage mir immer, daß die Zeit rasch vergehen wird.

Er schrieb wundervolle Briefe. Auf Papier gab er mehr von sich preis als im persönlichen Umgang. Ich war froh, daß ich so einen Vater hatte. Und es war ein Glück für mich, den gütigen Onkel James, Tante Grace und Ellen zu haben, die sich so bemühten, mir das Gefühl zu geben, zur Familie zu gehören.

Ein Jahr verging, dann das zweite. Wegen der Unruhen in Indien konnte mein Vater nicht zu dem versprochenen Urlaub kommen. Es war eine große Enttäuschung für mich. Dann aber wurde es furchtbar wichtig, ob ich in die Hockeymannschaft gewählt wurde oder welche Noten ich in Geschichte hatte, und ich dachte vorübergehend nicht mehr an

Indien. Im großen und ganzen war ich glücklich. Cousine Ellens späte Heirat verursachte eine Menge Aufregung und Vorbereitungen, und anschließend brachen sie und Mr. Bonner zu seiner Pfarre in Somerset auf. Ich versuchte, Tante Grace ein wenig die Hilfe zu ersetzen, die sie an Ellen gehabt hatte, denn ich wollte ihnen zeigen, daß ich dankbar war für alles, was sie für mich getan hatten. So hörte ich Onkel James' Predigten mit gespielter Aufmerksamkeit zu und lachte über seine kleinen Scherze.

Die Zeit verging. Ein Vorfall ist mir unvergeßlich. Es geschah kurz vor Ellens Hochzeit. Ich machte mit ihr einen Besuch. Ich erinnere mich, daß es Anfang Herbst war, denn das Obst wurde gerade geerntet.

Als wir zum Bauernhof der Jennings' kamen, sahen wir eine Gruppe Menschen unter einem Apfelbaum, und Ellen sagte zu mir: »Ein Unfall.«

Wir eilten hin. Ein Sohn der Jennings' lag auf der Erde und stöhnte vor Schmerzen. Mrs. Jennings war in großer Sorge. »Tom ist gestürzt, Miss Sandown«, sagte sie zu Ellen. »Jemand geht den Arzt holen, aber es dauert so lange.«

»Hat er sich was gebrochen?« fragte Ellen.

»Das wissen wir nicht. Deswegen warten wir ja auf den Arzt.«

Ein Mann kniete neben Tom Jennings und schiente sein Bein mit einem Brett. Impulsiv kniete ich mich auf die andere Seite. Ich sah zu, wie der Mann Tom Erste Hilfe leistete. Man sah Tom an, daß er starke Schmerzen hatte.

Ich wischte ihm mit meinem Taschentuch die Stirn ab, und dabei hatte ich dasselbe Gefühl wie damals in Indien, als der kleine Junge vor den Ochsenkarren gelaufen war.

Tom sah mich an, und seine Miene entspannte sich etwas. Er stöhnte nicht mehr. Ich strich über seine Stirn.

Ellen sah mich verwundert an, aber ich fuhr fort, Toms Stirn zu streicheln.

Das war etwa zehn Minuten, bevor der Arzt kam. Er lobte

24

den Mann, der das Bein mit dem Brett geschient hatte. Nun mußte man den Jungen sehr vorsichtig transportieren.

Ellen sagte: »Wenn wir irgend etwas tun können, Mrs. Jennings...«

»Danke, Miss Sandown«, erwiderte diese. »Es wird schon wieder werden, der Arzt ist ja da.«

Ellen war recht nachdenklich, als wir ins Pfarrhaus zurückkehrten. »Mir scheint, du hast seine Schmerzen gelindert«, sagte sie.

»Ja. Es ist mir schon einmal so ergangen.« Ich erzählte ihr von dem Jungen in Indien. Sie hörte auf ihre verbindliche, etwas geistesabwesende Art zu, und ich nahm an, sie dachte an das Haus, in das sie mit Mr. Bonner ziehen würde. Er hatte es erst kurz zuvor erworben.

Ich aber beschäftigte mich weiter mit dem Vorfall und fragte mich, was meine Aja davon gehalten hätte.

Wir sprachen beim Abendessen über das Ereignis.

»Von der Leiter gefallen«, sagte Tante Grace. »Ich wundere mich, wieso nicht mehr Unfälle geschehen. Die Jungen sind oft sehr unachtsam.«

»Susanna war fabelhaft«, erzählte Ellen. »Sie strich ihm über die Stirn, während George Grieves Erste Hilfe leistete. Susanna schien ihm Linderung zu verschaffen.«

»Der hilfreiche Engel«, sagte Onkel James lächelnd zu mir.

Später dachte ich noch einmal über alles nach. Ich betrachtete meine Hände. Hatte man Schmerzen, war es tröstlich, wenn einem jemand über die Stirn strich; das war alles. In dieser stillen prosaischen Welt begann ich allmählich so zu denken wie die Menschen rings um mich. Meine gute Aja hatte zu viel Phantasie.

Und dann war endlich mein 17. Geburtstag. Alles wurde arrangiert. Eine gewisse Mrs. Emery begleitete ihre Tochter nach Indien, die dort einen Offizier heiratete. Sie nahm mich gerne mit, wäre es doch für ein junges Mädchen von 17 Jahren unschicklich gewesen, allein zu reisen.

Der große Tag kam. Ich sagte in Humberston Lebewohl, fuhr mit den Emerys nach Tilbury, und endlich stach ich nach Indien in See.

Wir hatten eine ruhige Überfahrt. Die Emerys waren angenehme Gesellschafterinnen. Constanze dachte nur an ihre bevorstehende Heirat und sprach von fast nichts anderem als von den Vorzügen ihres Verlobten. Es störte mich nicht. Ich war mit meinen eigenen Angelegenheiten beschäftigt.

Der Hafen von Bombay bietet mit der bergigen, palmengesäumten Insel, die zu den Küstenstreifen der Westghats ansteigt, einen imposanten Eindruck.

Mein Vater erwartete mich. Wir umarmten uns, dann hielt er mich auf Armeslänge von sich und betrachtete mich.

»Ich hätte dich beinahe nicht erkannt.«

»Ist ja auch lange her. Aber du hast dich nicht verändert, Vater.«

»Alte Männer verändern sich nicht. Nur die kleinen Mädchen verwandeln sich in hübsche junge Damen.«

Ich machte meinen Vater und die Emerys miteinander bekannt, und er dankte ihnen herzlich. Der Verlobte hatte die beiden abgeholt und zog mit ihnen davon.

»Hattest du es gut in Humberston?« fragte mich mein Vater.

»O ja. Alle waren lieb zu mir. Aber es war kein richtiges Zuhause.«

Er nickte. »Und die Emerys, waren sie auch nett zu dir?«

»Sehr nett. Und wie geht es allen hier? Was macht Aja?«

»Sie ist jetzt bei den Freelings. Sie haben zwei kleine Kinder. Mrs. Freeling ist eine recht leichtfertige junge Frau, sehr attraktiv, sagt man.«

»Ich möchte unbedingt meine Aja wiedersehen.«

»Aber sicher.«

»Und der Khansamah?«

»Ist inzwischen Familienvater. Er hat zwei Jungen. Er ist sehr stolz auf sich. Aber komm jetzt, wir wollen nach Hause!«

Ich war wieder da, und es war fast, als wäre ich nie fort gewesen.

Aber es gab natürlich Veränderungen. Ich war kein Kind mehr. Ich hatte jetzt meine Pflichten, und nach wenigen Tagen merkte ich, daß sie mich sehr beanspruchten. Ich war als junge englische Lady zurückgekehrt, ausersehen, an der Tafel des Colonels zu sitzen und die damit verbundenen Pflichten zu erfüllen.

Es dauerte nicht lange, und die Angelegenheiten der Armee nahmen mich gefangen. Es war, als lebte man innerhalb eines fremden Landes in einer eigenen kleinen Welt. Aber ich nahm dies nun anders wahr als früher. Ich sah unschöne Einzelheiten, die mir in meiner Kindheit weniger aufgefallen waren. Armut und Krankheit wurden mir jetzt bewußter und dämpften meine Begeisterung, und zuweilen dachte ich sehnsüchtig an die kalten Brisen, die um die uralte Kirche bliesen, und an den friedlichen Garten mit Lavendel und Buddleia, hohen Sonnenblumen und Stockrosen, und ich bekam Sehnsucht nach dem milden Regen, nach Osterferien und Erntedankfesten. Sicher, mein Vater war hier, aber hätte er mit mir kommen können, so wäre ich wohl lieber in den Ort zurückgekehrt, der mir eine zweite Heimat geworden war.

Bei der ersten Gelegenheit besuchte ich meine Aja. Mrs. Freeling war ganz entzückt, daß ich vorsprach. Ich merkte schnell, daß man meinen Vater aufgrund seiner Position umschmeichelte, und deshalb wurde auch seine Tochter hofiert. Einige Frauen waren nahezu unterwürfig. Sie dachten wohl, die Gunst des Colonels helfe ihren Ehemännern beim langen Aufstieg zu höheren Rängen.

Die Freelings bewohnten einen hübschen Bungalow, umgeben von schönen, blühenden Sträuchern, deren Namen ich nicht kannte. Phyllis Freeling war jung und sehr hübsch; ich fand sie ziemlich kokett und ansonsten nicht besonders interessant. Sie umschwirrte mich, als sei mein Besuch eine große Ehre für sie, und bewirtete mich mit Tee.

»Wir bemühen uns, die englischen Sitten beizubehalten«, erklärte sie. »Wir wollen schließlich nicht verwildern, oder?«

Ich hörte ihrem Geplauder zu und fragte mich die ganze Zeit, wann ich endlich meine Aja zu sehen bekäme; sie war schließlich der einzige Grund meines Kommens. Mrs. Freeling erzählte von dem Ball, der bald stattfinden würde. »Ich nehme an, Sie werden zum Komitee gehören. Es gibt ja so viel vorzubereiten. Wenn Sie einen wirklich guten Schneider suchen, ich kann Ihnen den allerbesten empfehlen.« Sie faltete die Hände und sprach mit indischem Akzent: »›Der allerbeste *durzi* in Bombay…‹ behauptet er, und ich habe allen Grund, ihm zu glauben.«

Ich nahm mir ein Gewürzplätzchen zum Tee.

»Dem Khansamah ist es eine große Ehre, Tee für die Tochter des Colonels zu machen«, wurde mir versichert.

Ich erkundigte mich nach den Kindern und der Aja.

»Sie ist ausgezeichnet. Die Kinder sind wahre Engel. Sie lieben die Aja, sie ist ja so gut zu ihnen. Manchmal frage ich mich, ob es klug ist, sie einer Einheimischen anzuvertrauen. Aber was will man machen? Man hat ja so viele Pflichten… der Mann, das Regiment…«

Schließlich hielt ich es für angebracht, zum eigentlichen Grund meines Besuches zu kommen. Ich erinnerte sie, daß ich die Aja sehen wollte.

»Aber selbstverständlich. Es wird ihr eine Ehre sein.«

Ich wurde ins Kinderzimmer geführt, wo die Kinder ihren Mittagsschlaf hielten. Da saß sie und wartete, denn sie wußte ja, daß ich kam.

Wir sahen uns an. Sie war ein wenig gealtert – kein Wunder nach sieben Jahren.

Ich lief zu ihr und schlang meine Arme um sie. Es war mir egal, was Mrs. Freeling dachte.

»Aja!«

»Miss Su-Su!«

Ich war tief gerührt, als ich den Kosenamen aus meiner Kinderzeit hörte. »Ich habe oft an dich gedacht«, sagte ich.

Sie nickte. Ein Diener kam und sagte leise etwas zu Mrs. Freeling.

»Ich muß Sie verlassen«, sagte sie. »Sicher möchten Sie ein Weilchen plaudern.«

Ich fand das sehr taktvoll von ihr. Wir setzten uns und sahen uns immer noch an. Wir unterhielten uns flüsternd, weil nebenan die Kinder schliefen. Sie erzählte mir, wie sehr sie mich vermißt habe. Die Freelings hätten zwar nette Kinder, aber sie seien eben nicht Su-Su.

Ich erzählte ihr von England, aber ich sah, daß es ihr schwerfiel, sich das Leben dort vorzustellen. Sie sagte, in ganz Indien habe es Aufruhr und Bedrohung gegeben und es stünden noch mehr Aufregungen bevor. Sie schüttelte den Kopf. »Man munkelt von dunklen Geheimnissen... nichts Gutes.«

Sie fand mich verändert. Ich sei nicht mehr das kleine Mädchen, sagte sie, das Bombay vor Jahren verlassen hatte. »Sieben Jahre sind eine lange Zeit«, hielt ich ihr entgegen.

»Lang, wenn viel geschieht, kurz, wenn sich nichts tut. Die Zeit ist im Kopf.«

Es war wunderbar, sie wiederzusehen. Ich sagte: »Ich wollte, ich könnte dich mit nach Hause nehmen.«

Ein strahlendes Lächeln erhellte ihr Gesicht. »Das wäre schön. Aber du brauchst keine Aja mehr wie die kleinen Freelings.«

»Bist du hier glücklich, liebste Aja?«

Sie schwieg, ein Schatten huschte über ihr Gesicht, der mich erschreckte. Ich war verwirrt. Mrs. Freeling machte auf mich nicht den Eindruck, daß sie sich in die Erziehung der Kinder einmischte. Ich hatte gedacht, ihre Aja hätte freie Hand, mehr noch als einst bei mir; denn damals hatte sie mit Mrs. Fearnley wetteifern müssen.

Sie war zu loyal, um über ihre Herrin zu reden, aber mir

war dennoch unbehaglich zumute. Sie spürte es und sagte: »Ich könnte nirgends so zufrieden sein wie bei euch.«

Ich war tief gerührt und erstaunt, daß sie so empfinden konnte, war ich doch zuweilen recht schwierig gewesen. Vielleicht spielte die Zeit ihre altbekannten Streiche und ließ Vergangenes rosiger erscheinen, als es tatsächlich war.

»Ich werde dich oft besuchen«, sagte ich. »Mrs. Freeling hat bestimmt nichts dagegen.«

Sie schüttelte den Kopf. »Du solltest lieber nicht zu oft herkommen, Su-Su.«

»Aber warum denn nicht?«

»Ist besser so. Wir treffen uns. Vielleicht komm’ ich zu dir.« Sie zuckte mit den Achseln. »Ich bin nur eine alte Aja... nicht mehr deine.«

»So ein Unsinn! Du bleibst immer meine Aja. Und warum soll ich dich nicht besuchen? Ich bestehe darauf. Ich bin jetzt die Lady des Colonels. Ich bestimme die Regeln.«

»Nicht hier«, sagte sie. »Nein, nein... ist nicht gut.«

Ich verfolgte das Thema nicht weiter, weil ich dachte, sie habe die absurde Vorstellung, es schicke sich nicht für die Tochter des Colonels, ihre alte Kinderfrau in einem anderen Haus zu besuchen.

Ihre dunklen Augen waren gefühlvoll und wissend. »Du wirst wieder fortgehen«, sagte sie. »Ich sehe dich nicht lange hier.«

»Du irrst dich. Ich bleibe bei meinem Vater. Ich habe die weite Reise nicht gemacht, um gleich wieder umzukehren. Hast du eine Ahnung, wie weit es ist, liebste Aja, über das große Meer? Ich bleibe hier, und wir werden uns oft treffen. Es wird wie in alten Zeiten sein... jedenfalls so ähnlich.«

Sie lächelte. »Ja. Seien wir nicht traurig! Sprechen wir nicht von Trennung. Du bist gerade erst gekommen. Heute ist ein glücklicher Tag.«

»Ja«, sagte ich, und von nun an hieß es ständig: »Weißt du noch...?«

Die Kinder wachten auf, und ich wurde ihnen vorgestellt. Sie waren pausbäckige Geschöpfe von etwa vier und zwei Jahren.

Als ich die Aja verließ, ging ich hinunter, um mich von Mrs. Freeling zu verabschieden.

Sie saß auf einem Sofa, neben ihr ein junger Mann. Sie erhoben sich, als ich eintrat.

»Ah, da sind Sie ja«, sagte Mrs. Freeling. »Miss Pleydell hat ihre alte Aja besucht, die jetzt bei uns ist. War das nicht überaus gütig von ihr?«

»Keineswegs«, gab ich zurück. »Ich habe sie nämlich sehr gern.«

»So ist das immer mit den alten Kinderfrauen. Aber ich vergesse, Sie kennen sich ja noch gar nicht! Darf ich vorstellen: Aubrey St. Clare – Susanna Pleydell, die Tochter des Colonels.«

Aubreys Charme und gutes Aussehen hatten es mir augenblicklich angetan. Er war ungefähr so groß wie ich – ich bin nämlich außergewöhnlich hoch gewachsen – und hatte goldblondes Haar, lebhafte Augen und scharfgeschnittene Züge.

Er drückte mir fest die Hand. »Ich freue mich, Ihre Bekanntschaft zu machen.«

»Nehmen Sie Platz, Miss Pbeydell«, sagte Mrs. Freeling. »Darf ich Ihnen etwas zu trinken anbieten? Es ist noch etwas früh für alkoholische Getränke, aber das macht nichts. Eigentlich ist es dafür nie zu früh.«

Ich setzte mich neben ihn. »Wie ich höre, sind Sie eben erst nach Indien zurückgekehrt«, sagte er.

Ich bejahte.

»Frisch von der Schule weg!« sagte Phyllis Freeling mit schrillem, trillerndem Lachen. »Ist das nicht aufregend?«

»Indien ist ein aufregendes Land, nicht wahr, Miss Pleydell?« sagte er. »Man muß einfach hierher zurückkommen.«

Ich stimmte ihm zu.

»Ist Ihnen aufgefallen, daß sich hier etwas verändert hat?«

»Ich war so jung, als ich fortging, zehn Jahre alt, um genau zu sein. Ich glaube, ich nahm ein etwas verklärtes Bild mit mir. Jetzt sehe ich alles mehr, wie es wirklich ist.«

»Ach«, meinte er, »das ist einer der Nachteile des Erwachsenwerdens.«

Er sah mich lange an, und ich war von seinem Interesse angenehm berührt. Ich kannte nicht viele junge Männer, nur die wenigen in Humberston, die mit Onkel James und Tante Grace verkehrten. Ich war sehr gut, wenn auch unaufdringlich, behütet gewesen. Jetzt hatte ich eine gewisse Freiheit. Ja, ich war erwachsen. Ein erhebendes Gefühl.

Aubrey St. Clare sprach sehr einfühlsam von Indien. Er schien das Land gut zu kennen. Er hatte nichts mit dem Regiment zu tun. Ich hätte gern gewußt, was er in Indien machte, empfand es jedoch als zu aufdringlich, ihn danach zu fragen. Mrs. Freeling übernahm die Gesprächsführung. Sie flirtete ziemlich heftig mit ihrem Gast. Oder kam mir das nur so vor, weil ich noch unter dem Einfluß des Pfarrhauses stand, wo es überaus konventionell zugegangen war?

Schließlich sagte ich, ich müsse gehen. Aubrey St. Clare erhob sich sogleich und fragte, ob er mich nach Hause bringen dürfe.

Es sei nur ein kurzer Weg, erklärte ich.

»Trotzdem…« begann er, und Mrs. Freeling setzte hinzu: »O ja, Sie sollten sich begleiten lassen!«

Ich dankte ihr für ihre Gastfreundschaft und machte mich mit Aubrey St. Clare auf den Weg.

Draußen drehte ich mich noch einmal zum Haus um und sah eine Bewegung hinter den Gardinen. Aja stand am Fenster. Bildete ich es mir ein, oder sah sie wirklich beunruhigt aus?

Aubrey und ich sahen uns von nun an sehr oft. Es schmeichelte mir, daß er mir soviel Beachtung schenkte. Er war auch aufmerksam gegenüber Phyllis Freeling, aber das war etwas anderes, weil sie verheiratet war.

Mein Vater konnte ihn gut leiden. Ich glaube, er war froh, daß ich einen Begleiter hatte. Er hätte es allerdings vorgezogen, wenn wir in England gewesen wären, wo ich auf die herkömmliche Art in die Gesellschaft eingeführt worden wäre. Vater wünschte durchaus, daß ich das Leben genoß, und er bedauerte, daß er nicht mehr Zeit für mich hatte.

Aubrey war bezaubernd. Seine wunderbare Persönlichkeit konnte sich wandeln, je nachdem, mit wem er es zu tun hatte. Mit meinem Vater sprach er ernst über Indiens Probleme; mir erzählte er von seinen Reisen rund um die Welt. Er war in Arabien gewesen und war Menschen aller Rassen begegnet. Er fand die Erforschung fremder Kulturen faszinierend und verstand sie sehr lebendig zu schildern. Mit Mrs. Freeling dagegen war er sehr kokett, bei ihr wurde er genau zu der Sorte Mann, die sie attraktiv fand. Das war eine große Begabung.

Er wurde mein ständiger Begleiter. Mein Vater erlaubte mir, mit ihm durch die Basare zu gehen, was ich allein nicht gedurft hätte. Hier sei nicht mehr alles so wie in meiner Kindheit, erklärte er mir. Es gebe Unruhen, und die Regierung sei in Alarmbereitschaft.

Nein, nichts Ernstes, versicherte er. »Aber die Menschen hier sind unberechenbar. Sie argumentieren nicht wie wir.« Daher gestattete er mir zwar zu gehen, wohin ich wollte, aber nur in Begleitung eines starken Mannes.

Es war eine schöne Zeit. Ich besuchte meine Aja mehrmals, aber es war ihr immer unangenehm, wenn ich ins Haus der Freelings kam. Ich schlug ihr vor, zu uns zu kommen. Das tat sie ein paarmal, aber sie war nur schwer abkömmlich. Ich wußte, daß sie etwas bedrückte, hatte aber keine Ahnung, was es war, und ich war, ehrlich gesagt, auch so sehr mit allem anderen, zumal mit meinem neuen Freund, beschäftigt, daß ich ihr nicht soviel Beachtung schenkte, wie ich es sonst vielleicht getan hätte.

Als wir uns eines Tages im Garten unter den Aprikosenbäumen aufhielten, sagte Aubrey zu mir: »Ich werde wohl bald heimkehren müssen.«

Ich war bestürzt. Mit einemmal wurde mir klar, wieviel mir an seiner Gesellschaft lag.

»Ich habe schlechte Nachrichten von zu Hause«, fuhr er fort.

»Das tut mir leid.«

»Mein Bruder ist krank. Ich glaube, er hat nicht mehr lange zu leben. Dadurch wird sich für mich vieles ändern.«

»Sie haben ihn wohl sehr gern?«

»Wir haben uns nie besonders gut verstanden. Wir sind nur zu zweit, und wir sind so verschieden. Er ist der Ältere und hat alles geerbt, einen recht großen Besitz. Da er keine Kinder hat, wird im Falle seines Todes alles an mich fallen. Ich bezweifle, daß er noch ein Jahr durchhält. Ich muß unbedingt hin. Ich werde wohl bald abreisen müssen.«

»Sie werden uns fehlen.«

Er beugte sich vor und drückte meine Hand. »Ich werde hier alle und alles vermissen und ganz besonders Sie.«

Ich war sehr bewegt. Er hatte mich immer spüren lassen, daß er mich bewunderte, und ich fühlte eine gewisse Anziehungskraft zwischen uns, aber als völliger Neuling auf diesem Gebiet war ich mir meiner selbst nicht sicher. Ich wußte nur, daß ich sehr traurig sein würde, wenn er fortging.

Er erzählte mir von seinem Zuhause. Das Landgut lag in Buckinghamshire. Es befand sich seit Jahrhunderten im Besitz der Familie. »Mein Bruder ist sehr stolz darauf. Ich hing nie so sehr an unserem Besitz. Ich wollte reisen und die Welt sehen, er aber übernahm gern die Gutsherrenpflichten. Wenn er stirbt, ruht diese Last auf meinen Schultern. Ich hoffe inständig, daß meine Schwägerin Amelia einen Sohn bekommt, bevor er stirbt.«

»Ist das denn möglich, wenn er so krank ist?«

»Man kann nie wissen.«

»Wann werden Sie abreisen?«

»Seien Sie versichert, daß ich so lange hierbleibe, wie es mir möglich ist.«

Abends beim Essen erzählte ich meinem Vater, daß Aubrey uns bald verlassen werde.

»Das finde ich sehr bedauerlich. Du wirst ihn vermissen, nicht wahr?« Er sah mich eindringlich an, und ich antwortete nach leichtem Zögern: »O ja, sehr.«

»Ach, weißt du, er ist vielleicht nicht der einzige, der abreist. Du weißt, es hat hier in letzter Zeit eine Menge Unruhen gegeben. Und es gibt etwas, was du nicht weißt, Susanna. Vor zwei Jahren hatte ich eine Krankheit.«

»Was für eine Krankheit? Du hast mir nichts davon geschrieben.«

»Ich wollte kein Aufhebens davon machen. Es ist überstanden. Aber im Hauptquartier blieb es nicht unbemerkt.«

»Vater, was willst du damit sagen?«

»Daß ich allmählich in die Jahre komme.«

»Aber du bist erstaunlich gut in Form.«

»Das ändert nichts daran, daß ich langsam alt werde. Susanna, man hat mir Andeutungen gemacht.«

»Andeutungen?«

»Ich nehme an, daß ich bald ins Kriegsministerium nach London versetzt werde.«

»Meinst du wirklich? Und was war das für eine Krankheit?«

»Irgend etwas mit dem Herzen. Es ist vorbei.«

»Ach Vater, und du hast mir nichts gesagt!«

»Es bestand kein Grund dazu, nachdem alles überstanden war.«

»Ich hätte es aber wissen sollen.«

»Gänzlich unnötig. Doch wie gesagt, hier wird sich einiges ändern.«

»Wann werden wir heimkehren?«

»Du kennst doch das Hauptquartier. Wenn die Entscheidung gefallen ist, gibt es keinen Aufschub. Dann heißt es schleunigst ab in die Heimat, und schon wird ein Nachfolger hiersein, um an meine Stelle zu treten.«

»Ach Vater, wie ist dir dabei zumute?«

»Ehrlich gesagt, es wird mir nicht leid tun.«

»Aber du bist all die Jahre in Indien gewesen. Und du hast auch mich noch herkommen lassen.«

»Ich hatte einen Grund dafür. Ich entnahm deinen Briefen, daß du dir eine falsche Vorstellung von diesem Land machtest. Ich dachte, wenn sie nicht herkommt, wird sie es ihr Leben lang bedauern. Ich wollte, daß du zurückkehrst und das Land mit den Augen einer Erwachsenen siehst. Außerdem wärst du bestimmt furchtbar enttäuscht gewesen, wenn ich dich nicht hätte kommen lassen.«

»Du bist so gut zu mir.«

»Mein liebes Kind, ich hatte so vieles an dir gutzumachen. Die einsame Kindheit ... Dann wurdest du zu Menschen geschickt, die für dich im Grunde Fremde waren.«

»Du hast dein Bestes getan. So ergeht es allen Kindern in unseren Kreisen.«

»Ja, aber das macht es nicht leichter. Doch wie dem auch sei, ich rechne jeden Moment mit der Versetzung, und dann heißt es rasch abreisen.«

Ich hatte durchaus nichts dagegen und fragte mich schon, ob ich Aubrey in England sehen würde.

Abends im Bett dachte ich an meine Aja. Ich hatte sie etwas vernachlässigt. Als ich hergekommen war, hatte ich mich so auf unser Wiedersehen gefreut. Aber, wie mein Vater sagte, die Dinge ändern sich. Ich würde nie vergessen, was meine Aja mir in meiner Kindheit bedeutet hatte, aber ich war kein Kind mehr. Ich unternahm aufregende Streifzüge in die Welt der Erwachsenen, und die Empfindungen, die Aubrey in mir weckte, nahmen mich dermaßen gefangen, daß ich alles andere darüber leicht vergaß. Ich gelobte mir, Aja gleich am nächsten Tag aufzusuchen.

Ich wählte eine Zeit, da ich Mrs. Freeling im Club wußte.

Sie war oft dort. Ich hatte sie mit etlichen jungen Offizieren gesehen, und sie lud auch Aubrey dorthin ein. Er erzählte mir, er gehe häufig in den Club. Ich hatte ihn sogar mit ihr dort gesehen, aber ich war nicht eifersüchtig. Es kam mir nicht in den Sinn, daß zwischen den beiden eine ernsthafte Beziehung bestehen könne; sie war schließlich eine verheiratete Frau. Ich war damals sehr naiv.

Meine Aja freute sich, mich zu sehen, und ich war beschämt, weil seit unserem letzten Treffen so viel Zeit vergangen war.

Sie sah mich mit ihren traurigen Augen an, und ich sagte: »Du hattest recht damit, daß ich nicht lange bleibe. Mein Vater rechnet jeden Tag mit seiner Versetzung ins Kriegsministerium.«

»Du gehst fort von hier. Ja, vielleicht ist es für dich das Beste.«

»Liebste Aja, ich habe das Gefühl, als wäre ich gerade erst angekommen.«

»Hier geschehen schlimme Dinge. Du bist kein kleines Mädchen mehr.«

»Schlimme Dinge geschehen überall.«

Sie schüttelte den Kopf. Ich nahm ihre Hand und sagte: »Dich bedrückt etwas. Warum erzählst du es mir nicht? Du bist hier nicht glücklich. Ich könnte Vater bitten, dich anderswo unterzubringen.«

»Ich hänge an den Kleinen.«

»Und Mrs. Freeling und der Captain, sind sie nicht gut zu dir? Mir kannst du es ruhig sagen.«

»Ich kümmere mich nur um die Kinder. Der Captain liebt sie.«

»Dann ist es Mrs. Freeling? Mischt sie sich ein? Hat sie etwas an dir auszusetzen?«

Sie schüttelte den Kopf. Sie zögerte einige Sekunden, dann platzte sie heraus: »Sie treffen sich … Sie tun seltsame Dinge. Ich weiß, was es ist. Sie bauen es in den Dörfern an. Ich hab's gesehen… ganz oft… als ich klein war. Es gedeiht gut in Indien, es sieht so hübsch aus, wenn die Mohnblumen mit den Köpfen nicken, so harmlos. Du würdest es nicht für möglich halten. Es gedeiht, wenn der Boden schön locker ist und mit Mist gedüngt und reichlich bewässert wird. Ich hab' die Aussaat im November gesehen, und wenn im Januar die Samenkapseln so groß sind wie Hühnereier, ist es soweit.«

»Wovon sprichst du?«

»Man nennt es Opium. Das gibt es hier überall. Manche verkaufen es. Manche bauen es für sich selbst an. Sie rauchen es in ihren Pfeifen, und dann werden sie seltsam… sehr seltsam.«

»Du meinst, sie sind berauscht? Erzähl mir mehr davon!«

»Das darf ich nicht. Es geht mich nichts an. Ich will nur nicht, daß meine Su-Su unter solche Leute kommt.«

»Du meinst Mrs. Freeling…«

»Bitte, vergiß, was ich gesagt habe.«

»Du meinst, hier werden… Orgien gefeiert. Ich muß es meinem Vater melden.«

»O nein, nein. Bitte nicht! Ich hätte nichts sagen sollen. Es war falsch von mir. Vergiß es, bitte!«

»Wie könnte ich? Du sagst, sie rauchen Opium. Das muß verboten werden.«

Sie schüttelte den Kopf. »Nein, nein. Das gab es schon immer. Hier in den Dörfern… Es ist so leicht anzubauen. Bitte, sprich nicht darüber. Nur, geh da nicht hin! Laß dich nicht verführen, es zu versuchen.«

»Mich verführen lassen? Niemals.«

»Ich hab' sie hier gesehen. Sie benehmen sich seltsam. Ein Mann ist dabei. Er kommt oft her. Das ist der Teufelsdoktor. Er kauft Opium. Er nimmt es mit. Er beobachtet die Menschen und verführt sie. Ich glaub', er ist ein Satan.«

Aha, dachte ich erleichtert, jetzt phantasiert sie. »Erzähl mir von dem Teufelsdoktor!« sagte ich.

»Er ist groß. Sein Haar ist schwarz wie die Nacht. Ich

38

hab' ihn einmal gesehen. Er trug einen schwarzen Mantel und einen schwarzen Hut.«

»Hört sich wirklich teuflisch an. Sag, hatte er einen Pferdefuß?«

»Ich glaub' schon.«

Ich atmete auf. Ich erinnerte mich an die Geschichten, mit denen sie mich in meiner Kindheit begeistert hatte: die Heldentaten der Götter Schiwa, Wischnu und Brahma, die sie alle drei inbrünstig verehrte. Ich nahm ihre Erzählungen nicht ernst. Vielleicht war ihr bei Mrs. Freelings Gästen ein gewisses leichtfertiges Benehmen aufgefallen, das sie als Verhalten von Menschen auslegte, die Opium geraucht haben, und in ihrer Sorge um mich hatte sie das, was sie sah, übertrieben. Ich überlegte, ob ich es meinem Vater erzählen sollte. Aber da sie mich anflehte, es nicht zu tun, verdrängte ich die Angelegenheit. Ich hatte so viel anderes im Kopf, denn zwei Wochen, nachdem mein Vater mit mir gesprochen hatte, war ein Telegramm aus London gekommen. Sein Nachfolger sei schon unterwegs, und wir sollten unverzüglich unseren Umzug in die Wege leiten. Es schien mir wie eine Bestimmung des Schicksals. Ich war sehr aufgeregt. Diesmal würde ich Indien durchaus nicht ungern verlassen.

Aubrey St. Clare war begeistert. Als er hörte, daß wir eine Passage auf der »Aurora Star« gebucht hatten, beschloß er, auf demselben Schiff heimzukehren. Ich hatte durchaus nichts dagegen.

Wir hatten keine Wohnung in England, und mein Vater entschied, daß wir in einem Hotel abstiegen, während wir uns in London nach einem Haus umsahen und er in Erfahrung brachte, welche Aufgaben er im Kriegsministerium zu erfüllen hatte.

Meine Aja nahm tränenreich Abschied von mir. Ihre Schicksalsgläubigkeit half ihr über den Trennungsschmerz hinweg. Es sei vorherbestimmt, sagte sie, und sie habe doch bei meiner Rückkehr gewußt, daß ich nicht lange in Indien bleiben werde.

»Es ist gut, daß du fortgehst«, sagte sie, »auch wenn denen, die dich lieben, das Scheiden weh tut. Es wird hier Unruhen geben, und ich bin froh, wenn ich dich in Sicherheit weiß. Der Monsun hat keinen Regen gebracht, und die Ernte ist schlecht. Wenn es eine Hungersnot gibt, suchen die Leute Sündenböcke, und sie geben denen die Schuld, die sie beneiden. Ja, es ist wirklich das Beste für dich. Sei nicht so impulsiv, wie du immer warst, kleine Su-Su. Denke stets, bevor du handelst. Greif nicht zum Tand, weil du ihn versehentlich für Gold hältst!«

»Ich verspreche dir, liebe Aja, daß ich weniger impulsiv sein werde. Ich werde stets an dich denken und mich bemühen, klug zu handeln.«

Sie umarmte mich und gab mir einen feierlichen Kuß.

Als ich an Deck stand und die »Aurora Star« ablegte, war der letzte Mensch, den ich sah, meine Aja. Einsam und verloren stand sie da, und ihr blaßblauer Sari wehte sanft im Wind.

Es wurde eine zauberhafte Reise. Ich war sehr glücklich, im Unterschied zu damals, als ich, ein einsames kleines Mädchen, in der Obhut von Mrs. Fearnley dagegen ankämpfte, in lärmenden Protest auszubrechen, weil ich von meinem Vater und meinem geliebten Indien fortgerissen wurde. Diesmal war es ganz anders. Mein Vater wirkte verjüngt. Erst jetzt wurde mir klar, unter welcher Anspannung er gelebt haben mußte. Er hatte nie mit mir über seine Angst vor den Unruhen gesprochen. Ich lehnte in mondhellen Nächten an der Reling, sah zu dem samtenen Himmel und den goldenen Sternen hinauf und lauschte auf das sanft bewegte Meer. Aubrey war mein ständiger Begleiter. Morgens spazierten wir zusammen über die Decks, wir beteiligten uns an Gesellschaftsspielen, vertieften uns bei den Mahlzeiten in ausgedehnten Diskussionen mit unseren Tischnachbarn, und hinterher tanzten wir. Ich wünschte, diese Tage würden niemals enden, und versuchte, nicht zu weit vorauszuschauen. In Tilbury würden wir uns Lebewohl sagen, weil mein Vater und ich beabsichtigten, nach London aufzubrechen, Aubrey aber zu dem Landgut in Buckinghamshire weiterreisen wollte.

Das Leben auf dem Schiff hatte etwas Unwirkliches. Man hatte das Gefühl, in einem kleinen Kosmos weitab von der realen Welt zu schwimmen. Hier gab es keine Unruhen, nur lange, sonnige Tage.

Man lag an Deck, sah Delphine sich tummeln und fliegende Fische übers Wasser gleiten, und hier und da konnte man den Buckel eines Wals erspähen.

Einmal folgten drei Tage lang ein Albatros und sein Weibchen dem Schiff. Wir bewunderten die schönen Geschöpfe mit ihrer riesigen Flügelspannweite. Sie kreisten über uns, und manchmal dachten wir, sie würden gleich an Deck landen. Sie aber warteten darauf, daß Essensreste ins Wasser geworfen wurden.

Es waren herrliche Tage mit ruhiger See und blauem Himmel, und das Schiff glitt friedlich heimwärts.

Dennoch gab es Abwechslung. Eines Tages gerieten wir in die Randausläufer eines Hurrikans.

Die Stühle rutschten übers Deck, und es war unmöglich, aufrecht zu stehen. Das ist symbolisch, dachte ich. Nichts währt ewig, und der vollkommenste Frieden kann im Nu erschüttert werden.

Wir kamen nach Kapstadt, das mir schon von der vorhergehenden Reise bekannt war. Vater, Aubrey und ich fuhren in einer blumengeschmückten Kutsche, die von zwei Pferden mit Strohhüten gezogen wurde, in die Stadt. Es war viel aufregender als damals, was vermutlich an meiner Gesellschaft lag.

Es war am Abend, nachdem wir aus Kapstadt ausgelaufen waren. Wir hatten bei rauher See das Kap umfahren und hielten nun nach Norden auf die Kanarischen Inseln zu. Wir hatten die tropische Hitze hinter uns gelassen, das Wetter war kühl, und es ging fast kein Wind.

Mein Vater hatte sich nach dem Essen hingelegt, und ich war mit Aubrey allein. Wir setzten uns auf unseren Lieblingsplatz an Deck, und Seite an Seite lauschten wir auf das sanfte Plätschern des Wassers, das an den Schiffsrumpf schlug.

»Jetzt dauert es nicht mehr lange«, sagte Aubrey. »Bald sind wir zu Hause.« Ich bestätigte es ein wenig trübsinnig. »Es war eine wundervolle Reise.«

»Aus einem ganz bestimmten Grund.« Er nahm meine Hand und küßte sie. »Und der sind Sie.«

Ich lachte. »Sie haben viel zur Kurzweil beigetragen. Mein Vater ist heilfroh, daß Sie hier sind und er reinen Gewissens schlafen gehen kann, weil er mich in guten Händen weiß.«

»Susanna, ich habe nachgedacht. Wenn wir nach England kommen, was dann?«

»Es ist alles geplant. Vater und ich ziehen in ein Hotel und sehen uns sofort nach einem Haus um. Und Sie ... Sie haben Ihre Verpflichtungen.«

»Wir sagen doch nicht: ›Auf Wiedersehen, war nett, Sie kennengelernt zu haben‹, oder?«

»Ich weiß nicht, was geschehen wird, wenn wir nach England kommen.«

»Hängt das nicht vorwiegend von uns ab?«

»Eine Theorie besagt, daß alles, was geschieht, von uns selbst abhängt, während sich eine andere auf das Schicksal beruft. Was sein soll, wird sein.«

»Ich glaube, wir haben unser Schicksal in der Hand. Wollen Sie mich heiraten?«

»Meinen Sie das ernst?«

»Todernst.«

»Aubrey ...« murmelte ich.

»Sie werden doch nicht etwa sagen: ›Das kommt alles so plötzlich‹, oder?«

»Nein.«

»Dann wollen Sie also?«

»Ich glaube, ja.«

»Sie glauben es nur?«

»Ich habe noch nie einen Heiratsantrag bekommen und weiß nicht recht, wie man sich dabei verhält.«

Er brach in Gelächter aus, dann nahm er mich in seine Arme und küßte mich.

»Das wollte ich schon lange«, sagte er. »Hast du es auch gewollt?«

»Ja, ich glaube schon.«

»Du glaubst! Weißt du es nicht? Zu jedem anderen Thema hast du so entschiedene Ansichten.«

»Ich bin ein Neuling in der Liebe.«

»Das liebe ich an dir. So jung, unschuldig, aufrichtig.«

»Ich wäre lieber etwas erfahrener wie so manche Ehefrau, Mrs. Freeling zum Beispiel.«

Er schwieg. Ich hatte den Eindruck, er war unsicher und wollte etwas sagen. Anscheinend überlegte er es sich anders, und ich fragte mich, ob ich es mir nur eingebildet hatte.

»Das sind keine wirklich erfahrenen Leute«, meinte er schließlich. »Sie sind bloß älter als du und setzen sich andauernd auf Gesellschaften in Positur. Sei um Himmels willen nicht wie sie! Sei nur du selbst, Susanna! Das wünsche ich mir.« Er hielt meine Hand ganz fest, und wir blickten aufs Meer. »Eine einmalige Nacht«, sagte er. »Ruhige See, eine sanfte Brise, und Susanna hat eingewilligt, zu heiraten.«

Mein Vater war etwas besorgt, als ich es ihm erzählte. »Du bist noch sehr jung«, sagte er.

»Ich bin achtzehn. Im heiratsfähigen Alter.«

»Mag sein. Aber du bist gerade erst aus der Schule. Du hast eigentlich noch niemanden richtig kennengelernt.«

»Das ist auch nicht nötig. Ich liebe Aubrey.«

»Dagegen ist wohl nichts einzuwenden. Ich nehme an, er wird eines Tages den Landsitz in Buckinghamshire übernehmen. Er scheint recht gut situiert zu sein. Nun bist du also verlobt! Erstaunlich, wie viele Menschen sich auf Seereisen verloben. Es muß an der Luft liegen.«

»Tropische See, fliegende Fische, Delphine ...«

»Hurrikane, Brecher und Seekrankheit.«

»Sei doch nicht so unromantisch, Vater! Sag lieber, daß du dich freust und stolz bist auf deine Tochter, die es geschafft hat, ohne kostspielige Einführung in die Londoner Gesellschaft einen Mann zu finden.«

»Mein liebes Kind, ich will nur dein Glück. Du hast dir den Mann ausgesucht, und wenn er dich glücklich macht, bin ich's zufrieden.« Er gab mir einen Kuß. »Du mußt mir aber helfen, ein Haus in London zu finden«, sagte er dann. »Auch wenn du zweifellos mit deinen eigenen Angelegenheiten beschäftigt sein wirst.«

»Ganz gewiß. Ach Vater, eigentlich hatte ich vor, für *dich* zu sorgen.«

»Und nun wirst du für deinen Mann sorgen. Ich bin tief gekränkt.«

Ich umarmte ihn und war von plötzlicher Sorge erfüllt. Wie krank war er gewesen? Und warum hatte man gewünscht, daß er Indien verließ?

Ich war so glücklich. Die Zukunft erschien mir so aufregend, daß ich mich daran erinnern mußte, daß wirkliche Vollkommenheit im Leben selten ist. Ich mußte auf den Wurm im Holz achten, auf den Makel im Diamanten. Nichts konnte so vollkommen sein, wie es an dem Abend schien, als Aubrey mich fragte, ob ich seine Frau werden wollte.

Es gab so viel zu besprechen und zu planen. Aubrey wollte uns nach London begleiten und ins Hotel bringen, ehe er nach Hause fuhr. Später sollten mein Vater und ich dem Gutshof St. Clare in Buckinghamshire einen Besuch abstatten.

Ich freute mich auf die Ankunft in Tilbury – ich mußte ja nicht mehr befürchten, daß sie den endgültigen Abschied von Aubrey bedeutete. Aubrey befand sich in einem Zustand der Euphorie, und es machte mich ungeheuer froh, daß ich die Ursache dafür war.

So verabschiedeten wir uns denn mit dem Versprechen, daß wir Aubrey in zwei Wochen zu Hause besuchen würden. Seine Schwägerin Amelia werde entzückt sein, versicherte er uns.

Was seinen Bruder angehe, so wisse er nicht, in welchem Zustand er ihn antreffen werde. Ich fragte, ob denn Gäste willkommen seien, wenn sein Bruder so krank war, aber er beschwichtigte mich, es sei ein großes Haus mit einer Menge Personal, und sein Bruder und dessen Frau wollten mich bestimmt unbedingt kennenlernen.

Wir hatten behagliche Zimmer in einem etwas altmodischen Hotel in der Nähe des Piccadilly, wo auch Onkel James während seiner kurzen Londonaufenthalte immer abzusteigen pflegte. Am folgenden Tag begab ich mich auf Haussuche, und mein Vater sprach im Kriegsministerium vor.

Ich fand ein kleines möbliertes Haus, das ich meinem Vater bei der nächsten Gelegenheit zeigen wollte.

Als er ins Hotel zurückkam, machte er einen sehr aufgeregten Eindruck. Er sollte im Kriegsministerium einen verantwortungsvollen Posten übernehmen. Das Haus sah er sich an, und er meinte, wir sollten es mieten und Anfang der folgenden Woche einziehen. Ich war sehr mit der Einstellung von Dienstboten und etlichen Anschaffungen für unser neues Heim beschäftigt. Mein Vater meinte traurig: »Später werde ich wohl eine Junggesellenwohnung brauchen, denn du wirst dir dein Heim mit einem anderen einrichten.«

»Hochzeiten wollen von langer Hand vorbereitet sein. Ich werde noch eine Weile bei dir bleiben. Und ich werde dich auf alle Fälle oft besuchen. Buckinghamshire ist nicht sehr weit.«

Ich hatte die Haussuche ziemlich aufregend gefunden. Häuser hatten mich schon immer interessiert. Sie schienen ihre eigene Persönlichkeit zu haben. Manche dünkten mich glücklich, andere geheimnisvoll, wieder andere sogar etwas beängstigend. Mein Vater lachte über meine »Hirngespinste«, aber ich hatte nun mal ein lebhaftes Gefühl für Atmosphäre.

Es freute mich, daß es meinem Vater im Kriegsministerium gefiel. Ich hatte befürchtet, daß er nach dem aktiven Dienst die Schreibtischarbeit langweilig finden würde. Mitnichten. Sie machte ihm Spaß, und ich war überzeugt, daß es eine gute Entscheidung war, ihn nach Hause zurückzuberufen. Manchmal sah er etwas müde aus, aber er war ja auch kein junger Mann mehr. Dann und wann fragte ich mich, was er seinerzeit für eine Krankheit gehabt haben mochte, aber weil ich merkte, daß er nicht gern darüber sprach, erkundigte ich mich nicht. Er fühlte sich jetzt wohl, und ich redete mir ein, es gebe keinen Grund zur Sorge und wir würden alle auf ewig herrlich und in Freuden leben.

Wir zogen in das möblierte Haus, das sich als ideal für uns erwies. Die zwei Dienstmädchen, Jane und Polly, die ich eingestellt hatte, waren brav und willig. Sie waren Geschwister und freuten sich, daß sie zusammen Arbeit gefunden hatten.

Mein Vater benötigte eine Kutsche für den Weg zum und vom Kriegsministerium. Er besorgte eine mitsamt Kutscher. Joe Tugg, ein Witwer Ende Vierzig, war froh, bei uns zu sein, denn er hatte, wie er sich oft brüstete, 20 Jahre lang die Postkutsche von London nach Bath gefahren, bis »mir der Dampf den Lebensunterhalt nahm«, womit er sagen wollte, daß das Aufkommen der Eisenbahn für viele alte Kutscher den Ruin bedeutete. Über den Stallungen hinter dem gemieteten Haus befanden sich zwei Räume, und dort zog Joe ein. Wir waren eine sehr zufriedene Hausgemeinschaft.

Aubreys Schwägerin Amelia St. Clare schrieb mir, daß sie sich auf meinen Besuch freue, und gratulierte mir zur Verlobung. Ihr Mann sei sehr krank, aber er wolle mich unbedingt kennenlernen. Gewöhnlich gäben sie mit Rücksicht auf die Krankheit ihres Mannes keine Einladungen, aber ich gehörte für sie zur Familie. Es war ein sehr herzlicher Brief. Aubrey schrieb, er sehne sich nach mir. Er werde uns am Bahnhof abholen.

Zwei Tage vor dem Besuch kam mein Vater abends sehr aufgeregt nach Hause. »Ich kann unmöglich mitkommen«, sagte er. »Ich werde im Amt gebraucht, vielleicht sogar übers Wochenende. Es hat sich etwas sehr Wichtiges ereignet. Es geht um Indien, und weil ich das Land so gut kenne, ist meine Anwesenheit erforderlich.«

Ich war schrecklich enttäuscht. Schließlich meinte ich: »Ich kann ohne dich hinfahren. Jane und Polly werden für dich sorgen.«

Er runzelte die Stirn.

»Ach komm«, sagte ich, »ich bin kein Kind mehr. Ich bin eine weitgereiste Frau. Und falls du an eine Anstandsdame denkst, Amelia St. Clare ist auch noch da.«

Er zögerte.

»Ich werde fahren«, sagte ich bestimmt. »Du mußt selbstverständlich hierbleiben. Du kannst deine Vorgesetzten nicht im Stich lassen, zumal du den Posten eben erst angetreten hast. Ich fahre voraus, und vielleicht kommst du später nach. Ich muß hin. Schließlich bin ich verlobt.«

»Nun gut. Ich könnte dich in den Zug verfrachten, und Aubrey soll dich dann abholen.«

»Um Himmels willen, das hört sich ja an, als wäre ich ein Paket!«

Und so kam es, daß ich an einem heißen, schwülen Sommertag zum Gutshof St. Clare aufbrach.

Mein Vater setzte mich wie angekündigt in den Zug, und während ich ihm zum Abschied zuwinkte, versuchte ich, meine Besorgnis beiseite zu schieben. Ich machte mir Gedanken um seinen Gesundheitszustand und die mysteriöse

Krankheit, die er vor einiger Zeit hatte. Ich nahm mir vor, ihn zu überreden, mir alles darüber zu erzählen, sobald wir wieder zusammen waren. Als ich aber meinem Ziel näher und näher kam, ließ ich mich von meiner Vorfreude gefangennehmen.

Aubrey erwartete mich auf dem Bahnsteig. Er eilte lächelnd auf mich zu und nahm meine Hände. »Willkommen, Susanna! Schön, dich wiederzusehen!« Er legte seinen Arm um mich und rief dem Gepäckträger, der uns neugierig beobachtet hatte, zu: »Laden Sie das Gepäck in die Kutsche, Bates, ja?«

»Jawohl, Sir«, sagte Bates, und Aubrey führte mich aus dem Bahnhof zu einer Kutsche. Ich riß vor Staunen die Augen auf. Es war ein prachtvolles Gefährt, purpurrot, von zwei herrlichen Grauen gezogen. Obwohl ich nicht viel von Pferden verstand, konnte ich erkennen, daß dies sehr edle Tiere waren.

Aubrey bemerkte mein Staunen über die Kutsche. »Sie ist so prächtig«, sagte ich.

»Ich habe sie von meinem Bruder übernommen. Er kann sie jetzt nicht benutzen.«

»Wie geht es ihm?«

»Sehr schlecht.«

»Vielleicht hätte ich lieber nicht kommen sollen.«

»Unsinn. Hier hinein, Bates! Gut so. Komm, Susanna!« Er half mir hinauf auf den Kutschbock, dann kletterte er selbst hinauf und ergriff die Zügel.

»Erzähl mir von deinem Bruder«, bat ich.

»Der arme Stephen. Er liegt seit Wochen im Sterben. Die Ärzte meinen… es kann jeden Moment zu Ende gehen.«

»Wie traurig.«

»Deshalb mußte ich ja herkommen. Amelia ist sehr gespannt auf dich.«

»Sie hat mir einen so netten Brief geschrieben.«

»Das ist typisch für sie. Sie hat es schwer, die Ärmste.«

»Schade, daß Vater nicht mitkommen konnte. Aber du verstehst das doch?«

»Natürlich, aber die Hauptsache ist, daß du da bist. Hoffentlich gefällt dir das Haus. Du mußt es mögen, es wird ja dein Heim.«

»Ich bin ganz aufgeregt.«

»An diese alten Gebäude muß man sich erst gewöhnen. Für uns, die wir darin aufgewachsen sind, gehören sie sozusagen zur Familie.«

»Aber du warst eine ganze Weile fort von zu Hause. Du bist weit gereist. Irgendwann mußt du mir das alles erzählen.«

»Das Haus wird demnächst mein Eigentum. Man hat ein anderes Verhältnis zu den Dingen, wenn sie einem nicht gehören. Sicher, es war immer mein Zuhause, aber mein Bruder war der Herr im Haus. Ich kam mir eher wie ein Gast darin vor.«

»Ich verstehe.«

»Du wirst es bestimmt interessant finden. Einer meiner Vorfahren hat das Haus im 16. Jahrhundert erbaut. Es ist ein echtes Tudorgebäude, auf den Resten alter Klostermauern errichtet.«

»Ich hatte keine Ahnung, daß es so alt ist. Ich hatte mir ein schlichtes Gutsgebäude vorgestellt.«

»Wart's nur ab!«

Wir waren auf ein befestigtes Straßenstück gekommen, und die Pferde verfielen in Galopp. Ich wurde gegen Aubrey geworfen. Er lachte. »Sie können wirklich laufen, diese Grauen«, sagte er. »Eines Tages zeige ich dir, was sie leisten können.«

Er lachte. Es war schön, neben ihm zu sitzen und sich die Ankunft in dem alten Haus vorzustellen, das mein Heim werden sollte. Ich war fasziniert von Aubreys meisterhaftem Umgang mit den Pferden. Es machte ihm sichtlich Spaß.

Wir waren an einer Mauer angelangt. Ein schweres Eisentor stand offen. Wir fuhren eine Auffahrt entlang, und die Pferde gingen nun im Trab.

Dann sah ich das Gebäude. Ich hielt den Atem an. So prachtvoll hatte ich es mir nicht vorgestellt. Der Mittelbau mit Tor und Fallgittern war von zwei mit Pechnasen bewehrten Türmen flankiert.

Aubrey sah mich an, hocherfreut über meine unverhohlene Bewunderung. »Es ist großartig«, stammelte ich. »Wie konntest du nur so lange von hier fortbleiben!«

»Ich sagte doch, ich wußte nicht, daß es einmal mir gehören würde.«

Wir fuhren durch das Tor in einen Hof, wo zwei Stallknechte erschienen. Aubrey warf einem die Zügel zu, sprang hinunter und half mir beim Heruntersteigen.

»Das ist Miss Pleydell, Jim«, sagte er.

Ich lächelte, und der Mann tippte sich grüßend an die Schläfe.

»Laß das Gepäck sogleich hereinbringen«, befahl Aubrey. Dann nahm er meinen Arm und sagte: »Komm!«

Er führte mich in einen von Gebäuden umgebenen Innenhof. Die Mauern waren mit Kletterpflanzen bewachsen, und die Gitterfenster wirkten wie Augen, die unter buschigen Brauen hervorlugten. Hier standen ein Tisch und Stühle mit flammendroten Kissen und eine Reihe Töpfe mit blühenden Stauden. Es war sehr hübsch, und doch hatte ich ein Gefühl der Beengtheit, als ob die Mauern mich einschlössen. Durch einen modrigen, überwölbten Gang kamen wir in einen größeren Hof. Vor uns befand sich eine schwere eisenbeschlagene Tür mit einem zurückklappbaren Paneel, damit man, wie ich vermutete, sehen konnte, wer draußen stand, bevor man ihn einließ. Aubrey stieß die Tür auf, die laut knarrte. Wir traten in eine hohe Halle. Ich blickte zu der Balkendecke hinauf, dann betrachtete ich die weißgetünchten Wände, an denen Waffen und Jagdtrophäen hingen. In jeder Ecke der Halle stand eine Rüstung, wie Wächter, die das

50

Haus bewachten. Ich bewunderte zwischen den Fenstern die Wappentafeln, die sämtlich mit einem Lilienwappen versehen waren.

Aubrey beobachtete mich mit nahezu kindlicher Freude, was ich überaus reizvoll fand.

»Es ist so aufregend«, sagte ich.

»Ich sehe, du bist beeindruckt. Und gleichzeitig etwas eingeschüchtert. Das brauchst du nicht zu sein. Dies ist der alte Teil des Hauses. Wir lassen ihn, wie er ist. Die Räume, die wir bewohnen, sind gemütlicher. Du wirst es gewiß als angenehm empfinden, daß wir uns, obwohl wir das Alte erhalten wollen, ein wenig modernen Komfort gestatten. Ah, da ist Amelia! Darf ich vorstellen: Susanna – Amelia St. Clare.«

Aubreys Schwägerin war die Treppe heruntergekommen, die sich an einem Ende der Halle befand. Amelia war eher elegant als schön, ich schätzte sie auf Anfang Dreißig. Ihre blonden Haare hatte sie hochgesteckt, wohl um größer zu wirken. Ihre blauen Augen blickten forschend, was nur zu verständlich war, und sie wirkte sympathisch.

Sie drückte mir die Hand. »Herzlich willkommen«, sagte sie.

»Möchten Sie gleich in Ihr Zimmer gehen? Sicher möchten Sie sich nach der Reise ausruhen.«

»Ich bin überhaupt nicht müde. Ich bin so beeindruckt von diesem wunderschönen Haus. Ich hatte keine Ahnung, daß es so feudal ist.«

»Ja, es ist imponierend. Für meinen Mann war dieses Haus und das dazugehörige Gut sein... Leben.«

Eine unendliche Traurigkeit lag in ihrer Stimme, und ich schloß sie sogleich ins Herz. »Kommen Sie hier entlang«, sagte sie. »Ich lasse Ihnen heißes Wasser hinaufbringen. Sie möchten sich sicher gern waschen. Ihr Gepäck wird gerade hinaufgebracht.«

Ich folgte ihr die Treppe hinauf. Oben drehte ich mich um.

Aubrey blickte mit einer Miene, die ich nicht zu deuten vermochte, zu uns herauf.

Wir kamen zu einer Porträtgalerie; an einer Schmalseite war ein Podium mit einem Klavier. »Dies ist die sogenannte lange Galerie. Unmittelbar darüber befindet sich das Sonnenzimmer.« Wir durchquerten die Galerie und stiegen eine kurze Wendeltreppe zu einem Flur hinauf. »Hier liegen die Schlafräume. Ich habe Ihnen das grüne Zimmer gegeben. Es hat eine herrliche Aussicht.«

Das grüne Zimmer war ein großer Raum mit einer hohen Gewölbedecke, dessen Fenster auf die Auffahrt hinausgingen. Es enthielt ein Himmelbett aus Nußbaumholz mit einer gesteppten Tagesdecke aus grüner Seide und einen Nußbaumsekretär. Die vorherrschende Farbe der gepolsterten Stuhlsitze war ebenfalls Grün.

»Wunderschön«, sagte ich.

»Hier drüben ist ein Alkoven. Ah, da ist der Krug mit dem heißen Wasser. Und hier ist Ihr Gepäck. Ein Mädchen wird Ihnen beim Auspacken helfen.«

»Das kann ich allein«, sagte ich. »Es ist nicht viel.«

»Ich hoffe, Sie werden sich wohl fühlen.« Sie zögerte. »Mein Mann möchte Sie unbedingt sehen.«

»Ich möchte ihn auch kennenlernen.«

»Er ist sehr krank.«

»Ja, ich weiß.«

Ihre Lippen zitterten. »So«, fuhr sie mit gezwungener Munterkeit fort, »ich lasse Sie jetzt allein. Wenn Sie fertig sind, läuten Sie. Ich hole Sie dann ab, oder ich schicke Ihnen ein Mädchen.«

»Das ist lieb von Ihnen«, sagte ich.

Sie ging hinaus. Eine ungeheure Erregung nahm von mir Besitz. Ich stellte mir mein Leben als Herrin dieses Hauses vor. Dann dachte ich an Amelia, die diese Position noch innehatte, und ich fragte mich, ob sie mich wohl als Eindringling empfand. Ich mochte sie sehr. Ihre herzliche Begrüßung schien echt gewesen zu sein, und sie machte auf mich den Eindruck, daß sie sehr an ihrem Mann hing.

Rasch wusch ich mich, packte meine Sachen aus und zog ein helles Nachmittagskleid an. Dann läutete ich.

Ein junges Mädchen erschien. Ich sah an ihrer Miene, daß sie sehr neugierig war; sie konnte die Augen nicht von mir abwenden. Ich erkundigte mich nach ihrem Namen. Sie hieß Emily. Ich sagte ihr, ich sei nun bereit, mich zu meinen Gastgebern zu gesellen.

»Sehr wohl, Miss. Wünschen Sie, daß ich auspacke?«

Als ich ihr sagte, daß ich es bereits getan hatte, machte sie ein enttäuschtes Gesicht. Ich vermutete, sie hätte den anderen Dienstboten gern eine Beschreibung meiner Kleider gegeben. »Zeigen Sie mir bitte den Weg, Emily.«

»Sehr wohl, Miss. Der Tee wird im Wintergarten serviert. Wenn Sie mir bitte folgen wollen...«

Ich folgte ihr die Wendeltreppe hinab und dann noch eine andere Treppe. Emily klopfte an eine Tür und hielt sie auf. Ich ging hinein. Amelia machte sich gerade an einem Teetablett zu schaffen. Aubrey erhob sich, als ich eintrat.

Es war ein hübsches Zimmer mit hoher Decke, Wandteppichen und Stuhlpolstern in Petit-point-Stickerei. Ein gemütlicher Raum.

»Das ging aber schnell«, sagte Aubrey. »Ich hoffe, dein Zimmer gefällt dir.«

»Mehr als das. Es ist wunderhübsch. Ich fürchte, ich werde mich nie daran gewöhnen, in so einem Haus zu leben.«

»Dir wird aber nichts anderes übrigbleiben«, sagte Aubrey.

»Wie möchten Sie Ihren Tee?« fragte Amelia. »Stark? Schwach? Sahne? Zucker?«

Ich sagte es ihr, und sie reichte mir die Tasse. »Nach dem Tee müssen Sie mit zu Stephen kommen«, sagte sie.

»Sehr gern. Liegt er zu Bett?«

»Im Augenblick ja. Wenn er einen guten Tag hat, steht er auf und setzt sich in seinen Sessel am Fenster.«

»Ich bin bereit, wann immer es genehm ist.«

»Die Köchin hat diese Plätzchen für Sie gebacken. Sie müssen sie probieren. Sie nimmt es übel, wenn man ihre Speisen nicht würdigt.«

»Danke. Die sehen lecker aus.«

»Ich möchte dir das Haus zeigen«, sagte Aubrey.

»Ich kann es gar nicht erwarten.« Ich blickte aus dem Fenster.

»Das sind die Stallungen«, erklärte Aubrey.

»Scheinen sehr geräumig zu sein.«

»Wir sind alle Pferdenarren in unserer Familie.«

»Reiten Sie gern?« fragte Amelia.

»Ich bin nicht viel geritten. In Indien bin ich gemächlich auf meinem Pony getrabt, und als ich in den Schulferien bei meinem Onkel und meiner Tante auf dem Land war, bin ich ein wenig geritten. Es macht mir Spaß, aber ich würde mich nicht gerade als erfahrene Reiterin bezeichnen.«

»Dem werden wir bald abhelfen«, sagte Aubrey. »Man braucht hier ein Pferd. Unser Gut liegt sehr einsam.«

»Die nächste Stadt ist gut drei Kilometer entfernt«, setzte Amelia hinzu. »Und es ist nur eine Kleinstadt.«

Sie erkundigte sich nach meiner Zeit in Indien, und ich erzählte ihr von meiner Kindheit, und wie ich mich im Pfarrhaus meines Onkels nach Indien zurückgesehnt hatte. »Ich sah das Land während meiner ganzen Schulzeit durch eine rosarote Brille, und als ich dann zurückkam …«

»Hatten Sie die Brille abgenommen«, ergänzte Amelia, »und Sie sahen Indien im kalten Tageslicht.«

»Sie hat sie wieder aufgesetzt, als sie mich sah«, sagte Aubrey.

Amelia machte ein verständnisloses Gesicht, aber Aubrey lachte.

Nach dem Tee ging Amelia nachsehen; sie meinte, wenn

54

Stephen wach sei, solle ich jetzt zu ihm kommen. Sie ließ mich kurze Zeit mit Aubrey allein. Er saß ganz still und sah mich eindringlich an.

»Es ist so traurig für Amelia«, sagte ich. »Sie muß sehr besorgt sein um ihren Mann.«

»Er ist schon geraume Zeit krank. Sie weiß seit Wochen, daß keine Hoffnung mehr besteht.«

»Sie ist sehr tapfer.«

Er schwieg. Schließlich sagte er: »Meinst du, du kannst das Haus liebgewinnen?«

»J-ja, ich glaube schon.«

»Du zögerst.«

»Im Moment scheint es mir etwas abweisend.«

»Abweisend! Wie meinst du das?«

»Du hast gesagt, daß Häuser zur Familie gehören. Alte Familien haben oft etwas gegen Neulinge. Und ich bin nun mal ein Neuling.«

»Unsinn. Hast du das Gefühl, daß Amelia etwas gegen dich hat?«

»Nein, ganz sicher nicht.«

»Das Tor? Das Fallgitter? Der Wintergarten? Haben die etwas gegen dich?«

»Es kam so überraschend. Ich hatte nicht mit einem so uralten Haus gerechnet. Du hast mich nicht genügend gewarnt.«

»Ich wollte kein übertriebenes Loblied singen, sonst wärst du am Ende enttäuscht gewesen.«

»Niemals!«

Die Tür ging auf. »Er ist wach«, sagte Amelia, »und möchte Sie gern sehen.«

Stephen St. Clare saß auf Kissen gestützt in dem großen Himmelbett, das mit schweren Vorhängen mit Stickereien auf cremefarbenem Grund versehen war. Es war offensichtlich, daß er schwer krank war. Sein Gesicht schimmerte gelblichgrau, die dunklen Augen waren eingesunken. Seine klauenhaften Hände lagen auf der Tagesdecke.

»Das hier ist Susanna, Stephen«, sagte Aubrey sanft lächelnd.

Die eingesunkenen Augen musterten mich. »Ich freue mich, Sie kennenzulernen«, sagte er.

»Ganz meinerseits«, erwiderte ich.

Amelia rückte einen Stuhl ans Bett, und ich setzte mich. Sie und Aubrey nahmen etwas entfernt Platz. Amelia erklärte, ich werde eine Woche bleiben und dann heimkehren, um die Hochzeitsvorbereitungen zu treffen.

»Ich nehme an, Sie werden die Hochzeit bei sich zu Hause ausrichten«, sagte Stephen.

»Vater und ich sind der Meinung, sie sollte im Pfarrhaus meines Onkels stattfinden«, erwiderte ich. »Mein Onkel möchte gern die Trauung vornehmen.« Ich lächelte Aubrey an. »Wir haben noch nicht viel über die Vorbereitungen gesprochen.«

»Ich hoffe, ihr werdet nicht zu lange warten«, sagte Stephen.

»Dazu gibt es keinen Grund.« Aubrey lächelte mich an und fügte hinzu: »Hoffentlich.«

»Ich habe in letzter Zeit nicht viel tun können, nicht wahr, Amelia?« meinte Stephen.

»Nein, aber wir haben einen guten Verwalter. Alles läuft reibungslos. Und da Aubrey nun zu Hause ist...«

»Amelia war mir eine große Hilfe«, sagte Stephen. »So, wie Sie Aubrey eine Hilfe sein werden.«

»Ich werde mein Bestes tun.«

Er nickte.

Amelia blickte ihren Mann besorgt an. »Du mußt jetzt schlafen, Stephen. Du kannst Susanna noch oft sehen, bevor sie abreist. Sie kommt morgen wieder zu dir.«

Stephen nickte, er hatte die Augen halb geschlossen.

Amelia und ich standen auf. Ich beugte mich über das Bett und sagte: »Ich komme bald wieder.«

Stephen schlug die eingesunkenen Augen auf und lächelte.

Wir verließen das Zimmer, und Amelia schloß die Tür.

»Er ist heute sehr schwach«, stellte Aubrey ein wenig traurig fest.

»Ja, aber er wollte Susanna unbedingt sehen.«

Aubrey schlug vor, mit mir einen Spaziergang durch den Garten zu machen und mir die Stallungen zu zeigen, und wir gingen nach draußen.

In den nächsten Tagen wurde ich mit dem Gut St. Clare und seinen Bewohnern vertraut. Ich hatte das Gefühl, Aubrey nun besser zu kennen als zuvor. Menschen wirken in der Umgebung ihres Zuhauses oft anders. Ich staunte über seine Begeisterung für das Anwesen. In Indien hatte er etwas von einem Nomaden an sich gehabt, ein Mann von Welt, vielleicht ein wenig zynisch. Jetzt war er fast ein anderer Mensch. Ich entdeckte gewisse Züge an ihm, die mir vorher nicht aufgefallen waren, die leidenschaftliche Liebe zu dem Haus, die sich entwickelt zu haben schien, weil es bald ihm gehören würde, und zwar recht bald, dachte ich unwillkürlich, denn sein Bruder war zweifellos sehr, sehr krank. Dann seine Pferdeliebe. Er hielt sich gern im Stall auf und machte mich stolz auf die edlen Gliedmaßen der Pferde aufmerksam. Wenn er die Kutsche lenkte, wurde er ausgesprochen kühn. Er ließ die prachtvollen Grauen in mörderischem Tempo rasen, so daß ich fast aus dem Wagen geworfen wurde – je schneller es ging, desto vergnügter wurde Aubrey. Ich fand es etwas gefährlich und sagte es ihm. »Nicht mit mir«, erwiderte er stolz, »ich bin vollkommen Herr der Sache.« Mir schien, er liebte die Gefahr um ihrer selbst willen, und wäre er nicht so erfahren im Umgang mit Pferden gewesen, so hätte ich Angst um ihn gehabt. Sein Stolz auf seinen Pferdeverstand hatte etwas Kindliches, und das fand ich liebenswert.

Jeden Tag, wenn ich aufstand, trat ich ans Fenster und blickte auf die Auffahrt, und dann sagte ich zu mir: Dieses grandiose Haus wird mein Heim. Werde ich hier glücklich sein?

Amelia hatte mir das Haus gezeigt, die Schlafräume, das Sonnenzimmer mit seinen Sofas, Sesseln und hohen Spiegeln, den Fenstern und Nischen. In einer stand ein altes Spinnrad. Sie hatte mich in die lange Galerie mit den Porträts geführt und sogar in die Küche, wo ich der Köchin vorgestellt wurde – ich vergaß nicht, sie zu ihren Plätzchen zu beglückwünschen –, sodann in den Küchenhof mit den Töpfen und Handmühlen, die noch immer zum Mahlen von Korn und Erbsen verwendet wurden.

Amelia und ich freundeten uns mit jedem Tag mehr an. Sie hatte eine Traurigkeit an sich, die mir den Wunsch eingab, sie zu trösten. Sie liebte ihren Mann; sie waren offenbar miteinander glücklich gewesen. Sie hing sehr an dem Haus. Sie zeigte mir etliche Verbesserungen, die sie vorgenommen hatte. So erzählte sie mir, daß das Dach erneuert werden mußte und wie schwer mittelalterliche Dachpfannen aufzutreiben gewesen seien. Sie zeigte mir die Ausstattung, die sie für einige Schlafzimmer ausgesucht hatte, weil die alte abgenutzt war. Sie liebte das Haus, und nun würde sie nicht nur ihren Mann verlieren, sondern obendrein ihr Heim. Aber, dachte ich, vielleicht bleibt sie hier. Große Familien pflegten in den Häusern der Vorfahren zu bleiben, und sie war hier schließlich die Herrin gewesen – also würde es immer ihr Zuhause sein.

Ich machte mir darüber Gedanken. Das Thema war zu heikel, um es auszusprechen. Ich unterhielt mich auch nicht mit Aubrey darüber. Es war besser, abzuwarten, bis sich ein natürlicher Anlaß dazu ergab.

Aubrey und ich ritten über das Gut. Ich fürchtete, daß ich mich mit meiner unzulänglichen Reiterei blamieren würde; aber er war sehr rücksichtsvoll, und wenn wir galoppierten, behielt er mich im Auge. Doch wenn ich mit ihm in der Kutsche fuhr, war er jedesmal tollkühn, so sehr lag ihm daran, mir sein Können vorzuführen. Er besaß wirklich großes Geschick. Die Pferde reagierten auf die leichteste Aufforderung. Ich liebte ihn immer mehr. Ich liebte seinen Stolz und seine besessene Liebe zu dem Haus. Ich spürte, daß er mich brauchte, und das war ein sehr befriedigendes Gefühl.

Es fanden ein, zwei Abendeinladungen in sehr kleinem Kreis statt: Aubrey sagte, da Stephen so krank sei, könnten sie keine großen Gesellschaften geben; sie luden nur einige Nachbarn und Freunde der Familie ein, um mich ihnen vorzustellen. Ich lernte Amelias Eltern kennen, Sir Henry und Lady Carberry, die nach einem Besuch bei Freunden auf dem Land auf dem Rückweg zu ihrem Londoner Haus waren. Sie hatten eine junge Frau bei sich, die mir als Henrietta Marlington vorgestellt wurde. Sie war die Tochter von guten Freunden, und sie nahmen sie nun mit nach London, wo sie eine Weile bleiben wollte. Sie war überaus attraktiv, was sie mehr ihrer Vitalität als ihrem beachtlich guten Aussehen zu verdanken hatte. Amelias Eltern hatten Henrietta offenbar sehr gern, und das konnte ich gut verstehen. Leider währte ihr Besuch nur kurz.

Ich war gern mit Amelia allein, was sehr häufig vorkam, weil Aubrey sich nach seinem langen Auslandsaufenthalt mit der Verwaltung des Guts vertraut machen mußte und die Vormittage meist mit dem Verwalter verbrachte.

Eines Tages sprach Amelia vertraulicher mit mir als je zuvor. »Ich weiß nicht, wie ich ohne Stephen leben soll«, sagte sie.

»Vielleicht«, meinte ich ziemlich verlogen, denn ich wußte, daß es nicht sein konnte, »wird er genesen.«

»Nein«, erwiderte sie traurig, »das ist unmöglich. Bis vor einem Monat hatte ich noch Hoffnung. Es gab Zeiten, da war er beinahe der alte. Aber in Wirklichkeit ging es ihm allmählich immer schlechter. Er hat oft mit mir über das Gut gesprochen. Erst kürzlich ist ihm bewußt geworden, daß es an Aubrey fallen wird, der sich bislang nicht sonderlich dafür interessiert hat.«

»Aber jetzt liegt ihm sehr viel daran.«

»Ja, er hat sich verändert. Wohl weil er weiß, daß es bald

ihm gehören wird. Wir – Stephen und ich – hatten immer gedacht, wir könnten Kinder haben.«

Wir schwiegen ein Weilchen, dann platzte sie heraus: »Ach, Susanna, ich kann dir gar nicht sagen, wie sehnsüchtig Stephen und ich uns Kinder gewünscht haben. Es war das einzige, worin ich ihn enttäuscht habe.«

»Du darfst dich nicht für so ein Schicksal verantwortlich fühlen.«

»Ich habe alles getan. Ich hatte drei Fehlgeburten.«

»Oh, das tut mir leid.«

»Das erste ... Ich glaube, das war meine Schuld. In vier Monaten hätte mein Kind kommen sollen. Ich ging reiten und verlor es. Ich bin so gerne geritten. Es war töricht. So verlor ich das erste. Und wenn so etwas erst einmal anfängt, geht es weiter.«

»Wie traurig.«

»Beim nächsten war ich so vorsichtig. Aber nach zwei Monaten hatte ich das Kind verloren. Beim nächsten kam ich bis zum dritten Monat.«

»Das muß ja schrecklich gewesen sein.«

»Eine große Enttäuschung für uns beide. Stephen wünschte sich so verzweifelt ein Kind, einen Sohn, der später das Gut übernehmen könnte.«

»Ich verstehe.«

»Nun ja, so ist das Leben. Verzeih mir meinen Ausbruch. Du bist so mitfühlend. Ich bin überzeugt, daß du die Richtige für Aubrey bist. Er braucht eine wie dich.«

»Oh, ich glaube, er ist durchaus in der Lage, auf eigenen Füßen zu stehen.«

Sie antwortete nicht. Sie sah unendlich traurig aus – sie dachte wohl an die verlorenen Kinder.

Eines Tages war ich mit Stephen allein. Aubrey war auf dem Gutsgelände unterwegs. Amelia war in mein Zimmer gekommen und hatte gesagt, Stephen wolle mich sprechen.

Ich ging ins Krankenzimmer. Er saß in Decken gehüllt in einem Sessel. So sah er noch kränker aus als im Bett. Ich setzte mich zu ihm, und nachdem wir uns etwas unterhalten hatten, ließ Amelia uns für kurze Zeit allein.

Stephen sagte: »Ich bin froh, daß du Aubrey heiratest.«

»Es freut mich, daß du so denkst. Viele Familien mißbilligen Neulinge in ihrem Kreis. Als ich Aubrey kennenlernte, hatte ich keine Ahnung, daß ihr in solch feudalen Verhältnissen lebt.«

Stephen nickte. »Das ist auch eine große Verantwortung. Er wird das Anwesen übernehmen. Es ist wie eine Kette, im Laufe der Jahrhunderte geschmiedet. Der Gedanke, daß sie zerbrochen wird, ist unerträglich. Wenn ich einen Sohn hätte...« Er schüttelte traurig den Kopf, und ich dachte an das, was Amelia mir erzählt hatte. »Aber nun... ich bin froh, daß du hier bist. Er braucht jemanden... ständig... eine, die sich um ihn kümmert und abhält von seinem...« Er hielt inne. Ich glaube, er war im Begriff, etwas Wichtiges zu sagen, aber er überlegte es sich anders. Er tätschelte meine Hand und fuhr fort: »Ich bin überzeugt, daß du die Richtige für ihn bist. Du wirst stark sein. Stärke, das ist es, was er braucht. Weißt du...« Ich sah ihn fest an, aber er war verstummt.

Ich drängte: »Ja... was wolltest du sagen...«

Die eingesunkenen Augen schienen meine Gesinnung zu erforschen. Er wollte mir etwas mitteilen. Oder er überlegte, ob er es mir sagen solle oder nicht. Große Neugierde überkam mich. Ich war überzeugt, daß es etwas war, das ich unbedingt wissen sollte. Und daß es Aubrey betraf.

Stephen lehnte sich im Sessel zurück und schloß die Augen. Amelia kam herein. Wir tranken zusammen Tee. Ich fragte mich, was er mir hatte sagen wollen.

Es war am späten Nachmittag. Am Himmel zogen dunkle Wolken; es würde ein Gewitter geben, noch ehe der Tag zu Ende ging. Ich betrachtete die Porträts in der Galerie. Mir fiel eine starke Ähnlichkeit zwischen Aubrey und einigen seiner Vorfahren auf. Ich sah mir die Gesichter an, einige waren nachdenklich, einige lächelnd, einige heiter, einige ernst, und alle schienen forschend von der Leinwand auf mich herabzusehen. Es war ein unheimliches Gefühl, in ihrer Mitte zu stehen, während es zusehends dunkler wurde. Es gab Augenblicke, da ich mir einbildete, in diesem Haus beobachtet zu werden. Ich spürte unsichtbare Gestalten aus der Vergangenheit in meiner Nähe; sie prüften das Mädchen, das die Unverschämtheit besaß, in den Familienkreis eindringen zu wollen.

Ein Porträt interessierte mich besonders, vielleicht weil das Gesicht des Mannes mich besonders an Aubreys erinnerte. Seine Augen verfolgten mich überallhin, und sein Ausdruck schien sich beim Hinsehen zu verändern. Ich bildete mir ein, ich sähe die Lippen sich amüsiert kräuseln, weil der auf dem Bild Dargestellte wußte, daß er mich gleichzeitig anzog und abstieß. Die weißen Locken seiner Perücke hingen ihm fast bis auf die Schultern und waren von einem Hut mit weißer Krempe gekrönt, der ihm einen leicht militärischen Zug verlieh. Sein taillierter Rock war aus brombeerfarbenem Samt, die Weste darüber war erlesen bestickt und fast so lang wie der Rock. Sie lag in der Taille eng an und war darunter leicht ausgestellt. Die Knöpfe sahen aus wie Edelsteine. Die Kniehose war an den Waden mit Zierschnallen zusammengehalten. Seine Beine waren wohlgeformt, und die Schnallen an den Schuhen paßten zu denen an der Kniehose. Er war ein sehr eleganter Herr.

»Hallo!«

Ich fuhr zusammen. Eine Sekunde lang dachte ich, der Stutzer auf dem Bild habe gesprochen. Ich drehte mich um. Aubrey war ganz leise hereingekommen, und ich war so versunken gewesen, daß ich ihn nicht gehört hatte.

Er schob seinen Arm durch meinen. »Wie ich sehe, bist du gefesselt von Harry St. Clare«, sagte er. »Da dürftest du nicht die erste sein.«

»Aha, das ist also Harry St. Clare. Muß vor etwa hundert Jahren gemalt worden sein.«

»Richtig. Man sieht es am Hut. Ein Dettingen... so genannt nach der Schlacht. Du solltest das Datum kennen. So um 1740, glaube ich.«

»Ja.«

»Diese Hüte waren nach der Schlacht hochmodern. Und du kannst dir denken, daß Harry stets mit der Mode ging.«

»Kennst du die Geschichte deiner sämtlichen Vorfahren?«

»Nur von denen, die sich ausgezeichnet haben wie Harry.«

»Wie hat er sich ausgezeichnet? Bei Dettingen?«

»Gott bewahre! Dazu war er zu schlau. Harry war ein Lebemann. Harry war der Teufel in Menschengestalt. Er war in etliche Skandale verstrickt und zog sich den Zorn seines Vaters, seines Großvaters, ja der ganzen Verwandtschaft zu.«

»Was hat er getan?«

»Nichts Gescheites. Wenn irgendwo was Schlimmes angestellt wurde, war Harry dabei. Er hätte beinahe das Familienvermögen durchgebracht. Er ist jung gestorben. Es hieß, der Teufel habe ihn geholt. Ich nehme an, er führt jetzt in der Hölle ein ausschweifendes Leben. Das wäre genau nach seinem Geschmack.«

»Ich glaube, du magst ihn recht gern.«

»Sind Schurken nicht immer aufregender als Heilige? Von letzteren hatten wir allerdings nicht gerade viele in der Familie. Harry war Mitglied in einem der Höllenfeuer-Clubs, die damals bei den jungen Nichtstuern in Mode waren, bei Leuten, die zu Ausschweifungen neigten und über genügend Geld verfügten, ihnen frönen zu können.«

»Was hat er angestellt?«

»Schlimme Sachen. Schwarze Magie. Teufelsanbetung. Er hat schlechthin im Laster geschwelgt. Er war Mitglied in Sir Francis Dashwoods Club in Medmenham. Dashwood baute ein klosterartiges Haus, und dort haben die Mitglieder den

Teufel angebetet, schwarze Messen und Orgien gefeiert. Du kannst dir nicht vorstellen, welchen Ausschweifungen sie sich hingaben.« Aubreys Augen leuchteten vor Aufregung. »Aber das war Harry noch nicht genug. Er hat seinen eigenen Club gegründet und Dashwood übertroffen.«

»Das Porträt hat ein sehr begabter Künstler gemalt«, sagte ich. »Wenn man es ansieht, scheint es lebendig zu werden.«

»Das ist Harrys Charakter, der auf dich einwirkt. Nicht wahr, du siehst, daß er kein gewöhnlicher Mann war. Und jetzt schau dir hier drüben Joseph St. Clare mit seiner Tochter Charity an. Sie haben hundert Jahre vor Harry gelebt. Sie verkörpern die tugendhaften St. Clares. Aber findest du Harry nicht interessanter?«

»Ich finde sein Porträt besser.«

»Täusche dich nicht. Dieser Harry ist hinter dir her. Er überlegt, wie er dich zu einer Torheit verführen kann. Er möchte dich gern als Mitglied für seinen Höllenfeuer-Club gewinnen.«

»Wie dunkel es plötzlich geworden ist.«

Aubrey zündete eine Lampe an, die auf einem Konsoltischchen stand, und hielt sie in die Höhe. Im Lampenlicht sah Harry St. Clare boshaft aus. Aubrey lachte, und als ich mich zu ihm umdrehte, leuchteten seine Augen, und er hatte eine starke Ähnlichkeit mit seinem Vorfahren. Ich schauderte, und in diesem Moment vernahm ich das schwache Grollen fernen Donners. Aubrey legte seinen Arm um mich, und wir betrachteten einige Sekunden lang das Bild gemeinsam. Dann stellte er die Lampe auf das Tischchen, nahm mich in seine Arme und küßte mich leidenschaftlich, fordernd. So hatte er mich noch nie in seinen Armen gehalten. Mir war ein wenig unheimlich. Ich blickte über die Schulter. Harry St. Clare schien mich auszulachen.

An diesem Abend eröffnete uns Amelia die erstaunliche Neuigkeit. Wir hatten im Wintergarten gegessen. Das Speisezimmer wurde nur benutzt, wenn Gäste anwesend waren, denn für so wenige Personen war es zu groß. Vor dem Wintergarten lag ein kleines, gemütliches Wohnzimmer, und dorthin zogen wir uns zum Kaffee zurück. Amelia war mir während des Essens geistesabwesend und nervös vorgekommen.

Und als müsse sie sich wappnen, sagte sie dann: »Ich habe euch etwas mitzuteilen. Ich wollte nicht davon sprechen, bevor ich nicht absolut sicher war. Ich bekomme ein Kind.«

Tiefe Stille trat ein. Ich sah Aubrey nicht an, aber ich spürte seine Gegenwart.

Amelia fuhr fort: »Natürlich ... es wird sich etwas ändern. Stephen ist so froh. Ich glaube, das hat ihm sehr gutgetan.«

Ich rief: »Gratuliere! Du mußt ja überglücklich sein. Das hast du dir doch immer gewünscht.«

Sie sah mich nahezu dankbar an. »Zuerst konnte ich es nicht glauben. Ich dachte, ich würde es mir einbilden. Aber nun hat es der Arzt bestätigt.«

Ich stand auf und umarmte sie. Ich freute mich für sie. Sie hatte mich so tief gerührt, als sie mir von ihrer Sehnsucht nach Kindern und ihren Enttäuschungen erzählte. Gleichzeitig ahnte ich, wie Aubrey zumute sein mußte. Er hing an dem Gut, seit er wußte, daß es ihm gehören würde. Was mochte in ihm vorgehen? Ein paar Sekunden lang schien er zu verblüfft zu sein, um etwas zu sagen. Ich sah ihn erwartungsvoll an, und dann sprach er, als bereite es ihm große Mühe. »Ich schließe mich Susannas Glückwünschen an. Wann ...?«

»Ich bin erst im zweiten Monat, es ist noch lange hin. Diesmal werde ich sehr vorsichtig sein. Es ist wie ein Wunder. Nach all den Enttäuschungen, und bei Stephens Zustand ... Ich werde etwas haben, wofür es sich zu leben lohnt. Ich kann euch gar nicht sagen, wie mir zumute ist ... Aber für euch wird sich natürlich einiges ändern.«

»Allerdings«, sagte Aubrey gequält.

»Es tut mir leid«, sagte Amelia, »aber nur ein bißchen, denn mehr als alles andere wünsche ich mir, daß dieses ...«

»Trinken wir auf einen glücklichen Ausgang«, sagte ich.

»Ich trinke keinen Alkohol«, wehrte Amelia ab. »Ich muß sehr vorsichtig sein.«

»Dann«, sagte Aubrey, »trinken Susanna und ich auf einen glücklichen Ausgang.«

Amelia konnte von nichts anderem mehr sprechen. »Es ist ein Wunder«, wiederholte sie ständig. »Es ist, als werde ich entschädigt. Es muß geschehen sein, bevor Stephen wieder so schwer krank wurde, denn da war er hin und wieder ganz der alte. Erst in letzter Zeit ist es besonders schlimm mit ihm geworden.«

»Ich freue mich so für dich, Amelia.«

»Ich wußte, daß du dich freuen würdest. Bei Aubrey ist es etwas anderes. Dies ist sein Heim. Ich weiß, wie ihm jetzt zumute ist. Aber Stephen ist so glücklich, weil sein Sohn der nächste Herr von St. Clare wird – oder seine Tochter die nächste Herrin.«

Sie sagte, sie werde auf jeden Schritt achten, den sie tue. Sie werde den Arzt konsultieren und alle seine Anweisungen befolgen. Sie werde bestimmt keine Fehlgeburt mehr haben.

Aubrey machte seiner Verbitterung Luft, als wir allein waren. »Daß so etwas passieren konnte! Glaubst du, daß Stephen ein Kind zeugen konnte?«

»Er hat es getan. Amelia sagt, er war zeitweise ganz wohl. Erst im letzten Monat ist er so schwer krank geworden.«

»Das muß sie doch sagen, oder?«

»Worauf willst du hinaus… daß das Kind nicht von Stephen ist? Aber Aubrey!«

»Wieso nicht? Sie ist in einer verzweifelten Situation. Dies wäre für sie eine Möglichkeit, alles in der Hand zu behalten.«

Ich sah ihn entsetzt an. »Wie kannst du so etwas von Amelia sagen!«

»Weil es durchaus sein könnte.«

»Das glaube ich nicht.«

»Ist dir denn klar, was sich dadurch für uns ändern wird?«

»Darüber habe ich noch nicht nachgedacht.«

Seine Wut war unverkennbar. »Mein Bruder wird wünschen, daß ich hierbleibe. Als eine Art Regent, bis das Kind volljährig ist. Als Hüter dieses Säuglings, der eines Tages die Krone tragen wird.«

»Warum nicht?«

Er sah mich beinahe mit Widerwillen an. »Verstehst du denn nicht?«

»Natürlich verstehe ich.«

»Nicht du wirst Herrin im eigenen Haus, sondern Amelia, siehst du das nicht?«

»Wenn wir hierbleiben, bin ich's zufrieden. Ich habe Amelia sehr gern. Wir sind Freundinnen geworden.«

Er wandte sich unwillig ab. Er machte ein verdrießliches Gesicht wie ein Kind, dem man ein Spielzeug weggenommen hat.

Ich hatte das Gefühl, ihn trösten zu müssen. Ich sagte: »Es wird schon werden, Aubrey! Hauptsache, wir sind zusammen. Auf das Miteinander kommt es an, nicht auf Besitz.«

Er lächelte matt. »Du bist ein liebes Mädchen, Susanna. Ich nehme an, ich bin ein Glückspilz, nicht wahr?«

Ich sagte, das wolle ich hoffen – für uns beide.

Aubrey schien seine Enttäuschung verdrängt zu haben. Er sprach kaum darüber, wir machten vielmehr Pläne für unsere Hochzeit. »Sie muß so bald wie möglich stattfinden«, sagte Aubrey, und ich war von seiner Ungeduld entzückt.

»Dies ist kaum der richtige Ort für eine Hochzeit«, meinte er.

»So, wie es um Stephen steht, sieht es so aus, als ob wir hier bald eine Beerdigung hätten.«

»Armer Stephen. Ich denke, er wird sich jetzt ans Leben klammern. Er wird sein Kind sehen wollen.«

»Vielleicht.«

»Mein Vater meint doch, wir sollten im Pfarrhaus Hochzeit machen. Mein Onkel würde uns gern trauen. Es war schließlich lange Zeit mein Zuhause.«

»Und wann?«

»In fünf, sechs Wochen, spätestens in zwei Monaten.«

»Je eher, desto besser.«

»Sobald ich zurückkehre, werde ich alles in die Wege leiten. Ich werde ein paar Wochen bei Onkel James und Tante Grace bleiben müssen. Das Aufgebot muß bestellt werden und so weiter. Es wird viel zu tun geben, und die Zeit wird wie im Fluge vergehen.«

»Dann begib dich bitte unverzüglich ans Werk.«

Ich hatte den Eindruck, daß es Stephen viel besser ging. Die Nachricht, daß ein Kind unterwegs war, hatte zweifellos belebend gewirkt. Er sprach deutlich, und seine Augen leuchteten. »Ich bin froh, daß ihr bald heiratet«, sagte er. »Aubrey braucht dich. Kümmere dich um ihn!«

Ich versprach es lächelnd. Ich nahm an, Stephen sah in Aubrey immer noch den jüngeren Bruder, der nicht imstande war, für sich selbst zu sorgen.

Es geschah am Tag vor meiner Abreise. Ich war nach dem Mittagessen spazierengegangen. Die Umgebung des Gutes fesselte mich jedesmal. Man konnte ganz unversehens auf Überreste des alten Klosters stoßen, eine zerbröckelnde Mauer, auf der Kletterpflanzen wuchsen, Pflastersteine im Gras, den Stumpf von etwas, das eine Säule gewesen sein mochte. Ich fand es faszinierend. Das Anwesen hatte mich in seinen Bann gezogen, und ich fragte mich, ob wir hier wohnen würden. Falls Stephen genas, gewiß nicht; und ich konnte mir auch nicht vorstellen, daß Aubrey sich in einer Rolle als Regent, wie er es nannte, wohl fühlen könne.

Aber Stephen genas nicht. Die Besserung war nur vorübergehend gewesen. Er hatte gesünder ausgesehen, weil er glücklicher war, aber Glück konnte seine Krankheit nicht heilen.

Die Zukunft war ungewiß, dabei hatte ich noch vor wenigen Tagen geglaubt, sie deutlich vor mir zu sehen. Ich hatte mir ausgemalt, wie wir hier lebten und Kinder hatten, denn mein Wunsch nach Kindern war so stark wie der Amelias; ich hatte mir vorgestellt, wie ich das alte Haus liebte und die Porträts meiner Kinder in der Galerie aufhängen ließ.

Ich war zu einem Wäldchen gekommen. Weiter als bis hier war ich noch nie gegangen. Die Kiefern wuchsen dicht beisammen und verliehen dem kleinen Waldstück eine düstere, geheimnisvolle Atmosphäre. Ich bahnte mir einen Weg zwischen den hohen geraden Stämmen mit der rötlichen Borke hindurch, und dabei hatte ich wie so oft auf St. Clare das Gefühl, vor einer Entdeckung zu stehen. Das Wäldchen war nicht groß, und als ich auf der anderen Seite herauskam, sah ich, daß der Boden leicht zu einem kleinen Hügel anstieg. Ich erklomm die Anhöhe und blickte auf der anderen Seite hinab. Das Gelände fiel etwa zwei Meter steil ab. Ich kletterte durch dichtes Gestrüpp hinunter, und dabei entdeckte ich zu meiner Verwunderung, daß sich hinter der Pflanzendecke etwas, das wie eine Tür aussah, befand.

Ich bog das Gestrüpp zur Seite. Wahrhaftig, es war eine Tür. Aufgeregt nahm ich sie näher in Augenschein. Wo mochte sie hinführen? Anscheinend in eine Höhle unter dem Hügel. Ich drückte dagegen, aber sie gab nicht nach. Ich sah mich um. Ringsum war es ganz still. Wieder hatte ich das Gefühl, daß mich jemand beobachtete und daß etwas Bedrohliches in der Luft war. Ich entfernte mich von der Tür und betrachtete sie aus einigem Abstand. Als sie unter den Pflanzen nicht mehr zu erkennen war, sah der Hügel wie ein, wenn auch etwas ungewöhnlicher, Bestandteil der Landschaft aus. Mir kam der Gedanke, daß es kein natürlicher Hügel war, und ich fragte mich, was sich hinter der Tür befinden mochte. Ich ging um den Hügel herum und zurück zu dem Wäldchen. Sobald ich es betrat, hatte ich das unheimliche Gefühl, verfolgt zu werden. Ich vernahm das plötzliche

Klicken eines Steins, ein Knacken im Unterholz. Es war hellichter Tag, trotzdem fing mein Herz ängstlich zu klopfen an. Ich eilte weiter.

Plötzlich packte mich jemand am Arm. Ich stöhnte, und als ich mich umdrehte, erblickte ich Aubrey.

»Was ist denn los, Susanna?« fragte er.

»Ach, hast du mich erschreckt! Ich dachte, ich werde verfolgt.«

»Stimmt. Amelia sagte mir, daß du einen Spaziergang machst, und da habe ich dich gesucht.«

»Warum hast du nicht gerufen, damit ich wußte, daß du es bist?«

»Weil ich dich gern überrasche. Hattest du Angst?«

»Jetzt nicht mehr. Ich habe bloß eine Tür gesehen.«

»Eine Tür?«

»Ja. Sie führt in den Hügel hinein.«

»Was ist daran so merkwürdig? Hier kann man auf alles mögliche stoßen. Es sind die Überreste des alten Klosters. Es würde einen allgemeinen Aufschrei geben, wenn wir Relikte der Vergangenheit entfernen wollten.«

»Ja, ich weiß. Aber diese Tür – sie muß irgendwo hinführen.«

Seine Augen glitzerten. Meine wunderlichen Einfälle amüsierten ihn. Er schob seinen Arm durch meinen. »Warst du auf dem Rückweg zum Haus?«

»Ja.«

»Wieso hat eine Tür dich erschreckt?«

»Ich weiß nicht. Es war so seltsam...«

»Hast du erwartet, daß sie aufgeht und der Teufel herausspaziert?«

Ich lachte. »Es kam mir so merkwürdig vor, und dann ging ich durch den Wald und hatte das Gefühl, daß ich verfolgt werde...«

»Es tut mir leid, daß ich dich erschreckt habe, liebste Susanna. Ich dachte immer, du seist so nüchtern veranlagt.«

70

»Nein, eigentlich nicht. Ich habe eher etwas zuviel Phantasie.«

»Und phantasierst du nun über diese Tür? An Orten wie diesem kann man auch dem nüchternsten Menschen einige Hirngespinste nachsehen. Ich will dir verraten, daß du nicht die erste bist, die diese Tür entdeckt hat. Wir haben sie tatsächlich einmal geöffnet. Das ist lange her, ich war damals noch ein kleiner Junge. Dahinter ist nur eine Höhle, sonst nichts. Vielleicht war es mal ein Vorratslager der Mönche.«

»Ach so. Ich dachte, hinter einer so stabilen Tür müßte sich etwas Wichtiges verbergen.«

»Susanna, es tut mir leid, daß ich dich erschreckt habe.«

»Ach, es war albern von mir.«

Auf dem Rückweg zum Haus sprach er begeistert von der Hochzeit.

Am nächsten Tag verließ ich das Gut. Aubrey bestand darauf, mich nach Hause zu bringen. Auf der Rückfahrt nach London schien er wie verwandelt. Er war nun wieder der Mann, den ich in Indien und auf dem Schiff gekannt hatte: galant, unbekümmert, zuversichtlich. Das Baby, dessen bevorstehende Ankunft seine Hoffnungen auf das Erbe zunichte gemacht hatte, erwähnte er mit keinem Wort.

Mein Vater freute sich, mich wiederzusehen. Er sagte, Jane und Polly hätten vorzüglich für ihn gesorgt und soweit es die äußeren Annehmlichkeiten betreffe, habe er mich nicht vermißt.

Aubrey kehrte noch am gleichen Tag nach Buckinghamshire zurück. Mein Vater bat mich, detailliert von dem Besuch zu berichten, und beobachtete mich während meiner Schilderung eindringlich. Ich erzählte ihm alles. »Und bist du immer noch so versessen darauf, Aubrey zu heiraten?« fragte er. Ich bejahte. »Gut, dann sollten wir zur Tat schreiten. Du mußt sogleich an Onkel James schreiben. Du wirst in London einige Einkäufe tätigen und dich vor der Hochzeit einen Monat bei Onkel und Tante aufhalten müssen. Du hast eine Menge zu erledigen. Die Zeit wird wie im Fluge vergehen. Jane und Polly kommen mit dem Haus gut zurecht. Es wird jederzeit dein Haus sein, wann immer du es wünschst.«

»Ich sehe, du hast an alles gedacht. Militärische Präzision nennt man das wohl.«

»Das könnte man sagen. Meine liebe Tochter, ich werde so froh sein, dich glücklich vermählt zu sehen.«

»Armer Vater! Du hattest deine liebe Last mit mir.«

»Gewiß, fern von daheim ein kleines Mädchen großzuziehen war nicht leicht. Aber es ist gutgegangen, und ich habe immer gewußt, daß meine Tochter imstande ist, auf sich aufzupassen.«

»Hoffentlich enttäusche ich dein Vertrauen nicht.«

Er sah mich besorgt an. »Warum sagst du das? Ist etwas passiert?«

»Nein«, sagte ich inbrünstig. »Nein.«

Aber auch ich fragte mich, warum ich das gesagt hatte. War es möglich, daß mich ein gewisses Unbehagen beschlich?

Die nächsten Wochen verflogen rasch. Ich probierte mein Brautkleid an. Ich kaufte Kleider, die ich für die Hochzeitsreise nach Venedig brauchte. Wir wollten einen ganzen Monat dort verbringen. Freunde der Familie St. Clare stellten uns ihren Palazzo zur Verfügung.

Onkel James und Tante Grace freuten sich sehr, daß die Hochzeit in der alten romanischen Kirche stattfinden und Onkel James die Trauung vornehmen sollte. Ich wollte einen Monat vor der Hochzeit zu ihnen fahren. Vater sollte an den Wochenenden kommen oder wann immer er es einrichten konnte. Wegen der Krankheit des Bruders des Bräutigams planten wir eine ziemlich stille Hochzeit.

Für Aubrey, der wenige Tage vor der Hochzeit nach Humberston kommen sollte, war im Schwarzen Eber ein Zimmer bestellt.

Als ich nach Humberston kam, war ich sehr bewegt. Ich saß in meinem alten Zimmer und blickte durch das kleine Fenster auf den Kirchhof. Erinnerungen kehrten zurück an die schreckliche Einsamkeit, an das Heimweh nach Indien, nach meinem Vater und meiner Aja. Ich fragte mich, was sie jetzt wohl machte. Sie war bei den Freelings nicht gerade glücklich gewesen. Sie hatte geheimnisvolle Andeutungen gemacht. Ich war nicht sicher, worauf sie angespielt hatte.

Jetzt war alles anders. Bald würde ich Humberston verlassen, und das Gutshaus würde mein Zuhause sein. Doch zunächst stand die märchenhafte Hochzeitsreise nach Venedig bevor.

Ich bin glücklich, sagte ich mir ständig. Ich bin zufrieden.

Die meisten jungen Frauen in meiner Lage hätten sich wahrlich glücklich geschätzt. Ich war schließlich nicht gerade eine Schönheit. Meine rötlichen Haare hatten zwar eine ausgefallene Farbe, waren aber dick und nur leicht gewellt, ohne kleidsame Locken und ausgesprochen schwer zu bändigen. Und dann die grünen Augen. Sicher, sie paßten gut zu meinen Haaren, aber meine Wimpern und Brauen waren blond und meine Haut war sehr hell. Mein zarter Teint hatte meiner Aja angesichts der grellen indischen Sonne immer große Sorgen bereitet. Ich durfte nie ohne einen weitkrempigen Hut ausgehen, nicht einmal an trüben Tagen. Es lag vor allem an meiner Größe, daß ich das Gefühl hatte, mir fehle es an femininen Reizen. Ich war schlicht und einfach zu groß. Auf eine ganze Reihe junger Männer aus unserem Bekanntenkreis hinabzublicken war sicher kein anziehender Zug. Männer möchten auf ihre Damen hinabsehen, vielleicht auch im übertragenen Sinne, ganz bestimmt aber von der Statur her. Und ich, nicht gerade häßlich, aber gewiß nicht in aller Augen ausgesprochen attraktiv, hatte erreicht, wofür so viele hübsche Mädchen eine Menge gegeben hätten. Ich hatte Glück gehabt.

Cousine Ellen kam am Tag vor der Hochzeit mit ihren

zwei Töchtern. Sie sprach nicht mehr so abwesend wie damals. Sie erinnerte sich an vieles von früher und rief mir einen Vorfall ins Gedächtnis zurück, an den ich lange nicht mehr gedacht hatte.

»Erinnerst du dich noch an Tom Jennings? Den Jungen, der von der Leiter gefallen ist?«

»O ja. Er hatte sich das Bein gebrochen.«

»Ich werde den Anblick nie vergessen, wie du neben ihm knietest. Du hast ihm nur die Stirn gestreichelt und beruhigend auf ihn eingeredet, aber das schien ihm wohlzutun.«

Ich breitete meine Hände aus und betrachtete sie. »Meine Aja hat gesagt, ich hätte heilende Hände. Sie hat zugesehen, als ich einem verunglückten Jungen in Bombay über die Stirn gestrichen habe.«

»Vielleicht solltest du Krankenschwester werden.«

Ich wurde nachdenklich. »Weißt du... ich glaube, das würde mir wirklich gefallen.«

Ellen lachte. »Gottlob kann davon keine Rede sein. Du wirst heiraten. Krankenpflege ist nichts für eine Dame... Das ist einer der niedrigsten Berufe – wie Soldat.«

»Du sprichst mit der Tochter eines Soldaten.«

»Oh, natürlich meinte ich nicht Männer wie deinen Vater. Ich meine die gemeinen Soldaten. Wie kommen sie zu dem Beruf? Weil sie für nichts anderes taugen oder weil sie in Schwierigkeiten geraten sind. Dasselbe sagt man von den Krankenschwestern.«

»Das hört sich ja furchtbar an«, sagte ich. »Ist die Verteidigung des Vaterlandes nicht eine edle Sache? Und die Pflege der Kranken ebenso?«

»So sollte es sein, aber vieles im Leben ist nicht, wie es sein sollte. Doch wozu Zeit mit der Erörterung solcher Dinge verschwenden! Du hast bestimmt alle Hände voll zu tun.«

Es gab wahrhaftig eine Menge zu erledigen, aber das Gespräch hatte Erinnerungen geweckt. Ich betrachtete meine wohlgeformten, sehr weißen Hände mit den zierlichen,

74

schmal zulaufenden Fingern. Sie waren so zart und besaßen dennoch Kraft. Ich lächelte. Sie waren das einzig wirklich Schöne an mir.

Nun war der Abend vor meiner Hochzeit. Mein Vater war nach Humberston gekommen und schlief in einem der kleinen Gästezimmer. Ellen und ihre Familie waren in zwei weiteren Räumen untergebracht. Das Pfarrhaus war zum Bersten voll. Und jenseits des Kirchhofs schlief Aubrey im Schwarzen Eber.

Ich ging zu Bett, und da hatte ich diesen Traum, der mich bewog, darüber nachzudenken, was in meiner Phantasie ihn wohl heraufbeschworen haben konnte.

Flitterwochen in Venedig

Aubrey und ich waren verheiratet. Nach der Feier vertauschte ich mein Brautkleid mit meinem Reisekostüm aus grünem Gabardine, und dann traten wir unsere Hochzeitsreise an.

Es war ein herrliches Erlebnis! Meine Zweifel und Ängste schwanden dahin. Aubrey war einfach wunderbar. Er war ein Mann von Welt und wußte natürlich, daß ich gänzlich unerfahren war. Seine liebevolle Zärtlichkeit wird mir trotz allem, was später geschah, unvergeßlich bleiben. Er führte mich sanft in die Kunst des Liebesspiels ein, und ich muß gestehen, daß ich es genoß. Ich entdeckte Züge in mir, die mir bis dahin völlig unbekannt waren.

Die Liebe war wunderbar. Ich sah einen neuen Aubrey. Er hatte Verständnis für die Gefühle und Bedürfnisse einer Frau. Er schien die Enttäuschung über die entgangene Erbschaft verwunden zu haben und gab mir das Gefühl, das einzige, was zählte, sei unsere Liebe. Und ich genoß die Wonnen des Ehelebens am wohl romantischsten Ort der Welt.

Wir saßen auf der Veranda des Palazzo Tonaletti und beobachteten die vorüberziehenden Gondeln. Besonders schön war es, wenn abends die Gondolieri für ihre Passagiere sangen, während ihre Fahrzeuge unter den Brücken hindurchflitzten.

Unser Quartier war ein prachtvoller Palazzo mit zwei Türmen, mit Bogengängen und einer langgestreckten Veranda. Besonders beeindruckten mich die Mosaikböden. Die Dienstboten, die zum Haus gehörten, warteten uns in wahrlich großem Stil auf. Der Majordomus gestattete uns feierlich, ihn Benedetto zu nennen. Die zahlreichen Hausmädchen kicherten unentwegt, wohl weil sie wußten, daß wir auf Hochzeitsreise waren. Unser Schlafgemach war zauberhaft.

Wände und Boden waren aus purpurrot gesprenkeltem Marmor, die Lampen aus Alabaster, und das große Bett hatte einen Himmel aus lavendelfarbener und grüner Seide.

Morgens brachte uns ein Mädchen das Frühstück. Sie murmelte »*Colazione, Signore, Signora*« und eilte rasch von dannen, als könne sie ihre Heiterkeit über unseren Anblick im Bett nicht länger zügeln.

Wir schlenderten durch die Straßen, entlang denen das Wasser der Kanäle hochspritzte, wir tranken auf dem Markusplatz Kaffee und gelegentlich einen Aperitif. Wir standen auf der Rialtobrücke und beobachteten die Gondolieri auf dem Canal Grande. Eine so wunderschöne Stadt hatte ich noch nie gesehen. Aubrey kannte Venedig gut, und es machte ihm Freude, mir alles zu erklären. Wie aufzuckende Blitze sehe ich alles heute vor mir: Aubrey, wie er neben mir steht und mir die Wunder des Campanile zeigt, den die Venezianer schon im Jahre 902 zu bauen begannen, aber erst viel später beendeten. Ich bewunderte den Uhrturm mit den zwei hammerbewehrten Bronzeriesen auf der Terrasse, welche die Stunden schlugen. Es gab so viel Schönes, doch selbst in diesen ungetrübten Tagen wurden mir die Kontraste bewußt. Ganz in der Nähe des Dogenpalastes war die Seufzerbrücke, die von der Verzweiflung derer zeugte, die sie überquerten und gewußt hatten, daß sie Venedig nie wiedersehen würden.

In den Straßen nahe den Kanälen ging es fröhlich zu, aber es gab auch enge, dunkle Gassen, die mir unheimlich waren. Als ich Aubrey auf die Gegensätze hinwies, meinte er: »So ist das Leben. Wäre es nicht langweilig, wenn alles reibungslos verlaufen würde?«

»Wieso?«

»Weil man nie erkennen könnte, wie gut etwas ist, wenn es nichts Schlechtes gäbe, womit man es vergleichen kann.«

Wir betrachteten die herrlichen Gemälde von Tizian, Tintoretto und den Bellinis. Aubrey verstand viel von Kunst und unterwies mich in ihr. So lernte ich nicht nur die Liebe kennen, sondern auch die Welt.

Eines Morgens sahen wir am Rande des Kanals eine Menschenmenge. Man hatte die Leiche eines Mannes aus dem Wasser gezogen. Ich sah ihn liegen, mit erschreckt aufgerissenen Augen; seine Kleider waren blutbefleckt von der Messerwunde in seinem Rücken. Aubrey zog mich rasch fort. Er meinte: »Das passiert hin und wieder. Die Italiener sind ein heißblütiges Volk.«

Alles das war Venedig. Dunkle, unheimliche Gassen, wo die Menschen auf ihre Feinde trafen und Messer aufblitzten – und dann das Geräusch, wenn eine Leiche ins Wasser fiel; die schöne, sonnendurchflutete Stadt mit den Palazzi und singenden Gondolieri; der Dogenpalast und die Seufzerbrücke und die unbeschreiblichen Folterungen, die den Menschen im angrenzenden Gefängnis zugefügt worden waren.

Aber ich befand mich auf meiner Hochzeitsreise. Ich wollte mich nicht trüben Gedanken hingeben. Ich war mit dem Mann verheiratet, den ich liebte. Ich war glücklich.

Ich stöberte stundenlang in den kleinen Geschäften. Manchmal trank Aubrey auf dem Platz einen Aperitif, während ich mich in den Läden umsah, die ihn längst nicht so faszinierten wie mich. Ich war entzückt von den hübschen ziselierten Armreifen und den Halsketten aus Halbedelsteinen, den bestickten Taschentüchern und Pantoffeln, seidenen Schals und Schultertüchern. Ich wollte später unbedingt Geschenke für meinen Vater, Amelia und Stephen kaufen.

»Das überlasse ich dir«, sagte Aubrey. »Du bist für die Einkäufe zuständig.«

Die Tage vergingen im Nu. Schließlich stellte ich mit Schrecken fest, daß wir nur noch eine Woche vor uns hatten.

Wir waren gerade von unserem morgendlichen Rundgang auf den Platz zurückgekehrt, um uns in die Sonne zu setzen und eine Tasse Kaffee zu trinken, wie wir es täglich am späten Vormittag zu tun pflegten. Wir wählten einen Tisch unter einem blaugestreiften Sonnenschirm, wo wir die Passanten beobachten konnten und die Tauben, die darauf warteten, daß die Leute ihnen Krümel hinwarfen.

Als wir unseren Kaffee tranken, gingen ein Mann und eine Frau vorbei. Sie kamen mir irgendwie bekannt vor. Die Frau blieb stehen. »Nanu, Aubrey«, sagte sie. »Und Miss Pleydell!«

Aubrey erhob sich. »Phyllis. Willie…«

Phyllis und Willie! Captain Freeling und seine Frau!

Sie plapperte atemlos. »Was um alles in der Welt… Also wirklich… ausgerechnet hier… was tun Sie in Venedig?«

»Wir sind auf der Hochzeitsreise.«

»O Willie, ist das nicht süß? So eine nette Überraschung!«

»Setzen Sie sich doch zu uns«, sagte Aubrey.

Die beiden nahmen an unserem Tisch Platz.

Mrs. Freeling hatte sich verändert. Sie sah älter aus, als ich sie in Erinnerung hatte, ihre Augen waren eingesunken, und sie war sehr mager.

»Was tun Sie hier?« fragte Aubrey. »Machen Sie Ferien?«

»Mein Lieber, das ganze Leben besteht aus immerwährenden Ferien.«

»Ich nehme an, Sie sind auf Urlaub, Captain«, sagte ich.

Mrs. Freeling beugte sich zu mir und legte ihre Hand auf meinen Arm. »Keine Urlaube mehr. Keine Pflichten mehr. Kein Regiment mehr. Das haben wir endgültig hinter uns, nicht wahr, Willie?«

Captain Freeling blickte etwas bekümmert drein. »Ich habe den Dienst quittiert«, sagte er zu mir.

»Oh…«

Er gab keine weitere Erklärung, und ich hielt es für taktlos, Fragen zu stellen.

»Wir wohnen jetzt daheim bei Willies Familie«, sagte Mrs. Freeling, »bis wir wissen, wie es weitergeht. Es tut den Kindern ja so gut. Wir machen ein bißchen Ferien, bevor wir uns endgültig in der Heimat niederlassen, nicht wahr, Willie?«

»Sehr angenehme Ferien, nehme ich an«, sagte Aubrey. »Wie lange sind Sie schon in Venedig?«

»Seit drei Tagen. Und in drei Tagen reisen wir wieder ab.«

»Wir reisen Ende der Woche ab«, sagte Aubrey.

»Ich könnte es hier monatelang aushalten«, meinte Mrs. Freeling. Sie lächelte mich an. »Sie bestimmt auch, nicht wahr? Und wie gefällt Ihnen das Leben in der Heimat? Überflüssige Frage. Sie genießen es.«

»Sicher vermissen Sie Indien«, sagte ich.

»Nicht die Spur. Ich bin froh, daß ich weg bin. Manchmal überlief mich nachts eine richtige Gänsehaut. Diese Einheimischen, die sahen manchmal so unheimlich aus. Man wußte nie, was sie dachten oder was sie als nächstes vorhatten.«

»Was ist aus der Aja Ihrer Kinder geworden?«

»Ach ja, das war mal Ihre, nicht? Sie ist zu einer anderen Familie gegangen. Die Kinder hatten sie gern. Sie haben sich beim Abschied schrecklich angestellt.«

»Sie war eine sehr gute Aja.«

»Wir sind bereits in Florenz und Rom gewesen, nicht wahr, Willie?«

Ihr Mann bejahte.

»Phantastisch! Diese Paläste! Diese Gemälde! Diese romantische Brücke, wie hieß sie doch gleich, Willie? Ponte Vecchio? Die Geschäfte! Faszinierend!«

Captain Freeling unterhielt sich mit mir, Aubrey mit Mrs. Freeling. Ich hörte Bruchstücke ihres Gesprächs, während der Captain sich nach meinem Vater erkundigte und fragte, wie es ihm im Kriegsministerium gefalle. Er selbst vermisse das Militär, aber er glaube, er werde sich zu Hause gut einleben, und für die Kinder sei es auf jeden Fall ein Vorteil, da sie früher oder später ohnehin auf eine Schule in der Heimat hätten geschickt werden müssen, und das sei immer etwas problematisch, wie ich mich gewiß erinnere.

Während der Captain mit mir sprach, hörte ich Mrs. Freeling zu Aubrey sagen: »Damien ist in Venedig.«

»Meine Verwandten leben in Worcestershire«, sagte der Captain soeben. »Wir werden vorläufig bei ihnen wohnen. Eine herrliche Gegend.« Dann fragte er nach dem Palazzo Tonaletti, und während ich ihn beschrieb, sah Mrs. Freeling auf ihre Uhr und sagte, sie müßten gehen. Wir schüttelten uns die Hände und verabschiedeten uns.

Als wir zum Palazzo zurückkehrten, sagte Aubrey: »Die Welt ist klein. Daß wir ihnen hier begegnet sind!«

»Ich möchte wissen, warum er den Militärdienst quittiert hat.«

»Zweifellos ist ihm ein anderes Leben lieber.«

»Ich finde das sehr ungewöhnlich.«

»Da spricht die Soldatentochter. Es gibt Leute, für die das Soldatenleben nicht das Größte ist.«

»Ich meine, es dürfte nicht so einfach sein, den Dienst zu quittieren. Ich werde Vater fragen. Ich nehme an, wir werden sie noch mal sehen.«

»Es wird sich wohl nicht vermeiden lassen. Aber sie reisen ja bald ab.« Er wirkte nicht gerade begeistert, und das freute mich.

»Und wir auch, sehr bald sogar«, sagte ich. »O Aubrey, es war wunderbar. Glaubst du, daß irgendwer je solche Flitterwochen erlebt hat?«

»Natürlich nicht«, erwiderte er. Und lachend betraten wir die Marmorhalle unseres Palazzo.

Wir sprachen danach nicht mehr von den Freelings. Ich nahm an, Aubrey empfand sie wie ich als ausgesprochene Störung. Die Bemerkung, daß wir uns noch einmal treffen müßten, bevor wir Venedig verließen, war wohl nur eine höfliche Floskel gewesen.

Zwei Tage nach dieser Begegnung fragte Aubrey, wann ich beabsichtigte, die Mitbringsel einzukaufen, und ob ich es nicht am Nachmittag tun wolle. »Ich weiß, daß du dabei keinen besonders großen Wert auf meine Anwesenheit legst«, sagte er. »Ich warte unterdessen auf dich. Oh, ich wüßte, was ich tun könnte. Ich könnte auf ein Stündchen bei den Free-lings vorbeischauen. Ich weiß, daß du nicht besonders er-picht darauf bist, sie zu sehen. Und ich finde, es gehört sich einfach, nachdem wir sie hier getroffen haben.«

Ich hielt das für eine gute Idee.

Ich verbrachte mehrere Stunden in den Geschäften und traf meine Auswahl. Für Amelia kaufte ich einen goldenen, mit Lapislazuli besetzten Armreif, und gerade als ich einen mar-mornen Briefbeschwerer für meinen Vater erstehen wollte, fiel mein Blick auf schöne Wandteller, die ich einfach kaufen mußte. Ich nahm einen mit einem Bild von Raffael für Ste-phen und einen mit einem Dante-Konterfei für meinen Vater.

Gegen sechs Uhr kehrte ich in den Palazzo zurück. Bene-detto sagte, Aubrey sei noch nicht zu Hause. Ich nahm ge-mütlich ein Bad und legte mich eine halbe Stunde aufs Bett, um zu lesen. Ich erwartete Aubrey jeden Moment zurück.

Als er nach einer ganzen Weile immer noch nicht da war, wurde ich unruhig.

Benedetto kam und fragte, ob er mir das Abendessen ser-vieren solle, und ich erwiderte, ich wolle warten. Er lächelte mitfühlend. Er dachte bestimmt, wir hätten Streit gehabt.

Ich bekam es mit der Angst. Ich erinnerte mich an die dunklen Gassen, an den Ertrunkenen, den ich mit blutbe-fleckten Kleidern hatte liegen sehen. Wer war er? Ein Ferien-reisender, der unter die Räuber gefallen war? Oder war sein Tod die Folge einer seit langem bestehenden Blutfehde?

Ich setzte mich auf die Veranda, dann kehrte ich ins Zim-mer zurück und schritt auf und ab. Aubrey war zu den Free-lings gegangen. Ich wußte nicht, in welchem Hotel sie abge-stiegen waren. Mrs. Freeling mußte es ihm gesagt haben, aber er hatte es mir nicht erzählt.

Ich war so hilflos. Ich befand mich in einem fremden Land, dessen Sprache ich nicht beherrschte, und wußte nicht, was ich unternehmen sollte. Aubrey wäre gewiß nicht so lange ausgeblieben, wenn nicht etwas Schreckliches passiert war.

Angenommen, die Freelings hatten ihn zum Abendessen eingeladen, dann hätten sie mich doch gewiß dazugebeten oder mich zumindest benachrichtigt, daß er bei ihnen blieb. Nein, das konnte nicht sein. Ihm mußte etwas zugestoßen sein.

Was sollte ich tun? Die Hotels abklappern? Zum britischen Konsulat gehen? Wo war das überhaupt? Mich von einer Gondel dorthin bringen lassen? Regte ich mich unnötig auf? Zuweilen hatte Aubrey mir das Gefühl gegeben, etwas naiv zu sein. War ich wirklich naiv? Würde er hereinkommen und sagen: »Die Freelings baten mich zu bleiben. Ich wußte ja, daß du hier gut aufgehoben bist.« War das die Art und Weise, wie weltgewandte Eheleute miteinander umgingen? Er würde jedoch wissen, wie mir zumute war. Er würde mich niemals dermaßen beunruhigen.

Ich mußte etwas tun. Ich ging ins Dienstbotenquartier. Ich hörte die Stimmen. Sie plapperten wie stets. Hier fand man offenbar an Aubreys Abwesenheit nichts Ungewöhnliches. Ich ging ins Schlafzimmer zurück, trat auf die Veranda und blickte auf das dunkle Wasser. Ich hörte die Bronzeriesen die Glocke im Uhrturm schlagen. Ich mußte Hilfe holen. Ich wollte Benedetto bitten, mich zum Konsulat zu begleiten, um Aubreys Verschwinden zu melden.

Doch ich blieb auf der Veranda stehen. Gondeln glitten vorüber. Ich betete, daß eine anhalten, daß Aubrey aussteigen und zu mir laufen möge, um mir zu erzählen, was geschehen war.

Gerade als ich meinte, es nicht mehr aushalten zu können und mich unverzüglich auf die Suche nach ihm begeben zu müssen, hielt eine Gondel vor dem Palazzo. Ein Mann stieg aus. Er war sehr groß. Er stand mit dem Rücken zu mir. Er trug einen schwarzen Mantel und einen schwarzen Hut. Dann halfen er und der Gondoliere jemandem beim Aussteigen. Es war Aubrey.

Ich umklammerte das Geländer der Veranda. Ich konnte

das Gesicht des Fremden nicht erkennen, weil es von seinem Hut verdeckt war, doch als ich wie versteinert dastand, überkam mich eine Welle der Erleichterung. Aubrey war heil nach Hause gekommen. Ich lief ins Zimmer und zur Treppe. Er kam herauf, allein. Der Mann in Schwarz war nicht mehr da.

»Aubrey!« rief ich.

»Susanna, meine liebste Susanna.«

Ich rannte ihm entgegen, und er fing mich in seinen Armen auf. Er sah seltsam aus, seine Krawatte war verrutscht, er hatte einen nahezu wilden Blick, und seine Hände zitterten.

»Was ist geschehen?« fragte ich.

»Gehen wir erst hinein, dann erzähl' ich dir alles.«

Ich hakte ihn unter, und wir gingen schwankend nach oben.

»Bist du überfallen worden?« fragte ich.

Er nickte, sichtlich zu schwach, um zu sprechen. Als wir in unserem Zimmer angelangt waren, sank er in einen Sessel.

»Ich besorge dir einen Cognac«, sagte ich.

Er schüttelte den Kopf. »Ach, Susanna, es tut mir leid, daß das geschehen mußte. Hast du dir Sorgen gemacht?«

»Ich war verzweifelt. Ich wußte nicht, was ich tun sollte.«

»Ach, mein Liebes, das war meine größte Sorge. Was würdest du denken... Was würdest du tun?«

»Bist du verletzt?«

»Benommen. Leicht erschüttert. Knochen sind keine gebrochen.«

»Kannst du mir erzählen, was passiert ist?«

Er nickte. »Ich war bei den Freelings. Um sechs brach ich dort auf. Ich wollte vor dir zu Hause sein. Ich nahm eine Abkürzung durch eine Gasse. Das war töricht von mir. Zwei Männer kamen auf mich zu. Ihr Aussehen gefiel mir nicht. Ich wollte umkehren, aber hinter mir waren zwei andere. Ich erhielt einen Schlag auf den Kopf und verlor das Bewußtsein.«

»Ach, liebster Aubrey, wie furchtbar!«

»Als ich zu mir kam – ich weiß nicht, wieviel Zeit vergangen war –, war ich allein in einem Verschlag. Es war dunkel, ich konnte kaum etwas sehen. Aber als meine Augen sich an die Dunkelheit gewöhnt hatten, sah ich mich etwas um. Ich fand eine Tür. Sie war von außen abgeschlossen. Mir war flau. Ich konnte kaum sehen. Ich rief, aber anscheinend ging draußen niemand vorbei.«

»Haben sie dich ausgeraubt?«

»Sie haben mir meine Geldbörse gestohlen. Auf die hatten sie es abgesehen.«

»Aber warum haben sie dich eingeschlossen?«

»Vielleicht wollten sie nicht, daß ich gleich Alarm schlug.«

»Oh, so eine Gemeinheit!«

Er nickte, dann nahm er meine Hand und küßte sie.

»In der Gondel war ein Mann bei dir«, sagte ich.

»Ja. Ich weiß nicht, was ich ohne ihn getan hätte. Ich wäre wohl immer noch in diesem Verschlag.«

»Ich war so hilflos. Ich wollte Benedetto schon bitten, sich mit mir auf die Suche zu machen.«

»Warten war das Beste, was du tun konntest. Ich weiß nicht, wie mir zumute gewesen wäre, wenn ich zurückgekommen wäre und dich nicht angetroffen hätte.«

»Und der Mann?«

»Als ich nach einem Weg suchte, um hinauszugelangen, hörte ich Schritte. Ich rief, jemand antwortete. Glücklicherweise war er Engländer, und ich konnte mich verständlich machen. Er schlug ein Fenster ein und holte mich heraus.«

»Und er hat dich nach Hause gebracht. Er hätte bleiben sollen, dann hätte ich ihm danken können.«

»Er wollte keinen Dank. Er war froh, daß er einem Landsmann helfen konnte.«

»Ich hatte befürchtet, daß so etwas passieren würde, seit ich den Mann sah, den sie aus dem Kanal gezogen haben.«

»Manche Menschen hier sind so arm, daß sie für ein paar Lire morden würden.«

»Ach, Aubrey, ich möchte nach Hause. Ich mag nicht mehr hierbleiben.«

»Du vergißt, wie wunderschön wir es hatten.«

»Aber dies hat alles verdorben.«

»Nein, Liebste, nichts kann verderben, was wir bereits erlebt haben.«

Er legte seinen Arm um mich, und ich sagte: »Ich hole dir einen Cognac. Den kannst du bestimmt vertragen.«

»Gut. Dann trinken wir gemeinsam.«

Wir sprachen über das, was wir beide an diesem Abend durchgemacht hatten. Ich sagte unentwegt: »Ich wußte einfach nicht, was ich tun sollte.«

Er beruhigte mich. Ich sah, daß er sehr müde war. »Du solltest vorsichtshalber morgen einen Arzt aufsuchen«, sagte ich.

»Ach was, ich bin nur etwas benommen. Wenn ich eine Nacht geschlafen habe, ist alles wieder in Ordnung.«

»Dann legst du dich am besten sofort hin.« Ich half ihm beim Auskleiden. Ich deckte ihn zu wie ein Kind. Er schloß die Augen und schlief fast auf der Stelle ein.

Plötzlich wurde ich geweckt. Es war noch nicht hell. Ein Licht brannte, so daß der Raum matt erleuchtet war. Ein Mann stand am Bett. Ich setzte mich erschrocken auf. Es war Aubrey. Aber es war nicht der Aubrey, den ich kannte. Etwas an ihm war verändert.

»Aubrey, was ist geschehen?« rief ich.

»Wach auf, Susanna, es wird Zeit.«

»Aber...«

Er riß die Bettdecke zurück. Er fuhr mit der Hand an meinen Hals und zerrte an meinem Nachtkleid. Es war aus dünner Seide, und ich hörte, wie der Stoff riß.

»Was... Was tust du da?« rief ich.

Er lachte. Ein höhnisches Gelächter, wie ich es noch nie gehört hatte. Seine Hände taten mir weh. Ich wußte, daß ich nicht träumte. Der Alptraum, den ich in der Nacht vor meiner Hochzeit hatte, war Wirklichkeit geworden.

Ich raffte die Reste meines Nachtkleides zusammen und versuchte, meine Blöße zu bedecken.

»Nein«, sagte er, »nein, Susanna.« Seine Hand zitterte, als er mich packte. »Heute nacht wirst du erwachsen. Du mußt noch allerhand lernen. Jetzt heißt es Lebewohl, unschuldige Susanna.« Er sprach so seltsam, und sein Blick war merkwürdig verschleiert. Ich wehrte mich, aber er drückte mich aufs Bett. Ich dachte, er sei betrunken oder wahnsinnig geworden.

Ich war angewidert. Dieser Mensch war ein Fremder für mich. Ich wollte fortlaufen. Wohin? Konnte ich mich in einem Zimmer einschließen? Bei den Dienstboten Zuflucht suchen?

Ich war so hilflos. Es war, als würde ich in eine andere Welt verschleppt, eine wahnsinnige Welt, in der alles ganz anders war, als ich glaubte. Aber dieser Mensch war Aubrey, mein Mann, den zu lieben und zu ehren ich geschworen hatte, in guten wie in schlechten Tagen, in Gesundheit wie in Krankheit. Er war krank, das stand fest.

Er lachte mich aus. Er lachte über meine Unschuld, und ich wußte, daß er sie zerstören wollte. Er tat es in dieser Nacht. Ich war erschüttert. Ich war erledigt vor Erschöpfung, Angst und Ekel.

Die Tortur muß etwa zwei Stunden gedauert haben. Ich werde sie nie vergessen. Mein Körper kam mir verunreinigt vor. Ich, die ich von Natur aus leidenschaftlich war und Freude am Liebesspiel fand, hatte die Perversion dieser Liebe erlebt.

Er schien mit einemmal erschöpft. Ich dankte Gott dafür. Er legte sich aufs Bett und schlief gleich darauf ein.

Ich setzte mich ans Fenster und blickte auf die Veranda und den Kanal hinaus. Ich war ganz durcheinander. Ich wußte nicht, was ich tun sollte. Konnte ich ihn verlassen? Wie sollte ich es meinem Vater erklären? Warum war das geschehen? Was hatte den zärtlichen Liebhaber in ein verderbtes Ungeheuer verwandelt? Er hatte erreicht, daß ich nun ihn und mich haßte. Was war in dieser Nacht mit Aubrey geschehen? Wie konnte er sich so benehmen? Ich hatte bis dahin nichts von diesem Zug seines Charakters geahnt; er war lüstern und entschlossen, mich zu einem erniedrigten Opfer zu machen. Ich war jetzt sicher, daß er mich nicht liebte. Wie konnte man jemanden so behandeln, den man liebte? Und doch, wie zärtlich und rücksichtsvoll war er während unserer Flitterwochen gewesen! Er hatte mich so glücklich gemacht! Und nun diese entsetzliche Nacht! Es war unheimlich, widernatürlich, fast als hätte ein Satan ihn über Nacht verwandelt.

Ich wollte fort, mich verstecken. Im Morgengrauen nahm ich ein Bad. Ich wollte die Verunreinigungen des grauenhaften Erlebnisses abwaschen – als ob das mit Wasser und Seife zu bewerkstelligen wäre! Es war mir unauslöschlich eingeprägt. Ich kleidete mich an und verließ den Palazzo. Ich wanderte am Kanal entlang. Die Stadt erwachte soeben zum Leben. Wieder stand ich vor dem Dilemma: Was soll ich tun?

Ich kehrte in den Palazzo zurück.

Aubrey war auf. Er lächelte mich an, ganz der Mann, den ich in den ersten Wochen unserer Hochzeitsreise gekannt hatte. »Hattest du Lust auf einen Morgenspaziergang?«

Ich nickte. Ich konnte ihn nicht ansehen.

»Ich fühle mich heute morgen ausgezeichnet«, sagte er. »Ich muß stundenlang und ganz tief geschlafen haben.«

»Du … du warst heute nacht wach.«

»Was? Davon weiß ich nichts. Was wollen wir heute unternehmen? Hast du die Geschenke schon gekauft?«

Ich war wie vor den Kopf geschlagen. Er erinnerte sich nicht! Was konnte das bedeuten?

»Aubrey«, sagte ich, »du solltest einen Arzt aufsuchen.«

»Das ist absolut unnötig«, erwiderte er. »Ich fühle mich heute morgen ausgesprochen wohl.« Er lächelte mich mit dem bezaubernden Lächeln an, das ich so gut kannte. »Und nun sei ein braves Mädchen, und verdirb uns nicht unsere letzten Tage!«

»Aubrey«, sagte ich, »erinnerst du dich denn nicht? Du hast dich heute nacht ziemlich seltsam benommen.«

Er machte ein verwundertes Gesicht und faßte sich an den Hinterkopf. »So? Was habe ich gesagt?«

»Ich habe dich nicht verstanden. Du warst so… anders.«

»Hatte ich einen Alptraum?«

»Ich vielleicht.«

»Arme Susanna. Daß du dir solche Sorgen machen mußtest. Mein kleines Abenteuer war nichts im Vergleich zu dem, was du durchgemacht hast. Ich will dir etwas sagen: Wir gehen los und werfen einen letzten Blick auf unsere Lieblingsplätze.«

Er erinnerte sich nicht! Was war mit ihm geschehen? Hatte er eine Hirnverletzung? Er sah jetzt genauso aus wie jener Aubrey, den ich bisher gekannt hatte – bis letzte Nacht.

Hatte ich es mir eingebildet? Wie konnte ich mir Dinge einbilden, an die ich nicht einmal im Traum dachte? Zudem trug ich die Beweise an meinem geschändeten Körper. Mit Aubrey war etwas passiert. Lag es an dem Schlag auf den Kopf? Dergleichen konnte einen Menschen seltsam verändern.

Ich mußte mich bemühen, nicht vor ihm zurückzuschrecken. Ich mußte daran denken, was ich gelobt hatte: »In Gesundheit wie in Krankheit…«

Es klopfte an die Tür. Ein Hausmädchen meldete: »*Signore, signora, colazione.*«

Ich weiß nicht, wie ich den Tag überstand, aber ich bemühte mich, mich so zu verhalten, als ob nichts Ungewöhnliches geschehen wäre. Aubrey war genau, wie er vor dieser Nacht gewesen war.

Aber ich konnte die Erinnerung nicht verdrängen. Aubrey schien nichts von meiner Nachdenklichkeit zu bemerken. Ich fürchtete mich vor der Nacht. Aber er war so zärtlich und liebevoll wie vordem. Es war, als habe sich das alptraumhafte Ereignis nie zugetragen.

Ich fühlte mich langsam etwas besser. Ich fragte mich sogar, ob das Ganze nicht doch nur Einbildung gewesen war. Ich hatte von den schrecklichen Folterqualen gehört, die man denen antat, die über die Seufzerbrücke gingen und fortan nicht mehr gesehen wurden. Ich dachte zu oft an den Mann, den man aus dem Kanal gezogen hatte. Hatte ich das Geschehene womöglich übertrieben? Ich war sehr aufgeregt gewesen und hatte unter schrecklicher Anspannung gelitten. Doch wie konnte ich mir Praktiken ausdenken, von deren Existenz ich nichts gewußt hatte? Venedig übte eine seltsame Wirkung auf mich aus. So viel Schönheit – und dahinter lauerte so viel Unheil.

Zu Hause würde ich das alles besser deuten können. Ich wollte eine Weile zu meinem Vater ziehen. Ich würde es zwar nie über mich bringen, ihm von dem nächtlichen Erlebnis zu erzählen, aber ich konnte auf seine praktischen Ansichten und seinen gesunden Menschenverstand bauen.

Bis dahin blieb mir nichts anderes übrig, als mich zu verhalten, als sei nichts geschehen.

Aubrey weigerte sich, einen Arzt aufzusuchen, versprach aber, es zu Hause zu tun. Er war jedoch sicher, daß ihm nichts fehlte.

Ich war froh, als der letzte Tag gekommen war. Ich lehnte Benedettos Vorschlag ab, mir von einem Mädchen beim Packen helfen zu lassen. Es war nicht viel, das konnte ich selbst erledigen.

Ich nahm Aubreys Mantel – denjenigen, den er an dem Abend getragen hatte, als er überfallen worden war. Das Kleidungsstück war schmutzig, und Aubrey hatte es seither nicht mehr angehabt. Als ich es zusammenlegte, fühlte ich etwas in der Tasche. Ich zog es heraus. Ich mochte es nicht glauben: Es war die Geldbörse, deretwegen man ihn überfallen hatte, ein Lederbeutel mit Knipsverschluß und goldenem Bügel. Es klapperte, als ich ihn herauszog. Es war Geld darin. Ich zählte es. Eine erkleckliche Summe – gerade soviel, wie man für einen Tag mitnahm.

Ich verstand das nicht. Ich ging auf die Veranda, wo Aubrey darauf wartete, daß ich mit dem Packen fertig würde. Ich hielt ihm die Geldbörse hin.

»Was ist das?« fragte er.

»Deine Geldbörse. Man hat sie dir gar nicht gestohlen.«

»Wo hast du sie gefunden?«

»In deiner Manteltasche.«

»Das kann nicht wahr sein.«

»Doch. Wieso haben sie dich niedergeschlagen und dir dann die Geldbörse nicht weggenommen?«

»Ich verstehe das nicht.«

»Ich auch nicht. Hast du denn gar nicht nachgesehen, ob deine Geldbörse fehlt?«

Er runzelte die Stirn. »Als ich wieder zu mir kam... Ich weiß nicht, was ich getan habe. Vielleicht dachte ich nur, sie hätten sie weggenommen. Mir war sehr seltsam, Susanna. Mir ist seitdem manchmal ein bißchen komisch.«

»Dann solltest du einen Arzt aufsuchen.«

»Sobald wir zu Hause sind.«

Ich gab ihm die Geldbörse. »Was glaubst du, weshalb sie dich angegriffen haben, wenn es kein Raubüberfall war?«

»Es muß ein Raubüberfall gewesen sein.«

»Warum haben sie dann nichts gestohlen?«

»Vielleicht sind sie überrascht worden.«

»Aber warum haben sie dich dann in einen Verschlag gebracht und eingeschlossen?«

»Wer weiß, was in den Köpfen solcher Schurken vorgeht? Ich bin jedenfalls froh, daß ich meine Geldbörse wiederhabe.« Er nahm sie mir aus der Hand und warf sie auf den Sessel. Die Münzen darin klapperten, und er lachte: »Ich bin reicher, als ich annahm.«

Während ich fertig packte, dachte ich: Das ist alles äußerst mysteriös. Ich bin froh, wenn ich wieder zu Hause bin.

Satans Tempel

Als wir den Kanal überquerten und mein Blick auf die weißen Felsen fiel, sah ich alles wieder realistischer. Das Geschehen jener Nacht war sicher auf den Schlag zurückzuführen, den Aubrey auf den Kopf erhalten hatte. Das mußte
vorübergehend seinen Charakter verändert haben. Und die
Geldbörse? Der Gedanke daran machte mir zu schaffen. Die
Räuber mußten überrascht worden sein. Vielleicht hatten sie
auch geglaubt, sie hätten Aubrey getötet, hatten ihn deswegen irgendwohin geschleppt, eingeschlossen und sich
davongemacht. Sicher, das waren weithergeholte Mutmaßungen, aber ich mußte mich bemühen, eine Lösung zu finden, um mich wieder normal benehmen zu können und mich
in dem Glauben zu wähnen, zwischen uns habe sich nichts
geändert. Ich mußte meine Lage ruhig betrachten. Ich war
mit Aubrey verheiratet, war an ihn gebunden; was er auch
getan hatte, ich mußte mich bemühen, meine Pflicht zu tun.
Ich durfte ihn nicht wegen eines einzigen Vorfalls, der womöglich auf geistige Umnachtung zurückzuführen war, verachten.

Ich mußte sehr vorsichtig sein.

Wir verbrachten einen Abend bei meinem Vater, bevor wir
zum Gut weiterreisten. Er freute sich sehr, uns zu sehen, und
ich wollte ihn nicht beunruhigen und ihn merken lassen, daß
durchaus nicht alles vollkommen war.

Er war sehr zufrieden. Polly und Jane hatten sich als wahre
Perlen erwiesen, im Kriegsministerium ließ sich alles gut an,
und er war in London sichtlich glücklicher als in Indien – und
das, obwohl er im Büro arbeitete statt im aktiven Dienst. Er
war entzückt von dem Dante-Teller. Wir hängten ihn an die
Wand seines Arbeitszimmers, wo er ihn täglich sehen konnte.

Dann fuhren Aubrey und ich zum Gut. Amelia freute sich über den Armreif. Sie sah gut aus. Sie war zuversichtlich, daß mit ihrer Schwangerschaft alles gutging, und zur Krönung ihres Glücks hatte sich Stephens Zustand etwas gebessert. Die Nachricht, daß ein Kind unterwegs sei, habe Wunder gewirkt, sagten die Ärzte. Ich fragte Amelia, ob sie eine Genesung für möglich hielten. Sie schüttelte ernst den Kopf. »Nein, aber wenigstens hat er keine Schmerzen, und ich will ihm die letzten Monate so schön machen, wie ich nur kann. Ich bete, daß er lange genug leben wird, um sein Kind zu sehen.«

»Ich werde auch dafür beten«, sagte ich.

Stephen zeigte sich erfreut über den Teller mit dem Raffael-Bild. »Woher wußtest du, daß ich ein Bewunderer seiner Kunst bin?« fragte er.

»Inspiration«, erwiderte ich.

Ich hatte ihn sehr gern, und ich glaube, er mochte mich auch. Ich stattete ihm täglich einen kurzen Besuch ab und erfuhr dabei, daß er ein großer Liebhaber von Musik, Kunst und Literatur war. Er war ernsthafter als Aubrey, und mir wurde klar, daß er seinen jüngeren Bruder stets als einen launischen Knaben betrachtet hatte, auf den er aufpassen müsse. Er deutete an, daß er seine Pflicht nun auf mich, in die er großes Vertrauen setzte, übertrage.

»Ich bin froh, daß du hier wohnst«, sagte er. »Kümmere dich um Amelia!«

»Ich glaube, Amelia kann ganz gut auf sich selbst aufpassen.«

»Ich bin froh, daß du hier wohnst«, wiederholte er. »Du bist so stark.«

Stark! Ich dachte an meine Hilflosigkeit, als Aubrey nicht nach Hause kam, und später, als er mich zu dieser schrecklichen Tortur zwang und ich nicht wußte, wie ich damit fertig werden sollte. Ich war schwach; ich verdrängte, womit ich mich näher befassen hätte müssen, aus Angst vor dem, was ich entdecken würde. Und er nannte mich stark! Wenn er wüßte! Aber wie konnte ich es ihm, wie konnte ich es irgendwem erklären?

»Und wenn das Kind kommt«, fuhr er fort, »wirst du es gern haben. Vielleicht wirst du selbst Kinder haben. Ich möchte, daß du unseres – meins und Amelias – wie euer eigenes ansiehst.«

»Aber natürlich.«

Eines Tages erzählte mir Stephen, wie er sich in seiner Jugend danach gesehnt hatte, auf Reisen zu gehen. »Ich hatte nie die Zeit dazu«, sagte er. »Das Gut nahm mich ganz in Anspruch. Deshalb reiste ich in Gedanken. Ich las nachts, wenn ich nicht schlafen konnte. Die Bücher waren mein fliegender Teppich. Indien, Arabien… Ich war dort. Ich habe etliche gute Bücher. Einige davon hat ein Freund von mir geschrieben. Du solltest sie lesen. Du kennst dich in Indien ein bißchen aus. Hast du schon mal etwas von dem großen Richard Burton gehört?«

»Meinst du den Forscher?«

»Ja. Er hat eine Reihe faszinierender Bücher über seine Erlebnisse in Indien und Arabien geschrieben. Er hat unter den Menschen dort gelebt. Stell dir vor, ich habe in meinem Sessel an seinen Abenteuern teilgenommen. Er schreibt so anschaulich, daß man meinen könnte, man sei selbst dort. Seine Studien sind brillant. Du mußt sie lesen. Sie stehen da drüben im Regal. Ich bewahre meine Lieblingsbücher hier auf, seit ich krank bin.«

Ich ging zu dem Regal und sah mehrere Bücher von Richard Burton, aber ein anderes fesselte meine Aufmerksamkeit besonders. Den Namen auf dem Rücken hatte ich schon einmal gehört: Dr. Damien.

»Ah, Dr. Damien«, sagte ich und zog das Buch heraus.

»Ein alter Freund von mir. Er ist ein Freund und Bewunderer Burtons. Sie sind zusammen gereist. Burton war Diplomat, Damien ist Arzt. Sein besonderes Interesse gilt Heilmethoden. Er ist Rauschgiftexperte. Die beiden haben einige Abenteuer erlebt. Ihre Bücher sind eine fesselnde Lektüre. Burton hat als Araber gelebt und ist tatsächlich Moslem geworden. Beide Männer sind vom Typ her dunkel, was ihnen bei der Verkleidung zugute kam. Für blonde, blauäugige Burschen wäre es nicht so leicht gewesen, durch Indien oder die Wüsten Arabiens zu wandern. Burton kam als Soldat nach Indien. Er hat eine Einheimische geheiratet und die Lebensgewohnheiten der Eingeborenen angenommen. Du mußt es selbst lesen.«

»Und was ist mit diesem Damien?«

»Den mußt du auch lesen. Er ist weit herumgekommen... als Hausierer verkleidet, damit er ungehindert umherziehen konnte, oder als Straßenverkäufer, so daß er auf Marktplätzen sitzen und das Volk belauschen konnte. Sein Ziel war, neue Rauschgifte, neue Volksheilmittel zu entdecken, von denen man hierzulande noch nie gehört hatte, um dann die Kranken damit zu behandeln.«

»Das scheint mir eine lohnenswerte Aufgabe.«

»Er ist ein unternehmungslustiger Mensch. Ich sehe ihn nur noch selten. Er ist fast immer im Ausland.«

»Mir ist, als hätte ich den Namen schon mal gehört, ich weiß bloß nicht mehr, in welchem Zusammenhang. Ich nehme den Burton und deinen Dr. Damien.«

»Gut. Und wenn du sie gelesen hast, unterhalten wir uns darüber. Ich freue mich schon darauf.«

Die Bücher waren faszinierend. Diese Männer schienen vor nichts haltzumachen. Sie lebten wie die Eingeborenen; sie übernahmen die Sitten der Nomadenstämme und drückten sich zuweilen schamlos deutlich aus. Ich las von den Wirkungen bestimmter Rauschgifte und den sinnlichen Begierden, die sie erwecken, und infolge meines Erlebnisses mit Aubrey in jener Nacht konnte ich mir alles lebhaft vorstellen. Ich konnte in diesen Büchern zwischen den Zeilen lesen: Diese Männer hatten außergewöhnliche Abenteuer erlebt.

Ich habe mich nie mit Stephen über die Bücher unterhalten können, denn schon bald, nachdem ich sie mir ausgeliehen hatte, verschlechterte sich sein Zustand, und wir konnten nur noch hoffen, daß das Ende rasch und schmerzlos sein werde. Und nachdem er sich eines Tages ganz besonders unwohl gefühlt hatte, starb er in der Nacht.

Amelia war sehr traurig, aber sie schickte sich drein. Ich glaube, die Aussicht, ein Kind zu bekommen, hielt sie aufrecht und machte ihr Mut für die Zukunft.

Wir hatten etliche Gäste im Haus, darunter Aubreys Vetter Jack St. Clare mit seiner Schwester Dorothy. Jack war seit einigen Jahren Witwer, und Dorothy war unverheiratet und führte ihm den Haushalt. Sie verstanden sich sehr gut mit Amelia, und ich fand beide sehr sympathisch. Aber ich hatte den Eindruck, daß sie Aubrey etwas kritisch gegenüberstanden.

Begräbnisse sind deprimierend. Schon das Läuten der Totenglocken ist so bedrückend. Hinterher versammelten sich die Trauergäste in der großen Halle. Die Zusammenkunft schien kein Ende zu nehmen, und ich war froh, als die Leute endlich gingen. Ich stand mit Amelia an der Tür und verabschiedete sie. Jack St. Clare und seine Schwester umarmten Amelia herzlich und luden sie ein, demnächst eine Weile ihr Gast zu sein. Sie sagte zu.

Später sprach Aubrey mit mir über Jack und Dorothy. »Beide haben einen großen Teil ihrer Kindheit auf dem Gut verbracht«, sagte er. »Sie empfinden sich als rechtmäßige Eigentümer und sind wohl ein wenig verärgert. Jack hätte St. Clare gern gehabt. Und die Tatsache, daß es ihm knapp entgangen ist, macht ihn verbittert.«

»Ich hatte den Eindruck, daß er Amelia sehr gern hat.«

»Ja, das stimmt. Sie ist ja nun Witwe … und er ist Witwer.«

»Ist es nicht etwas früh für Kuppelei?«

»Ach, du bist immer so anständig!«

Ich erschrak. Es war wie ein Echo jener Nacht. Aber Aubrey lächelte mich zärtlich an. Er legte seinen Arm um mich und küßte mich auf die Stirn.

Nicht lange danach entdeckte ich, daß ich schwanger war. Es mußte während unserer Flitterwochen in Venedig geschehen sein. Ich war überglücklich. Jetzt konnte die Erinnerung an die Schrecken jener Nacht getilgt werden. Ich würde so in Anspruch genommen sein, daß ich keine Zeit mehr hatte, über furchterregende Aussichten nachzugrübeln. Ein Kind! Ich war außer mir vor Freude.

Auch Aubrey war begeistert. Doch gleich darauf sagte er: »Unser Kind wird das Gut nicht erben, weil Amelia ein Kind bekommt.«

»Zwei Babys im Haus, ist das nicht herrlich?« Amelia stimmte mir zu, und wir kamen uns noch näher. Wir sprachen stundenlang nur über Kinder. Amelia schonte sich sehr, damit diese Schwangerschaft nicht auch mit einer Fehlgeburt endete. Sie legte sich jeden Nachmittag hin, ich setzte mich an ihr Bett, und wir sprachen von der Zeit, wenn unsere Babys dasein würden.

Die Kinderzimmer ließen wir neu einrichten. Wir besprachen die Babyausstattung und die Drapierung der Wiegen. Es war genau das, was Amelia brauchte, um über ihren Verlust hinwegzukommen. Sie war lieber mit mir zusammen als mit sonst irgendwem, weil ich sie verstand und ihre freudige Erwartung teilte.

Dann kam ein Tag, den ich nie vergessen werde. Wir hatten zusammen gefrühstückt, Aubrey, Amelia und ich. Mir war in letzter Zeit morgens immer etwas übel, und Amelia war sehr mitfühlend. Sie hatte diesen Zustand schon hinter sich.

Sie wollte an diesem Morgen zum Arzt. Sie sagte, sie werde zu Fuß gehen und im Stall Bescheid geben, daß man sie mit der Kutsche abholen solle.

»Ich bring' dich hin«, sagte Aubrey.

»Vielen Dank, aber ich brauche etwas Bewegung. Den Hinweg schaffe ich leicht zu Fuß, wenn ich nur wieder abgeholt werde. Wie fühlst du dich, Susanna?«

»Mir ist ein bißchen übel.«

»Leg dich hin! Das geht vorüber.«

Aubrey kam mit mir auf unser Zimmer. Er machte ein besorgtes Gesicht. »Keine Bange«, sagte ich, »das ist ganz normal.«

Ich legte mich hin und fühlte mich gleich besser. Ich las eins von den faszinierenden Büchern, die Stephen mir gegeben hatte, und der Vormittag verging im Nu. Gegen Mittag brachten sie Amelia nach Hause. Ich hörte den Tumult und trat ans Fenster. Da sah ich die Kutsche des Arztes.

Amelia wurde auf einer Trage ins Haus gebracht. Ich eilte nach unten. »Sie haben einen Unfall gehabt«, sagte der Arzt. »Ihrem Mann ist nichts passiert. Er bringt seine Kutsche zurück, sie hat kaum Schaden genommen.«

Ich war verwirrt. Ich wollte fragen, was geschehen war, aber zuerst mußte ich mich um Amelia kümmern. Sie lächelte matt, und ich war froh, daß sie lebte. Ich sah den Arzt ängstlich an.

»Sie ist nicht schlimm verletzt«, sagte er.

Aus Amelias Miene sprach große Angst, und ich wußte, warum. Sie dachte an ihr Baby.

»Sie braucht Ruhe«, sagte der Arzt. »Ich warte hier auf Ihren Mann. Er bestand darauf, die Kutsche selbst zurückzubringen.«

»Ich verstehe nicht ...«

Aubrey kam mit seiner purpurroten Kutsche die Auffahrt heraufgefahren. Ich lief zu ihm hinaus.

»Ich bin heil und gesund«, sagte er. »Kein Grund zur Aufregung. Wir hatten einen Sturz, das ist alles. Die Grauen wurden plötzlich scheu und sind durchgegangen. Aber ich bin mit ihnen fertig geworden.«

»Amelia ...«

»Wird schon wieder werden. Es war nichts, wirklich...«

»Aber in ihrem Zustand...«

»So was ist schon öfter vorgekommen. Es hätte ein böser Unfall werden können, aber ich habe das Schlimmste verhindert. Wir sind umgekippt. An der Kutsche wird einiges zu reparieren sein. Die eine Seite ist arg zerschrammt, und die Farbe ist abgekratzt.«

»Die Kutsche ist nicht wichtig«, sagte ich scharf. »Es geht um Amelia.«

Wieder wurde ich an jene Nacht erinnert. Es war der Ausdruck in seinen Augen.

»Ich dachte, ein Stallknecht sollte sie vom Arzt abholen.«

»Ja, so war es ausgemacht. Aber dann bin ich selbst gefahren.«

»Oh!« sagte ich verwundert.

»Mach nicht so ein ängstliches Gesicht! Ist ja nichts passiert, wir sind bloß umgekippt. Wir haben die Kutsche bald wieder aufgerichtet, und ich habe die Grauen beruhigt.«

Er sollte nicht recht behalten. Amelia verlor ihr Baby.

Ich saß bei ihr. Ich vermochte sie nicht zu trösten. Sie lag nur da, und es war ihr einerlei, ob sie am Leben blieb oder starb.

»Ich hätte nicht in die Kutsche steigen sollen«, sagte sie.

»Aubrey ist ein sehr geschickter Kutscher. Ich glaube, er hat einen schlimmeren Unfall verhindert.«

»Einen schlimmeren Unfall hätte es nicht geben können. Ich bekomme nun kein Kind mehr. Zuerst habe ich Stephen verloren, und nun dies...«

Als ich allein mit Aubrey war, tat er seinen Gefühlen keinen Zwang an. »Stell dir vor, was das für uns bedeutet!«

Ich sah ihn entsetzt an. »Wie kannst du so etwas sagen! Weißt du denn nicht, wie Amelia leidet?«

»Sie wird darüber hinwegkommen.«

»Aubrey, sie hat ihr Kind verloren.«

»Sie hat alle ihre Kinder verloren. Es war zu erwarten.«

»Aber ohne diesen Unfall...«

»Dann wäre eben etwas anderes passiert. Das Kind ist tot. Es ist keine Bedrohung mehr.«

»Bedrohung?«

»Liebste, tu nicht so unschuldig! Dieses Kind stand zwischen unserem Kind und seinem Erbe. Nun, das Hindernis wäre beseitigt.«

»So will ich nicht darüber denken.«

»Manchmal kannst du sehr weltfremd sein, Liebling.«

»Schon möglich. Ich wünsche jedenfalls von ganzem Herzen, daß dies nicht passiert wäre.«

Er packte mich an den Schultern und schüttelte mich, halb im Spaß, aber ich sah noch etwas anderes in seinen Augen.

»Natürlich tut Amelia mir leid. Es war ein schlimmer Schlag für die Ärmste. Aber das ändert nichts daran, daß wir es jetzt leichter haben. Das mußt du doch einsehen. Jetzt kann ich Pläne schmieden und nicht mehr von einem vertrieben werden, der noch gar nicht geboren ist.«

»Trotzdem, wenn man bedenkt, was das für die arme Amelia bedeutet...«

»Sie wird es verwinden. Wahrscheinlich wird sie wieder heiraten und einen Haufen Kinder haben, da wird sie den Verlust dieses Babys gewiß verschmerzen. Sicher, sie wird nicht leicht darüber hinwegkommen. Sie wollte natürlich das Gut. Aber ich hätte es nicht richtig gefunden, wenn es an eine gefallen wäre, die nur dem Namen nach eine St. Clare ist. Und das Kind... Man kann doch ein ungeborenes Kind nicht bedauern, bloß weil es nie in der Lage sein wird, sein Erbe anzutreten.«

»Du scheinst ja richtig froh darüber zu sein.«

Wieder schüttelte er mich halb zärtlich, halb wütend, und wieder spürte ich diesen Schauder der Angst. Würde es immer so weitergehen? Würde ich immer angespannt auf den Mann warten, der in jener Nacht zum Vorschein gekommen war?

»Ich bin nicht froh, aber ich verstelle mich auch nicht. Es wäre scheinheilig, würde ich sagen, ich begrüße es nicht, daß mir mein Erbe nun wieder sicher ist. Es tut mir nur leid, daß es unter solchen Umständen geschah, das ist alles.«

Er lächelte liebevoll, aber das Glitzern in seinen Augen erschreckte mich. Und in mir regte sich ein Verdacht. Er war in die Stadt gefahren, um Amelia abzuholen. Warum hatte er nicht einen von den Leuten geschickt? Ihm lag doch sonst nicht soviel an Amelias Gesellschaft. Aber er war persönlich gefahren, und dann hatte es diesen Unfall gegeben. Obwohl er so stolz auf seinen geschickten Umgang mit den Pferden ist, kam es trotzdem zu dem Sturz ... als Amelia mit ihm fuhr. Nein, dachte ich, ich darf nicht zulassen, daß meine Gedanken diese Richtung nehmen, bloß weil ich in jener Nacht eine andere Seite von ihm kennengelernt habe. Er hatte einen Schlag auf den Kopf erhalten und war nicht ganz bei sich. Ich darf nicht das Schlimmste annehmen ... Aber wie kann man verhindern, daß einem solche Gedanken durch den Kopf gehen?

Bald darauf beschloß Amelia, Jack und Dorothy St. Clare in Somerset zu besuchen. Sie sagte, sie müsse unbedingt eine Weile fort von hier, und ich hatte volles Verständnis dafür.

Manchmal sah sie Aubrey recht seltsam an, und ich fragte mich, ob ihr wohl derselbe Gedanke gekommen war wie mir.

Ich glaube, Aubrey fühlte sich erleichtert, als sie abreiste, und auch ich war froh. Ihre Gegenwart schürte ständig die Erinnerung an meinen Verdacht, und ich gab mir alle Mühe, ihn zu verdrängen, normal zu leben, ja sogar mir einzureden, ein gut Teil von dem, was in jener Nacht geschehen war, sei nur Einbildung gewesen. Ich wollte meine Gedanken an das Kind, das ich in mir trug, von nichts beeinträchtigen lassen.

Ich fuhr für eine Woche zu meinem Vater nach London. Er war begeistert von der Aussicht, Großvater zu werden. Ich fand, er sah etwas müde aus. Polly sagte, er arbeite zuviel. Er bringe Akten mit nach Hause und sitze noch lange, nachdem sie und Jane zur Ruhe gegangen seien, in seinem Arbeitszimmer. Ich machte ihm deswegen Vorhaltungen, aber er erwiderte, seine Berichte und seine Arbeit seien ihm sehr wichtig, und Überstunden schadeten nie, wenn sie einem Freude machten. Er wollte alles wissen, was sich ereignet hatte. Ich erzählte ihm von Amelias Baby, und wir kamen auch auf den Überfall auf Aubrey in Venedig zu sprechen. »Übrigens«, sagte ich, »als ich einkaufen war, hat Aubrey die Freelings besucht. Ich hatte keine Lust mitzukommen, und als er dort aufbrach, wurde er überfallen.«

»Die Freelings…« sagte mein Vater langsam.

»Ja. Sie machten zufällig Ferien in Venedig. Captain Freeling hat den Dienst quittiert. Ich finde das recht merkwürdig.«

Mein Vater schwieg eine Weile, dann sagte er: »Ja, ich habe da etwas gehört. Es hat Ärger gegeben.«

Als er abermals zögerte, sagte ich ungeduldig: »So? Was war denn los?«

»Es war ziemlich geheim. Sie wollten keinen Skandal. Hätte dem Regiment geschadet und dergleichen. Es wurde ihm nahegelegt, den Dienst zu quittieren.«

»Was hat er ausgefressen?«

»Es hatte etwas mit zügellosen Veranstaltungen zu tun… Sie nahmen Rauschgift und dergleichen. Es waren noch andere beteiligt, ein Offizier und auch mehrere Personen, die nichts mit dem Militär zu tun hatten. Es wurde beschlossen, es vor der Öffentlichkeit zu vertuschen, wegen der Armee. Du weißt ja, wie die Presse so etwas aufbauscht. Wir hätten zu lesen bekommen, daß die ganze britische Armee Rauschgift nimmt und sich in Orgien ergeht.«

»Wie unerfreulich für Captain Freeling.«

»Insgeheim glaube ich, er steht unter dem Einfluß seiner Frau. Ich habe sie immer für frivol und ziemlich oberflächlich gehalten. Sag bitte niemandem etwas davon. So etwas spricht sich schnell herum. Ich hätte es nicht mal dir erzählen dürfen. Aber ich weiß, daß ich mich auf deine Verschwiegenheit verlassen kann.«

»Was war das für ein Rauschgift? Und du sagst, es waren Leute beteiligt, die nichts mit der Armee zu tun hatten?«

»Ja. Es war eine kleine Gruppe. Hauptsächlich Opium, glaube ich. Ein mysteriöser Bursche war dabei, der sagte, er wolle ein Buch über Rauschgift schreiben. Das Ganze interessiere ihn nur zu Forschungszwecken.«

»Wie hieß der Mann?«

»Ich habe seinen Namen vergessen.«

Ich erinnerte mich an ein Gespräch mit meiner Aja. Was hatte sie von einem gewissen Mann gesagt? Einen Teufel hatte sie ihn genannt.

»Es ist gefährlich, sich auf so etwas einzulassen«, sagte mein Vater. »Wer unter Rauschgifteinfluß steht, tut die seltsamsten Dinge und ist zu allem fähig.«

Mir war sehr unbehaglich zumute, und ich war drauf und dran, meinem Vater von meinem alptraumhaften Erlebnis in Venedig zu erzählen. Aubrey war bei den Freelings gewesen. Ich hatte in seiner Tasche die Geldbörse gefunden, wegen der ihn die Räuber angeblich überfallen hatten. Ich fand das alles höchst beunruhigend. Wäre ich nicht schwanger gewesen, hätte ich vielleicht intensiver darüber nachgedacht, aber einer Schwangeren ist nur eines wichtig: das Baby, das sie erwartet. Ich war regelrecht besessen von dem Gedanken an mein Kind.

Ich tätigte viele Einkäufe. Mein Vater bestand darauf, daß ich Jane oder Polly mitnahm, da sie sich als gebürtige Londonerinnen in der Stadt gut auskannten. Ich fand die Gesellschaft beider Mädchen äußerst angenehm, und das Einkaufen der Babyausstattung bereitete mir großes Vergnügen.

Ich kehrte erholt auf das Gut zurück. Nur gelegentlich erinnerte ich mich an das, was ich über die Freelings gehört hatte, und an die entsetzliche Nacht. Normalerweise hätte ich keine Ruhe gegeben, bis ich den Zusammenhang zwi-

schen Aubreys seltsamem Benehmen und seinem Besuch bei
den Freelings, die zum Verlassen Indiens gezwungen worden
waren, aufgespürt hätte. Aber mein ganzes Sinnen kreiste
ständig um das Baby, und da Aubrey sich untadelig benahm – ganz der hingebungsvolle Gatte und zukünftige
Vater –, ließen sich alle unerfreulichen Gedanken leicht in
den Hintergrund verbannen.

Aubrey war tagsüber meist unterwegs, und ich bekam ihn
wenig zu sehen. Abends zog ich mich zeitig zurück, weil ich
immer sehr müde war, und oft schlief ich schon, wenn er ins
Bett kam.

Als Amelia von ihrem Besuch bei Vetter und Cousine St.
Clare zurückkehrte, sah sie erheblich besser aus. »Sie waren
so lieb zu mir«, sagte sie. »Ich habe mich immer gut mit
ihnen verstanden. Früher waren sie oft bei uns zu Besuch.
Stephen hatte sie sehr gern.« Etwas später meinte sie: »Susanna, ich glaube, ich ziehe fort von hier. Auf dem Gut ist
eigentlich kein Platz mehr für mich.«

»Meine liebe Amelia, hier ist dein Zuhause.«

»Es wurde erst mein Zuhause, als ich Stephen geheiratet
habe. Jetzt ist er tot, und das Haus hat einen neuen Herrn.«

»Nein«, sagte ich bestimmt, »es ist dein Heim und wird es
immer bleiben, solange du willst.«

»Ich weiß, daß du es ernst meinst, und wenn ich fortgehe,
werde ich dich vermissen. Wir haben uns von Anfang an gut
verstanden, nicht? Es ist bloß, daß ich woanders glücklicher
sein könnte. Hier sind zu viele Erinnerungen. Stephen, die
Kinder, die ich verloren habe. Ich halte es für klug, neu zu
beginnen.«

»Aber wo willst du hin?«

»Ich habe mir in Somerset ein Häuschen angesehen, ganz in
der Nähe von Jack und Dorothy. Die Frau, der es gehört, zieht
demnächst zu ihrem Sohn und seiner Frau in den Norden und
möchte es verkaufen. Ich habe angeboten, es zu kaufen.«

»Ach, Amelia, du wirst mir fehlen.«

»Du kannst mich besuchen kommen und eine Weile bleiben. Du und das Kind... Es ist nicht so weit. Wir schreiben und besuchen uns. Ich ziehe ja nicht ans Ende der Welt!«

»Ich hätte dich aber lieber hier im Haus.«

Sie lächelte. »Ich bleibe hier, bis das Baby geboren ist. Das habe ich mir gelobt.«

»Du wirst Patin.«

Sie nickte. Ich denke, sie war zu gerührt, um etwas zu sagen.

Die Monate vergingen friedlich. Aubrey war zurückhaltend, und ich bekam ihn nicht oft zu sehen, was mir nur recht war. Ich mochte nicht an seine Verbindung mit den Freelings denken, weil ich glaubte, daß unangenehme Gedanken dem Baby schaden könnten.

Amelia und ich nähten viel und unterhielten uns dabei, wir gingen im Garten spazieren, und sie achtete stets darauf, daß ich mich nicht überanstrengte. Sie war wunderbar; sie nahm großen Anteil an meinem Zustand, und angesichts ihrer bitteren Enttäuschung fand ich das sehr edel von ihr.

Dann fuhr sie ein zweites Mal nach Somerset, und ich vermißte sie sehr. Ich hoffte, sie würde bei der Rückkehr sagen, es sei erwas dazwischengekommen und sie könne das Häuschen nicht haben. Das war egoistisch von mir, wußte ich doch, daß sie fortwollte, um ein neues Leben anzufangen. Es schien jedoch alles nach Plan zu verlaufen, und sie gedachte im Mai des nächsten Jahres umzuziehen.

Aubrey meinte, es sei besser so. Auch wenn Amelia und ich gute Freundinnen seien, sei es nicht klug, zwei Herrinnen im Haus zu haben. Ich nähme dies jetzt nur hin, weil ich »kampfunfähig« sei. »Aber warte nur, bis du wieder auf der Höhe bist«, sagte er. »Dann könnte es zu Unstimmigkeiten kommen wie etwa ›Ich bin die Herrin hier‹ und dergleichen. Ich kenne euch Frauen.«

»Wenn du das denkst, dann kennst du Amelia und mich aber schlecht.«

»Ich kenne dich sehr gut, mein Liebling«, sagte er lächelnd. Darauf schoß mir der Gedanke durch den Kopf: Aber wie gut kenne ich dich, Aubrey?

Die lang erwartete Zeit rückte näher. Der März war wie immer: Er kam wild wie ein Löwe und ging sanft wie ein Lamm. Es wurde April. April, April, er weiß nicht, was er will, wie man so schön sagt. Dies war der Monat, auf den ich gewartet hatte, seit ich wußte, daß ich schwanger war.

Aubrey sagte: »Ich lasse Nanny Benson kommen.«

»Ist das deine alte Kinderfrau?«

»Ja.«

»Sie muß schon sehr alt sein.«

»Alt schon, aber nicht zu alt.«

»Vielleicht sollten wir lieber eine jüngere nehmen.«

»Guter Gott, nein! Der Himmel würde einstürzen, wenn ein Baby auf dem Gut wäre, ohne daß Nanny Benson seine Pflege übernähme.«

»Dann möchte ich sie sehen.«

Er lachte. »Du wirst sie nicht nur sehen, mein Liebling, du wirst sie einstellen. Sie hat für Stephen und mich gesorgt, und sie hat immer gesagt, sie werde zurückkommen und unsere Kinder hüten.«

»Wie alt war sie damals?«

»Als sie uns verließ, war sie etwa fünfunddreißig.«

»Dann muß sie jetzt mindestens sechzig sein.«

»Sie bleibt ewig jung.«

»Wann hast du sie zuletzt gesehen?«

»Ungefähr vor einem Jahr. Sie kommt uns ab und zu besuchen. Sie war sehr besorgt um Stephen, obwohl ich immer ihr Liebling war.«

Mir gefiel der Gedanke gar nicht, aber wenn Aubrey seine alte Kinderfrau so gern hatte, war es vielleicht ganz gut, sie zu nehmen. Sie hing offensichtlich sehr an der Familie. Und so stimmte ich zu.

Nanny Benson kam eine Woche vor der Geburt. Meine Bedenken schwanden, denn sie war eine typische Kinderfrau. Und wie sechzig sah sie nicht aus. Sie war redselig und nahm mich sogleich unter ihre Fittiche. Sie erzählte mir lauter Geschichten aus der Kindheit ihrer Buben Aubrey und Stephen.

Ich dachte, ihre Methoden seien womöglich etwas altmodisch, und da Aubrey so sehr auf ihr bestand, hätte ich ganz gern noch eine Jüngere dazugenommen – die ich persönlich aussuchen wollte. Ich mochte mich jedoch nicht mit allzuviel Personal belasten, denn ich gedachte, mich vorwiegend selbst um mein Baby zu kümmern.

Dann kam der Tag. Die Wehen setzten am frühen Morgen ein, und vor Einbruch der Nacht war ich von einem gesunden Knaben entbunden. Ich war noch nie so glücklich gewesen wie in dem Moment, als ich erschöpft in meinem Bett zurücksank und man mir meinen Sohn in die Arme legte. Mit dem roten, verschrumpelten Gesicht mochte er wie ein neunzigjähriger Greis ausgesehen haben, aber für mich war er das schönste Kind auf der Welt. Von diesem Augenblick an war er mein Leben.

Die folgenden Wochen widmete ich ausschließlich meinem Sohn. Ich ließ ihn nicht aus den Augen. Ich wußte jetzt, was es hieß, einen anderen Menschen von ganzem Herzen zu lieben. Wenn er schrie, stand ich Todesängste aus, daß ihm etwas fehlen könnte; wenn er zufrieden krähte, war ich selig. Sobald ich morgens aufwachte, ging ich sogleich zu seiner Wiege, um mich zu vergewissern, daß er noch lebte. Wenn ich das Gefühl hatte, daß er mich erkannte, war ich außer mir vor Glück.

Er sollte Julian heißen. Der Name kam in der Familie St. Clare ziemlich häufig vor. Aubrey sagte: »Eines Tages wird ihm dies alles gehören. Deshalb soll ein echter St. Clare aus ihm werden.« Aubrey war stolz, einen Sohn und Erben zu haben, aber davon abgesehen, zeigte er kein besonderes Interesse an dem Jungen. Wenn ich ihm Julian in den Arm legte, hielt er ihn unbeholfen, und Julian drückte durch kräftiges Schreien sein Unbehagen aus, bis ich ihn nahm und er beglückt über den Wechsel gluckste.

Nach der Taufe wollte Amelia uns verlassen. Das stimmte mich zwar sehr traurig, aber ich konnte mich nicht lange mit etwas anderem als meinem Kind befassen.

Die Taufe fand Ende Mai statt. Klein Julian benahm sich vorbildlich. Er sah prächtig aus in dem Taufkleid der St. Clares, das unter Nanny Bensons Aufsicht gewaschen und geplättet worden war.

Nanny Benson hatte sich recht behaglich eingerichtet. »Bin wieder in meinem alten Zimmer«, sagte sie. Auf einem Spirituskocher bereitete sie ständig Tee. Sie war regelrecht süchtig danach, und ich wußte, daß sie ihn gelegentlich mit Whisky versetzte. »Bloß 'n kleines Schlückchen Schottland« nannte sie das. »Geht doch nichts drüber, als sich 'n bißchen Leben einzuverleiben.« Ich kam ganz gut mit ihr aus, weil sie sich nicht allzuviel einmischte. Sie liebte die Bequemlichkeit und war zweifellos zu alt, um die volle Verantwortung für ein Neugeborenes zu übernehmen, aber sie war so froh, wieder bei den St. Clares zu sein, daß ich es nicht übers Herz brachte, ihr zu sagen, sie werde hier nicht gebraucht; und überdies hätte es mir auch gar nicht gepaßt, daß jemand anders sich mit meinem Baby befaßte. Ich wollte es ganz für mich allein.

Es störte mich nicht, daß ich von Aubrey wenig zu sehen bekam. Oft ging er Freunde besuchen und blieb dem Gut tagelang fern. Ich vermißte ihn nicht. Mein Leben war ganz auf meinen Sohn eingestellt.

Dann nahte Amelias Abreise. Sie kam tags zuvor in mein Zimmer, um Lebewohl zu sagen. Es war am späten Nachmittag. Julian schlief, und Nanny Benson vermutlich auch. Sie nickte oft ein, nachdem sie Tee mit einem »kleinen Schlückchen Schottland« zu sich genommen hatte.

»Ich werde morgen sehr früh aufbrechen«, sagte Amelia.

»Du wirst mir sehr fehlen.«

»Du wirst schon zurechtkommen. Du hast den Jungen... und Aubrey.«

Wir schwiegen ein Weilchen, dann sagte sie: »Ich wollte schon lange mit dir darüber sprechen. Ich weiß nicht, ob es richtig ist; ich bin ziemlich besorgt deswegen. Vielleicht sollte ich nichts sagen, aber andererseits finde ich, du mußt es wissen.«

»Was, Amelia?«

»Es geht um Aubrey.«

»Ja?«

Sie biß sich auf die Lippe. »Zeitweise war Stephen sehr besorgt um ihn. Es hat Ärger gegeben.«

»Ärger? Inwiefern?«

»Er war manchmal schwierig. Nein, nicht nach außen hin. Er war wirklich sehr charmant. Nur... er hat sich mit sonderbaren Leuten eingelassen. Sie haben seltsame Dinge getrieben.«

»Was für seltsame Dinge?«

»Ich glaube, sie führten ein sehr ausschweifendes Leben. Er wurde von der Universität gewiesen. Vielleicht hat er es sich dort angewöhnt. Stephen hatte alle Mühe, es zu vertuschen. Dann ging er ins Ausland. Ich habe mir hin und her überlegt, ob ich es dir sagen soll. Aber ich finde, es ist besser, du weißt Bescheid.«

»Sicher«, sagte ich. »Meinst du, er hat mit Rauschgift experimentiert?«

Sie wich meinem Blick aus. »Menschen unter Rauschgifteinfluß können sich sehr eigenartig benehmen. Es ist natürlich schon lange her. Vielleicht ist es längst vorbei. Da gab es einen Mann, ich war immer der Meinung, daß er schuld daran war. Stephen hielt sehr viel von ihm. Er war Arzt... eine Kapazität in Sachen Rauschgift. Er hat die seltsamsten Dinge getrieben. Er hat unter den Eingeborenen ferner Länder gelebt und dergleichen. Er hat ganz offen darüber geschrieben. Ich habe mich immer etwas vor ihm gefürchtet.

Ich frage mich, ob Aubrey unter seinem Einfluß zu experimentieren begann. Stephen behauptete immer, dieser Arzt interessiere sich nur insofern für Rauschgift, als es sich zum Wohle der Menschen verwenden ließ, und es sei engstirnig, andere Zivilisationen für rückständig zu halten, weil sie sich von unserer unterscheiden. Sie könnten in mancher Hinsicht fortschrittlicher sein. Stephen und ich hätten uns beinahe wegen dieses Mannes gestritten. Er heißt Dr. Damien. ›Damien klingt wie Dämon‹, habe ich gesagt. Ich nannte ihn insgeheim Doktor Dämon. Stephen meinte, ich hätte alberne Vorurteile. Ach, vielleicht hätte ich es dir nicht sagen sollen. Etwas hat mich dazu getrieben. Ich fand, du müßtest es erfahren. Ich – hm – ich meine, du solltest auf Aubrey achtgeben, und sollte dieser Dr. Damien jemals hierherkommen, dann sei auf der Hut!«

Sie sah mich besorgt an, und ich sagte: »Es war richtig, daß du es mir erzählt hast. Ich werde wachsam sein. Hoffentlich bekomme ich diesen Mann nie zu Gesicht. Stephen hat mir seine Schriften zu lesen gegeben. Sie sind mysteriös und – hm – sinnlich, ziemlich beunruhigend, ähnlich wie die Bücher von Richard Burton, faszinierend und abstoßend zugleich.«

»Stephen hat beide Männer sehr bewundert. Ich habe nur eines der Bücher gelesen, das hat mir genügt. Stephen sagte immer, die Lektüre ihrer Bücher sei für ihn wie ein Ausflug in ferne Länder, so anschaulich hätten sie geschrieben.«

»Das ist wahr. Aber ich bin wie du der Meinung, daß die Verfasser gefährlich sind. Ich glaube, sie würden vor nichts haltmachen, um ihre Ziele zu erreichen.«

»Dieser Mann wollte vielleicht sehen, wie Rauschgift sich auf einen Menschen wie Aubrey auswirkt. Es ist nur eine Vermutung. Ich nehme nicht an, daß Aubrey so etwas heute noch macht…« Sie warf mir einen ängstlichen Blick zu. Ich verstand vollkommen, was sie mir sagen wollte. Ich machte mir nach und nach ein Bild von dem, was wahrscheinlich an jenem unseligen Abend vorgefallen war. Fast hätte ich es Amelia erzählt, aber dann brachte ich es doch nicht über mich. Nicht einmal mit ihr konnte ich darüber sprechen. Eins aber wußte ich sicher: Eine solche Erniedrigung wollte ich nie wieder erdulden.

Wir sprachen danach nicht mehr viel, sondern nahmen innig Abschied voneinander und gelobten uns gegenseitig, daß wir uns bald besuchen würden.

Ich nehme an, daß die Auflösung der meisten unbefriedigenden Ehen sich allmählich und unmerklich vollzieht. Die Zerrüttung der meinen begann ganz gewiß in jener Nacht in Venedig. Ich spürte, daß Aubrey mit unserer Ehe genauso unzufrieden war wie ich. Ich hatte ihn mit dem Vorsatz geheiratet, ihm eine gute Frau zu sein. Vielleicht beabsichtigte er anfangs auch, mir ein guter Ehemann zu sein. Aber als sein Charakter sich mir enthüllte, erkannte ich, daß ich den größten Fehler gemacht hatte, den eine Frau begehen kann.

Und doch... Julian war daraus hervorgegangen. Wie konnte ich etwas bereuen, dem ich mein Kind verdankte? In den ersten Monaten nach seiner Geburt war ich allerdings viel zu sehr mit ihm beschäftigt, um mir andere Gedanken zu machen. Es fiel auch Aubrey auf. »Benimmst du dich nicht etwas lächerlich, Liebling?« sagte er. »Dafür ist Nanny Benson doch da! Mußt du andauernd ins Kinderzimmer rennen?«

»Nanny Benson ist schon ziemlich alt.«

»Sie hat ihr Leben lang Kinder aufgezogen. Sie hat mehr Erfahrung als du. Du bist so zappelig mit dem Kind, wenn du nicht aufpaßt, machst du es noch ganz nervös.«

Da mochte etwas Wahres dran sein, aber ich konnte es nicht ändern. Ich vernahm die Kritik in Aubreys Worten und spürte sie in seinem Verhalten. Ich war so von meiner Mutterschaft überwältigt, daß ich mir gar keine Mühe gab, eine gute Ehefrau zu sein.

Durch Julian lernte ich Mrs. Pollack, die Haushälterin, näher kennen. Anfangs hatte ich sie für eine sehr förmliche Person gehalten, die sich viel auf ihre Position im Haus zugute hielt und humorlos und streng war. Aber seit Julian da war, hatte sie sich verändert. Wenn sie das Baby sah, verzog sich ihr Gesicht zu einem Lächeln, sehr zögernd zwar, aber dafür um so ehrlicher. »Ich muß gestehen, Madam«, sagte sie, als bekenne sie eine Sünde, »ich habe kleine Babys nur zu gern.« Wenn ich ihn im Garten spazierenfuhr, richtete sie es ein, daß sie auch dort war. Wenn sie dachte, Julian lächle sie an, war sie entzückt. Wenn er nach ihrem Finger griff, ließ sie sich bewundernd über seine Klugheit aus. Mrs. Pollacks Begeisterung für mein Baby brachte uns einander näher. Manchmal trank ich mit ihr in ihrem Wohnzimmer eine Tasse Tee. Julian nahm ich mit. Es tat mir wohl, eine Freundin im Haus zu haben, noch dazu eine so beherzte, aufrichtige Frau. Sie kannte sich auch ein wenig mit Babys aus. Sie hatte selbst drei Kinder. »Alle verheiratet und aus dem Haus, Madam. So ist das nun mal.« Sie schüttelte bedächtig den Kopf. »Erst sind sie klein und auf einen angewiesen, und dann gehen sie hin und leben ihr eigenes Leben. Aber die meinen sind sehr lieb zu mir. Ich könnte ja bei meiner Annie wohnen, aber irgendwie finde ich das nicht richtig für die jungen Leute. Ich wollte, sie würden immer kleine Babys bleiben.«

Es freute mich, daß Mrs. Pollack doch sehr menschlich war. Sie wäre bestimmt eine bessere Kinderfrau gewesen als Nanny Benson.

Wenn ich das Haus verließ, sagte ich Mrs. Pollack Bescheid. Es bestand eine stillschweigende Übereinkuft zwischen uns, daß sie Julian im Auge behielt; denn ich wollte ihn nicht ausschließlich Nanny Benson anvertrauen, die womöglich ausgerechnet dann einnickte, wenn das Kind sie brauchte.

Mrs. Pollack besaß ein ausgeprägtes Feingefühl. Sie hatte

Verständnis und war stolz auf das Vertrauen, das ich ihr entgegenbrachte. Sie wurde reichlich von Julian belohnt, sobald er alt genug war, ihr seine Zuneigung zu zeigen.

Als Julian erst wenige Monate alt war, hatte er eine leichte Erkältung, nichts Schlimmes, aber wenn ihm nur das Geringste fehlte, geriet ich in Panik. Ich wachte in der Nacht auf. Es muß kurz nach drei gewesen sein. Ich wollte mich vergewissern, daß alles in Ordnung war, und ging ins Kinderzimmer. Er war unruhig und fiebrig und atmete schwer. Ich konnte Nanny Bensons rhythmisches Schnarchen im Nebenzimmer hören. Ich nahm das Baby, wickelte es in eine Decke und wiegte es in den Armen. Ich strich ihm die Haare aus der Stirn, und es hörte auf zu wimmern. Ich streichelte ihm den Kopf, denn meine Berührung schien es zu trösten. Und da erinnerte ich mich an die anderen Male, als meine Hände eine lindernde Wirkung gehabt zu haben schienen. Was hatte meine Aja gesagt? »In diesen Händen steckt eine Kraft.«

Ich hatte ihr nicht geglaubt. Mir fiel ein, was ich in den von Stephen entliehenen Büchern gelesen hatte. In einer Gesellschaft wie der unseren neigen wir dazu, uns von allem abzuwenden, wofür wir keine logische Erklärung finden. Aber es gibt andere Kulturen mit anderen Sitten und Gebräuchen. Um die zu entdecken, hatten Sir Richard Burton und der seltsame Dr. Damien ihre abenteuerlichen Reisen unternommen.

Jetzt galten alle meine Gedanken der Beruhigung meines Kindes, und bald schlief es friedlich. Sein Atem ging normal, und sein Gesicht war nicht mehr so gerötet.

Ich saß den Rest der Nacht mit ihm auf. Ich hielt ihn in meinen Armen und war nun eher geneigt zu glauben, daß ich eine Kraft in meinen Händen hatte. Meine Aja hatte gesagt, es sei eine Gabe der Götter und solche Gaben müßten genutzt werden.

Es müßte wunderbar sein, Leben zu retten. Irgendwie

konnte ich es verstehen, warum Männer wie Dr. Damien in ihrem Wissensdurst vor nichts haltmachten. Ich hatte in seinen Schriften gelesen, daß er es tat, um zu entdecken, wie sich gewisse Substanzen zur Heilung von Kranken verwenden ließen. Das hörte sich nobel an. Aber sein arroganter Stil weckte in mir die Überzeugung, daß er ungeheuren Genuß an seinen Abenteuern fand – er schwelgte in hundert sinnlichen Mysterien, alles im Namen der medizinischen Wissenschaft, und das machte mich mißtrauisch gegen diesen Mann, zumal Amelia mich mehr oder weniger vor ihm gewarnt hatte.

Ich wollte mehr über diese seltsame heilende Kraft wissen, die mir womöglich innewohnte.

Als ich am Morgen in unser Schlafzimmer zurückkehrte, sagte Aubrey: »Du siehst abgespannt aus. Was fehlt dir, um alles in der Welt?«

»Julian ging's heute nacht nicht gut.«

»Konnte Nanny Benson sich nicht um ihn kümmern?«

»Sie hat die ganze Nacht geschnarcht. Das Kind könnte sich in Krämpfen winden, und sie würde nichts davon merken.«

»Hoffentlich werden dir diese nächtlichen Wanderungen nicht zur Gewohnheit.«

»Nein. Ich hole die Wiege hier ins Zimmer, damit ich bei ihm sein kann.«

»Das ist ja absurd.«

»Keineswegs.«

Er zuckte mit den Achseln, und damit war die Sache erledigt.

Julian war in der Nacht quengelig, und Aubrey sagte, das seien ja unmögliche Zustände. Entweder müsse ich mitsamt der Wiege das Zimmer verlassen, oder er würde ausziehen. Ich fand es nur recht und billig, daß ich auszog. Ich ließ die Wiege in ein anderes Zimmer schaffen und schlief dort.

Ich glaube, Aubrey störte es so wenig wie mich, daß wir

nun getrennte Schlafzimmer hatten. Ich schlief friedlich in dem Wissen, daß mein Mutterinstinkt mich wecken würde, wenn Julian mich brauchte.

Ein Jahr war rasch vergangen. Ich war völlig von Julian in Anspruch genommen: Julians erstes Lächeln, Julians erster Zahn, sein erstes Wort, das zu meinem Entzücken »Mama« war. Ich plauderte behaglich mit Mrs. Pollack über Julian, während er auf dem Boden krabbelte und mit den leeren Garnspulen spielte, die sie für ihn sammelte. Er rollte sie über den Boden und klatschte in die Hände, wenn wir vor Entzücken über seine kleinen Fortschritte applaudierten. Er machte seine ersten schwankenden Schritte über die kurze Entfernung von ihren Knien zu meinen und lächelte uns triumphierend an, wenn er sich gegen uns fallen ließ. Dies waren wunderbare Augenblicke, die ich immer in Erinnerung behalten werde.

Dann und wann bemerkte ich bei Aubrey eine gewisse Ungehaltenheit. Nachdem die offizielle Trauerzeit für Stephen um war, gab Aubrey Gesellschaften für seine Freunde. Ich mußte natürlich anwesend sein, aber ich nahm ohne große Begeisterung daran teil. Diese Leute sagten mir nicht besonders zu. Ihre Gespräche drehten sich hauptsächlich um Jagd, Angeln und Sport, womit ich nicht viel anzufangen wußte. Nach solchen Abendeinladungen äußerte Aubrey hin und wieder seine Enttäuschung über mein Verhalten: »Du warst nicht gerade eine glänzende Gastgeberin.«

»Sie reden über so belanglose Dinge.«

»Belanglos für dich vielleicht.«

»Sie reden zum Beispiel nie über Politik, den Regierungswechsel, den Staatsstreich in Frankreich, mit dem Louis Napoleon sich an die Spitze der Regierung setzte...«

»Mein liebes Kind, was geht das uns an?«

»Alles, was in diesem Land und in befreundeten Staaten geschieht, geht uns etwas an.«

»Du verhältst dich wie ein richtiger Blaustrumpf, meine Liebe. Weißt du, daß das zu den weniger liebenswürdigen Eigenschaften der Frauen gehört?«

»Mir geht es nicht um Liebenswürdigkeit, sondern um interessante Gespräche.«

Er sah mich mit kühler Verachtung an. »Du bist es natürlich dein Leben lang gewöhnt, auf andere Menschen herabzusehen.« Es war eine Anspielung auf meine Größe, die ihm offenbar mißfiel, denn wenn ich hohe Absätze trug, überragte ich ihn. Es war ein Anzeichen für seinen wachsenden Widerwillen gegen mich; wenn man jemanden nicht leiden kann, hackt man auf bestimmten Eigenarten herum, die normalerweise unbemerkt bleiben. Zuerst hatte er gemeint, meine Hingebung an das Kind sei unseres Standes unwürdig. Dafür hätten wir schließlich Personal. Er hielt es offenbar für ein Zeichen von schlechter Erziehung, daß ich so vieles persönlich in die Hand nahm. Dann hatte er meine Unfähigkeit – oder Weigerung – bemängelt, auf seine Freunde einzugehen, und nun kritisierte er sogar meine Größe.

Ich fuhr mit Julian für eine Woche zu meinem Vater. Der war von dem Kind entzückt, und Jane und Polly nahmen sich Julians mit Wonne an.

»Wäre es nicht schön, wenn Sie hierher ziehen würden, Mrs. St. Clare?« meinten sie, und ich wußte, daß mein Vater ihnen beipflichtete.

Ich hörte von Amelia. Sie war in Somerset weniger unglücklich. »Ich richte mir ein neues Leben ein«, schrieb sie. Es tue wohl, in der Nähe von Jack und Dorothy zu sein. Sie war offenbar viel mit ihnen zusammen, denn die beiden tauchten oft in ihren Briefen auf.

An Julians erstem Geburtstag buk die Köchin eine Torte mit einer Kerze darauf. Die Dienstboten kamen ihm gratulieren, was er sichtlich genoß.

Wenig später kam Louie Lee zu uns. Ich hatte Julian im Garten spazierengefahren, und als ich ins Kinderzimmer zurückkam, machte sich dort eine junge Frau am Schrank zu schaffen. Ich starrte sie an. »Was tun Sie hier?«

»Oh, Sie sind wohl die Frau des Hauses? Das hab' ich mir gleich gedacht.«

»Was tun Sie hier?« wiederholte ich. »Würden Sie mir das bitte erklären?«

»Ich bin Louie. Ich bin fürs Kinderzimmer eingestellt, um Tante Em zu helfen.«

Tante Em, das war Nanny Benson, die mit Vornamen Emily hieß.

»Ich habe Sie nicht eingestellt.«

Sie hob die Schultern.

Nanny Benson kam hinzu. »Das ist Louie«, sagte sie. »Sie ist hier, um mir zur Hand zu gehen. Ist 'n bißchen viel für mich, hab' ich zu Mr. St. Clare gesagt. Hab' ihm von unserer Louie erzählt, und er meinte, ich soll sie kommen lassen.«

Aubrey hatte diese junge Frau eingestellt, ohne es mit mir zu besprechen. Ich musterte sie eingehend. Sie hatte leuchtend goldenes Haar, zu hell, um natürlich zu sein; die großen blauen Augen blickten keck – zu keck, als daß man hätte auf Sittsamkeit schließen können; ihre Nase war klein, und der große Abstand zwischen Nase und Oberlippe verlieh ihr etwas Katzenhaftes. Sie schien nicht gerade zum Kindermädchen geeignet.

»Die Tochter vom Sohn meines Bruders«, erklärte Nanny Benson. »Es wird mir allmählich zuviel im Kinderzimmer; unser kleiner Mann wird jetzt so schnell groß, und Louie suchte gerade eine Stellung.«

Ich war wie vor den Kopf geschlagen. Am liebsten hätte ich dem Mädchen gesagt, sie solle ihre Sachen packen und verschwinden – und Nanny Benson gleich mitnehmen. Ich wollte das Kinderzimmer selbst beaufsichtigen. Es war für mich der wichtigste Bereich des Hauses, und es war mir unerträglich, diesen einer Frau zu überlassen, die die meiste Zeit von Unmengen Whisky benebelt war – auch wenn sie ihn nur im Tee zu sich nahm. Und jetzt hatte sie auch noch dieses Mädchen mit dem unverschämten Blick ins Haus geholt.

Als Aubrey nach Hause kam, sagte ich: »Wieso hast du ein Kindermädchen engagiert, diese Louie Soundso?«

»Oh, sie ist eine Nichte oder Großnichte von Nanny Benson.«

»Sie ist überflüssig.«

Er warf mir einen ironischen Blick zu. »Ich dachte, sie könnte dich etwas entlasten.«

»Entlasten! Ich will keine Entlastung.«

»Nein, es macht dir Spaß, Kindermädchen zu spielen. Aber als Herrin dieses Hauses solltest du dir deiner Stellung bewußt sein. Du hast andere Pflichten.«

»Mein Kind ist mir wichtiger als alles andere.«

Er warf mir einen verbitterten Blick zu. »Das machst du allerdings überdeutlich klar.«

»Er ist auch dein Kind.«

»Kaum zu glauben. Du belegst Julian vollkommen mit Beschlag. Es ist dir verhaßt, jemand anderen in seine Nähe zu lassen.«

War das wahr? Julian war mir wirklich das Wichtigste auf der Welt, und ich sah alles nur in bezug auf ihn.

»Es steht dir frei, mit ihm zusammen zu sein, wann immer du willst«, erwiderte ich. »Ich nehme an, daß du kleine Kinder nicht besonders magst.«

»Um auf dieses Mädchen zurückzukommen...«

»Ich will sie nicht hier haben.«

»Und wenn ich will, was dann?«

»Du kannst doch nicht...«

»Meine Liebe, in meinem Haus kann ich tun und lassen, was ich will. Du mußt dich ändern. Was sollen meine Freunde denken? Du interessierst dich nicht für sie und läßt es dir auch noch anmerken.«

»Das Mädchen muß gehen«, sagte ich.

»Nein«, antwortete er bestimmt. »Sie bleibt.«

»Wozu soll sie denn bitte im Kinderzimmer nützlich sein?«

»Sie wird dich von dem Kind entlasten.«

»Ich will nicht entlastet werden. Ich lasse mir mein Kind nicht wegnehmen.«

»Bitte, hör auf mit dem Theater! Was ist los mit dir, Susanna? Du bist schließlich mit mir verheiratet.«

»Sicher, aber ich dachte, ich hätte das Recht, mir mein Kindermädchen selbst auszusuchen.«

»Du hast keine Rechte, die ich dir nicht zugestehe, vergiß das nicht. Dies ist mein Haus. Ich bin hier der Herr. Und ich sage, das Mädchen bleibt.«

Wir sahen uns mit kalter Verachtung an. Mir war bewußt, daß ich Zeuge eines weiteren Schritts der Zerrüttung unserer Ehe war.

Bald darauf wurde der letzte Rest von Hoffnung, daß wir jemals zusammen glücklich sein konnten, zunichte gemacht. Das Mädchen Louie legte eine Überheblichkeit an den Tag, die mich ahnen ließ, was sich hier abspielte. Diese anmaßende Miene findet man bei Menschen, die meinen, sie hätten eine besondere Position im Haus. Und wie konnte Louie Lee in eine solche Position gelangen? Doch sicher nur, weil sie die Gunst des Hausherrn besaß.

Sie vernachlässigte ihre Pflichten im Kinderzimmer, doch machte ich ihr deswegen keine Vorwürfe. Wenn ich sie schon im Haus dulden mußte, wollte ich sie nicht in der Nähe meines Sohnes haben. Julian war ohnehin kaum noch im Kinderzimmer, und schon gar nicht, wenn ich nicht dabei war. Ich hätte ihn auf keinen Fall mit Nanny Benson oder ihrer Großnichte allein gelassen.

Einmal sah ich Louie Lee von meinem Fenster aus im Garten. Dann kaum Aubrey in Sicht, und beide lachten. Plötzlich versetzte sie ihm einen leichten Stoß und lief auf das Wäldchen zu. Er folgte ihr. Es erforderte nicht viel Phantasie, um hieraus Schlüsse zu ziehen.

Ich wußte, daß der Mann, den ich in jener entsetzlichen Nacht erlebt hatte, jederzeit wieder zum Vorschein kommen konnte. Ich fragte mich, wieweit er sich an jene Nacht erinnerte. Ich glaubte nicht, daß ihm nichts davon bewußt war. Er hatte mich auf die Probe gestellt und gemerkt, daß ich für bestialische Perversitäten unempfänglich war. Von dieser Nacht an hatte sich unsere Beziehung verändert. Ich hatte ihm gezeigt, daß ich niemals die richtige Partnerin für seine Verderbtheit sein würde.

Um diese Zeit spielte ich mit dem Gedanken, das Gut zu verlassen. Ich hätte bei meinem Vater wohnen können. Ich besuchte ihn abermals und blieb diesmal etwas länger. Dann fuhr ich für eine Weile zu Amelia. Meine Vermutungen in bezug auf sie und Jack St. Clare schienen begründet. Beide standen nicht mehr in der Blüte der Jugend, und beide waren schon einmal verheiratet gewesen, aber ich wurde dort Zeuge eines beharrlichen, wenngleich leisen Liebeswerbens.

Ich freute mich für Amelia. Sie war noch jung genug, um Kinder zu bekommen, und ich hatte sie noch nie so strahlend gesehen.

Als ich wieder ins Gutshaus kam, sehnte ich mich nach dem Frieden zurück, den ich in London und Somerset genossen hatte. Am liebsten wäre ich zu meinem Vater gezogen. Er hätte Julian und mich gerne aufgenommen. Er liebte seinen Enkel, und Jane und Polly wären gewiß besser für das Kind gewesen als Nanny Benson oder Louie Lee. Ich hätte Aubrey seinem Kindermädchen überlassen können.

Aber so leicht konnte man sich nicht aus einer Ehe davonmachen. Es gab so vieles zu bedenken. Ich wollte nichts von Aubrey, aber Julian war der Erbe des ansehnlichen Besitzes. Ich schuldete es ihm, daß er dort aufwuchs. Ich konnte ihn nicht einfach aus seinem angestammten Zuhause entführen.

Nach diesen Besuchen fühlte ich mich Aubrey entfremdeter denn je. Zwischen uns war keine Liebe mehr. Ich schloß mich mit meinem Sohn in meinem Zimmer ein, aber das war gar nicht nötig; mein Mann machte keinen Versuch, mir nahe zu kommen. Ich mutmaßte seit einiger Zeit, daß er mehrere Geliebte hatte, und ich war froh darüber.

Dann machte ich eines Tages eine Entdeckung. Mir waren schon seit langem seltsame Vorgänge im Haus aufgefallen. Aubrey veranstaltete des öfteren Gesellschaften, die von Freitagnachmittag bis Sonntagmorgen dauerten. Ich empfing die Gäste und plante die Mahlzeiten. Wir aßen um acht Uhr zu Abend, und schon um zehn Uhr zogen sich alle auf ihre Zimmer zurück. Das erschien mir ziemlich merkwürdig, denn es waren beileibe keine alten Leute. Aber ich war froh, daß sie so zeitig verschwanden. Ich hatte nicht das Bedürfnis, mit ihnen zusammenzusitzen. Ich wollte lieber in mein Zimmer, wo Julian in seinem Bettchen schlief. Für die kurze Zeit, die ich mit Aubreys Gästen verbrachte, bat ich jedesmal Mrs. Pollack, von Zeit zu Zeit nach dem Kind zu sehen, was sie mit Freuden tat. Es kamen fast immer dieselben Leute, doch waren gelegentlich auch neue Gesichter darunter. Sie sprachen höflich über das Wetter und erkundigten sich oberflächlich nach Julian, aber ich hatte den Eindruck, daß sie mit den Gedanken ganz woanders waren.

Als ich eines Nachts nicht schlafen konnte, hörte ich draußen Leute herumschleichen. Ich ging ans Fenster. Mehrere Personen kamen aus dem Wäldchen und gingen auf das Haus zu. Es waren unsere Gäste.

Ich sah auf die Uhr. Es war vier Uhr morgens. Ich war ganz verwirrt. Dann sah ich Aubrey unter ihnen. Ich konnte mir nicht vorstellen, was sie gemacht hatten. Ich ging zur Tür und lauschte. Ich hörte Schritte auf der Treppe, dann war es still.

Die Gäste wohnten in einem anderen Flügel des Hauses und waren in ihre Zimmer gegangen.

Ich trat an Julians Bettchen. Er schlief fest. Ich ging zu meinem Lager und dachte über das nach, was ich gesehen hatte.

Es muß fünf Uhr gewesen sein, als ich endlich einschlief. Ich schlief unruhig. Als ich kurz nach sechs aufwachte, fiel mir sogleich wieder ein, was ich in der Nacht gesehen hatte. Dann verlangte Julian lautstark, daß ich ihn in mein Bett holte. Ich sang ihm etwas vor, wie ich es jeden Morgen zu tun pflegte, alte Lieder und Balladen, darunter immer wieder sein Lieblingslied »Cherry Ripe«. Aber an diesem Morgen war ich nicht mit dem Herzen dabei. Ich mußte an die Leute denken, die aus dem Wäldchen gekommen waren, und da kam mir die geheimnisvolle Tür in den Sinn, auf die ich eines Tages gestoßen war.

Die Gäste schliefen lange an diesen Wochenenden und standen oft erst zum Mittagessen auf. Ich hatte vom Küchenpersonal erfahren, daß sie kein Frühstück wünschten.

Der Vormittag dünkte mich eine gute Zeit, um dem Verdacht nachzugehen, daß die geheimnisvolle Tür etwas mit der nächtlichen Wanderung von Aubreys Gästen zu tun hatte.

Julian schlief. Ich bat Mrs. Pollack, nach ihm zu sehen, und verließ das Haus. Ich durchquerte das Wäldchen und kam zu dem kleinen Hügel. Ich kletterte den Abhang hinab. Da war die Tür. Etwas in mir warnte mich, ich hatte das Gefühl, mich an einer Stätte des Bösen zu befinden. Ich stieß gegen die Tür, und mein Herz tat einen Sprung, denn sie war offen. Ich trat ein. Mir kam der Gedanke, die Tür könne zufallen und mich einschließen, so daß ich nicht mehr hinauskonnte. Ich ging sogleich wieder ins Freie, suchte einen großen Stein und klemmte ihn unter die Tür. Dann betrat ich mit wild klopfendem Herzen eine Art Höhle.

Der Boden war mit Fliesen ausgelegt, und beim Näherkommen bemerkte ich einen durchdringenden Geruch, den ich nicht definieren konnte. Mir wurde etwas übel davon. Ich sah überall Kerzen, einige waren ganz heruntergebrannt. Sie mußten erst kürzlich angezündet gewesen sein. Dies bestätigte meinen Verdacht, daß die Leute hier gewesen waren.

Die Höhle öffnete sich zu einem quadratischen Raum.

Dort stand ein Tisch, der wie ein Altar aussah, und fast hätte ich entsetzt aufgeschrien, denn darauf befand sich eine lebensgroße Figur. Einen schauerlichen Moment lang dachte ich, dort säße jemand.

Die Gestalt auf dem Altar schien mich höhnisch anzugrinsen. Dann erkannte ich, daß sie den Teufel verkörpern sollte: Sie hatte Hörner und einen Pferdefuß. Die roten Augen schienen auf mich fixiert.

An den Wänden waren Zeichnungen. Ich betrachtete sie. Zuerst waren sie mir unverständlich – Männer und Frauen paarten sich in seltsamen Stellungen –, doch dann ging mir auf, was dies bedeutete.

Ich hatte nur noch den einen Wunsch, diese Stätte, so schnell ich konnte, zu verlassen. Ich rannte. Ich trat den Stein unter der Tür weg und machte sie hinter mir zu. Ich lief durch den Wald, als sei der Teufel hinter mir her, und ich hatte tatsächlich das Gefühl, ihm von Angesicht zu Angesicht begegnet zu sein. Meine Gedanken waren in Aufruhr. Worauf war ich da gestoßen?

Mrs. Pollack begrüßte mich: »Er schläft noch. Ich habe zweimal nach ihm gesehen. Fehlt Ihnen etwas, Mrs. St. Clare?«

»Nein, nichts. Schönen Dank, Mrs. Pollack. Ich gehe gleich hinauf. Ich möchte nicht, daß er zu lange schläft, sonst ist er am Abend zu lange wach.«

Was hatte das zu bedeuten? Ich mußte es wissen.

Ich wußte, was ich zu tun hatte. Ich mußte herausfinden, was in der Höhle vorging. Dies war immerhin mein Zuhause – das Zuhause meines Kindes. Wenn das, was ich befürchtete, zutraf, mußte ich etwas unternehmen. Am Abend brachte ich Julian zu Bett und setzte mich ans Fenster. Es war so still im Haus.

Ungefähr eine Viertelstunde vor Mitternacht vernahm ich das erste Geräusch. Jetzt wußte ich, warum Aubrey angeordnet hatte, die Gäste im Ostflügel unterzubringen. So blieb ihr Kommen und Gehen im übrigen Haus unbemerkt.

Ich sah sie aus dem Haus kommen. Es war eine dunkle Nacht, aber ich konnte die Gestalten erkennen, die dem Wäldchen zustrebten. Ich blieb noch sitzen, nachdem sie verschwunden waren, und sprach mir Mut zu. Ich zitterte, aber ich wollte Gewißheit haben. Ich mußte es tun.

Bilder kamen mir in den Sinn: In Indien hatte ich von merkwürdigen Sekten flüstern hören, von Ritualen und heimlichen Zusammenkünften, von der Verehrung seltsamer Götter.

Ich dachte an die Satansgestalt auf dem Spottaltar. Geh nicht! sagte eine innere Stimme zu mir. Geh morgen nach London! Nimm Julian mit! Sag, du kannst nicht einen Tag länger unter diesem Dach leben!

Das konnte ich nicht tun. Ich brauchte Beweise für das, was hier vorging. Ich mußte es mit eigenen Augen sehen. Ich zog meine Stiefel an, warf einen weiten Mantel über mein Nachtkleid und schlich die Treppe hinab. Ich ging durch das Wäldchen zu dem Tempel des Lasters, wie ich die Höhle insgeheim nannte. Ich stieß die Tür auf und trat ein.

Der Anblick, der sich meinen Augen bot, war dermaßen schockierend, daß ich, obwohl ich halbwegs darauf gefaßt gewesen war, fast kehrtgemacht und Reißaus genommen hätte. Zahllose Kerzen brannten, die Luft flimmerte. Ich sah Leute auf Matten rings um den Altar mit der scheußlichen Figur ruhen. Die meisten waren halb oder ganz nackt. Sie lagen in Gruppen zu dritt oder zu viert, und ich wendete meine Augen ab, weil ich nicht mit ansehen wollte, was sie trieben.

Da entdeckte ich Aubrey, und er erblickte mich. Er sah seltsam aus und starrte mich mit geweiteten Augen an. Mit einem Satz war er bei mir und sagte mit schleppender Stimme: »Ich glaube, das ist meine kleine Frau... nein, nein, meine *große* Frau... Willst du uns Gesellschaft leisten, Susanna?«

124

Ich machte kehrt und floh. Obwohl ich wußte, daß er mir nicht folgte, rannte ich durch den Wald, zerkratzte mir die Hände an den Baumstümpfen, von Panik gejagt, weil das Gestrüpp sich in meinem Mantel verfing und ich schreckliche Angst hatte, es könne mich festhalten, bis jemand käme und mich zu jenem Schauplatz der Verderbtheit zurückschleppte.

Ich stolperte ins Haus und hinauf in mein Zimmer und schloß mich ein. Ich warf mich aufs Bett, mir war übel. Ich blieb einige Minuten so liegen, dann stand ich auf und sah nach Julian. Er schlief friedlich.

Ich gehe zu Vater, dachte ich. Ich werde ihm alles erzählen. Ich muß Julian fortbringen. Er darf nicht hier leben, wo solche Dinge geschehen. Fieberhaft machte ich Pläne. Ich hatte nur noch den einen Gedanken: so schnell wie möglich fortzugehen. Mein Vater würde mir helfen. Gott sei Dank, ich war nicht allein. Ich wollte bei ihm wohnen. Ich würde Aubrey nie wiedersehen können, ohne daß mir sein Bild an dieser Stätte des Bösen in den Sinn kam.

Vielleicht hatte ich in meinem Unterbewußtsein seit jener Nacht so etwas geahnt. Und doch war Aubrey anfangs ein so bezaubernder Liebhaber gewesen. Ich konnte die Wochen in Venedig nicht vergessen. Er war wahrlich eine gespaltene Persönlichkeit: Er war jener liebreizende Mensch, der aber von dem Mann unterdrückt wurde, dessen Geist und Körper von den Rauschmitteln, die er nahm, vergiftet waren.

Ich wälzte viele Gedanken in meinem Kopf. Ich war überzeugt, daß der mysteriöse Dr. Damien Aubrey auf diesen gefährlichen Weg gebracht hatte. Dieser verruchte Mann wollte bestimmt sehen, welche Wirkungen Rauschgift auf Menschen ausübte. Er betrieb seine Wissenschaft skrupellos, und es war ihm einerlei, wie viele Menschen er dabei ins Verderben zog, so wie er Aubrey verdorben hatte. Amelia hatte angedeutet, ich müsse mich vor ihm hüten. Aber ich wollte gar nicht hierbleiben, sondern zu meinem Vater ziehen.

Endlich war die Nacht vorbei. Julian verlangte seine Lieder, darunter *Cherry Ripe*. Mein Gesang muß an diesem Morgen jämmerlich geklungen haben.

Ich packte ein paar Sachen zusammen. Ich wollte Aubrey sagen, was ich vorhatte, und ihn bitten, keinen Versuch zu unternehmen, sich mit mir in Verbindung zu setzen. Allerdings befürchtete ich das gar nicht. Ich hatte Verachtung und Haß in seinen Augen gesehen.

Am späten Vormittag kam er zu mir. Ich hatte bereits das Nötigste gepackt und wollte mit dem Nachmittagszug um vier Uhr fahren. Einen Moment standen wir nur da und sahen uns an. Dann sah ich seine Lippen sich kräuseln, und mir sank der Mut. Seine Augen drückten jene kalte Verachtung aus, die mich jedesmal erschreckte.

»Nun, was hast du zu sagen?« wollte er wissen.

»Ich gehe.«

Er hob die Augenbrauen. »Ist das alles?«

»Das genügt.«

»Du warst nicht sehr höflich. Einfach ungebeten hereinzuplatzen, und dich dann ohne ein Wort aus dem Staub zu machen.«

»Was hätte ich denn sagen sollen?«

»Nichts natürlich, da du ja so ruhig und besonnen bist. Warum wirfst du deine Hemmungen nicht über Bord? Warum schließt du dich uns nicht an? Ich kann dir Aufregungen versprechen, an die du nicht mal im Traum gedacht hast.«

»Du bist verrückt.«

»Es ist das Spannendste, was ich je erlebt habe.«

»Du stehst unter dem Einfluß von Rauschgift. Du bist nicht normal. Ich möchte nicht weiter darüber sprechen. Ich fahre heute nachmittag.«

»Aber *ich* möchte darüber sprechen. Weißt du, als ich dich heiratete, dachte ich, du seist eine Frau mit Esprit. Ich hatte keine Ahnung, daß du solche Angst vor dem Leben hast.«

»Ich habe keine Angst.«

»Und ob! Du bist konventionell und prüde. Ich habe meinen Irrtum bald nach der Heirat erkannt. Ich wollte, daß dir Freude macht, was mir Freude macht. Ich dachte, es müßte interessant sein zu sehen, wie du dich veränderst. Aber ich sah bald, daß du deine Erziehung niemals abschütteln würdest.« Er lachte wild. »In Venedig dachte ich eine Zeitlang, ich könne mich dir anpassen und werden, wofür du mich hieltest. Ich muß verrückt gewesen sein. Vermutlich habe ich dich damals wirklich geliebt. Aber ich brauche die Aufregung. Ich kann nicht mehr konventionell leben, nachdem ich erfahren habe, was ...«

»Wir sind uns vollkommen einig«, sagte ich. »Wir haben beide den schlimmsten Fehler gemacht, den zwei Menschen begehen können. Aber das ist nicht unwiderruflich. Du nimmst Opium, du rauchst es oder nimmst es in anderer Form. Was macht das jetzt noch aus? Vielleicht nimmst du noch andere schädliche Rauschgifte. Ich weiß von deiner Affäre mit dem Kindermädchen. Ich weiß, was an dieser entsetzlichen Stätte vorgeht, und möchte so weit wie möglich fort von alledem.«

»Wenn du die tugendhafte Frau wärst, als die du dich ausgibst, würdest du deinem Mann gehorchen. Das ist die erste Pflicht einer Ehefrau.«

»Unter solchen Umständen? Da bin ich anderer Meinung. Meine Pflicht ist es, von hier wegzugehen und mein Kind mitzunehmen.«

Er sah mich sarkastisch an. »Ach, Susanna, in gewisser Weise bewundere ich dich. So selbstbewußt ... so groß. Wenn du nur zu einem kleinen Experiment bereit gewesen wärst ...«

»Experiment? Du meinst, um zu werden wie du und deine lasterhaften Freunde?«

»Ich möchte wissen ...«

Sein Ausdruck wurde etwas sanfter, und ich glaube, er dachte an die ersten Wochen in Venedig zurück. Heute weiß ich, daß er mir damals nichts vorgespielt hat; er hatte jene

Zeit ebenso genossen wie ich. Ich bin reifer geworden und habe inzwischen begriffen, daß man die Menschen nicht säuberlich in die Kategorien Gut und Böse einordnen kann. Doch ich war jung und unbesonnen, und ich hatte Angst. Ich war eine Mutter, deren erster Gedanke ihrem Kind galt, und ich sah Aubrey als einen schwachen Menschen mit gefährlichen, entwürdigenden Gewohnheiten, der sein und unser Leben ruinierte, weil er nicht die Kraft besaß, gegen sein Laster anzukämpfen. Ich verachtete ihn. Meine Liebe zu ihm war gestorben. Angefangen hatte es in jener Nacht in Venedig. Vielleicht waren meine Gefühle für ihn von vornherein oberflächlich gewesen. Wie oft vergaffen sich junge Mädchen in den erstbesten Mann, der sich für sie interessiert. Sie wollen geliebt werden, es ist ein köstliches Abenteuer: Heirat, Kinder, das Fundament des idealen Daseins. Wäre meine Liebe zu Aubrey stärker gewesen, hätte ich gewiß bei ihm ausgeharrt, um ihm im Kampf gegen diese schreckliche Sucht beizustehen.

Nach einem Augenblick des Schweigens fuhr Aubrey fort: »Wenigstens besteht nun kein Grund mehr zur Geheimhaltung.«

»Jene Nacht«, sagte ich, »jene entsetzliche Nacht in Venedig…«

Er lachte. »Die Nacht der Erkenntnis, als mir klar wurde, daß ich eine prüde Frau mit festgefügten Vorstellungen geheiratet hatte, die durchdrungen war von Konventionen und nie mit mir dorthin kommen würde, wohin ich gehen wollte. Und du erkanntest, daß du ein Ungeheuer geheiratet hattest.«

»Du warst bei klarem Verstand«, hielt ich ihm vor. »Du hast vorgegeben, der Schlag auf den Kopf habe dein Bewußtsein getrübt. Du warst bei den Freelings.«

»Allmählich dämmert es dir, nicht wahr? Natürlich hat man mich nicht überfallen. Du hast ja meine Geldbörse gefunden. Das war unachtsam von mir. Und du mußt beschränkt gewesen sein, daß du da nichts gemerkt hast.«

128

»Du warst mit den Freelings zusammen. Ihr habt eurem Laster gefrönt. Es war dir egal, daß ich mir Sorgen machte, daß ich im Palazzo gewartet und mir alle möglichen Schrecknisse ausgemalt habe, die dir zugestoßen sein könnten.«

»In solchen Augenblicken denkt man an nichts. Du solltest wirklich deine Hemmungen über Bord werfen, du solltest versuchen…«

Ich schüttelte heftig den Kopf. »Und dein teuflischer Dr. Damien war höchstwahrscheinlich auch dabei. Der hat dich nach Hause gebracht, nicht wahr? Die Geschichte, daß du in dem Verschlag warst und der Mann dich gerettet hat… alles gelogen! Die Freelings mußten Indien wegen dieser Sache verlassen. Meine Aja hat versucht, mich zu warnen. Oh, ich wünschte, sie wäre nie zu den Freelings gegangen und ich wäre dir nie begegnet.«

»Ich möchte wissen, wie viele enttäuschte Ehefrauen das schon zu ihren Männern gesagt haben, oder umgekehrt. Du hättest letzte Nacht dableiben sollen. Wir hätten dich in die aufregenden Mysterien meines Höllenfeuer-Clubs eingeweiht. Du bist vorher schon mal darauf gestoßen, nicht wahr? Du hast die Tür gefunden, aber sie war verschlossen. Erinnerst du dich, wie ich dir in der Galerie von Harry St. Clare erzählt habe? Manchmal denke ich, ich bin der wiedergeborene Harry. Ich bin genau wie er. Harry hat den Tempel unter dem Hügel gebaut. Ich entdeckte ihn, als ich ein Junge war. Er war in einer alten Urkunde erwähnt. Ich habe die Tür aufgebrochen. Als Student ließ ich ein neues Schloß anfertigen. Seitdem trifft sich unser Zirkel dort. Stell dir vor, vor hundert Jahren taten Harry und sein Zirkel mehr oder weniger dasselbe, was wir heute hier tun. Die Geschichte wiederholt sich. Interessant, nicht wahr? Du siehst, das ist alles nichts Neues. Vielleicht haben wir mit dem Rauschgift Fortschritte gemacht, aber Harry nahm es auch schon. Wenn man unter seinem Einfluß steht, gibt es einfach nichts, was man nicht tun kann. Ich könnte dir Sachen erzählen…«

»Bitte nicht. Ich will es nicht hören.« Ich sah ihn durchdringend an. »Und was war mit Amelias Baby?«

Er starrte mich an.

»Du hast sie in der Stadt abgeholt. Warum? Um einen kleinen Unfall zu arrangieren... ohne daß die Kutsche zuviel abbekam... aber um ihr Baby zu töten... oder es wenigstens zu versuchen.«

Er schwieg. Ich gewahrte einen Schatten jenes Aubrey, den ich am Anfang gekannt hatte: Er blickte zerknirscht drein. »Es ist einfach passiert«, sagte er rasch. »Ich hatte nicht die Absicht...«

»Warum hast du sie dann abgeholt? Du mußt etwas vorgehabt haben.«

»Es ist nun mal geschehen. Warum jetzt darüber reden? Es ist vorbei.«

»Mir bleibt nur noch eins zu sagen: Ich reise heute nachmittag ab.«

»Wo willst du hin?«

»Zu meinem Vater natürlich.«

»Aha. Da du so auf Konventionen hältst, solltest du ein solches Wagnis lieber nicht eingehen.«

»Es geht mir nicht um Konventionen, sondern um den Anstand. Ich will nicht, daß mein Kind in so einem Haus aufwächst.«

»Ach, gedenkst du etwa, meinen Sohn aus seinem Heim fortzubringen?«

»Selbstverständlich kommt er mit mir.«

Er schüttelte langsam den Kopf. Ein böses Lächeln erschien auf seinen Lippen, und mich befiel schreckliche Angst. Seine nächsten Worte bestärkten meine Furcht. »Du neigst wohl zu der Annahme, daß ich bei der Zeugung des Jungen keine Rolle gespielt habe. Dem ist aber nicht so. Jedes Gericht wird dich eines Besseren belehren.« Ich starrte ihn entsetzt an. Er wußte genau, was ich empfand. »Du kannst selbstverständlich gehen«, fuhr er fort, »aber meinen Sohn nimmst du nicht mit.«

130

Mein Mund war auf einmal ganz trocken. Ich spürte Gefahr in der Luft.

»Ja«, fuhr er fort, »du kannst gehen. Allerdings macht sich eine Frau, welche die Unklugheit begeht, ihren Ehemann zu verlassen, nicht gerade beliebt in der Welt. Aber meinen Sohn wirst du nicht mitnehmen.«

»Warum nennst du ihn immer *deinen* Sohn? Er ist auch mein Sohn.«

»Unser Sohn. Aber ich bin sein Vater. Dies ist eine Männerwelt, meine liebe Susanna. Das dürfte einer willensstarken Frau wie dir wohl klargeworden sein. Wenn du fortgehst und unseren Sohn mitnimmst, habe ich ihn bald wieder hier, wo er von Rechts wegen hingehört. Dafür sorgt schon das Gesetz.«

»Du liebst ihn nicht.«

»Er ist mein Sohn. Dies ist sein Heim. Eines Tages wird dies alles ihm gehören, das Haus, das Gut ... sogar der Tempel. Ich bestehe darauf, daß er in seinem Heim aufwächst.«

»Du kannst doch nicht so grausam sein und mir mein Kind wegnehmen!«

»Ich habe die Trennung nicht vorgeschlagen. Du brauchst nur zu bleiben. Ich bitte dich nicht zu gehen, aber wenn du gehst, bleibt das Kind hier.«

Ich war wie vor den Kopf geschlagen. Ich war ihm unterlegen.

Er fuhr fort: »Du hast den Jungen ganz für dich mit Beschlag belegt. Du hast ihn mir entzogen. Er kennt seinen Vater kaum.«

»Weil sein Vater keine Zeit für ihn hat, da er so mit seinen Rauschgiftorgien beschäftigt ist.«

»Das würde dir niemand glauben. Wenn du gehen möchtest, wenn du einen Skandal heraufbeschwören und Schande über das graue Haupt deines Vaters und über den Vater deines Sohnes bringen möchtest, dann geh! Ich kann dich hier nicht gefangenhalten. Aber laß dir eins gesagt sein: Wenn du versuchst, meinen Sohn aus seinem rechtmäßigen Heim fort-zubringen, werde ich dafür sorgen, daß er hierher zurück-kommt. Das Gesetz würde es verlangen, und du müßtest dem Gesetz gehorchen.«

»Du vergißt, was ich über dich weiß. Bestimmt würde kein Gericht zulassen, daß ein Kind in einem Haus aufwächst, wo diesen üblen Gepflogenheiten gefrönt wird und der Vater sich auf Affären mit dem Personal einläßt…«

»Das ist nichts Unübliches, meine Liebe. Und es müßte erst einmal bewiesen werden. Und das würde ich zu verhin-dern wissen. Wenn du deinen Sohn verlieren willst, dann nur zu! Ich werde dir kein Hindernis in den Weg legen, wenn du gehen willst. Aber du würdest gerichtlich für unzurech-nungsfähig erklärt, eine arme Irre, die Halluzinationen hat, dafür würde ich sorgen.«

Damit ließ er mich allein. Ich war eine Gefangene in die-sem Haus. Ich wurde festgehalten durch das einzige, das meine Flucht verhindern konnte. Was er von dem Gesetz ge-sagt hatte, stimmte. Wenn ich fortging, würde ich meinen Sohn verlieren.

Ich befand mich in einem Zustand quälender Unsicherheit. Aubrey würde mich Julian niemals mitnehmen lassen. Es ging ihm nicht etwa darum, den Jungen bei sich zu haben, sondern er wollte, daß sein Erbe auf dem Gut aufwuchs. Und ich glaubte, er wollte sich auch an mir rächen.

Heute weiß ich, daß seine Gefühle für mich vielschichtig waren, und daß sein Haß Spuren von Liebe enthielt. Er hatte mich damals in Venedig wirklich geliebt, doch die Sucht war stärker; er wünschte, daß ich alles mit ihm teilte, und weil ich das nicht konnte, weil ich ihn wegen seines Tuns ver-achtete, haßte er mich.

Es war mein größter Wunsch, fortzugehen. Ich hatte es mir so einfach vorgestellt, mit Julian das Haus zu verlassen. Wie hatte ich mich getäuscht!

Julian war mein ein und alles. Wären wir getrennt worden, hätte es ihm das Herz gebrochen, genau wie mir. Lieber wollte ich alles andere ertragen als eine Trennung von meinem Kind.

Ich wäre gern für eine Weile zu meinem Vater gefahren, aber ich wußte, daß Aubrey mir nach dieser Szene nicht erlauben würde, Julian mitzunehmen. Und wenn ich Amelia besuchte, die mich wiederholt eingeladen hatte, würde ich Julian ebenfalls zurücklassen müssen. Aubrey würde nie gestatten, daß ich mit dem Jungen das Gut verließ, aus Angst, daß wir nicht wiederkämen.

Mrs. Pollack war besorgt um meine Gesundheit. »Sie sehen nicht wohl aus, Madam, wenn ich mir die Bemerkung erlauben darf«, sagte sie. Ich versicherte ihr, daß mir nichts fehle, und bemühte mich, mich so zu benehmen, als sei nichts geschehen. Aubrey sah ich so wenig wie möglich; aber wenn wir uns sahen, betrachtete er mich mit dem triumphierenden Blick des Siegers.

Zwei Wochen vergingen, die zwei unglücklichsten Wochen, die ich bis dahin erlebt hatte. Nachts lag ich wach und schmiedete kühne Pläne, die mir durchaus plausibel schienen, aber am nächsten Tag wußte ich, daß sie sich unmöglich verwirklichen ließen.

Eines Tages warnte mich Mrs. Pollack, in die Stadt zu gehen. »Die Tochter des Tuchhändlers soll an Cholera erkrankt sein. Alle haben eine Todesangst. Die Epidemie vor zwei Jahren ist noch nicht vergessen.«

»Ja, die war furchtbar.«

»Damals sollen mehr als 53 000 Menschen in England und Wales gestorben sein. Ausländer haben die Krankheit eingeschleppt, jawohl.«

Ich sagte: »Ja, vermutlich«, aber mit den Gedanken war ich woanders. Ich fragte mich wieder: Wird Aubrey, wenn ich ihm feierlich verspreche, mit Julian zurückzukehren, mir erlauben, meinen Vater zu besuchen? So konnte es nicht weitergehen. Aber was sollte ich tun? Wenn es sein mußte, würde ich hierbleiben, bis Julian erwachsen war.

Ungefähr vier Wochen nach der Szene mit Aubrey erhielt ich einen Brief. Ich kannte die Handschrift auf dem Umschlag nicht. Ich öffnete ihn und las ihn mit wachsender Beklemmung:

Liebe Mrs. St. Clare!
Ich erlaube mir, Ihnen zu schreiben, weil ich mir Sorgen um Colonel Pleydells Gesundheit mache. Er hatte gestern einen leichten Schlaganfall. Dadurch ist seine Sprechweise etwas beeinträchtigt, und er ist leicht gelähmt. Ich fürchte, daß er jederzeit wieder einen Anfall, womöglich einen schwereren, haben kann.
Ich dachte, das sollte ich Sie wissen lassen.

Hochachtungsvoll
Edgar Corinth

Ich las den Brief wieder und wieder. Die Worte tanzten mir vor den Augen. Ich mochte es nicht glauben. Nicht jetzt... da ich Hilfe brauchte. Ich hatte das Bedürfnis, mich an jemanden anzulehnen, mit ihm zu reden, zu planen, mir Rat von ihm zu holen – und mit »jemand« meinte ich meinen Vater.

Ich wollte sofort zu ihm und Julian mitnehmen. Unter diesen Umständen mußte es doch möglich sein. Ich nahm mir vor, mit Aubrey zu sprechen. Als ich ihn ins Haus treten sah, fiel mir wieder einmal auf, wie sehr er sich verändert hatte. Er sah viel älter aus als der Aubrey unserer Flitterwochen; seine Augen waren eingefallen, und seine Haut hatte eine ungesunde Farbe.

»Ich muß dich sprechen«, sagte ich und gab ihm den Brief des Arztes zu lesen. »Ich muß zu ihm.«

»Natürlich.«

»Ich nehme Julian mit.«

»Du willst das Kind wirklich zu einem Kranken bringen?«

»Es ist nichts Ansteckendes. Er hatte einen Schlaganfall.«

Er lächelte hinterhältig. »Nein. Das Kind kommt mir nicht aus dem Haus.«

»Warum nicht?«

»Weil es dir vielleicht einfällt, ihn nicht zurückzubringen.«

»Und wenn ich es feierlich schwöre?«

»Du bist eine sehr entschlossene Frau, Susanna. Feierliche Schwüre werden von skrupellosen Menschen nicht immer eingehalten, und wenn es um den Jungen geht, kannst du skrupellos sein.«

»Du siehst doch, wie krank mein Vater ist.«

»Woher weiß ich, daß der Brief des Arztes keine Fälschung ist? Er kam zu sehr gelegener Zeit, nicht?«

»Aubrey, ich mache mir große Sorgen um meinen Vater.«

»Fahr zu ihm! Pflege ihn! Darin bist du sehr geschickt, glaube ich. Und wenn du ihn gesund gepflegt hast, kommst du zurück. Aber den Jungen nimmst du nicht mit.«

»Wie kann ich ohne ihn fortgehen?«

»Ganz einfach. Du gehst zum Bahnhof, steigst in den Zug, und bald bist du am Krankenlager deines Vaters.«

»Aubrey, würdest du bitte versuchen, mich zu verstehen?«

»Ich verstehe vollkommen. Du hast mir von deinen Absichten erzählt, und ich weiß, wie gesagt, daß du sehr resolut sein kannst. Fahr zu deinem Vater! Der Junge bleibt hier.«

Er lächelte und ließ mich allein.

Ich ging in Mrs. Pollacks Zimmer. Sie hatte sich hingelegt.

»Bloß ein bißchen matt. Nichts, was sich nicht mit etwas Ruhe und einer Tasse Tee beheben läßt. Ich mach' jetzt welchen.«

»Für mich nicht. Mrs. Pollack, ich bin sehr in Sorge.«

»Oh, was fehlt Ihnen, Madam?«

»Mein Vater ist sehr krank. Ich muß zu ihm und muß Julian hierlassen.«

»Das wird ihm aber gar nicht gefallen, Madam, nicht wahr? Er war noch nie von Ihnen getrennt, seit seiner Geburt.«

»Nein, mir gefällt es auch nicht, aber sein Vater meint, ich kann mit einem Kind nicht zu einem Kranken reisen. Da mag etwas daran sein. Ich mache nur einen kurzen Besuch, nur um zu sehen, wie es steht. Ich weiß, daß Sie den Kleinen gern haben. Nanny Benson ist schon ziemlich alt.«

Mrs. Pollack nickte. »Und dieses Mädchen«, sagte sie, wobei sie ihre Lippen schürzte, »die nützt uns soviel wie einem Soldaten ein Holzbein beim Marschieren.«

»Deswegen bin ich ja so besorgt. Ich verlasse mich auf Sie.«

Sie strahlte vor Freude. »Das können Sie, Madam. Für den Kleinen wird so gut gesorgt, als ob Sie hier wären, das verspreche ich Ihnen.«

»Danke, Mrs. Pollack.«

Früh am nächsten Morgen fuhr ich nach London. Polly begrüßte mich mit ernstem Gesicht. »Ach, Mrs. St. Clare! Der arme Colonel, es geht ihm sehr schlecht.«

Ich ging sogleich zu ihm, und ich erschrak. Er schenkte mir ein schiefes Lächeln und bewegte die Lippen, aber er konnte nicht sprechen. Ich gab ihm einen Kuß. Er schloß die Augen, und ich spürte, was mein Kommen ihm bedeutete. Ich setzte mich an sein Bett und hielt seine Hand.

Als er schlief, sprach ich mit Polly und Jane. Sie erzählten mir, daß er im Kriegsministerium hart gearbeitet und noch Akten mit nach Hause gebracht habe. »Er war bis zum frühen Morgen in seinem Arbeitszimmer«, sagte Jane.

»Wir haben uns Sorgen um ihn gemacht«, setzte Polly hinzu. »Ich habe zu Jane gesagt, so geht das nicht weiter mit ihm. Und dann ist es passiert. Als ich ihm eines Morgens sein heißes Wasser brachte, lag er im Bett und konnte sich nicht rühren. Wir haben den Arzt geholt. Er bat uns um Ihre Anschrift und sagte, er würde Ihnen schreiben. Und gestern hatte der Colonel wieder einen Anfall.«

Ich suchte den Arzt auf. Er war sehr ernst. »Der erste Anfall war relativ leicht«, sagte er. »Aber wie ich befürchtete, folgte ein schlimmerer.« Er sah mich ratlos an.

»Wird er … sterben?«

»Wenn er überlebt, wird er ein Pflegefall.«

»Ich könnte ihn mit nach Hause nehmen.«

»Soviel ich weiß, haben Sie ein großes Landgut. Sie könnten ihm eine gute Pflegerin besorgen. Aber ich muß Ihnen sagen, die Chance, daß er überlebt, ist sehr gering.«

Ich war bei meinem Vater, als er starb. Ich hatte ihn drei Tage gepflegt, und wenn ihm meine Gegenwart auch wohltat, war mir doch klar, daß man wenig für ihn tun konnte. Und ich wußte, daß er lieber sterben wollte. Einen Mann wie ihn konnte ich mir nicht untätig und ohne Sprachvermögen vorstellen. Ich war wie betäubt. Daß ich meinen Vater so kurz nach der fatalen Entdeckung auf dem Gut verlieren sollte, gerade als ich das Bedürfnis hatte, von dort wegzugehen, war ein lähmender Schlag, mit dem ich mich zuerst nicht abfinden konnte. In den letzten Wochen war er in Gedanken stets meine Zuflucht gewesen. Nun hatte ich keinen Vater mehr, zu dem ich gehen konnte. Ich teilte Aubrey in einem kurzen Brief mit, was geschehen war und daß ich bis zur Beerdigung in London bleiben und anschließend gleich aufs Gut zurückkehren würde.

Es gab so viel zu erledigen, daß ich die Tage irgendwie überstand. Jane und Polly waren mir eine große Hilfe. Ich merkte, daß sie etwas besorgt waren, was nun aus ihnen werden sollte, doch sie waren viel zu taktvoll, um es zu erwähnen. Dieses Haus war für mich immer ein Symbol der Zuflucht gewesen. Sollte ich je von dem Gut fortkommen, mußte ich wissen, wohin. Ich beschloß, das Haus wenigstens vorläufig zu behalten, sofern ich es mir leisten konnte. Mein Vater war nicht arm gewesen, und von ein, zwei Legaten abgesehen, sollte ich alles erben. Ich würde einigermaßen unabhängig sein. Auch wenn ich nicht immer hier leben konnte, würde mir das Haus ein Ort des Schutzes sein.

Onkel James, Tante Grace, Ellen und ihr Mann kamen zur Beerdigung. Sie luden mich ein, für ein paar Tage mit zu ihnen zu kommen, aber ich wollte unbedingt nach Hause zu meinem kleinen Jungen. Sie hatten Verständnis dafür und sagten, ich müsse sie später mit Julian und meinem Mann besuchen. Bei dem Gedanken an Aubrey im Pfarrhaus mußte ich beinahe lächeln. Es war so abwegig. Aber ich dankte ihnen für ihre Freundlichkeit und sagte, ich würde darauf zurückkommen.

Es war herzzerreißend, mit anzusehen, wie der Sarg meines Vaters ins Grab gesenkt wurde, und dann zu hören, wie die Lehmklumpen auf das Holz fielen. Die schreckliche Vorstellung wurde Gewißheit, daß ich ihn nie mehr sehen würde. Ich fühlte mich verloren und allein.

Hinterher wurde im Haus das Testament verlesen. Wie ich vermutet hatte, fiel der größte Teil des Geldes an mich. Ich war beileibe nicht reich, aber ich war unabhängig. Ich konnte leben, nicht verschwenderisch, aber auskömmlich. Jetzt stand für mich fest, daß ich das Haus behielt. Das würde Jane und Polly sowie auch dem Kutscher Joe Tugg die Sorgen nehmen, und ich hätte ein Heim, wenn ich meine Flucht bewerkstelligen konnte, denn ich hatte die Hoffnung noch nicht ganz aufgegeben.

Die drei waren unendlich erleichtert, als ich es ihnen mitteilte. »Wir werden das Haus gut in Schuß halten«, sagte Jane.

»Und Sie kommen mit dem Kleinen auf Besuch«, fügte Polly hinzu. »Das wird schön.«

Joe versprach, die Kutsche bestens zu pflegen, so daß ich stolz sein würde, mit ihr zu fahren.

Somit war alles geregelt. Am Tag nach der Beerdigung fuhr ich zurück.

Als ich am Bahnhof ankam, spürte ich sogleich, daß etwas nicht stimmte. Der Bahnhofsvorsteher grüßte mich ernst, was ungewöhnlich war, denn er war sonst ziemlich geschwätzig. Bates, der Gepäckträger, sah weg. Man hatte mir kein Fahrzeug geschickt, um mich abzuholen, denn ich hatte niemanden von meiner Ankunft verständigt. Ich fuhr mit der Bahnhofsdroschke nach Hause.

Ich trat in die Eingangshalle. Alles war ganz still. Kein Mensch war da. Ich lief die Treppe hinauf ins Kinderzimmer.

»Julian! Ich bin wieder da!«

Schweigen.

Die Läden im Kinderzimmer waren geschlossen. Das Bettchen war leer, aber auf einem Gestell in einer Ecke des Zimmers stand etwas, das mich erschauern ließ.

Es war ein kleiner Sarg.

Ich trat heran und sah hinein. Ich wäre fast zusammengebrochen, denn dort lag, einen heiteren Ausdruck in dem kalten weißen Gesicht, mein Sohn.

Die Tür war aufgegangen, und Nanny Benson stand auf der Schwelle. »Oh«, sagte sie, »wir wußten nicht, daß Sie heute kommen.«

Ich starrte sie nur an. Dann blickte ich auf den Sarg. »Vor zwei Tagen«, sagte sie.

Ich hatte das Gefühl, die ganze Welt breche rings um mich zusammen. Sicher träumte ich. Dies war ein Alptraum.

Nanny Benson fing an zu weinen. »Ach, das arme kleine Würmchen. Es ging so schnell.«

»Mrs. Pollack«, rief ich. »Wo ist Mrs. Pollack?«

Die alte Frau sah mich an, ihre Lippen zitterten. Louie Lee erschien in der Tür. So ernst hatte ich sie noch nie gesehen. »Es ist was Schreckliches passiert«, sagte sie. »Mrs. Pollack ist in die Stadt gegangen, und wir haben sie nie wieder gesehen.«

»Das ist verrückt«, sagte ich. »Alle sind verrückt geworden, die ganze Welt ... Um Gottes willen, nun erzähl schon!«

»Mrs. Pollack hat die Cholera gekriegt. Außer ihr gab es noch zwei Fälle in der Stadt. Sie wollte am Tag nach Ihrer Abreise ein paar Einkäufe machen und ist nicht wiedergekommen. Sie ist in einem Geschäft zusammengebrochen, und man hat sie ins Krankenhaus gebracht. Sie ist tot.«

»Ich ... ich kann es nicht glauben.«

»Es ist wahr. Alle haben Angst vor der Cholera. Man muß isoliert werden, wenn man sie kriegt. Sie haben Angst vor einer neuen Epidemie. Sie haben sie ins Krankenhaus gebracht, und sie ist nicht wieder rausgekommen.«

Dann war sie nicht hiergewesen, um sich um Julian zu kümmern! Das war mein erster Gedanke. Die gute Mrs. Pollack, auf die ich mich verlassen hatte, war nicht dagewesen. Und er war gestorben, mein Junge war tot. Sie hatten ihn sterben lassen.

Mein Zorn rang mit meinem Kummer. Noch stand ich zu sehr unter Schock, um das ganze Ausmaß meines Grams zu fühlen. Ich konnte nur dastehen und die beiden anstarren, die nicht richtig für mein geliebtes Kind gesorgt hatten. Julian war allein gewesen, ohne Mrs. Pollack ... in diesem Haus des Bösen ... Und sie hatten ihn sterben lassen.

»Und ... mein Kind?« hörte ich mich fragen.

»Lungenentzündung. Es ging ganz schnell. Am einen Tag noch putzmunter, und am nächsten rang er mit dem Tod.«

Warum hatte ich ihn nicht mitgenommen! Warum hatte das Schicksal mir so übel mitgespielt und mich abberufen und dann Mrs. Pollack fortgeholt, als ich sie am dringendsten gebraucht hätte?

»Hatte er Schmerzen?«

»Am Ende hat er kaum noch Luft gekriegt«, sagte Louie.

»Ich möchte den Arzt sprechen.«

»Doktor Calliber ist erst gekommen, als alles vorbei war.«

»Warum? Wieso hat man den Doktor nicht gerufen?«

»Es war ein Arzt im Haus, ein Gast von Mr. Aubrey. Der hat ihm was gegeben, stimmt's, Tante Em? Aber es war zu spät.«

»Ein Gast von ihm!«

»Ja.«

»War jemand bei meinem Kleinen, bei Julian, als er starb?«

»Ja, ich«, sagte Louie.

Ich hätte sie verprügeln mögen. O nein! dachte ich, ausgerechnet Louie! Die hat bestimmt an heimliche Stelldicheins mit ihren Liebhabern gedacht, während mein Kind starb!

»Mr. Aubrey ist gekommen, als er davon hörte. Er war da, als es zu Ende ging.«

Ich konnte ihren Anblick nicht ertragen. »Laßt mich!« rief ich. »Geht, laßt mich mit ihm allein!« Die beiden schlichen hinaus.

Ich stand am Sarg und blickte in das liebe Gesichtchen. »Julian«, flüsterte ich, »geh nicht fort! Komm zu mir zurück! Ich bin ja hier. Mein Herzensjunge, komm zurück, und wir wollen uns nie, nie wieder trennen.« Ich betete um ein Wunder. »O Gott, laß ihn von den Toten auferstehen! Du weißt, was mir das Kind bedeutet. Ich will ohne ihn nicht leben. Bitte, bitte, lieber Gott!« Ich malte mir aus, wie Julian im Fieber nach mir rief. Mrs. Pollack war nicht da, um ihn zu trösten. Ein grausames, boshaftes Schicksal hatte sie fortgeholt. Der Tod war unversöhnlich, das Leben unerträglich. Mrs. Pollack war von der Cholera dahingerafft, die erst vor kurzer Zeit so viele Opfer gefordert hatte und womöglich noch mehr fordern würde. Mein guter Vater, dieser Fels, an den ich mich immer klammern zu können geglaubt hatte, war mir genommen worden, und während ich sein Begräbnis arrangierte, war mein Kind gestorben. Ich war einsam und verlassen.

Ich weiß nicht, wie lange ich so an dem Sarg stand. Aubrey kam herein. »Susanna«, sagte er sanft, »ich habe gehört, daß du zurück bist. Meine Liebe, es ist furchtbar. Und dein Vater. Es tut mir so leid. Komm, hier kannst du nicht bleiben. Ich bringe dich in dein Zimmer.« Er wollte meinen Arm nehmen, aber ich wich zurück. Ich konnte es nicht ertragen, von ihm berührt zu werden.

Ich ging in mein Zimmer. Es sah so leer aus; man hatte Julians Bettchen entfernt.

Aubrey folgte mir. »Es ist ein furchtbarer Schock für dich.«

»Ich hätte ihn mitnehmen sollen«, murmelte ich, mehr zu mir selbst als zu ihm.

»Es war unvermeidlich. Es ging so schnell. An einem Tag Schnupfen, am nächsten Lungenentzündung.«

»Wann ist Mrs. Pollack fortgegangen?«

»Einen Tag nach deiner Abreise.«

»Du hättest mich benachrichtigen sollen. Ich wäre zurückgekommen und hätte meinen Jungen geholt, egal, was du getan hättest. Niemand hat sich um ihn gekümmert.«

»Nanny und Louie waren hier.«

»Eine von Whisky besäuselte Alte und ein flatterhaftes Mädchen, die mit den Gedanken bei ihrem nächsten Rendezvous mit dem Herrn des Hauses war.«

»Ach komm, Susanna, was soll das.«

»Aber niemand hat nach ihm gesehen. Du hast Dr. Calliber nicht gerufen.«

»Das war nicht nötig. Es war ein Arzt im Haus.«

Ich starrte ihn an, neues Entsetzen dämmerte mir. »Damien?« fragte ich.

»Ja, er war über Nacht hier.«

»Und *dem* war mein Kind ausgeliefert!«

»Er ist einer der führenden Ärzte der Welt. Er ist hoch geachtet.«

»In deinem Tempel der Sünde zweifellos.«

»Du bist von Sinnen.«

»Ich versuche nur zu begreifen, wieso ein vollkommen gesundes Kind plötzlich sterben konnte. Man hat meinen Jungen vernachlässigt. Ich sehe es deutlich vor mir. Sein Fieber, seine Atemnot, und Nanny Benson schnarcht nebenan, während die ach so reizende Louie in der Teufelshöhle herumtanzt.«

142

»Ich hatte den Jungen auch gern. Ich habe ihn bloß nicht so verwöhnt wie du.«

»Er war nicht verwöhnt. Er war vollkommen…« Meine Stimme brach.

»Schon gut, er war ein braves Kind. Er war mein Erbe. Ich wollte sein Bestes. Deswegen…«

»Deswegen hast du Amelia in deiner Kutsche abgeholt und einen kleinen Unfall arrangiert… um das Kind zu beseitigen, das deine Hoffnungen zunichte machte.«

»Du hast aber eine sehr geringe Meinung von mir.«

»Allerdings.«

Er schüttelte betrübt den Kopf. »Ach, Susanna, wir könnten es noch einmal miteinander versuchen, wir könnten noch ein Kind haben. Beginnen wir noch einmal von vorn und lassen dies alles hinter uns!«

Ich sah ihn voll Abscheu an.

Heute weiß ich, daß er mir eine helfende Hand reichen wollte.

Die Tragödie hatte ihn ernüchtert, aber in meinem Gram war ich damals nicht imstande, dies zu erkennen. Ich sah nur mein eigenes Unglück, und es linderte meinen Kummer ein wenig, ihm die ganze Schuld daran zu geben.

Er wußte, wohin seine Sucht ihn führte. Heute ist mir klar, daß er sich meine Hilfe im Kampf gegen die Manie wünschte. Ich aber konnte nur an die Schreckensnacht in Venedig denken und daran, wie ich ihn mit seinen Freunden in der Höhle gesehen hatte. Ich sagte zu ihm: »Du hast mein Kind umgebracht, weil du es vernachlässigt hast. Glaubst du, ich hätte zugelassen, daß er stirbt?«

»Wir haben keine Macht über Leben und Tod, Susanna.«

»Wir können gegen das Unheil ankämpfen. Ich habe einen gesunden Knaben verlassen und bin zu einem toten zurückgekehrt. Du hast dich mit deinen Freunden vergnügt, während er im Sterben lag. Du hattest keine Zeit für deinen Sohn. Warum hast du Doktor Calliber nicht kommen lassen?«

»Ich habe dir doch gesagt, ich hatte den allerbesten Arzt zur Stelle.«

»Dieser pornographische Schmierfink? Dieser Rauschgiftsüchtige? Er ist ein Mörder. Er hat mein Kind ermordet.«

»Du redest Unsinn.«

»Er hat ihm seine Rauschmittel gegeben, nicht wahr?«

»Er wußte, was er tat.«

»Ja, und es führte zu Julians Tod.«

»Es war zu spät, um etwas zu tun.«

»Zu spät! Und du hast Dr. Calliber nicht kommen lassen. Ich hasse dich und deinen großartigen Freund. Ich werde nie vergessen, was ihr meinem Kind und mir angetan habt. Ihr seid Mörder, alle miteinander! Deine besoffene Nanny, deine leichtlebigen Freunde, und vor allem dieser sogenannte Doktor. Ich habe seine Bücher gelesen, ich kenne ihn. Er ist immer nur auf Sensationen aus. Er ist schlimmer als du, denn du bist schwach, und er ist stark. Er versteckt seine Schlechtigkeit unter einer Maske der Menschenfreundlichkeit. Ich hasse euch alle, deine Freunde, alles, was mit dir zu tun hat, am allermeisten aber dich und ihn.«

»Ich lasse dir etwas zu essen heraufschicken, und ich werde Doktor Calliber bitten, nach dir zu sehen.«

Ich lachte bitter. »Schade, daß du um deinen Sohn nicht auch so besorgt warst. Sonst hättest du vielleicht Doktor Calliber eher gerufen, und Julian wäre von einem richtigen Arzt behandelt worden.«

Ich warf mich in tiefster Verzweiflung aufs Bett.

An dem Tag, als mein Kind beerdigt wurde, bewegte ich mich wie in Trance. Ich starrte fassungslos auf den kleinen Sarg, der die sterblichen Überreste des Lebewesens enthielt, das mein ein und alles war. Das Läuten der Totenglocke kündete von meiner Trauer; ich hörte nicht auf die Worte des Pfarrers.

Julian wurde im Familiengrab der St. Clares bei seinen

Vorfahren zur letzten Ruhe gebettet, bei Stephen, der noch nicht lange tot war, und diesem Harry St. Clare, der den Tempel Satans gebaut und dort seinen gottlosen Riten gefrönt hatte. Danach schloß ich mich in meinem Zimmer ein und wollte keinen Menschen sehen. Aubrey schickte Dr. Calliber zu mir. Das Gespräch mit ihm belebte mich ein wenig. Er sagte, er verstehe meinen Schmerz, aber ich müsse mich zusammennehmen, sonst würde ich krank. »Sie werden noch mehr Kinder haben, Mrs. St. Clare. Glauben Sie mir, mit der Zeit wird der Verlust weniger schmerzen.«

Ich wollte nicht von mir sprechen, sondern von Julian. Dr. Calliber bestätigte, daß Julian schon tot war, als er kam.

»Ein Arzt, der im Haus zu Gast war, hat ihn behandelt«, sagte ich.

»Ja, ich weiß. Ich bin ihm nicht begegnet.«

»Aber wenn man Sie rechtzeitig gerufen hätte…«

»Wer weiß? Aber nun mache ich mir Ihretwegen Sorgen. Ich verschreibe Ihnen ein Stärkungsmittel, das Sie regelmäßig nehmen müssen, Mrs. St. Clare. Und versuchen Sie, etwas zu essen.«

Als er fort war, setzte ich mich an mein Fenster und sah zu dem Wäldchen hinüber, und mein Herz brannte vor grimmigem Zorn. Sie haben ihn sterben lassen. Dieser Doktor war der einzige, der nach ihm gesehen hat, nicht der vernünftige Calliber, sondern der Teufelsdoktor. Ich war überzeugt, daß er an meinem geliebten Kind eines seiner Rauschmittel ausprobiert hatte und es daran gestorben war. Eines Tages wollte ich mich an dem Mann rächen. Der Gedanke an Rache wirkte auf seltsame Weise lindernd. Er lenkte von dem bleichen, stillen Gesicht in dem Sarg ab, von der Erinnerung an meinen lustigen kleinen Jungen, von der Totenglocke, und das Leben schien wieder einen Sinn zu haben. Was, wenn ich dem verruchten Doktor begegnete? Wenn ich ihm sagte, was ich von ihm hielt, ihn beschuldigte, mit seinen giftigen Rauschmitteln mein Kind umgebracht und meinen Mann ruiniert zu haben? Ich empfand nichts als Abscheu für Aubrey, und doch tat er mir seltsamerweise leid. Der Doktor, der mein Kind getötet hatte, hatte ihn zu dem gemacht, der er war. Warum tauchte er immer in Zeiten des Unheils auf? Er war ein Vorbote des Bösen. Er war in Venedig gewesen. Er war auf dem Gut gewesen, als Julian starb. Er war wie ein böser Geist. Ich stellte ihn mir mit Hörnern und Pferdehufen vor wie das Abbild in der unheimlichen Höhle. Er war die mysteriöse Gestalt des Bösen.

Wohl aus dem Bemühen, mein Elend zu lindern und über etwas anderes nachzugrübeln als meinen herzzerreißenden Verlust, regte sich in mir der dringende Wunsch, diesem Mann zu begegnen. Ich wollte ihn aufsuchen und mit dem konfrontieren, was er angerichtet hatte. Womöglich konnte ich verhindern, daß er noch mehr Menschen zerstörte. Das war vielleicht melodramatisch und lächerlich, aber ich brauchte etwas, das meinen Lebenswillen wachhielt, und das bewirkte der Gedanke der Rache an dem dämonischen Doktor, der – davon war ich überzeugt – mein Kind getötet hatte.

Ich konnte mit niemandem darüber sprechen. Es war mein Geheimnis. Die Leute hätten mich für verrückt erklärt, wenn ich laut behauptet hätte, daß Dr. Damien mein Kind getötet hatte. Ich hatte eine ungeheure Wut auf ihn. Ich malte mir aus, wie ich ihm von Angesicht zu Angesicht gegenübertrat. Ich wollte ihm sagen, daß ich in seinen Büchern zwischen den Zeilen gelesen hatte – diese Abenteuer in fernen Ländern, in Indien, Arabien, ich wollte sagen: »Sie haben sich in die Sitten der Völker vertieft. Sie sind einer von ihnen geworden. Sie sprechen Urdu, Hindi und Arabisch wie ein Eingeborener. Sie sind ein finsterer Typ.« Ich stellte mir seine blitzenden Augen vor, tiefliegend und geheimnisvoll in dem dunkelhäutigen Gesicht. »Es war leicht für Sie, sich zu verkleiden.« Ich stellte mir vor, wie er die Bräuche der Einheimischen übernahm, wie er gleich ihnen lebte, vielleicht gar einen Harem hatte. Das wäre ganz nach seinem Geschmack gewesen, und natürlich alles im Namen der Wissenschaft. Er hatte Entdeckungen gemacht wie noch keiner vor ihm, er hatte sein medizinisches Wissen vertieft. Und mit seinen furchtbaren Rauschmitteln hatte er meinen Mann ruiniert und meinen Sohn getötet.

Der Haß wurde zum Inhalt meiner Tage. Ich las Damiens Bücher abermals und entdeckte mehr darin als zuvor. Ich sah sein dunkles, teuflisches Gesicht vor mir. Ich klammerte mich an meine Wut wie ein Ertrinkender an ein Stück Treibholz, denn wenn ich an diesen Mann dachte, hatte ich nicht mehr den Wunsch zu sterben. Ich wollte leben, um mich an ihm zu rächen.

Die Wochen vergingen. Ich war abgemagert und wirkte aufgrund meiner Größe ausgezehrt. Meine ohnehin vorstehenden Backenknochen traten noch mehr hervor, meine Augen sahen groß und kummervoll aus, und meine Lippen schienen das Lächeln verlernt zu haben.

Aubrey hatte es aufgegeben, mir Vorhaltungen zu machen. Er zuckte mit den Achseln, als ginge ich ihn nichts mehr an. Er bekam oft übers Wochenende Besuch. Ich ahnte, was vorging, aber es kümmerte mich nicht.

Manchmal wachte ich mitten in der Nacht auf. Dann saß ich im Bett und sagte mir: Du mußt etwas tun. Und auf einmal hatte ich eine Erleuchtung und wußte, was ich zu tun hatte: Ich wollte fort vom Gut, und zwar für immer. Solange ich hier war, würde mein Jammer nicht von mir weichen. Das Gut war für mich ein Ort des Grauens. Die Erinnerung an das, was ich in der Höhle gesehen hatte, verfolgte mich, und ich wußte, daß es mit Aubrey immer schlimmer werden würde. Und wo ich ging und stand, verfolgten mich Erinnerungen an Julian. Ich wollte seinen Tod rächen, und das konnte ich nicht, solange ich hierblieb. Außerdem wollte ich Aubrey nicht mehr sehen.

Ich hatte das Haus in London. Ich wollte wieder meinen

Mädchennamen annehmen und mich Miss Pleydell nennen. Ich beschloß, meine Sachen zu packen, sie nach London schicken zu lassen und zum frühestmöglichen Zeitpunkt abzureisen.

Ich sagte Aubrey, was ich vorhatte.

»Du willst mich also verlassen. Findest du das klug?«

»Ich finde, es gehört zu den klügsten Dingen, die ich je getan habe.«

»Dann hat es wohl keinen Sinn zu versuchen, dich zurückzuhalten. Aber ich muß dir sagen, daß du dich in eine schwierige Situation begibst. Eine Frau, die ihren Mann verläßt...«

»Ich weiß, Frauen sollen ihre Männer nicht verlassen. Ein Ehemann darf tun, was er will. Er kann hundert Geliebte haben, die gesteht man ihm ohne weiteres zu, bloß weil er ein Mann ist.«

»Unter einer Bedingung – daß er sich nicht erwischen läßt. So, du bist also entschlossen, und ich weiß, du bist eine sehr willensstarke Frau.«

»Früher war ich nicht willensstark genug.«

»Und das möchtest du jetzt wettmachen.«

»Hier hält mich nichts mehr. Leb wohl, Aubrey!«

»Ich sage lieber: Auf Wiedersehen!«

»Was du auch sagst, es ändert nichts.«

Ich verließ ihn und packte meine letzten Habseligkeiten zusammen, darunter die Bücher, die Stephen mir zu lesen gegeben hatte. Dann fuhr ich nach London.

Ein Zwischenfall auf der Straße

Ich hatte mich so plötzlich entschlossen, daß mir keine Zeit geblieben war, mein Kommen anzukündigen. Ich dachte mit einem Anflug von Zufriedenheit, daß Joe mich in Zukunft überallhin kutschieren würde, wohin ich wollte. Ich ließ das Gepäck am Bahnhof, um es später holen zu lassen, und fuhr mit einer Mietdroschke nach Hause.

Polly öffnete die Tür und starrte mich erstaunt an. Ihr erfreutes Lächeln wärmte mir das Herz. »Also, wenn das nicht die gnädige Frau ist!« rief sie. »Jane, komm her, schnell. Die gnädige Frau ist da.«

Ich umarmte sie beide und dachte amüsiert, was Tante Grace wohl sagen würde, wenn sie mich in so vertrautem Umgang mit meinem Personal sähe. Mein Haushalt sollte sehr unkonventionell werden, das stand fest.

»Ich bin für immer nach Hause gekommen«, sagte ich. »Ich habe das Gut endgültig verlassen.«

Sie schwiegen verwundert. Dann meinte Polly: »Jetzt können Sie bestimmt erst mal 'ne Tasse Tee gebrauchen.«

Als der Tee kam, ließ ich noch zwei Tassen bringen und forderte die beiden auf, sich zu mir zu setzen. Ich erzählte ihnen, was geschehen war, von Julians Tod und meinem Entschluß, meinen Mann zu verlassen. Sie hörten in respektvollem Schweigen zu und zeigten sich sehr mitfühlend. Von dem Tempel erzählte ich ihnen allerdings nichts.

»Jane, Polly«, sagte ich, »ich muß ein neues Leben anfangen. Ihr müßt mir dabei helfen.«

»Es gibt nichts, was wir nicht tun würden, stimmt's, Polly?« rief Jane.

Polly bestätigte es nachdrücklich.

»Ich möchte einen Strich unter mein altes Leben machen.

Ich möchte versuchen, es zu vergessen. Meinen Jungen werde ich nie vergessen... aber gewisse andere Dinge.«

Ich staunte über ihr Taktgefühl. Sie stellten keine Fragen, sondern warteten, bis ich weitersprach.

»Ich möchte eine andere Person sein. Ich bin nicht mehr Mrs. St. Clare und möchte vergessen, daß ich es je war. Ich werde meinen Mädchennamen wieder annehmen. Ich heiße von jetzt an Miss Pleydell.«

Wieder nickten sie.

»Ich nenne mich auch nicht mehr Susanna. Ich bin Anna.«

Das war mir im Zug eingefallen. Meine Aja hatte vor vielen Jahren einmal gesagt: »Du bist zwei Personen. Susan und Anna. Susan ist die sanfte, die in Frieden leben will und alles hinnimmt, wie es ist. Anna ist die starke, die hingeht und sich nimmt, was sie will.«

Sie hatte recht. Ich besaß ein gespaltenes Naturell, und jetzt benötigte ich die ganze Kraft und Entschlossenheit der stärkeren Seite meiner Persönlichkeit. Schon jetzt schien Anna Pleydell eine andere Person zu sein als Susanna St. Clare.

»Ihr werdet mich also Miss Pleydell nennen. Das dürfte euch nicht schwerfallen.«

»Wir haben für Colonel Pleydell gesorgt, da ist es doch bloß natürlich, daß wir jetzt für seine Tochter sorgen, Miss Pleydell«, bemerkte Jane.

»Ihr beide wißt, wie sehr ich meinen Vater geliebt habe... und meinen Sohn.«

Jane biß sich auf die Lippe, und Polly wandte sich ab, um ihre Tränen zu verbergen.

»Ich werde sie nie vergessen...« Mir versagte die Stimme, und plötzlich flossen die Tränen. Ich weinte zum erstenmal, seit meine Kümmernisse begonnen hatten. Ich schluchzte hemmungslos, und Jane und Polly weinten mit mir.

Jane faßte sich als erste. Sie schenkte eine Tasse Tee ein und reichte sie mir. Polly lächelte mich unter Tränen an.

»Ich muß mir überlegen, was ich demnächst anfange«, sagte ich. »Ich weiß es noch nicht. Ich habe noch keine festen Pläne. Ich weiß nur, daß ich hier besser aufgehoben bin als sonst irgendwo, wenngleich mich so vieles an meinen Vater erinnert.«

»Er war ein liebenswerter, warmherziger Mensch und so gut zu uns«, sagte Jane.

»So einen gibt's höchstens einmal unter einer Million«, fügte Polly hinzu.

»Wir kümmern uns schon um Sie, Mrs. – ich meine Miss Pleydell. Es dauert ein Weilchen, bis wir uns dran gewöhnt haben, Sie so zu nennen, aber das schaffen wir schon.«

»Ich lege die Wärmflasche in Ihr Bett«, sagte Polly.

»Da tust du gut daran«, fügte Jane hinzu. »Wir hatten in den letzten Tagen ein scheußliches, feuchtes Wetter. Die Feuchtigkeit zieht überall rein.«

Ja, es war richtig von mir gewesen, hierherzukommen.

Später ging ich in den Stall zu Joe. Er hatte die Neuigkeit schon vernommen.

»Schön, Sie wieder hier zu sehen, Miss Pleydell«, sagte er mit einem Blinzeln, mit dem er mir zu verstehen gab, daß Jane und Polly die Anweisung schon an ihn weitergegeben hatten. »Kutschen sind zum Fahren da, nicht zum Rumstehen. Das bekommt ihnen nicht.«

Ich sah Mitgefühl in seinen Augen; Jane und Polly hatten ihm wohl alles erzählt, was sie von mir erfahren hatten. Sie alle hatten meinen Vater und Julian geliebt, und sie teilten meinen Schmerz, wie es auf dem Gut niemand getan hatte.

Ja, dachte ich, ich glaube, ich kann einen neuen Anfang machen.

Das war nicht leicht. Als ich am Morgen aufwachte, überkam mich wieder die Verzweiflung. Ich hatte von Julian geträumt. Ich fragte mich: Was tu' ich hier? Was erhoffe ich mir vom Beginn eines neuen Lebens? Was spielt es für eine

Rolle, wo ich lebe? Ob hier oder auf dem Gut, der Verlust bleibt derselbe.

Jane kam mit einer Tasse Kakao herein. Was ich zum Frühstück wünsche, fragte sie.

»Nichts, danke, Jane.«

Sie schüttelte den Kopf. »Ist das Bett bequem? Haben Sie gut geschlafen?«

»Das Bett ist bequem. Wenn ich schlafe, träume ich.«

»Trinken Sie den Kakao! Er ist nahrhaft.«

Sie blieb stehen, um anzudeuten, daß sie sich nicht rühren werde, bis ich ausgetrunken hatte. Sie erinnerte mich ein bißchen an meine Aja. Ich dachte in letzter Zeit sehr viel an sie. Sie hatte etwas über diesen teuflischen Doktor gewußt. Ich wünschte, sie hätte es mir erzählt.

Jane zuliebe trank ich den Kakao, dann legte ich mich zurück und überlegte, was ich anfangen sollte, wenn ich aufstand. Ich konnte ausfahren, um Joe eine Freude zu machen. »Kutschen sind nicht zum Rumstehen da.« Er konnte mein Gepäck vom Bahnhof abholen, danach würde ich auspacken. Irgendwie werden die Tage schon vergehen. Wieso hatte ich geglaubt, in London würde alles anders sein?

Die Tage vergingen schleppend. Ab und zu ließ ich mich Joe zuliebe durch die Straßen von London kutschieren. Ich tätigte planlos ein paar Einkäufe. Jane und Polly kreierten Gerichte für mich, in denen ich herumpickte gleich einem Vögelchen, wie Jane mißbilligend sagte.

»Sie werden das reinste Gerippe«, bemerkte Joe. »Sie sollten lieber ein bißchen Fleisch ansetzen, Miss Pleydell! Knochen taugen nicht viel ohne.«

»Mir geht's gut, Joe«, sagte ich.

»Mit Verlaub, Miss Pleydell, Ihnen geht's nicht gut«, versetzte er scharf.

Er hatte wohl mit Polly und Jane über mich gesprochen. Alle drei waren wirklich sehr besorgt um mich.

Ich weiß nicht, wie lange ich noch in dem lethargischen

Zustand verharrt hätte, wenn dieser Zwischenfall auf der Oxford Street nicht gewesen wäre, durch welchen Lily Craddock in mein Leben trat.

Ab und zu machte ich Besorgungen. Ich erstand Kleinigkeiten fürs Haus und kleine Geschenke für Jane und Polly, denen ich sehr dankbar war. Wir standen nicht wie Herrin und Bedienstete zueinander. Wir waren eher wie eine Familie.

Joe hatte mich ein wenig herumgefahren, und nachdem ich ein Geschäft verließ, wo ich Handschuhe erstanden hatte, trabten wir im regen Verkehr über die Oxford Street. Da bremste Joe plötzlich mit einem Ruck. Ich sah aus dem Fenster. Leute liefen zusammen. Joe war abgestiegen, und ich kletterte aus der Kutsche. Ich war bestürzt, denn auf der Straße lag ein Mädchen mit blutigem Gesicht.

Joe sah mich an. »Sie ist vom Bürgersteig geflitzt, direkt vor die Pferde, und eh ich's mich versah, lag sie auf der Nase. Ich konnte nicht rechtzeitig bremsen.«

Ich kniete mich neben das Mädchen. Sie war ein hübsches Ding mit dichten lockigen Haaren. Ihre blauen Augen sahen mich flehend an.

»Es wird alles gut«, sagte ich. »Wir kümmern uns um dich.« Ich legte ihr meine Hand auf die Stirn. Sogleich schloß sie die Augen und schien getröstet.

Ein Polizist schob sich durch die Menge. Ich berichtete ihm, daß das Mädchen vor die Pferde gelaufen sei. »Ich möchte sie ins Hospital bringen«, sagte ich.

Der Polizist meinte, das sei wohl das Beste.

Das Mädchen sah mir ins Gesicht. Ich spürte, daß sie mir vertraute, und das wärmte mir das Herz. Das Gefühl, ihr helfen zu können, machte mich froh.

»Wir müssen feststellen, ob du dir etwas gebrochen hast«, sagte ich. »Darf ich?« Ich befühlte ihre Beine. Sie zuckte nicht zusammen. Wenn sie aufstehen konnte, war wahrscheinlich nichts gebrochen. Ich half ihr auf, und sie konnte ohne Mühe stehen.

»Wir bringen dich schnellstmöglich ins Krankenhaus«, sagte ich.

Sie machte ein furchtsames Gesicht, aber ich flüsterte ihr beruhigend zu: »Keine Bange, es wird alles gut.«

Der Polizist und ich hoben sie in die Kutsche.

»Das St.-Davids-Spital ist nicht weit von hier«, sagte der Polizist und fügte hinzu, er werde uns begleiten.

Das Mädchen saß zwischen uns. Ich legte meinen Arm um sie, und sie lehnte sich an mich. Ich war erleichtert, weil sie offenbar nicht schwer verletzt war.

Ich fragte sie nach ihrem Namen. Sie hieß Lily Craddock.

Wir hielten vor einem großen Gebäude. »Ich glaube, es ist besser, wenn ich sie reinbringe, Miss«, meinte der Polizist.

Das Mädchen sah mich flehend an, und ich sagte: »Ich komme heute nachmittag vorbei und schaue, wie es dir geht.«

Ihr klägliches Lächeln dünkte mich übertrieben dankbar für das bißchen, was ich für sie getan hatte.

Joe sprach auf dem ganzen Heimweg über den Unfall. »Hat einfach nicht geguckt, wo sie hinläuft. Flitzt mir nichts, dir nichts los, mitten zwischen lauter Kutschen und Fuhrwerke. Ich weiß nicht, was in sie gefahren ist. Will auf Teufel komm raus über die Straße.«

»Ja, aber ich glaube nicht, daß sie schlimm verletzt ist.«

»Dafür dank' ich meinem Schicksal. Ich möcht' kein Menschenleben auf dem Gewissen haben. Auch nicht, wenn es selbst schuld war, das junge Ding.«

»Vielleicht war sie in Gedanken. Sie hat ein liebes Gesicht.«

»Bei den Mädchen kann man nie wissen, Miss Pleydell. Die mit den lieben Gesichtern sind oft die schlimmsten.«

Ich mußte lachen, brach aber sofort ab. Für mich gab es im Leben nichts mehr zu lachen.

Doch ich mußte der Wahrheit ins Gesicht sehen. Es war über eine Stunde her, seit das Mädchen unter die Kutsche geraten war, und ich hatte seitdem nicht an Julian oder meinen

Vater gedacht. Das Unglück des armen Mädchens hatte mir eine Stunde des Vergessens beschert.

Als ich nach Hause kam, bemerkte Polly, es sei schon fast Mittagszeit. »Ich weiß«, sagte ich, »ich bin aufgehalten worden. Wir haben auf der Straße ein Mädchen überfahren und sie ins Spital gebracht.«

»Heiliger Bimbam!« rief Polly. »Ist sie schwer verletzt?«

»Ich glaube nicht. Man wird es im Hospital feststellen. Ich gehe sie heute nachmittag besuchen.«

Die Mädchen sahen mich entgeistert an. »Sie wollen doch nicht etwa dahin, Miss?«

»Ins Spital? Doch, natürlich. Ich muß wissen, wie es dem Mädchen geht. Schließlich ist sie von meiner Kutsche überfahren worden.«

»Dann muß sie wo gewesen sein, wo sie nichts zu suchen hatte. Sonst hätte Joe sie nicht überfahren.«

»Vermutlich war es ihre Schuld, aber das ändert nichts daran, daß ich sie besuchen werde. Ich fühle mich für sie verantwortlich.«

»Aber Miss, Sie können nicht in ein Spital gehen.«

»Warum nicht?«

»Spitäler sind nichts für Leute wie Sie.«

Ich sah sie fragend an, und beide setzten diese Miene auf, die mir schon langsam vertraut war und über die ich mich jedesmal amüsierte. Sie besagte, daß ich ein Einfaltspinsel sei und nichts von den Gefahren der Großstadt wisse, sie aber seien hier geboren und aufgewachsen, sie seien klüger als ich, sie wüßten Bescheid.

»Spitäler sind grauenhaft, Miss«, sagte Jane.

»Natürlich. Sie beherbergen Kranke und Sterbende.«

»Ich wär' lieber tot als in so einem Spital. Laß bloß nicht zu, daß man mich da reinbringt, Polly, und wenn ich in den letzten Zügen liege.«

»Ich muß aber das Mädchen besuchen, um zu sehen, wie es ihm geht.«

»Miss, da sind bloß die Geringsten der Geringen«, sagte Polly. »Eine Zeitlang hatten Jane und ich mal daran gedacht, Krankenschwestern zu werden, als Beruf, wissen Sie. Wir haben Mama jahrelang gepflegt und hatten Erfahrung. Aber diese Pflegerinnen, die sind die meiste Zeit betrunken ... Abschaum sind sie, jawohl.«

»Ich werde das Mädchen trotzdem besuchen. Sie heißt übrigens Lily Craddock. Ich gehe heute nachmittag hin, und nichts kann mich daran hindern.«

Jane hob die Schultern. »Es gibt Fisch zum Mittagessen«, sagte sie. »Er ist so zart, daß er auf der Zunge zergeht.« Ich setzte mich, und sie bedienten mich beflissen. Ich war erstaunt, daß ich imstande war, ein wenig zu essen.

Nie werde ich den Besuch im St.-Davids-Spital vergessen. Sobald ich eintrat, nahm ich diesen widerwärtigen Geruch wahr, dessen Herkunft ich mir nicht erklären konnte. Später erfuhr ich, daß er von Schmutz und mangelnder Hygiene herrührte. Ich ging in einen Raum, wo eine große rotgesichtige Frau an einem Tisch saß. Sie schien zu schlafen. Ich störte sie auf und sagte: »Ich möchte zu Lily Craddock. Sie wurde heute vormittag eingeliefert.« Die Frau sah mich verwundert an, als hätte ich etwas überaus Ungewöhnliches an mir. Sie wies mit dem Daumen über die Schulter auf eine Tür. Ich ging hin, stieß sie auf und trat in einen Saal.

Wie recht hatten doch Jane und Polly gehabt! Der Anblick war grauenhaft. Es war ein langgestreckter Raum mit mehreren Fenstern, die Hälfte davon mit Brettern vernagelt. Der widerwärtige Geruch war hier noch strenger als draußen. Schätzungsweise 50 bis 60 Betten standen in Reihen so dicht nebeneinander, daß kaum Platz war, um zwischen ihnen hindurchzugehen. Doch am meisten erschreckten mich die Menschen in den Betten. Einige sahen wie Leichen aus: gelblichweiße Gesichter, schmutzige, wirre Haare. Die Bettwäsche war schmierig von Dreck und Exkrementen. Hier und da richtete sich jemand auf dem Ellenbogen auf und sah mich an; die meisten jedoch schienen zu apathisch zu sein, um von irgend etwas Notiz zu nehmen.

Ich fragte mit lauter Stimme: »Ist hier eine Lily Craddock?«

Dann entdeckte ich sie am anderen Ende des Saales. Ich ging die Bettenreihe entlang zu ihr.

»Miss, Sie sind's!« Die Freude in ihrem Gesicht tat mir wohl. »Ich hätte nie gedacht, daß Sie kommen.«

»Ich habe doch gesagt, daß ich komme!« Ich betrachtete sie. Im Vergleich zu den anderen sah sie richtig gesund aus. »Hier kannst du nicht bleiben«, fuhr ich fort. »Ich hole dich hier heraus.«

Sie schüttelte den Kopf.

»Doch«, sagte ich bestimmt. »Ich nehme dich mit zu mir nach Hause. Ich werde dich pflegen, bis du wieder ganz gesund bist.«

Sie machte ein erstauntes Gesicht.

Eine Frau näherte sich uns. Sie schien hier eine gewisse Autorität zu haben. Ich sagte zu ihr: »Ich bin gekommen, um das junge Mädchen mitzunehmen.«

»So?« Sie musterte mich ziemlich unverschämt von Kopf bis Fuß.

»Sicher haben Sie nichts dagegen. Es war meine Kutsche, die sie überfahren hat. Würden Sie bitte ihre Kleider bringen?«

»Wer sind Sie, Madam?« Ich stellte erfreut und amüsiert fest, daß es mir irgendwie gelungen war, der Frau Respekt einzuflößen.

»Ich bin Miss Pleydell, die Tochter von Colonel Pleydell vom Kriegsministerium. Holen wir die Kleider des Mädchens! Wenn sie nicht imstande ist zu gehen, kann man sie in die Kutsche tragen. Mein Kutscher wird notfalls behilflich sein.«

»Ich ... ich kann gehen«, sagte Lily beflissen.

Die Frau rief einer anderen zu: »Das junge Mädchen wird entlassen. Wir brauchen alle Betten, die wir kriegen können. Hat irgendwas mit dem Kriegsministerium zu tun.« Ich lachte in mich hinein, während Lily sich anzog; sie hatte in ihrer Unterwäsche im Bett gelegen. Dann nahm ich ihren Arm und führte sie zur Tür. Joe wartete draußen und half uns in die Kutsche. Während der Fahrt sah ich das Mädchen besorgt an. »Wie fühlst du dich?«

»Besser, Miss, danke.«

»Die Besserung hätte nicht lange angehalten, wenn du dort geblieben wärst«, sagte ich grimmig.

Und so trat Lily Craddock in mein Leben, das von nun an anders wurde.

Ich hatte etwas zu tun. Jeden Morgen beim Aufwachen galt mein erster Gedanke meiner Patientin. Im Spital hatte sie einen leidlich gesunden Eindruck gemacht, aber nur im Vergleich mit den Menschen, die sich an der Schwelle des Todes befanden. Sobald ich sie in meiner Obhut hatte, stellte ich fest, daß sie sehr zart, unterernährt und furchtsam war. Ich erfuhr, daß sie verzweifelt versuchte, genug Geld zu verdienen, um ihren Lebensunterhalt zu bestreiten.

Lily füllte meine Tage aus. Ich stellte ihre Mahlzeiten zusammen, ich hegte und pflegte sie, und die Freude, zu sehen, wie es ihr von Tag zu Tag besserging, war jede Mühe wert.

Einmal sagte sie zu mir: »Ich glaub', mein Schutzengel hat mich unter Ihre Kutsche geschickt. Ich hab' nicht gewußt, daß es auf der Welt Menschen gibt wie Sie. Wenn ich dran denk', was Sie für mich getan haben...«

Ich war zutiefst gerührt und dachte bei mir: Das ist gar nichts, verglichen mit dem, was du für mich tust. Ich gewann Abstand zu Verzweiflung und Melancholie. Ich würde nie aufhören, um meine Toten zu trauern, aber mir war wie durch ein Wunder offenbart worden, daß mein Leben nicht vollkommen sinnlos war.

Einmal meinte Lily: »Ich fühl' mich gleich besser, wenn Sie meine Stirn streicheln. Es muß an Ihren Händen liegen, Miss Pleydell.«

Ich betrachtete meine langen, schmal zulaufenden Finger.

»Künstlerfinger« hatte sie einmal jemand genannt. Ich besaß kein künstlerisches Talent – es sei denn, man bezeichnet Krankenpflege als Kunst.

Der Gedanke an die Menschen im Spital und die wenigen Schwestern, die ich gesehen hatte, ließ mich nicht los. Die Pflegerinnen waren unsauber, rotgesichtig und schlampig, und ich war überzeugt, daß sie die Kranken und Hinfälligen vernachlässigten. Es war entsetzlich, und ich war froh, daß ich Lily hatte mitnehmen können.

Ich aß nun mehr; Lilys Pflege machte mich hungrig. Für sie wurden besondere Mahlzeiten zubereitet, denn Jane und Polly hatten sich mit Feuereifer der Aufgabe angenommen, sie, wie sie sagten, »wieder hochzupäppeln«.

Ich war zuweilen versucht – ja, tatsächlich versucht –, diese Gerichte ebenfalls zu kosten, ob sie munden, und mit nichts hätte ich Jane und Polly eine größere Freude machen können. Sie pflegten *mich* ebenso gesund wie Lily Craddock.

Manchmal befiel mich Niedergeschlagenheit, und ich dachte an mein Kind, das nach mir schrie, als ich nicht da war, das keine Luft bekam und um das sich niemand gekümmert hatte. Und dann dieser Doktor… dieser verruchte Doktor, der mit ihm experimentiert hatte. Vielleicht wußte er, daß das, was er dem Kind gab, ihm nicht das Leben retten konnte, aber er hatte die Wirkung sehen wollen.

Irgendwie brachte ich in Gedanken auch die Vernachlässigung der Spitalpatienten mit diesem Doktor in Verbindung. Die Schwestern kümmerten sich nur um sich selbst. Für die meisten Arbeiten waren sie untauglich, und deshalb gingen sie ins Spital. Eine schöne Methode, Menschen für diesen äußerst wichtigen Dienst auszuwählen! Die ihn ausübten, sollten es mit Hingabe tun und es als ihre Pflicht ansehen, den Kranken beizustehen. Sie müßten ordentlich ausgebildet sein. Diese Frauen aber wünschten sich nur ein bequemes Leben, etwas zu essen und ein Dach über dem Kopf. Und dieser teuflische Doktor... auf seine Art lag ihm auch nichts an Menschenleben. Er wollte die Wirkungen seiner Rauschmittel erproben und benutzte die Menschen skrupellos für seine satanischen Experimente.

Ich fühlte mich an die berüchtigte Madame de Brinvilliers erinnert, die im 17. Jahrhundert gelebt hatte. Sie trachtete diejenigen zu ermorden, die ihr im Weg standen, und bevor sie sie vergiftete, probierte sie verschiedene Giftstoffe an Hospitalpatienten aus, um zu sehen, wie sie wirkten und ob sie sie unentdeckt verabreichen konnte. Die Hospitäler mußten so ähnlich gewesen sein wie dasjenige, das ich gesehen hatte. Ich konnte mir vorstellen, wie die Frau als angeblicher Engel der Barmherzigkeit die Kranken besuchte und ihnen vergiftete Lebensmittel brachte. Dieser Doktor war ein ähnlicher Fall, nur hatte er als Arzt mehr Möglichkeiten als sie, seine mörderischen Experimente durchzuführen.

Ich war von dem brennenden Wunsch durchdrungen, etwas zu tun. Ich hatte mich verändert. Ich hatte nicht mehr das Gefühl, mit dem Leben fertig zu sein. Es war wie eine Wiedergeburt. Ich sah im Leben einen Sinn. Es war wie eine göttliche Offenbarung: Mir wurde etwas über mich selbst enthüllt. Jetzt, da es mir dank Lily Craddock so verdeutlicht worden war, erkannte ich es. Meine Aja hatte gesagt: »In deinen Händen steckt eine Kraft. Die muß genutzt werden. Eine Gabe ungenutzt zu lassen ist nicht gut. Dein Gott – meine Götter, sie lieben es nicht, wenn man ihre Gaben verachtet. «

Besaß ich eine Gabe? Ja. Ich besaß die Gabe, Leben zu retten. Der Anblick der Leidenden in den jämmerlichen Betten hatte mich tief bewegt. Ich kam mir so machtlos vor. Was konnte ich schon ändern? Sogar mein eigenes Kind war vernachlässigt worden. Ermordet! Das war eine unerhörte Behauptung, doch hätte man Dr. Calliber rechtzeitig gerufen, so hätte er Julian vielleicht das Leben retten können. Statt dessen hatte Aubrey seinen teuflischen Hausgeist ans Bett meines Kindes geholt, und dieser Mann hatte ihm Rauschmittel verabreicht und es getötet.

Vielleicht war ich voreingenommen, weil es sich um meinen geliebten Sohn handelte, aber ich glaubte fest, daß man sein Leben hätte retten können und es versäumt hatte. Ich wollte diesen Doktor finden. Ich wollte ihn zur Rede stellen und ihn daran hindern, daß er noch mehr Menschen mit seinen teuflischen Experimenten umbrachte.

Ich hatte nun ein Ziel. Ich wollte stark und robust werden, und mit der Zeit würde sich zeigen, welchen Weg ich einschlagen sollte.

Vorerst aber fand ich Trost und Erquickung darin, Lily Craddock gesund zu pflegen. Sie war nun seit zwei Wochen bei uns, und es ging ihr merklich besser. Dann aber wurde sie von Melancholie erfaßt, und die Genesung schritt langsamer voran.

Jane und Polly gingen der Sache auf den Grund. »Wissen Sie was, Miss Pleydell, das Mädchen macht sich Sorgen.«

»Dazu hat sie keinen Grund.«

»Nun ja, es geht ihr besser. Ich glaub', sie hat das Kranksein genossen. Jetzt überlegt sie: Wo soll sie hin?«

»Du meinst, sie macht sich Sorgen um die Zukunft?«

»Genau.«

»Ich verstehe.« Ich hatte mir schon seit geraumer Zeit Gedanken um Lilys Zukunft gemacht. Wir wußten, daß sie Näherin war und ein kärgliches Leben fristete. Sie hatte bis vor zwei Jahren auf dem Land gelebt. Ihre Familie war vielköpfig, und die Zeiten waren schwer. Sie hatte den Familienkreis verlassen und selbst für ihren Unterhalt sorgen müssen. Sie hatte als Dienstmädchen gearbeitet, aber das hatte ihr nicht gefallen. Sie war nach London gekommen, wo, wie sie glaubte, die Reichen wohnten und sie infolgedessen mit Nähen ein gutes Auskommen finden könnte. Uns allen war klar, daß sie damit keinen großen Erfolg gehabt hatte.

Ich sprach mit Jane und Polly darüber. »Ich bin keine reiche Frau, aber mein Vater hat für mich gut vorgesorgt, sofern ich nicht verschwenderisch bin. Ich könnte Lily anstellen. Sie könnte euch helfen, vielleicht für uns nähen und die Einkäufe besorgen.«

»Die Einkäufe nicht«, sagte Jane. »Sie ist zu sanftmütig in ihrer ländlichen Art. Man würde sie restlos ausnehmen. Sie mit dem Geld der gnädigen Frau auf den Markt zu schicken, das wäre, wie einen Märtyrer in die Höhle des Löwen zu schicken. Und sie ist kein Daniel.«

Ich lachte. »Dann besorgt ihr zwei weiterhin die Einkäufe, aber ich könnte Lily etwas Lohn zahlen, und sie hätte wenigstens gut zu essen und eine Unterkunft.«

»Sie sind genau wir Ihr Vater, Miss«, sagte Polly. »Wir hatten auch schon daran gedacht, Sie zu fragen, ob wir sie nicht hierbehalten könnten.«

Als ich Lily den Vorschlag machte, war sie außer sich vor Freude, und von dem Moment an ging eine Veränderung mit ihr vor. Nervosität und Gespanntheit fielen von ihr ab. Ich war beinahe glücklich.

Abends saß ich mit den Mädchen zusammen, und nach und nach erfuhr ich, was für ein Leben sie geführt hatten, bevor ich sie kennenlernte. Jane und Polly hatten es in ihrer Kindheit schwer gehabt. Ihr Vater war ein ständig betrunkener Tyrann gewesen.

»Er hat Mama wegen nichts und wieder nichts verprügelt«, berichtete Jane. »Er kam reingewankt, hat rumgebrüllt, und dann ging's los. Ich und Polly haben uns immer unter der Treppe versteckt. Eines Tages sind wir rausgekrochen und wollten ihn davon abhalten, daß er Mama verdrischt. Da ist er auf uns losgegangen. Einmal hat er dir das Handgelenk gebrochen, nicht, Polly?«

»Ist nie wieder richtig geheilt. Wenn's bloß 'n bißchen regnet, tut's höllisch weh.«

»Ich glaub', wir hätten ihn eines Tages umgebracht, wenn er nicht die Treppe runtergefallen wäre, bevor wir groß genug waren, ihm den Garaus zu machen.«

»Das ist ja eine furchtbare Geschichte«, sagte ich. »Bin ich froh, daß der Alkohol und die Treppe ihn umgebracht haben, damit ihr es nicht tun mußtet.«

»Ich hätte es getan.« Janes Augen blitzten. »Manche Menschen gehören nicht auf diese Welt.«

Ich schloß die Augen und sah den mysteriösen teuflischen Doktor vor mir, mitsamt Hörnern und Pferdefuß. Jane hatte recht. Solche Menschen sollten nicht leben dürfen.

»Wir hatten es besser, als er hin war«, sagte Polly. »Mama ging Treppen putzen, und als wir groß genug waren, haben wir alles mögliche getan, Botengänge erledigt, reinegemacht. Manchmal haben wir gehungert, aber das machte uns nicht soviel aus, weil wir ihn los waren. Dann ist Mama gestorben, und wir waren ganz allein. Wir haben sie gepflegt, nicht wahr, Jane? Ich glaub', der hatte sie fertiggemacht. Sie war nie richtig gesund. Er hat uns unsere ganze Kindheit verdorben, stimmt's, Jane?«

Jane pflichtete ihr bei. »So ist das eben. Man heiratet ... so wie Mama ihn. Damals muß er in Ordnung gewesen sein, sonst wär' sie doch nicht so dumm gewesen, ihn zu nehmen ... Und nach der Hochzeit zeigen manche erst ihr wahres Gesicht.«

Polly warf ihrer Schwester einen warnenden Blick zu. Ich wußte nur zu gut, was sie damit andeuten wollte.

Lily, die dies alles hörte und sich bei uns wie zu Hause fühlte, ging aus sich heraus und erzählte von sich. »Wir waren zu zehnt. Ich war die sechste. Ich hab' mich um die Kleinen gekümmert. Zur Erntezeit gingen wir Ähren nachlesen. Und manchmal haben wir Obst gepflückt und Kartoffeln aufgesammelt. Wir mußten Geld verdienen, und mit zwölf Jahren ging ich in Stellung. Anfangs fand ich es ganz in Ordnung. Aber da war dieser Sohn, der hat auf der Treppe mit mir gequatscht, und manchmal kam er zu mir in die Küche, wenn sonst niemand drin war. Zuerst fand ich ihn ja ganz nett. Dann hat er in seinem Schlafzimmer nach mir geläutet. Und dann … und dann … Ich hab's mit der Angst gekriegt. Ich wußte nicht, was tun. Ich wollte weglaufen, aber ich hatte keine Ahnung, wohin. Dann kam eines Tages die gnädige Frau rein und hat uns gesehen, und da hat sie mich an die Luft gesetzt. Es war furchtbar. Niemand wollte mir glauben, daß es nicht meine Schuld war.«

»Diese Männer!« sagte Jane. »Machen einem nichts wie Ärger.«

»Die gehören in Öl gesotten und in Stücke geschnitten und an Esel verfüttert«, ergänzte Polly.

»Und dann kam ich nach London. In unserem Dorf war ein Mädchen, die war ganz wild drauf, in die Stadt zu gehen. Sie sagte, die Straßen wären mit Gold gepflastert, man brauche es bloß aufzuheben und schon sei man reich. Wir sind zusammen abgehauen. Ein Wagen, der nach London fuhr, hat uns mitgenommen. Wir gingen in ein Gasthaus, und man gab uns ein Bett. Dafür mußten wir dort arbeiten. Wir sind drei Tage geblieben. Da war eine Dame, die hatte sich das Kleid zerrissen, und ich hab's ihr geflickt, und sie hat gesagt, das wär' sehr akkurat. Sie hat mich gut bezahlt und gemeint, ich könne mir meinen Lebensunterhalt mit Nähen verdienen. Da hab' ich mir ein Zimmer genommen, nicht größer als ein Kleiderschrank, und hab' die Schneidereien nach Arbeit abgeklappert. Sie gaben mir Hemden zu nähen, und für Herrenmäntel und Westen mußte ich die Knopflöcher machen und die Knöpfe annähen. Das gefiel mir besser als schrubben, aber ich mußte Tag und Nacht schuften, um genug zum Leben zu haben. Und das Zeug war schwer. Ich mußte die Sachen abholen und wieder hinbringen. Was aus meiner Freundin geworden ist, weiß ich nicht. Sie sagte, es gäbe leichtere Methoden, um Geld zu verdienen. Sie war sehr lebhaft. Die Männer haben ihr nachgeguckt. Ich glaub', ich weiß, was sie gemeint hat.«

»Und was hast du gerade gemacht, als wir dich auflasen?« fragte ich.

»Ich hab' nicht geguckt, wo ich hingeh'. Ich war so wütend. Ich kam vom Schneider. Ich hatte 'nen Stapel Westen hingebracht. Ich hatte die Knopflöcher gemacht und die Knöpfe angenäht, und ich war die halbe Nacht auf, weil ich an dem Tag das Geld brauchte. Es war ein gräßlicher kleiner Laden, düster und schmuddelig. Ich hatte den Mann schon mal gesehen, aber es war nicht der, der mir sonst immer das Geld gab. Sein Aussehen gefiel mir nicht, er hatte ein schmieriges, behaartes Gesicht, und er war so fett. ›Tag, Goldlöckchen, du willst bestimmt dein Geld.‹ Ich hatte ein Dutzend Westen gebracht, das war 'ne ganze Menge. ›Ja, Sir‹, hab' ich gesagt. ›Es sind ein Dutzend.‹ Er sagte: ›Gib mir zuerst 'nen Kuß.‹ Ich hatte Angst vor ihm und erinnerte mich an meine erste Stellung. Ich hab' ›Nein‹ geschrien, und da wurde er wütend. Er warf die Westen auf die Theke, dann hat er seinen Daumen unter die Knöpfe geschoben und die Hälfte abgerissen. ›Nicht!‹ hab' ich geschrien. Er sagte: ›Raus. Für so eine Arbeit bezahlen wir nicht.‹ – ›Aber Sie haben sie doch abgerissen‹, hab' ich gesagt, ›das waren Sie.‹ – ›Raus mit dir, du Schlampe‹, hat er gesagt, ›sonst hol' ich die Polizei.‹ Ich hatte solche Angst, ich bin einfach rausgerannt und direkt vor Ihre Pferde.«

Mich packte der Zorn. Das arme Kind! So schäbig behandelt zu werden. Kein Wunder, daß sie sich vor dem Leben fürchtete. Ich sagte leise: »So etwas soll dir nie wieder passieren, Lily.«

Sie ergriff meine Hand, küßte sie und sah mich bewundernd an. Da dachte ich: Ich muß etwas tun. Lily hatte mir meinen Lebenswillen zurückgegeben. Ich wußte nun, daß ich eine Pflicht zu erfüllen hatte, nämlich Menschen wie Lily Craddock zu helfen.

Es gab gemeine Menschen auf der Welt. Männer und Frauen beuteten andere aus, aber am meisten beuteten die Männer die Frauen aus. Ich konnte mir den jungen Mann genau vorstellen, der Lily verführen wollte, und den bösen Kerl in der Schneiderei. Und die Verkörperung von allen war dieser Teufelsdoktor, der meinen Mann ruiniert hatte und meinen Sohn sterben ließ.

Mein Entschluß stand fest. Ich wollte diesen Doktor finden. Ich wollte ihn vor der Welt entlarven als den, der er war. Diese Aussicht verlieh meinem Leben einen Aufschwung, dessen ich so dringend bedurfte.

Lily lebte sich mühelos bei uns ein. Sie durchstöberte unsere Schränke und flickte alles, was geflickt werden mußte. Sie fand einige Bettbezüge, die eigentlich weggeworfen werden sollten, und erklärte entrüstet, man könne sie wenden. Sie suchte sich immer wieder neue Arbeit, eisern entschlossen, sich nützlich zu machen. Sie konnte ja nicht ahnen, wieviel sie für mich getan hatte. Jane und Polly aber wußten es und waren sehr lieb zu ihr, sie sahen sich als Beschützerinnen des hilflosen kleinen Mädchens vom Lande, das nicht den Vorteil hatte, in der Großstadt aufgewachsen zu sein.

Sie nähte mir ein Kleid aus smaragdgrünem Samt. Sie hatte den Stoff in einem Geschäft gesehen und gemeint, ich müsse ihn unbedingt kaufen.

»Sie mit Ihren rotblonden Haaren und grünen Augen, Miss Pleydell, sehen Sie, das ist genau das richtige für Sie. Und ich werde ein Kleid machen...« Sie seufzte verzückt.

So kaufte ich ihr zuliebe den Stoff.

Als ich eines Tages nach einem kleinen Ladenbummel nach Hause zurückkehrte, wurde mir gemeldet, eine Dame und ein Herr warteten im Salon. Sie seien vor zehn Minuten gekommen, und da Jane ihnen versichert habe, ich bleibe nicht lange fort, wollten sie warten. »Es sind Mr. und Mrs. St. Clare«, sagte Jane.

Ich ging verwundert in den Salon und fand dort Amelia und einen Mann, den ich sogleich wiedererkannte. Sie umarmte mich. Sie sah jünger aus, als ich sie in Erinnerung hatte. »O Susanna, wie schön, dich zu sehen! Ich habe Neuigkeiten für dich.« Sie nahm Jack St. Clares Hand.

»Ihr seid verheiratet?«

Amelia nickte.

»Oh, das freut mich für euch. Aber ich habe es kommen sehen. Deine Briefe haben es verraten.«

Ich gratulierte ihnen, und meine Freude war echt. Ich hatte Amelia sehr gern, und sie war eine Frau, die einen Ehemann brauchte. Ich bot ihnen eine Erfrischung an: Kaffee, Tee oder ein Glas Wein?

Amelia lehnte dankend ab. »Wir wollten nur vorbeikommen, um dir zu sagen, daß wir in London sind.«

»Für wie lange?«

»Nur eine Woche. Wir wohnen bei meinen Eltern. Aber ich möchte dich gern besuchen und mit dir plaudern. Es gibt so viel zu erzählen. Wie wäre es mit morgen? Jack hat Geschäftliches zu erledigen.«

»Aber gern.«

Am nächsten Tag kam Amelia zu mir zum Tee. Als serviert war und wir unter uns waren, sagte sie: »Hoffentlich hat es dir nichts ausgemacht, daß wir unangemeldet gekommen sind. Ich weiß, du wolltest alles hinter dir lassen, aber ich hatte gehofft, daß ich nicht zu denen gehöre, mit denen du nichts mehr zu tun haben willst.«

»Bestimmt nicht.«

»Du hast deinen Mädchennamen wieder angenommen. Jack hat volles Verständnis dafür.«

»Und ich nenne mich jetzt Anna, das ist die zweite Hälfte meines Vornamens.«

»Manchmal mache ich mir Vorwürfe, weil ich dich nicht gewarnt habe, bevor du Aubrey geheiratet hast. Stephen meinte, du könntest ihn retten. Er hatte seinen Bruder wirklich sehr gern. Als Stephen dich kennengelernt hatte, war er unbedingt für die Heirat. Du seist stark und stabil, hat er gesagt.«

»Glaubst du wirklich, ich hätte irgend etwas tun können, wie Stephen annahm?«

Sie schüttelte den Kopf. »Vielleicht hat eine entfernte Chance bestanden. Aber ich kann verstehen, daß du nach dem Tod des Kindes dort nicht mehr bleiben konntest.«

Einen Augenblick war ich zu bewegt, um zu sprechen. Sie hatte die Erinnerung an mein süßes Kind geweckt.

»Weißt du«, stammelte ich, »ich ließ ein gesundes Kind zurück, und als ich wiederkam, fand ich es … tot.«

»Er hat schon als junger Mann Rauschgift genommen. Er hat bestimmte Bücher gelesen, und er war von dem Verfasser fasziniert.«

»Dr. Damien?«

»Ich habe Stephen immer gesagt, daß es damit anfing, aber er wollte es nicht wahrhaben. Der Mann war sein Freund, und er hielt große Stücke auf ihn. Er glaubte, daß er seine ganze Arbeit in den Dienst der Menschheit stellte. Ich habe das nie geglaubt. Die Natur dieses Mannes kam in seinen Büchern zum Ausdruck: Er schwelgt geradezu in Erotik. Aubrey lernte ihn auf dem Gut kennen. Er war restlos von ihm begeistert. Er hat etwas Hypnotisches an sich. Kurz nach dieser Begegnung begann Aubrey, mit Rauschgift zu experimentieren.«

»Dieser Mann hat in unserem Leben eine teuflische Rolle gespielt«, sagte ich. »Aber glaub' mir, eines Tages wird er seinen Richter finden.«

Nach einer Pause sagte Amelia: »Susanna, ach nein, Anna, was gedenkst du zu tun?«

»Ich bleibe hier, bis ich einen Plan gefaßt habe.«

»Es muß schwer sein, getrennt von seinem Mann zu leben wie eine unverheiratete Frau.«

»Die Trennung bringt mir keine Nachteile. Ich habe dieses gemietete Haus von meinem Vater übernommen. Ich habe fast alles geerbt, was er hinterlassen hat. Ich habe hier mein gutes Auskommen.«

»Du hast nettes Personal, Schwestern, nicht wahr?«

»Ja, und außerdem einen Kutscher und neuerdings noch eine Näherin.«

»Eine Näherin! Du beschäftigst ständig eine Näherin?«

»Sie erledigt auch noch andere Arbeiten. Sie ist auf merkwürdige Art zu uns gestoßen.« Ich erzählte ihr, wie Lily zu uns gekommen war und was für einen verwahrlosten Eindruck das Spital auf mich gemacht hatte. »Da muß etwas geschehen«, schloß ich.

»Wenigstens hast du das Mädchen da herausgeholt. Übrigens, meine Eltern geben ein kleines Abendessen für die Familie. Sie möchten, daß du auch kommst.«

Ich zögerte.

»Du mußt ab und zu mal unter Leute. Du gehst bestimmt nicht oft aus, oder?«

Ich schüttelte den Kopf. »Mir ist auch nicht danach zumute. Ich möchte hier allein sein. Ich bin bestens versorgt. Jane und Polly würden alles für mich tun, und Lily Craddock und der Kutscher Joe ebenfalls.«

Doch als Amelia mich beharrlich bat zu kommen, sagte ich schließlich zu.

Alle im Haus freuten sich, daß ich zum Abendessen eingeladen war. Lily meinte, dies sei eine gute Gelegenheit, das grüne Samtkleid anzuziehen, das sie genäht habe. Sie hatte zu ihren übrigen Pflichten auch noch die Aufgabe einer Zofe übernommen und erledigte sie ausgezeichnet. Sie besaß einen guten Geschmack, und sie hing mit einer Verehrung an mir, die mich ein wenig verlegen machte, da ich sie als unverdient empfand.

Joe kutschierte mich vergnügt zur Villa von Sir Henry und Lady Carberry. »Dafür sind Kutschen da«, bemerkte er zufrieden.

Ich wurde von Amelia, Jack und ihren Eltern herzlich begrüßt.

»Wir sind nicht ganz unter uns«, sagte Lady Carberry.

»Henrietta und ihr Verlobter machten heute vormittag ihre Aufwartung, und Mama lud sie zum Essen ein«, ergänzte Amelia entschuldigend. »Ich glaube, du kennst Henrietta schon.«

Sie kam auf mich zu. Ich erinnerte mich gut an die lebhafte, attraktive junge Dame, die ich vor meiner Heirat auf dem Gut kennengelernt hatte. »Die Ehrenwerte Henrietta Marlington und ihr Verlobter, Lord Carlton«, stellte Lady Carberry vor.

Ich wunderte mich über den Verlobten. Er war etwas kleiner als Henrietta, die fast meine Größe hatte, und er mußte ungefähr 20 Jahre älter sein als sie. Er hatte Säcke unter den Augen. Ich war von der Wahl der temperamentvollen Henrietta enttäuscht.

»Miss Anna Pleydell«, stellte Amelia mich vor.

»Oh, wir kennen uns schon.« Henrietta riß die funkelnden Augen weit auf. »Ich dachte ...«

»Miss Pleydell lebt jetzt in London«, sagte Amelia bestimmt.

Ich sah der Ehrenwerten Henrietta an, daß sie gern näher auf unsere frühere Begegnung eingegangen wäre. Sie erinnerte sich wohl, daß ich damals Aubreys Verlobte war, und fragte sich, was geschehen war. Sie war sehr impulsiv und überlegte nicht lange, bevor sie sprach. Aber Amelia gelang es, ihr klarzumachen, daß es nicht angebracht war, Fragen zu stellen.

Beim Essen saß ich Henrietta gegenüber. Wir sprachen über Indien. Lord Carlton kannte das Land gut und war dort auch meinem Vater begegnet. Die Unterhaltung verlief sehr lebhaft, und ich beteiligte mich mit Genuß daran. Wir sprachen auch über die große Ausstellung, die von Mai bis Oktober des vergangenen Jahres der Öffentlichkeit zugänglich gemacht worden war, wodurch sich Prinz Albert zur Freude der Königin große Anerkennung beim Volk verschafft hatte.

»Aber die wird nicht lange anhalten«, meinte Sir Henry. »Die Leute werden bald etwas an ihm auszusetzen haben.«

»Ich glaube, in unserem Land liegt vieles im argen«, ergänzte Lady Carberry. »So wie es aussieht, wird Lord Derby wohl zurücktreten.«

Ich sagte impulsiv: »Was auf jeden Fall im argen liegt, ist der Zustand unserer Spitäler.«

Alle sahen mich an, und Lord Carlton meinte: »Eine junge Dame wie Sie hat doch gewiß keine Erfahrungen mit solchen Einrichtungen?«

»Erzähl ihnen von deinem Erlebnis, Anna!« sagte Amelia.

Darauf berichtete ich, wie ich Lily aus dem St.-Davids-Spital geholt und auf diese Weise Bekanntschaft mit einer derartigen Einrichtung gemacht hatte. »Der Gestank war widerwärtig, und die Menschen waren ungewaschen und vernachlässigt. Und so etwas nennt sich Spital! Es ist eine Schande. Wie kann man das nur zulassen!«

Die Tischrunde schwieg. Schließlich sagte Lord Carlton: »Meine liebe junge Dame, wie ungestüm Sie sind. Sie erinnern mich an die Tochter der Nightingales.«

»Ach, wie geht es Fanny?« erkundigte sich Lady Carberry. »Ich habe sie schon lange nicht mehr gesehen.«

»Sie macht sich große Sorgen um Florence. Und der bedauernswerte W. E. N. wohl auch. Und ihre Schwester Parthenope ist wegen Florences Besessenheit fast außer sich.«

Es war das erste Mal, daß ich den Namen hörte, der so bedeutsam für mich werden sollte. »Sagen Sie mir, weshalb ich Sie an Miss Nightingale erinnere, Lord Carlton«, bat ich.

»Sie bildet sich ein, sie habe eine gottgesandte Berufung. Und wissen Sie, was für eine? Sie will Krankenschwester werden! Du kennst die Familie, Henry. Es ist höchst unziemlich. Eine Dame kann nicht Krankenschwester werden.«

»Sie dürfte jetzt dreißig sein«, sagte Sir Henry. »Zeit, daß sie sich die Flausen aus dem Kopf schlägt.«

»Die hätte Florence sich schon vor zehn Jahren aus dem Kopf schlagen sollen. Es ist purer Eigensinn. W. E. N. hält jedoch große Stücke auf sie.«

»Wer ist W. E. N.?« fragte ich.

»William Edward Nightingale, dem das Unglück widerfuhr, der Vater dieser halsstarrigen jungen Dame zu sein. Ich glaube nicht, daß es gelingen wird, sie davon abzubringen. Stellen Sie sich vor, sie ist sogar in Deutschland gewesen, in einem Ort namens Kaiserswerth, soviel ich weiß.«

»Davon habe ich gehört«, sagte Lady Carberry. »Da ist irgend so ein Institut, hat etwas mit Wohlfahrt oder dergleichen zu tun. Sie haben dort eine Schule für Waisenkinder, von Nonnen oder Diakonissen geleitet. Und ein Hospital haben sie auch. Flo hat da tatsächlich gearbeitet. Es hat ihr offenbar gefallen.«

»Ja, und dabei hat man sie wie ein Dienstmädchen behandelt! Als sie zurückkam, hat sie erklärt, es habe ihr besser gefallen als alles, was sie bisher getan habe.«

»Wenn man bedenkt, was W. E. N. und Fanny für das Mädchen getan haben! Sie hätte eine glänzende Partie machen können.«

»Vielleicht hielt sie eine glänzende Partie nicht für das Beste, was eine Frau erreichen kann«, meinte Henrietta.

Ich hörte aufmerksam zu. Ich wurde ganz aufgeregt. »In Deutschland, sagten Sie?« fragte ich. »Ich würde gern mehr darüber hören. Sie fühlt sich also berufen?«

Henrietta musterte mich eindringlich und sagte: »Es muß aufregend sein, eine Berufung zu verspüren ... wie der kleine Samuel. War der das nicht?«

»Sie haben doch auch eine Berufung«, sagte Sir Henry. »Sie sind zur Heirat berufen, kaum daß Sie in die Gesellschaft eingeführt wurden.«

Alle lachten. Lady Carberry fand jedoch offensichtlich, wir hätten genug über Miss Nightingales Besessenheit geredet. Entschlossen lenkte sie das Gespräch auf andere Themen.

Aber das Samenkorn war in der Erde. Ich hatte das Gefühl, auf merkwürdige Art geführt zu werden. Zuerst meine Begegnung mit Lily Craddock und der Schrecken über jene Einrichtungen, die sie Spitäler nannten, dann das Erwachen aus meiner Lethargie und die Erkenntnis, daß man weiterleben muß, ungeachtet dessen, was einem zugestoßen ist, und nun dieser Abend.

Allmählich nahmen Vorstellungen in mir Gestalt an.

Joe war auf der Rückfahrt gesprächig und erzählte mir von seinen Erlebnissen auf der Strecke von London nach Bath. Ich hörte nur halb zu. Mit den Gedanken war ich weit fort.

Am nächsten Tag bekam ich zu meiner Verwunderung Besuch von der Ehrenwerten Henrietta Marlington. Ich empfing sie im Salon. Sie reichte mir beide Hände. »Hoffentlich verübeln Sie es mir nicht, daß ich Sie einfach überfalle. Ich muß mit Ihnen sprechen. Gestern abend ging es nicht. Es ist alles ganz geheim.«

Ich sah sie überrascht an. Sie fuhr fort: »O ja, ich weiß, es hört sich aufdringlich an, aber so ist es nicht gemeint. Ich glaube, daß Sie mir helfen können und daß Sie mich verstehen.«

»Ich helfe natürlich gern, wenn ich kann.«

»Es gefällt mir, was Sie für das Mädchen getan haben und wie Ihnen die Spitäler am Herzen liegen.«

»Die würden jedem am Herzen liegen, der sie zu sehen bekommt.«

»Das glaube ich nicht. Aber was ich sagen wollte, Sie waren mit Aubrey St. Clare verheiratet, nicht? Oh, keine Bange, ich sage kein Sterbenswörtchen. Aber ich muß es wissen, es ist sehr wichtig für mich.«

»Wieso?«

»Es ist wie ein Beispiel.«

»Ich verstehe nicht.«

»Deswegen will ich es Ihnen ja erklären. Darf ich mich setzen?«

»Ja natürlich, verzeihen Sie, ich war so überrascht. Möchten Sie Tee?«

»Das wäre ganz gemütlich, nicht?«

Ich läutete, und Jane erschien. »Wir hätten gerne Tee, Jane.«

»Sehr wohl, Madam.« Es amüsierte mich jedesmal, wie sie, wenn es die Situation erforderte, in die Rolle des vorbildlichen Hausmädchens schlüpfte.

»So ein hübsches Haus«, sagte Henrietta, als Jane sich entfernt hatte.

»Ja, mein Vater und ich haben es nach unserer Rückkehr aus Indien gemietet.«

»Ich habe vom Tod Ihres Vaters gehört. Sehr traurig.«

»Und so unerwartet«, sagte ich. »Dann ist es doppelt schwer zu ertragen.«

Sie nickte. »Das Haus hat genau die richtige Größe für Sie, denke ich...«

Ich lächelte. Sie machte belanglose Konversation, bis der Tee kam und wir ungestört waren.

Als Jane sich diskret zurückgezogen hatte, sagte Henrietta: »Sie wundern sich bestimmt, warum ich hier so hereingeplatzt komme. Aber ich bin nun mal unkonventionell, und ich glaube, Sie sind es auch. Deshalb hatte ich ja auch den Mut, herzukommen.«

»Was bedrückt Sie?«

»Eine ganze Menge.«

»Und Sie meinen, ich kann Ihnen helfen?«

»Ich wüßte nicht, wer mir sonst helfen könnte.«

»Worum geht es?«

»Ums Heiraten. Wissen Sie, wenn ich es recht bedenke, möchte ich gar nicht heiraten.«

»Aber wie soll ich Ihnen da helfen?«

»Ich dachte, Sie könnten mir sagen, was ich tun soll.«

»Mir fällt nichts ein, außer Ihnen zu raten, die Verlobung

zu lösen, und wie man das macht, weiß ich auch nicht besser als Sie.«

»Lassen Sie mich erklären. Allen liegt ungeheuer viel an dieser Heirat: meinen Eltern, der Familie, dem ganzen großen Clan der Marlingtons. Alle sind sie schrecklich arm und müssen den Familiennamen und die Güter erhalten. Mein Leben lang habe ich nichts anderes zu hören bekommen, als daß wir von Trockenfäule im Balkenwerk und Klopfkäfern im Dach bedroht sind. Ich hatte mich schon damit abgefunden, daß es immer so weitergehen würde, bis ich entdeckte, daß alle sich auf mich verließen. ›Henrietta wird eine gute Partie machen‹, hieß es immer. Ich wurde wahrhaftig zu diesem Zweck erzogen. Man investierte schwer aufzutreibendes Geld in mich. Auf den vornehmsten Schulen wurde ich in allen Künsten der Verlockung unterwiesen. Ich tanze, ich singe, ich spiele Klavier, aber was das wichtigste ist, ich mußte die Kunst der Konversation erlernen, nicht des ernsten Gesprächs, sondern der oberflächlichen, ziemlich frivolen Art. Und wofür? Um den Männern zu schmeicheln, um sie zu umgarnen und ihre Bewunderung zu erringen, vorausgesetzt natürlich, sie sind einflußreich genug – und ich glaube, das heißt reich genug –, um meine Aufmerksamkeit zu verdienen.«

Ich lächelte. »Viele junge Damen werden mit solchen Zielen und ›Idealen‹ erzogen.«

»Wurden Sie es nicht?«

»Ich hatte keine normale Erziehung. Ich bin in Indien aufgewachsen, und in England habe ich die Schulferien in einem Pfarrhaus auf dem Lande verbracht – sehr bescheiden im Vergleich zu der Gesellschaft, in der Sie offenbar verkehren.«

»Glückliche Miss Pleydell! Man hat gerade noch abgewartet, bis ich offiziell in die Gesellschaft eingeführt war. Ich weiß nicht, warum sie ausgerechnet von mir das große Wunder erwarten.«

»Sie sind sehr attraktiv.«

Sie verzog das Gesicht. »Wenn man genau hinsieht, bin ich eigentlich nicht hübsch.«

»Es liegt an Ihrer Lebhaftigkeit und Fröhlichkeit. Attraktivität hat weniger mit dem Aussehen als mit der Persönlichkeit zu tun. Man hat in Ihrer Schule des Charmes gute Arbeit geleistet – oder vielleicht war es gar nicht nötig, weil Sie all das von Natur aus besaßen.«

»Allmählich wünsche ich, ich wäre scheeläugig und hätte Pickel.«

»Bitte, verachten Sie die Gaben nicht, die Ihnen von den guten Feen verliehen wurden. Aber fahren Sie fort!«

»Meine Einführung in die Gesellschaft war sehr kostspielig. Man war sicher, daß sich die Investition auszahlen würde. Ich lernte einen netten jungen Mann kennen. Ich mochte ihn sehr gern. Gute Familie, aber kein Geld, also kam er nicht in Frage. Dann betrat Tom Carlton die Szene. Er war die Erhörung ihrer Gebete. Er ist einer der reichsten Männer des Landes und wurde noch dazu in den Adelsstand erhoben. Er suchte natürlich eine Frau mit entsprechendem Stammbaum. Damit konnten die Marlingtons dienen. Wir reichen bis zu Wilhelm dem Eroberer zurück, oder jedenfalls fast. Eine geradezu ideale Verbindung: die Millionen der Carltons und das blaue Blut der Marlingtons.«

»Und die einzige in der Familie, die das nicht als ideal empfindet, ist die zukünftige Lady Carlton.«

Sie nickte. »Anfangs fand ich es wunderbar. Tom war so stolz auf mich. Er ist sehr großzügig, und es war ein Segen, nicht dauernd das Gejammer über Feuchtigkeit und Trockenfäule zu hören. Etwa eine Woche lang war ich strahlend glücklich. Wir waren gerettet, und ich hatte es vollbracht.«

»Und dann wurde Ihnen klar, daß eine Ehe mehr bedeutet als Familienstolz.«

»Ja. Und seitdem frage ich mich, wie ich vorgehen soll.«

»Wieso glauben Sie, daß ich Ihnen dabei helfen kann? Ich

bin eine Fremde für Sie. Wir begegnen uns heute erst zum dritten Mal.«

»Ich war offen zu Ihnen. Werden Sie auch offen zu mir sein? Ich schwöre, daß ich kein Wort, das Sie mir anvertrauen, weitersagen werde.«

Ihre Stimmung wechselte innerhalb von Sekunden. Eben hatte sie sich mir noch als das tragische Opferlamm auf dem Altar des Familienstolzes präsentiert, und jetzt blitzten ihre Augen vor Aufregung. Sie war eine Verschwörerin.

Ich fand sie bezaubernd. Ich konnte verstehen, daß Lord Carlton ihrem Charme erlegen war, obwohl er doch wissen mußte, daß es sein Vermögen war, das ihn für die Marlingtons so begehrenswert machte.

»Nun gut. Ich habe Aubrey St. Clare geheiratet. Die Ehe ging schief. Ich hatte einen kleinen Jungen. Seinetwegen bin ich bei meinem Mann geblieben. Als mein Kind starb, ging ich fort.«

»Das war sehr mutig von Ihnen.«

»Überhaupt nicht. Ich konnte dort einfach nicht bleiben, also bin ich gegangen. Ich hatte Glück. Mein Vater hat mir genug für ein einigermaßen gesichertes Leben hinterlassen.«

»Auch ich habe ein kleines Einkommen. Die Familie meint zwar, es ist nur ein Hungerlohn, aber so gering ist es gar nicht, wenn man nicht gerade ein großes Haus mit einem Gefolge von Dienstboten unterhalten und lecke Dächer reparieren und den Klopfkäfer bekämpfen muß. Was würden Sie an meiner Stelle tun?«

Ich hob die Schultern. »Was soll ich dazu sagen? Ich kenne die Einzelheiten nicht.«

»Ich finde, das war ein schicksalhafter Abend gestern.«

»So?«

»Ja... daß wir uns trafen, und dann das Gespräch über Florence Nightingale. Danach hatte ich das Gefühl, ich könnte aus meiner Familie ausbrechen, wenn ich den Mut von Menschen wie Sie und Miss Nightingale hätte.«

177

»Wenn Sie das Gefühl haben, Ihre Verlobung lösen zu müssen, dann sollten Sie es tun.«

»Wissen Sie, am Anfang dachte ich nur an die Freude der Familie und an das Ende der Sorgen, aber dann fiel mir ein, was ich alles würde ertragen müssen. Tom ist ja sehr nett, aber manchmal sieht er mich so an – also um ehrlich zu sein, Miss Pleydell, ich habe ein bißchen Angst, nein, nicht nur ein bißchen, ich habe große Angst. Und dann... und dann...«

Erinnerungen kehrten zurück: wie ich in dem Schlafzimmer in Venedig erwachte und Aubrey am Bett stehen sah. Woher weiß man, welche heimlichen Begierden von den Menschen Besitz ergreifen? Ich sah dieses Mädchen an. Sie war jung, lebhaft, attraktiv. Was mir geschehen war, konnte einen ein Leben lang zeichnen, es konnte die Einstellung zum Leben bestimmen und die gesunden, natürlichen Instinkte verzerren. Ich wußte, daß Henrietta ihre Verlobung lösen mußte, denn als ich ihr hübsches Gesicht betrachtete, sah ich die nackte Angst darin.

Sie blickte mich ernst, beinahe flehend an. »Meine Eltern und ihre Freunde sagen, es ist *die* Partie der Saison. Es gebe nicht eine Debütantin, die nicht grün vor Neid sei, weil ich den großen Fang gemacht habe. Tom ist hoch geachtet. Prinz Albert schätzt ihn, weil er dem Land geschäftliche Vorteile bringt. Natürlich fühle ich mich geehrt und geschmeichelt. Aber meine Angst überschattet alle anderen Gefühle.«

»Die Entscheidung liegt bei Ihnen.«

»Ich weiß, was Sie tun würden. Sie würden die Verlobung lösen. Sie sind stark. Ich bewundere Sie. Sie haben Ihren Mann verlassen. Alle würden sagen, das sei gesellschaftlicher Selbstmord. Aber das kümmert Sie nicht, nicht wahr?«

»Ich lege keinen Wert auf die Gesellschaft.«

»Prinz Albert würde Sie nicht empfangen. Er ist sehr sittenstreng.«

»Ich kann auf die Gesellschaft von Prinz Albert verzichten. Ich will von niemandem empfangen werden. Ich fühle mich hier sehr wohl. Bis ich mich entschieden habe, was ich anfangen werde, bin ich durchaus bereit, alles so zu lassen, wie es ist.«

Sie sah mich mit funkelnden Augen an. »Ich finde es großartig, daß Sie in dieses Spital gegangen sind.«

»Großartig? Es war grauenhaft.«

»Ich weiß. Aber da hineinzugehen und das Mädchen herauszuholen, das war fabelhaft. Deshalb dachte ich, es sei richtig, Sie um Rat zu fragen.«

»Meine liebe Miss Marlington, Sie müssen selbst entscheiden.«

»Aber würden Sie ihn an meiner Stelle heiraten?«

Ich schloß die Augen. Woher wußte sie, was dieser Mann, der so viel älter war als sie, von ihr erwartete? Sie liebte ihn nicht, sie fürchtete sich. Ich dachte an den Traum, den ich in der Nacht vor meiner Hochzeit hatte. War er eine Warnung gewesen? Ich hatte sie nicht erkannt. Doch dieses Mädchen wurde viel deutlicher gewarnt.

»Sie lieben ihn nicht«, sagte ich, »denn sonst würden Sie ihn heiraten wollen.«

»Sie meinen also, ich soll die Verlobung lösen?«

»Wie kann ich Ihnen raten? Die Entscheidung liegt allein bei Ihnen.«

»Aber was würden Sie an meiner Stelle tun?«

Ich antwortete nicht.

»Ich weiß es schon«, sagte sie triumphierend. »Vielen Dank, Miss Pleydell.«

Ihre Stimmung wechselte, sie wurde sehr fröhlich. Sie erzählte mir amüsante Histörchen über ihre Einführung in die Gesellschaft; erstaunlich, wie wichtig Rang und Namen waren. Ihr erster Ball, anfangs ein Alptraum, sei ein Triumph geworden. »Ich hatte solche Angst, daß keiner mich zum Tanzen auffordern würde. Mauerblümchen zu sein ist die quälende Sorge aller Debütantinnen. Und wenn man Erfolg hat, sind sämtliche Mamas schrecklich eifersüchtig, außer der eigenen natürlich. Die triumphiert. Es ist eine Tortur.«

»Die Sie natürlich mit Glanz und Gloria überstanden haben.«

»Ich hatte eine Menge Tanzpartner, und es hat lange Zeit Spaß gemacht. Dann erschien Tom, und da ging die Aufregung los. Ich wurde gehegt und gehätschelt, der Liebling, das Lämmchen, die Retterin. Es ist eine schreckliche Verantwortung.«

Damit waren wir wieder beim Thema.

Als sie ging, ergriff sie meine Hand. »Darf ich Sie Anna nennen?«

»Natürlich.«

»Und Sie sagen Henrietta zu mir.«

Ich war einverstanden. Ich erwartete nicht, sie wiederzusehen, aber ich würde gewiß erfahren, ob sie ihre Verlobung gelöst hatte. Die Zeitungen würden es in den Gesellschaftsnachrichten bringen.

Auf das Nachspiel war ich nicht gefaßt. Zwei Tage später hielt eine Droschke vor dem Haus. Ich blickte aus dem Fenster und sah zu meiner Verwunderung Henrietta aussteigen. Der Kutscher trug zwei Reisetaschen zur Haustür.

Jane öffnete auf das Klopfen hin. Ich hörte Henriettas Stimme: »Ist Miss Pleydell zu Hause?« Und dann zum Kutscher: »Bringen Sie die Taschen herein, sind Sie so gut, ja? Vielen Dank.«

Jane kam in den Salon, wo ich saß und las. »Die junge Dame ist wieder da, Madam«, sagte sie mit ihrer Zimmermädchenstimme. »Und es sieht so aus, als wolle sie bleiben.«

Eine aufgeregte, triumphierende Henrietta wurde in den Salon geführt. »Ich hab's getan«, sagte sie. »Ich konnte meinen Angehörigen nicht ins Gesicht sehen, deshalb bin ich ausgerissen.«

»Aber ...« begann ich.

»Ich dachte, ich kann bei Ihnen wohnen, bloß für ein Weilchen. Das wird einen Sturm geben!«

»Wäre es nicht besser gewesen, sich dem zu stellen?«

»Ehrlich gesagt, sie würden bestimmt versuchen, mich
umzustimmen.«

»Aber wenn Sie so fest entschlossen sind...«

»Sie kennen meine Familie nicht. Es wird Heulen und
Zähneknirschen geben. Das hätte ich nicht ausgehalten. Ich
bin nicht so stark wie Sie. Ich hasse es, Mama weinen zu
sehen. Ich würde nachgeben, und das darf ich doch nicht.
Deshalb blieb mir nichts anderes übrig, als mich davon-
zumachen. Und da dachte ich, weil Sie so nett zu dem
Mädchen waren, das im Spital war, würden Sie auch nett
zu mir sein. Sie werden mich doch nicht fortschicken,
oder?«

»Natürlich nicht. Aber ich frage mich, ob das klug von
Ihnen war.«

»Ich fühle mich jetzt viel besser. Ich hatte wirklich Angst
vor Tom Carlton. Die Art, wie er mich ansah... als hätte er
alles mögliche im Sinn. Er ist alt und hatte jede Menge Geliebte... alle Sorten, glaube ich. Ich hätte seine Erwartungen
bestimmt nicht erfüllt. Es ist besser für ihn, daß ich jetzt
Schluß mache, bevor uns später klar wird, was für einen Rie-
senfehler wir begangen haben. Ich dachte, ich bleibe hier, bis
sich der Sturm gelegt hat. Tom findet bestimmt eine andere,
und meine Familie wird die Enttäuschung mit der Zeit verwinden. Die Klopfkäfer sind schließlich schon seit etlichen
hundert Jahren da, da kommt es auf ein paar Jahre mehr
auch nicht an. Ach, was plappere ich da! Aber wenn Sie wüßten, wie erleichtert ich bin...«

»Heute nacht können Sie auf jeden Fall bleiben«, sagte
ich. »Vielleicht haben Sie es sich bis morgen anders überlegt.
Haben Sie Ihren Eltern gesagt, wo Sie hingehen?«

»Zu einer Freundin, habe ich in meinem Brief geschrieben.
Ich habe eine Anzahl Bekannte, zu denen ich gehen könnte.

Und Tom habe ich geschrieben, daß ich glaube, noch nicht reif für die Ehe zu sein.«

»Ich lasse Ihnen Ihre Bleibe herrichten. Wir haben nur ein kleines Gästezimmer. Das Haus ist nämlich nicht sehr groß.«

»Ja, ich weiß. Das gefällt mir ja so gut daran. Ich habe die fürstlichen Hallen und kostbaren Holzverkleidungen, die um jeden Preis, auch um den Preis der Selbstachtung, erhalten werden müssen, gründlich satt.«

»Ich finde, Sie sollten an Ihre Zukunft denken. Sehen Sie, ich bin eine Frau, die ihren Mann verlassen hat. Für solche Leute hat die Gesellschaft nicht viel übrig.«

»Wen kümmert schon die Gesellschaft?«

»Mich nicht. Aber Sie vielleicht.«

»Absolut nicht. Ich unterhalte mich viel lieber mit Ihnen.«

»Sie urteilen reichlich vorschnell.«

»Vielleicht. Aber manchmal urteile ich richtig. Zum Beispiel, was uns beide angeht. Sie und ich werden Freundinnen.«

So kam es, daß Henrietta Marlington zu mir zog.

Es stand nicht zu erwarten, daß Henriettas Familie sie so einfach gewähren ließ. Wochenlang herrschte ein Kommen und Gehen, Bitten und Drohen. Henriettas Entschlossenheit setzte mich in Erstaunen. Ich hatte sie für ziemlich frivol gehalten, und das war sie wohl auch in vieler Hinsicht, aber hinter der Frivolität verbarg sich eine eiserne Entschlußkraft. Ich war verstört, weil ich mich im Zentrum eines Sturms befand; denn das war das letzte, was ich wollte, und manchmal wünschte ich, ich hätte die Einladung von Amelias Eltern nicht angenommen. Doch andererseits faßte ich eine wachsende Zuneigung zu Henrietta. Sie hatte ein bezauberndes Wesen, und ihre Fröhlichkeit steckte uns alle an. Jane, Polly und Lily wurden ihre glühenden Bewunderinnen; sie waren bereit, den Kampf mit dem gesamten Marlington-Clan und Lord Carlton persönlich aufzunehmen, falls diese weiterhin versuchen sollten, Henrietta zu etwas zu zwingen, was ihr widerstrebte.

Als ihre Angehörigen schließlich einsahen, daß alle Hoffnung, sie zur vermeintlichen Vernunft zu bringen, vergebens war, und man sich in das Unvermeidliche fügen mußte, wünschten sie, daß Henrietta zu ihnen zurückkehre. Henrietta lehnte ab, was uns freute, denn sie war unterdessen schon Teil unserer Hausgemeinschaft geworden.

Mehr als zwei Monate hatten Henriettas Angelegenheiten unser Leben bestimmt; und als der Sturm sich schließlich legte, nahm Lily Craddock unsere Aufmerksamkeit in Anspruch. Sie hatte sich verändert und ging öfter aus. Sie war immer ein außergewöhnlich hübsches Mädchen gewesen, aber jetzt strahlte sie geradezu. Es dauerte nicht lange, bis Jane und Polly ihr das Geheimnis entlockt hatten.

Lily ging oft zu ihrer bevorzugten Kurzwarenhandlung, wo es, wie sie sagte, die besten Besatzspitzen und farbigen Seidenstoffe von ganz London gab, und sie verstand sich recht gut mit den Besitzern, Mr. und Mrs. Clift. Vor wenigen Wochen war ein gutaussehender Soldat aus dem Wohnzimmer gekommen, während Mrs. Clift im Laden bediente, und Mrs. Clift hatte gesagt: »William, du mußt unbedingt Miss Craddock kennenlernen. Sie ist eine unserer besten Kundinnen.«

»Es scheint«, berichtete mir Jane, »daß sie sich ineinander vergafft haben… Liebe auf den ersten Blick sozusagen.«

Wir waren über diese Wendung in Lilys Schicksal alle ganz aufgeregt, zumal William Clift ernste Absichten zu haben schien. Lily wurde zu den Clifts zum Tee eingeladen und kehrte in einem wahren Glückstaumel zurück. Ich sagte, sie müsse William zu sich zum Tee bitten. Darauf herrschte in der Küche ein geschäftiges Treiben. Jane buk einen Kuchen, und Lily nähte einen neuen Kragen und neue Manschetten an ihr bestes Kleid. Henrietta meinte, wir sollten alle zugegen sein, und die Teegesellschaft solle im Salon stattfinden. Aber

Jane war strikt dagegen und setzte sich durch. Was sollten die Clifts von einem Haushalt denken, wo das Personal mit der Herrschaft im Salon den Tee einnahm? Nein! Jane wußte, was sich gehörte. Den Tee sollte es in der Küche geben – die war der richtige Ort dafür –, und Henrietta und ich sollten nachher dazukommen und William vorgestellt werden.

Alles verlief nach Plan. Henrietta und ich kamen hinunter und wurden förmlich vorgestellt. William war ein gutaussehender junger Mann, dessen männliches Auftreten durch seine Uniform noch unterstrichen wurde. Er gedachte, wenn möglich den Dienst zu quittieren, sobald er heiratete, und im Geschäft mitzuarbeiten, das jetzt besser florierte als zu der Zeit, da er zum Militär ging. Wenn sie verheiratet waren, wollte er mit Lily bei seinen Eltern wohnen.

Als William gegangen war, sagte Lily mir unter Tränen, wie dankbar sie sei für alles, was ich für sie getan hatte. »Es war ein Glückstag in meinem Leben, als ich vor Ihre Kutsche lief. Wenn ich daran denke, daß es eine andere Kutsche gewesen wäre, überläuft es mich kalt vor Angst.«

Das war eines der hübschesten Komplimente, die man mir machen konnte, aber ich hatte das Gefühl, daß ich es nicht verdiente. Ich hatte eigentlich sehr wenig getan. Mir selbst ging es nun viel besser. Die Angelegenheiten der anderen hatten mich von meinem Kummer abgelenkt.

Als Henrietta mir sagte, sie sei so glücklich bei uns, meinte ich: »Verglichen mit dem, was du gewöhnt warst, muß dies hier ein sehr bescheidenes Dasein sein.«

Sie leugnete es nicht. Nachdenklich sagte sie: »Aber hier habe ich etwas, das ich vorher nicht hatte: Freiheit. Das ist für mich das Erstrebenswerteste auf der Welt. Hier denke ich meine eigenen Gedanken. Ich glaube nicht, daß das, was man mir eingetrichtert hat, das Evangelium ist. Ich treffe meine eigenen Entscheidungen. Ich bin so froh, daß ich Tom Carlton nicht geheiratet habe. Stell dir vor, ich wäre jetzt seine Frau!«

184

»So reich, so hoch angesehen in der Gesellschaft«, hielt ich ihr entgegen.

»Mein Erstgeburtsrecht verkauft für ein Linsengericht.«
Ich mußte lachen. Ich wußte, was sie damit sagen wollte.

»Aber jetzt bin ich frei«, fuhr sie fort. »Ich heirate, wen ich will, oder gar nicht. Ich gehe, wohin ich will. Ich tu', was ich will. Glorreiche Freiheit.«

Ich faßte immer mehr Vertrauen zu ihr und erzählte ihr ein wenig aus meinem Eheleben, das mit dem Tod meines Sohnes geendet hatte. »Ich will vergessen. Ich wünsche mir, daß etwas anderes in meinem Leben so wichtig wird, daß ich nicht andauernd zurückblicke. Ich möchte die Vergangenheit hinter mir lassen und Enttäuschung und Kummer vergessen. Henrietta, ich möchte Kranke gesund pflegen.«

Sie sah mich entgeistert an. »Willst du etwa Krankenschwester werden?«

»Ja, ich glaube schon.« Ich sah auf meine Hände. »Ich glaube, ich habe eine Begabung dafür. Meine Hände haben eine heilende Kraft, das hat sich schon öfter erwiesen.«

Sie ergriff meine Hände und betrachtete sie. »Sie sind wunderschön. Sie sollten mit kostbaren Smaragden, Diamanten und anderen Edelsteinen geschmückt sein.«

»Nein.« Ich entzog sie ihr. »Sie sollten etwas Nützliches tun.«

»Anna, es kann doch nicht dein Ernst sein, Krankenschwester zu werden. Du hast gesehen, wie die sind, als du Lily herausgeholt hast.«

»Aber ich will das alles ändern.«

»Das versucht Miss Nightingale auch. Sie ist wie du entsetzt über das Elend in den Spitälern. Natürlich finden die Leute das sehr unweiblich. Ihren Angehörigen gefällt das überhaupt nicht. Sie haben alles getan, um sie davon abzuhalten.« Sie lächelte. »Aber eine Frau wie sie kann niemand abhalten, wenn sie fest entschlossen ist.«

»Auch ich bin dabei, einen Entschluß zu fassen, Henrietta.

Meine Gedanken sind ganz durcheinander, und ich träume viel. Eine Gestalt verfolgt mich in meinen Träumen, ein Mann ... ein böser Mann. Er heißt Damien. Er hat ein merkwürdiges Leben geführt. Er hat in fernen Ländern unter den Eingeborenen gelebt.«

»Hat er ein Buch geschrieben?«

»Ja.«

»Ich denke, er ist ein großer Arzt, so etwas wie ein Pionier.«

»Als solcher gibt er sich aus, denke ich. Ich möchte ihn finden. Ich glaube, er ist für die Verirrung meines Mannes und für den Tod meines Sohnes verantwortlich.«

»Inwiefern?«

»Er experimentiert mit Rauschgift; Opium, Laudanum und fremdartigen Drogen, die man im Orient findet. Er macht womöglich sogar Selbstversuche, vor allem aber bringt er andere Menschen dazu, Rauschgift zu nehmen, damit er die Wirkung beobachten kann. Er zerstört Leben, um große Entdeckungen zu machen und seinen Ruf zu festigen. Henrietta, ich muß diesen Mann finden. Ich will ihm von Angesicht zu Angesicht gegenübertreten. Ich möchte ihn entlarven. Ich möchte ihn auf frischer Tat bei seinem üblen Tun erwischen.«

Sie sah mich verwundert an. »Das sieht dir gar nicht ähnlich. Du bist sonst immer so ruhig, so vernünftig.«

»Und jetzt findest du mich nicht ruhig und vernünftig?«

»Nein. Du bist ganz außer dir. Du haßt diesen Mann, den du nie gesehen hast.«

»Ich habe ihn einmal gesehen, in Venedig. Er brachte Aubrey in den Palazzo zurück ... berauscht.«

»Glaubst du, er war schuld?«

»Bestimmt.«

»Wie aufregend! Wie willst du diesen Mann finden?«

»Ich weiß es nicht. Mir kommen Pläne in den Sinn, die mir so undurchführbar erscheinen, daß ich sie wieder verwerfe. Aber das ändert nichts an meinem Entschluß. Ich werde keinen Frieden haben, solange ich diesen Mann nicht gefunden habe. Ich habe ihm einige Fragen zu stellen. Er richtet großen Schaden an. Ich werde ihn finden, Henrietta.«

»Aber wie?«

»Er ist Arzt.« Ich betrachtete meine Hände. »Ich habe den Wunsch, Kranke zu pflegen. Als Krankenschwester habe ich vielleicht eine Chance, ihn zu finden. Ich weiß, daß ich eine gute Pflegerin sein werde. Das wird mein erster Schritt sein. Ich habe einiges über Miss Nightingale gehört. Sie wünscht bestimmt, daß Leute, die wie ich den Kranken wirklich helfen wollen, in Krankenpflege ausgebildet werden. Henrietta, ich möchte mich erkundigen, wo man als Krankenschwester ausgebildet werden kann.«

Sie nickte. »Das würde mir auch gefallen.«

»Dir?«

»Warum nicht? Ich möchte gern etwas tun; ich will mein Leben nicht müßig verplempern. Ich habe mich entschieden. Ich lasse mich mit dir als Krankenschwester ausbilden.«

»Bei dem Essen bei den Carberrys wurde erwähnt, daß Miss Nightingale irgendwo in Deutschland war. In Kaiserswerth, glaube ich. Ich möchte Genaueres darüber wissen. Du kennst doch die Familie Nightingale, vielleicht kannst du Näheres erfahren.«

»Über Kaiserswerth und ob es möglich ist, daß zwei angehende Krankenschwestern dort angenommen werden?«

»Genau.«

Henriettas Augen funkelten. Sie war Feuer und Flamme, und ich fragte mich, ob sie nicht eher die Vorstellung reizte, dem teuflischen Doktor auf die Spur zu kommen, als den Beruf der Krankenschwester zu ergreifen. Sie nahm ihre Aufgabe mit einem Geschick in Angriff, das eines Geheimagenten würdig gewesen wäre.

Wenige Tage später erhielt ich zu meiner Verwunderung einen Brief vom Gut St. Clare. Ich öffnete ihn mit zitternden Fingern. Er war von Amelia. Sie schrieb:

Meine liebe Anna!

Es wird Dich gewiß überraschen, daß ich Dir von obiger Anschrift schreibe. Jack und ich sind nämlich hier. Man riet uns, zu kommen. Aubrey ist sehr krank. Sein Zustand hat sich seit Deinem Fortgang offenbar beträchtlich verschlechtert. Man hat uns unterrichtet, daß der Verfall in derartigen Fällen rapide voranschreitet.

Der Arzt meint, daß Aubrey das nicht lange überleben kann. Man verordnet ihm regelmäßig Laudanum, das natürlich Opium enthält, hat ihn doch die Abhängigkeit von diesem Rauschgift in seinen jetzigen Zustand gebracht. Man darf es ihm nicht ganz entziehen, sagen die Ärzte, sonst würde er vermutlich gewalttätig werden.

Es fällt mir sehr schwer, Dir dies zu schreiben, denn ich weiß, daß Du trotz allem, was geschehen ist, etwas für ihn empfindest. Er ist zeitweise bei klarem Verstand und spricht unaufhörlich von Dir. Die Ärzte glauben, es würde ihm guttun, wenn Du kommen und eine Weile bei ihm bleiben könntest.

Meine liebe Anna, es fällt mir sehr schwer, Dir dies zu schreiben. Wenn Du sagst, Du kannst nicht kommen, habe ich Verständnis dafür. Ich schicke Dir diesen Brief auf Anraten der Ärzte. Ich glaube, Aubrey hat nicht mehr lange zu leben. Vielleicht könntest Du ihn ein wenig trösten. Ich denke, er fühlt sich schuldig und möchte seinen Frieden mit Dir machen.

Ich bin Dir wie immer sehr verbunden und hoffe, Dich bald zu sehen.

Amelia

Ich war wie vor den Kopf geschlagen. Ich hatte nicht gedacht, daß ich Aubrey und das Gut jemals wiedersehen würde. Mein erster Gedanke war: Nein, nein, ich kann nicht. Ich kann alte Erinnerungen nicht wiederbeleben. Das ist zuviel verlangt.

Ich ließ einen ganzen Tag verstreichen, ohne auf den Brief zu antworten. Henrietta bemerkte meine Nachdenklichkeit und wollte wissen, was mir fehle. Ich zeigte ihr den Brief. »Ich kann nicht hingehen«, sagte ich heftig. »Dann wird alles wiederbelebt, was ich hinter mir zu lassen versuche. Überall werden Erinnerungen an meinen kleinen Jungen sein. Mit allem, was seitdem geschah, ist es mir gelungen, ein wenig zu vergessen. Alles würde wieder aufleben.«

»Anna Pleydell«, sagte Henrietta ernst, »wenn du nicht gehst, wird es dein Gewissen dein Leben lang belasten. Sicher, dein Mann hat dich enttäuscht. Du mußtest fort, du wolltest Freiheit. Ja, alte Wunden werden aufreißen. Du wirst leiden, aber mehr noch wirst du in Zukunft leiden, wenn du nicht gehst.«

Ich dachte über ihre Worte nach. Trotz ihrer Frivolität verfügte sie über kluge Einsichten, und nach eingehendem Überlegen beschloß ich zu gehen.

Jack St. Clare holte mich am Bahnhof ab. Auf der Fahrt zum Gut sagte er: »Du wirst Aubrey sehr verändert finden.«

»Das habe ich erwartet. Es kam recht plötzlich, nicht wahr?«

»Es dürfte ungefähr ein Jahr her sein, seit du ihn zuletzt gesehen hast.«

»Ja.«

»Er ist sehr abgemagert. Er ist nervös und reizbar und ißt kaum. Der Arzt meint, wenn man ihm das Rauschgift ganz entzieht, kann es zu Erregungszuständen und zum Kollaps kommen. Und er würde alles tun, um sich das Rauschgift zu beschaffen. Deshalb erhält er täglich eine kleine Dosis Laudanum. Er sieht wirklich erbärmlich aus. Der Arzt hielt es für richtig, dich von seinem Zustand zu unterrichten, und wenn auch nichts eine Besserung herbeiführen kann, so dürfte ihn deine Gegenwart doch vielleicht trösten.«

Ich schwieg. Ich hatte Angst vor dem, was mir bevorstand.

Amelia begrüßte mich sehr herzlich. »Ich wußte, daß du kommen würdest«, sagte sie. Sie führten mich in Aubreys Zimmer. Er schlief. Ich erkannte ihn kaum. Er sah um Jahre gealtert aus. Er lag auf dem Rücken und atmete schwer.

»Komm mit in dein Zimmer!« sagte Amelia. »Wenn er aufwacht, wird man ihm mitteilen, daß du hier bist. Ich habe dir nicht dein altes Zimmer gegeben. Ich dachte, es ist dir lieber so.«

Wie gut sie mich verstand!

Durch die vertraute Galerie, wo der verruchte Harry hämisch-belustigt auf mich herabsah, begab ich mich in mein Zimmer, das auf die Auffahrt hinausging. Als ich aus dem Fenster blickte, sah ich Julian vor mir, wie er draußen auf dem Rasen herumtollte. Ich wappnete mich gegen all die Erinnerungen, die über mich hereinbrachen.

Als ich Aubrey später sah, mußte ich einfach Mitleid mit ihm haben. Er war so kraftlos wie ein Greis.

»Susanna«, murmelte er. »Du bist gekommen.« Ich setzte mich an sein Bett, und er streckte seine Hand nach mir aus. Ich ergriff sie und hielt sie fest. »Das tut gut«, sagte er. »Ich habe deine Hände immer geliebt, Susanna. Sie trösteten mich. Ich habe jetzt weiß Gott Trost nötig. Ich bin froh, daß du gekommen bist. Das ist lieb von dir. Ich möchte dich um Verzeihung bitten.«

»Das ist alles aus und vorbei. Wir wollen uns keine Vorwürfe machen.«

»Bleib hier bei mir!«

»Deswegen bin ich gekommen.«

»Es dauert nicht mehr lange.«

»Vielleicht wirst du genesen.«

»Von meinem Leiden? Nein, Susanna. Ich habe einmal einen Mann gesehen... genau wie ich. Diese Sucht, sie ist entsetzlich. Man würde alles dafür tun, sogar morden. Es ist furchtbar.«

»Ja.«

190

»Die Menschen sollten es wissen, bevor sie damit anfangen.«

»Sie wissen es, aber sie tun es trotzdem.«

»Sprich von Venedig, von den ersten Wochen dort, bevor ich rückfällig wurde. Wenn ich doch nur... Damals hätte ich vielleicht aufhören können.«

So erzählte ich ihm denn von Venedig und holte ein wenig von dem Zauber unserer Hochzeitsreise zurück. Aubrey ließ meine Hand nicht los. Er sagte, sie tröste ihn. Danach sank er in einen tiefen, friedlichen Schlaf.

Hätte er nur so bleiben können! Doch später hörte ich ihn schreien in der Qual, die ihm der Entzug des Rauschgifts bereitete. Er hatte einen Krankenpfleger, der mir eher wie ein Gefängniswärter vorkam, ein starker Kerl, der Aubrey bei seinen gefährlichen, durch die Sucht verursachten Anfällen bändigen mußte.

Jack erklärte mir: »So geht es jeden Tag mit ihm. Zeitweise ist er bei klarem Verstand und sanft, aber wenn es Zeit für seine Dosis wird, überkommt ihn die Gewalt. Die Dosis genügt ihm nie, so abhängig ist er. Jasper wird gut mit ihm fertig. Wir gehen nicht in seine Nähe, wenn er in so einer Stimmung ist.«

Nach solchen Anfällen war Aubrey erschöpft, und er schlief stundenlang. Das sei gut so, meinte der Arzt, denn man könne ihm keine Schlafmittel geben, da die meisten Opium enthielten und es nicht ratsam sei, die tägliche Dosis zu erhöhen.

Ich unterhielt mich viel mit Amelia und Jack. Nach Aubreys Tod würde Jack das Gut St. Clare erben, und das freute mich für die beiden.

Doch es waren traurige Tage für mich. Die Zeit meines Leidens wurde wieder lebendig. Einmal schlich ich ins Kinderzimmer. Die Dämmerung brach herein, und wie ich dort saß, schrie mein Herz nach meinem Kind. Mein Grimm über seinen Tod war ungebrochen. Ich erinnerte mich an seine ersten unsicheren Schrittchen, sein erstes Lächeln, die ersten

Zähnchen; an die Art, wie seine rundlichen Finger sich um meine gelegt hatten, wie seine Augen aufleuchteten, wenn ich erschien. Ich trauerte von neuem um meinen geliebten Jungen. Und ich sagte mir: Ich werde es tun. Ich werde den Mann finden, unter dessen Einfluß Aubrey zu dem Wrack wurde, dessen erbärmliches Leben nun zu Ende geht, den Mann, dessen Experimente mich meines Kindes beraubt haben.

Amelia fand mich dort. Sie schalt mich. »Du darfst nicht hier sitzen und grübeln! Du hast gerade angefangen, dir ein neues Leben einzurichten. Vielleicht hätte ich dich nicht herbitten sollen.«

»Ich bin froh, daß ich gekommen bin, auch wenn es weh tut. Es hat mich in meinem Beschluß bestärkt.«

Wieder verging ein Tag. Aubrey wirkte noch schwächer. Ich saß an seinem Bett, und wir sprachen abermals von früher, von unserer Begegnung in Indien und der zauberhaften Schiffsreise nach Hause. Ich hatte damals nicht erkannt, daß er gewissermaßen die Hand nach mir ausstreckte. Er war mir so weltgewandt, so erfahren erschienen, und ich war so naiv und unschuldig. Wäre ich älter und klüger gewesen, hätte ich vielleicht etwas bemerkt. Ich hatte versagt, ich war nicht imstande gewesen, ihn dermaßen zu betören, um ihn von seinen alten Gewohnheiten fortzulocken, und meine Liebe war nicht stark genug gewesen, um mich an seiner Seite zu halten.

Als er unruhig wurde, ging ich hinaus. Die Veränderung war erschreckend. Ich wollte ihn nicht in dieser Stimmung sehen, gebändigt von dem Mann, den ich insgeheim seinen Wärter nannte.

Am nächsten Morgen stand ich früh auf. Ich setzte mich ans Fenster und dachte daran, daß ich Julian ein Pony hatte schenken wollen, sobald er etwas größer gewesen wäre. Ich mußte den Erinnerungen entfliehen. Ich versuchte, an meine Leute in London zu denken, die muntere Henrietta, meine praktischen Mädchen Jane und Polly, den guten Joe mit seinen Erinnerungen an die Tour von London nach Bath, an Lily und ihre Romanze. Sie hatten mir über die schweren Monate hinweggeholfen, und nun, da ich fern von ihnen war, verfiel ich wieder in Melancholie.

Es klopfte. Amelia kam herein, und ich wußte sogleich, daß etwas nicht stimmte. »Aubrey ist verschwunden«, sagte sie.

»Aber wohin?«

Sie schüttelte den Kopf. »Er ist nicht im Haus. Jack und ich haben überall gesucht.«

»Aber wo könnte er hingegangen sein?«

»Jasper hat keine Ahnung. Er hat gestern abend seine Dosis genommen und schien eingeschlafen zu sein. Heute morgen war sein Bett leer. Aber er kann nicht weit gekommen sein. Seine Kleider sind alle da.«

»Glaubst du, er hat sich etwas angetan?«

»Daran haben wir auch schon gedacht.«

»Ob er das Laudanum gefunden hat?«

»Jasper sagt, nein. Er hält es in seinem Zimmer verschlossen.«

»Was sollen wir tun?«

»Er kann nicht weit gekommen sein, er hatte nur seine Pantoffeln und seinen Morgenmantel an. Er muß irgendwo im Haus sein.«

»Hat man überall gesucht?«

»Ja. Sie sehen gerade noch mal nach.«

Ich ging mit ihr hinunter. Jack schüttelte den Kopf. »Er ist einfach nirgends zu finden.«

»Meinst du, er hat das Haus verlassen?« fragte Amelia.

»Man durchsucht soeben die Umgebung. Er kann nicht weit sein.«

Ich ging aus dem Haus und strebte dem Wäldchen zu. »Wir haben den Wald schon durchsucht«, rief Jack mir nach. Aber mir war ein Gedanke gekommen, und ich rannte durch den Wald, stieg den Hügel hinan, rutschte auf der anderen Seite hinunter und sah, daß die Tür zum Tempel offenstand. Instinktiv wußte ich, daß ich Aubrey dort finden würde. Ich ging hinein. Ich nahm wieder diesen Geruch wahr. Inzwischen wußte ich, daß er von dem Rauschgift kam, das hier geraucht worden war. Ich verspürte einen starken Drang umzukehren, nicht weiter in diese Stätte des Bösen einzudringen. Ich hatte das unheimliche Gefühl, wenn die Tür zufiele, würde ich nicht entkommen können. Wieder suchte ich einen Stein und klemmte ihn unter die Tür. Ich sog die frische Luft tief ein, ehe ich mich dem Teufelsaltar näherte.

Die große Statue mit den gelben Augen, den Hörnern und dem Pferdefuß lag auf dem Fußboden, und etwas lag darunter. Ich wußte es sofort, es war Aubrey.

Für mich war es symbolisch. Die Statue verkörperte den Mann, der ihn zerstört hatte. In einem Anfall war er in den Tempel gegangen und hatte die Figur angegriffen, die daraufhin umgestürzt war und ihn unter sich begraben hatte.

Armer, verlorener Aubrey.

Ich blieb zur Beerdigung. Nur wenige Leute nahmen daran teil. Den Umständen entsprechend, hatten Amelia und Jack gemeint, solle es ein möglichst stilles Begräbnis sein. Anschließend wurde das Testament verlesen. Jack war nun der Gutsherr. Mir hatte Aubrey eine Geldsumme vermacht, die mir ein kleines Einkommen garantierte. Mit dem, was ich von meinem Vater geerbt hatte, reichte es für eine sorgenfreie Zukunft.

Amelia und Jack verabschiedeten mich herzlich und nahmen mir das Versprechen ab, sie bald wieder zu besuchen.

Ich hatte meine Leute in London von meiner Ankunft verständigt. Joe holte mich am Bahnhof ab. Als ich ins Haus trat, eilte Henrietta herbei, um mich zu umarmen. Jane und Polly blieben in respektvollem Abstand stehen und warteten, bis sie mit der Begrüßung an der Reihe waren. Überall sah ich Blumen, und die Bilder waren mit Lorbeerzweigen geschmückt. »Wir haben dich so vermißt!« sagte Henrietta, und ich fühlte, daß ich wirklich heimgekehrt war. Henrietta wollte alles erfahren, was sich ereignet hatte. Sie hörte mit weitaufgerissenen Augen zu, als ich ihr von Aubreys Ende berichtete. »Ich bin überzeugt, daß er diese grauenhafte Statue herunterziehen wollte«, sagte ich. »Das Ding war natürlich hundert Jahre alt. Es muß nachgegeben haben und auf ihn gefallen sein. Ich nehme an, er hielt die Figur für Damien, den Mann, der ihn zerstört hat.«

»Du bist sehr traurig«, sagte Henrietta.

»Ich habe Gewissensbisse wegen Aubrey. Vielleicht hätte ich bleiben und mich um ihn kümmern sollen.«

»Wie hättest du mit einem Mann leben können, der die halbe Zeit berauscht war? Du hast damals getan, was du für richtig hieltest. Zurückblicken hat keinen Sinn.«

»Du hast recht. Ich habe das Gefühl, am Ende eines Lebensabschnitts angekommen zu sein. Ich bin jetzt eine Witwe, Henrietta.«

»Das ist weitaus respektabler als eine Frau, die ihren Mann verlassen hat.«

»Da magst du recht haben. Und ein bißchen reicher bin ich auch.«

»Fein. Die Mittel waren etwas knapp, nicht? Du hast eine Näherin eingestellt. Wenn du jemals wegen Aubrey ein schlechtes Gewissen hast, dann denk daran, was du für Lily getan hast. Du kannst nicht die ganze Welt auf einmal retten.«

»Du bist mein Trost, Henrietta. Ich bin froh, daß ich dich habe.«

»Die Freude ist ganz auf meiner Seite. Seit ich bei dir bin, ist das Leben aufregend. Ich bin während deiner Abwesenheit nicht untätig gewesen.«

»Was hast du gemacht?«

»Das ist vorerst ein Geheimnis.«

»Ich hasse Geheimnisse, die ich nicht teile.«

»Ich auch. Aber du wirst es bald erfahren. Ich will nichts verderben, indem ich dir davon erzähle, bevor alles perfekt ist.«

»Da bin ich aber neugierig. Ist es ein Liebhaber?«

»Die Menschen denken doch immer nur an das eine. Wenn ein Mädchen ein Geheimnis hat, denken alle, es muß ein Mann dahinterstecken. Sogar du, Anna.«

»Also ist es kein Mann?«

»Du wirkst so erleichtert. Hast du etwa befürchtet, ich würde fortgehen?«

Ich nickte.

»Na, dann ist es ja gut. Ich habe mich schon manchmal gefragt, ob ich dir nicht zur Last falle. Ich habe dich in meine Angelegenheiten hineingezogen, ohne dir die Möglichkeit zu lassen, dich herauszuhalten. Aber ich habe gleich gewußt, daß wir Freundinnen werden. Ich kann dir nicht genug danken für das, was du für mich getan hast. Was auch geschieht, wir werden immer Freundinnen bleiben. Mein Geheimnis geht uns beide an.«

»Jetzt hast du mir schon so viel erzählt, warum sagst du mir nicht alles?«

»Abwarten! Gedulde dich nur noch ein bißchen!«

Sie wechselte das Thema. Lilys Hochzeitsvorbereitungen, sagte sie, schritten rapide voran.

»Nur schade, daß er Soldat ist«, sagte ich. »Soldaten gehen fort und lassen ihre Frauen allein.«

Henrietta plauderte weiter, und ich hörte ihr zu, glücklich, wieder zu Hause zu sein. Ich wußte, daß ein schmerzliches Kapitel in meinem Leben für immer abgeschlossen war.

Kaiserwald

Zwei Tage später erfuhr ich, was Henrietta unternommen hatte. Sie erhielt einen Brief und entschwand damit in ihr Zimmer. Nach wenigen Minuten kam sie triumphierend zu mir hereingeplatzt.

»Ich hab's geschafft!«

»Du machst mich neugierig.«

»Ich habe dir doch gesagt, ich war während deiner Abwesenheit nicht untätig. Ich habe mich bei der Familie Nightingale erkundigt. Also, Miss Nightingale war in dieser Stadt in Deutschland – Kaiserswerth –, um sich über Krankenpflege zu informieren. Sie möchte unsere Spitäler in Häuser verwandeln, in denen die Kranken anständig behandelt werden, und sie möchte bei den berufsmäßigen Pflegerinnen beginnen. Diese betrunkenen Schlampen, die sich Krankenschwestern nennen, taugen nichts. Sie sitzen bloß in den Spitälern herum, weil das eine bequeme Art ist, sich den Lebensunterhalt zu verdienen. Miss Nightingale möchte die Tätigkeit als Krankenschwester zu einem geachteten Beruf machen. Sie wünscht sich richtig ausgebildete Pflegerinnen und veranstaltet bei der Obrigkeit einen mächtigen Wirbel in dieser Sache.«

»Ich wußte nicht, daß das ihr Ziel ist.«

»Ich wollte zu ihr und ihr von uns erzählen. Ich bin natürlich nicht zu ihr vorgedrungen. Sie hat so viel zu tun und ist ständig beschäftigt. Sie ist leidenschaftlich engagiert und steht mit vielen einflußreichen Leuten auf freundschaftlichem Fuße. Aber ich habe eine Adresse bekommen, an die ich schreiben konnte, und ich habe Miss Nightingale von uns berichtet, besonders von dir, daß du gern Krankenschwester werden möchtest, und daß ich von diesem Ort namens Kaiserswerth gehört habe.« Ihre Augen funkelten. »Sie hat mir geantwortet. Sie glaubt nicht, daß man uns in Kaiserswerth aufnimmt. Das ist eine Diakonissenanstalt, in der das Hospital nur einen kleinen Teil ausmacht. Doch einige dieser Diakonissen haben in verschiedenen Gegenden Deutschlands weitere Institute gegründet. Eins davon ist in erster Linie Spital, und dort werden junge Frauen als Krankenschwestern ausgebildet. Miss Nightingale wollte sich erkundigen, ob man uns nimmt, und uns Bescheid geben.« Sie schwenkte triumphierend den Brief. »Auf den habe ich gewartet. Miss Anna Pleydells und Miss Henrietta Marlingtons Antrag auf Ausbildung in Kaiserwald wurde stattgegeben!«

»Henrietta! Das hast du fabelhaft gemacht! Wir warten nur noch Lilys Hochzeit ab, dann können wir aufbrechen. Wie lange werden wir fort sein?«

»Drei Monate, denke ich.«

Ich lächelte. Das war genau, was ich brauchte. Ich wollte fort von meinen Erinnerungen an Aubrey, fort von der Sehnsucht nach meinem Kind, die durch den Aufenthalt auf dem Gut wieder aufgebrochen war.

An einem frischen Oktobertag wurden Lily und William getraut. Sie strahlten, und Mr. und Mrs. Clift waren sichtlich erfreut über die Heirat. Sie hatten Lily längst in ihr Herz geschlossen. Das Brautpaar wollte eine Woche in Brighton verbringen, und danach würde Lily zu den Clifts ziehen.

Jane und Polly waren etwas bedrückt. Sie verloren ja nicht nur Lily, sondern uns obendrein. Es werde wieder so sein wie vor meiner Heimkehr, meinten sie.

»Nicht ganz«, erwiderte ich, »denn ihr und Lily werdet euch gegenseitig besuchen. Sie wohnt ja bloß um die Ecke. Und wir werden nur ein paar Monate fort sein.«

Auch Joe war niedergeschlagen. »Kutschen sind nicht dazu da, um in Ställen rumzustehen, und Pferde brauchen Bewegung«, bemerkte er. Ich trug ihm auf, die Kutsche regelmäßig auszufahren.

»Kutschen ohne Passagiere sind wie Schmorbraten ohne Klöße«, meinte Jane.

»Es ist ja nicht für immer. Wir kommen wieder.« Nichts vermochte unsere Aufregung zu zügeln. Wir trafen unsere Reisevorbereitungen, und Ende Oktober standen Jane und Polly in der Tür und winkten uns zum Abschied. Polly wischte sich eine Träne fort. Joe fuhr uns zum Bahnhof. »Ich hol' Sie ab, wenn Sie zurückkommen«, sagte er. »Und ich hoffe, das ist eher früher als später.«

»Gut, Joe«, sagte ich. »Was rufen die Zeitungsjungen da?«

Joe spitzte die Ohren. »Irgendwas mit Rußland. In Rußland ist immer was los.«

»Hört mal gut zu!«

»Krieg zwischen Rußland und der Türkei«, sagte Henrietta. »Irgendwer führt immer Krieg.«

»Krieg«, sagte ich. »Gräßlich. Ich denke an William Clift. Es wäre schrecklich, wenn er eingezogen würde.«

»Rußland, Türkei«, sagte Henrietta. »Das ist weit weg.«

Ja, da hatte sie recht. Wir vergaßen den Krieg und dachten an das, was vor uns lag.

Als ich Kaiserwald erblickte, fühlte ich mich in ein Märchenland versetzt. Das Gebäude war ein Schlößchen mit Türmen und Zinnen, das ein Edelmann den Diakonissen geschenkt hatte, damit sie es als Hospital nutzen konnten. Es war von Bergen, baumbestandenen Hügeln und Wäldern umringt. Die Umgebung war ideal, denn kräftige Bergluft ist stets heilsam für Patienten mit Atembeschwerden.

Eine Kutsche hatte uns abgeholt, und als sie die steile Straße erklomm, ergriff mich wachsende Vorfreude. Ein Blick auf Henrietta zeigte mir, daß es ihr ebenso erging.

Ich roch den würzigen Duft der Tannen; ich hörte die Wasserfälle die Berge hinabstürzen. Hier und da vernahmen wir das Läuten einer Glocke. Unser Kutscher erklärte, das bedeutete, daß Kühe in der Nähe seien. Ein leichter Dunst tauchte alles in nebliges Blau. Schon bevor ich das Haus Kaiserwald erblickte, war ich bezaubert.

Wir kamen zu einer Lichtung im Wald, und die Kutsche hielt mit einem Ruck an. Ein Mädchen kreuzte unseren Weg. Ihre langen blonden Haare fielen ihr auf den Rücken, und sie trug einen Stock in der Hand; vor ihr watschelten sechs Gänse, die sich nicht zur Eile antreiben ließen.

Unser Kutscher rief ihr etwas zu. Sie antwortete mit einem Achselzucken. Mein Deutsch war alles andere als vollkommen. Das meiste, was ich in der Schule gelernt hatte, hatte ich vergessen, aber ich verstand immerhin, daß sie die Gänsemagd Gerda war und mit ihrer Großmutter in einem Häuschen lebte. Der Kutscher tippte sich an die Stirn. »Nicht ganz richtig im Oberstübchen«, sagte er. Ich erwiderte stockend, daß sie mit ihren Gänsen ein hübsches Bild abgebe.

Wir waren vor dem Schloß angelangt. Weiden hingen ins Wasser eines kleinen Sees, der mit den Bergen im Hintergrund einen Anblick von atemberaubender Schönheit bot. Wir fuhren in einen Innenhof und stiegen aus. Eine junge Frau in einem hellblauen Kleid mit einer weißen Schürze begrüßte uns. Sie war hellhäutig und blond, und sie sprach Englisch. Sie musterte uns neugierig, und ich glaubte, eine Spur Skepsis zu entdecken. Später gestand sie uns, sie habe gehört, wir seien zwei Engländerinnen aus guter Familie, die sich für Krankenpflege interessierten, sie habe aber nicht geglaubt, daß wir es länger als eine Woche in Kaiserwald aushalten würden.

Wir wurden in unseren Schlafraum geführt, einen langgestreckten Saal mit weißgetünchten Wänden, der in Kojen aufgeteilt war. Jede enthielt ein Bett. Hier würden wir schlafen, erklärte die junge Frau, und wir sollten weiße Schürzen über unseren Kleidern tragen und bereitwillig jede Aufgabe übernehmen, die uns aufgetragen werde. Es seien 100 Patienten im Spital, die meisten schwer krank. »Sonst nehmen wir sie gar nicht auf«, erklärte sie. »Dieses Haus ist für die wirklich Kranken da und für die, die hier arbeiten. Wir haben nicht oft Damen zu Besuch. Schwester Oberin hat Sie bloß genommen, um Miss Nightingale einen Gefallen zu tun.«

Ich erklärte, daß wir uns zu Krankenschwestern ausbilden lassen wollten.

»Das kann man nur durch jahrelange Arbeit mit den Kranken werden«, lautete die Antwort.

»Wir machen einen Anfang«, sagte Henrietta mit strahlendem Lächeln.

Unsere Führerin sah sie ungläubig an, und ich konnte sie verstehen. Henrietta schien ausschließlich für Frohsinn geschaffen. Was mich betraf, so hatten Kummer und Erfahrung zweifellos ein paar Falten in mein Gesicht gegraben. Mein Auftreten war gesetzter, deshalb machte ich vielleicht einen besseren Eindruck.

Wir wurden unseren Kolleginnen vorgestellt. Nur wenige sprachen Englisch. Sie waren fromme Menschen, die aus Neigung Krankenpflegerinnen geworden waren. Die meisten kamen aus armen Familien und verdienten sich damit ihren Lebensunterhalt, aber hier herrschte eine ganz andere Atmosphäre als jene, von der ich in dem Londoner Spital einen flüchtigen Einruck erhalten hatte.

Wir wurden zur Oberin geführt. Sie war eine strenge Dame in mittlerem Alter mit eisengrauem Haar und kühlen grauen Augen. »Die meisten Patienten hier leiden unter Atembeschwerden«, erklärte sie. »Manche werden nie ganz genesen. Sie kommen aus allen Teilen Deutschlands zu uns, weil die Luft als heilkräftig gilt. Wir haben zwei Ärzte im Haus, Doktor Bruckner und Doktor Kratz.« Ihr Englisch war sehr gut. Sie setzte uns über die Anliegen des Hospitals ins Bild. »Ich teile die Ansicht Ihrer Miss Nightingale«, sagte sie. »Es wird zu wenig für die Heilung der Kranken getan. Wir sind hier Pioniere. Unser Ziel ist es, den Menschen die Notwendigkeit bewußt zu machen, die Kranken zu pflegen und wenn möglich zu heilen. Wir genießen bereits eine gewisse Anerkennung für unsere Arbeit. Hin und wieder besuchen uns Ärzte aus dem Ausland. Auch aus Ihrer Heimat waren schon welche hier. Sie interessieren sich für unsere Methoden. Wir machen allmählich Fortschritte. Wir arbeiten alle hart, und Sie werden hier beileibe kein Luxusleben führen.«

»Das haben wir auch nicht erwartet«, sagte ich.

»Unsere Patienten nehmen viel Zeit in Anspruch. Es gibt kaum Mußestunden, und wir sind auch weit von der nächsten Stadt entfernt.«

»Sie haben die herrlichen Wälder und Berge.«

Sie nickte. »Wir werden sehen«, sagte sie, und ich wußte, daß sie, wie die Diakonisse, die uns hereingeführt hatte, sehr skeptisch war.

Das Leben in Kaiserwald fiel uns nicht leicht. Ich staunte, daß Henrietta durchhielt. Bei mir war es etwas anderes. Ich wollte hart arbeiten, ich wollte vergessen, und die ungewöhnlichen Umstände konnten dazu beitragen.

Wir lebten wie die Spartaner. Wir hatten damit gerechnet, daß wir hart arbeiten mußten, aber nicht damit, daß dies so andauernd sein würde. Man verlangte von uns zu erledigen, was gerade notwendig war. Die Sauberkeit im Krankensaal war erstaunlich. Wir mußten die Bettwäsche waschen und die Fußböden schrubben. Wir standen morgens um fünf Uhr auf und arbeiteten oft schwer, bis abends um sieben für die Patienten die Nachtruhe begann. Es war ein strenger Orden, und wenn wir mit der Arbeit fertig waren, versammelten wir uns zu Bibellesungen, Gebet und Lobgesang. In der ersten Woche war ich abends so erschöpft, daß ich ins Bett ging und in einen erquickenden Schlaf sank, aus dem ich erst erwachte, wenn die Glocke zum Aufstehen läutete.

Die Mahlzeiten wurden in einem großen Saal mit weißgetünchten Wänden eingenommen. Wir saßen an einem langen Tisch und hatten unsere festen Plätze. Frühstück gab es kurz vor sechs, es bestand gewöhnlich aus Roggenbrot und einem Getränk, das aus gemahlenem Roggen bereitet wurde.

Es war ländliche Kost. Den Patienten servierten wir ihr Essen um elf Uhr, und um zwölf versammelten wir uns im Saal zum Mittagessen. Es gab Suppe, Gemüse und ein wenig Fleisch oder Fisch.

Hin und wieder hatten wir eine Stunde frei, und nach der ersten Woche, in der wir zu müde waren, um etwas anderes zu tun, als uns aufs Bett zu legen und über belanglose Dinge zu reden, schlenderten wir zum See, setzten uns ans Ufer und lauschten auf den Wind in den Bäumen. Obwohl wir inzwischen an die harte Arbeit gewöhnt waren, hatten wir nur das Bedürfnis, uns hinzusetzen und auszuruhen. Ein ungewöhnlicher Frieden überkam mich. Manchmal zogen Leute auf dem Weg zum Dorf vorbei, das nur wenige hundert Meter vom Hospital entfernt war. Der Holzfäller ging mit der Axt auf der Schulter vorüber und rief uns einen Gruß zu. Alle wußten, wer wir waren; sie respektierten die Schwestern von Kaiserwald und waren überaus höflich zu uns.

Ich war lange nicht so glücklich gewesen.

Am liebsten war mir die Arbeit im Krankensaal, einem langgestreckten Raum mit kahlen weißgetünchten Wänden und einem großen Kruzifix an jedem Ende. Die Betten standen dicht nebeneinander, und ein Vorhang trennte die Männerabteilung von der Frauenabteilung. Die Ärzte arbeiteten ununterbrochen, und ich glaube, sie empfanden eine leichte Verachtung für Henrietta und mich; denn sie wußten, daß wir nicht für unseren Lebensunterhalt arbeiteten und keine Erfahrung mit Krankenpflege hatten, bevor wir nach Kaiserwald gekommen waren. Sie hielten uns zweifellos für Damen, die ein flüchtiges Abenteuer suchten, um der Langeweile ihres sinnlosen Daseins zu entfliehen. Ich war über diese Haltung weit mehr erzürnt als Henrietta. Ich wollte ihnen beweisen, daß die Betätigung als Krankenschwester für mich kein bloßes Rollenspiel war. Ich besaß eine besondere Begabung dafür, und es verschaffte mir Genugtuung, als eines Tages eine Patientin einen hysterischen Anfall bekam und niemand außer mir, nicht einmal ein Arzt, sie zu beruhigen vermochte. Ich glaube, seitdem hatte sich die Einstellung zu mir geändert, und die Oberin begann, sich für mich zu interessieren. »Manche sind geborene Krankenschwestern«, sagte sie. »Andere eignen sich das erforderliche Können an. Sie gehören zu ersteren.« Es war das höchste Lob, das sie spenden konnte, und wenn eine Patientin ihr Sorgen machte, vertraute sie diese oft meiner Obhut an. Das ermutigte mich sehr. Ich stürzte mich auf die Arbeit und war glücklich dabei.

Ich staunte oft über Henrietta. Sie war wohl zeitweise weniger enthusiastisch als ich, aber es freute sie, mich in meinem Element zu sehen.

»Ich bin halb tot«, sagte sie eines Tages zu mir, als wir am See saßen. »Aber ich sag' mir immer, daß alles einer guten Sache und dem großen Ziel dient: Es wird uns zum König der Dämonen führen.« So nannte sie den Mann, den ich unbedingt finden wollte. Sie ersann Geschichten von seiner Verruchtheit; sie skizzierte sein Aussehen. Ein Bild entstand: dunkel, schwere Lider, durchdringender Blick, schwarze Haare und ein gemeines, satanisches Gesicht.

Als wir eines Nachmittags beide eine Freistunde hatten und am Seeufer saßen, tauchte eine schlanke Gestalt zwischen den Bäumen auf. Es war Gerda, die Gänsemagd. Mein Deutsch war seit meiner Ankunft erheblich besser geworden, und auch Henrietta konnte sich, wenn auch etwas stockend, verständigen. Ich begrüßte Gerda mit »Guten Tag« und fragte dann: »Wo hast du deine Gänse gelassen?«

»Die sind gut aufgehoben«, erwiderte sie. »Jetzt hab' ich ein bißchen Zeit für mich.« Sie stellte sich dicht vor uns hin und lächelte in sich hinein, als finde sie uns amüsant.

»Ihr seid englische Damen«, sagte sie.

»Und du bist ein deutsches Mädchen.«

»Ich bin auch eine Dame.«

»Davon bin ich überzeugt.«

»Ich geh' im Wald spazieren. Geht ihr auch im Wald spazieren?«

»Wir haben nicht viel Zeit zum Spazierengehen. Aber es muß schön sein, unter den Bäumen herumzuwandern.«

»Nachts werden die Bäume lebendig.« Sie hatte einen seltsam fernen Blick, als sehe sie etwas, das uns verborgen war. »Auf den Bergen leben Kobolde.«

»Hast du sie gesehen?« fragte Henrietta.

Sie nickte. »Sie zupfen dich am Kleid. Sie wollen dich fangen. Du darfst ihnen nie in die Augen sehen, sonst kriegen sie dich.«

»Dann hast du wohl nie einem Kobold in die Augen gesehen?« fragte ich. Sie hob die Schultern und kicherte. »Habt ihr den Teufel gesehen?«

»Nein. Du?«

Sie lachte und zuckte mit den Achseln.

»Du lebst bei deiner Großmutter, nicht wahr?« fragte ich.

Sie nickte.

»In einem Häuschen am Waldrand?«

Sie nickte wieder.

»Und du versorgst die Gänse und Hühner. Was habt ihr sonst noch für Tiere?«

»Eine Kuh. Zwei Ziegen.«

»Dann hast du sicher viel zu tun.«

Sie nickte. »Es war im Wald. Es war der Teufel.«

»Oh, bist du ihm begegnet?«

Darauf kicherte sie wieder.

Henrietta gähnte, aber mich interessierte dieses seltsame Mädchen, und ich fragte mich, was in ihrem verwirrten Hirn vorgehen mochte.

Henrietta war aufgestanden. »Schau mal auf die Uhr! Wir kommen zu spät.«

»Auf Wiedersehen, Gerda«, sagte ich.

»Wiedersehen.« Sie starrte uns nach, als wir gingen.

»Komisches Mädchen«, sagte ich.

»Nicht ganz richtig im Kopf«, meinte Henrietta kopfschüttelnd.

»Was mag sie nur mit dem Teufel gemeint haben?«

»Und mit den Kobolden?«

»Ich nehme an, sie hört von solchen Dingen und phantasiert sehr viel. Sie ist sehr hübsch, so zart, und die schönen Haare. Schade, daß sie schwachsinnig ist. Immerhin kann sie Gänse hüten. Und sie macht einen ganz glücklichen Eindruck… Sie war richtig stolz auf die Begegnung mit dem Teufel. Ich würde gern mehr über sie wissen. Ich möchte die Großmutter kennenlernen. Vielleicht können wir sie besuchen, aber man weiß ja nie, ob so etwas angebracht ist.«

»Für Höflichkeitsbesuche läßt einem das Leben hier kaum Zeit.«

»Henrietta, findest du es zu schwer? Möchtest du nach Hause?«

»Natürlich nicht. Wenn du es ertragen kannst, kann ich es auch. Ich halte durch, bis die drei Monate um sind. Ich habe nicht vergessen, wozu das alles dient. Gerda genießt ihre Begegnung mit dem Teufel. Ich gedenke dasselbe zu tun.«

Wann immer ich eine Stunde erübrigen konnte, ging ich ins Freie. Ein-, zweimal sah ich Gerda mit ihren Gänsen; wenn ich sie bemerkte, schenkte sie mir ihr abwesendes Lächeln. Sie sprach nicht viel, wenn sie ihre Schutzbefohlenen bei sich hatte. Es war, als könne sie nicht zwei Dinge auf einmal tun. Die Gänse zischten uns an, und sie beruhigte sie. Es waren sehr unfreundliche Geschöpfe.

Die Witterung wurde winterlich, und es war zu kalt, um draußen zu sitzen. Wir mußten stramme Spaziergänge machen. In der etwa zweieinhalb Kilometer entfernten Stadt fand ein Jahrmarkt statt, und wir begegneten unterwegs jetzt mehr Menschen. An einem nebligen Nachmittag sahen wir Klaus, den Hausierer, zum erstenmal. Er hatte einen Eselskarren, der mit Waren aller Art beladen war.

Er rief uns ein fröhliches »Guten Tag« zu, und wir erwiderten freundlich seinen Gruß. »Damen von Kaiserwald«, sagte er. »Engländerinnen. Hab' schon von Ihnen gehört. Kaum zu glauben, wenn man Sie so sieht.« Seine Augen ruhten auf Henrietta. »Sehen gar nicht so aus. Ich bin Klaus der Hausierer. Hier kennt mich jeder. Komm' regelmäßig her, und jetzt ist Jahrmarkt, die beste Zeit fürs Geschäft. Was hab' ich denn bei meinen Sachen? Was Interessantes für die Damen? Kämme und Flitterkram und Ohrringe, herrliche Seide für ein Kleid, Halsbänder und Pülverchen, die machen, daß die Männer sich in Sie verlieben. Wenn Sie was brauchen, fragen Sie nur Klaus den Hausierer. Was er diesmal nicht hat, bringt er nächstes Mal mit.«

Er plapperte ziemlich schnell, und ich verstand nicht jedes einzelne Wort, aber den Sinn erfaßte ich. Der Mann sah recht gut aus, ein bißchen zigeunerhaft. Er war dunkelhäutig, hatte blitzende Augen und trug Ohrringe. Seine unbekümmerte Art ließ darauf schließen, daß er stolz und unabhängig war und sich um niemanden scherte. Er musterte uns belustigt. Er fragte sich wohl, was uns nach Kaiserwald geführt haben mochte.

»Alles, was die Damen begehren«, fuhr er fort. »Fragt den ollen Klaus, und er besorgt's. Ein schönes Stück Seide, eine Bahn Samt, und Perlen, die zu Ihren Augen passen, blaue für die eine und grüne für die andere. Ich hab' für Sie beide das Richtige.«

»Vielen Dank«, sagte Henrietta, »aber wir haben hier nicht oft Gelegenheit, solche Sachen zu tragen.«

Er drohte uns mit dem Finger. »Nehmen Sie sich auch mal Zeit fürs Vergnügen, meine Damen! Nicht andauernd arbeiten, das ist ungesund. Man muß auch Spaß haben im Leben, und wenn man ihn sich nicht gönnt, wenn er sich bietet, dann muß man sehen, wie er davonfliegt und nicht wiederkommt. Also, ein schönes Stück Seide für ein schmeichelndes Kleid ... Grün würde Ihnen gut zu Ihren rotblonden Haaren stehen. So einen Schopf hat nicht jede, den müssen Sie doch unterstreichen!«

»Wir werden es uns auf jeden Fall überlegen«, sagte ich.

»Aber überlegen Sie nicht zu lange, sonst ist Klaus der Hausierer auf und davon.«

»Aber er kommt zweifellos wieder.«

»Er kommt wieder. Aber vergessen Sie nicht, die Sonne geht auf, die Sonne geht unter, und schon ist wieder ein Tag vorbei, und jeder Tag bringt auch die schönsten Damen dem Alter ein Stück näher.«

»Sie haben uns daran erinnert, wie die Zeit verfliegt, und unsere ist knapp bemessen. Wir müssen zurück.«

»Ein überaus fesselnder Mann«, sagte Henrietta später.

»Und nicht auf den Mund gefallen«, erwiderte ich.

Es war ein kühler Tag Ende November. Ein stürmischer Wind jagte die Wolken am grauen Himmel. Henrietta und ich hatten am Nachmittag eine Freistunde, und an solchen Tagen gingen wir gern im Wald spazieren. Ich liebte den Tannenduft und das Läuten der Kuhglocken, das der Wind uns zutrug. Ich hatte immer das Gefühl, der Wald sei verzaubert. Kein Wunder, daß Gerda Phantasievorstellungen hatte.

Wir kamen an ihrem Häuschen vorbei. Gerda war im Garten und summte vor sich hin. Wir riefen ihr einen Gruß zu, aber sie schien uns nicht wahrzunehmen. Das kam bei Gerda häufig vor. Wir gingen weiter. Nach ungefähr zehn Minuten fing es an zu tröpfeln. Durch die Bäume konnte ich die schwarzen Wolken sehen. Der Wald war nun nicht mehr einladend, sondern finster und drohend. Die Bäume schienen seltsame Formen anzunehmen, und der Wind klang wie stöhnende menschliche Stimmen. Als ich Henrietta darauf aufmerksam machte, lachte sie mich aus. »Für eine so vernünftige, praktische Person hast du manchmal komische Hirngespinste.«

»Wir müssen uns beeilen«, warnte ich sie. »Der Regen wird jede Minute herunterprasseln. Wir schaffen es bis dahin bestimmt nicht mehr, trocken heimzukommen.«

Wir liefen zwischen den Tannen hindurch, und als wir zu der Lichtung kamen, auf der Gerdas Häuschen stand, goß es in Strömen. Die Haustür ging auf, und eine Frau erschien. Ich hatte sie schon einmal gesehen und wußte, daß es Gerdas Großmutter war. Sie rief uns zu: »Sie jungen Damen werden ja naß bis auf die Haut! Kommen Sie herein! Das geht bald vorbei. Es ist nur ein Schauer.«

Ich war froh, daß wir in das Häuschen gebeten wurden, denn seine Bewohner interessierten mich sehr. Ich schätzte Frau Leiben auf Ende 50, aber sie war sehr rüstig und hielt ihr Häuschen makellos sauber. »Das ist sehr nett von Ihnen, daß Sie uns Obdach anbieten«, sagte ich.

»Nicht der Rede wert. Bitte, nehmen Sie Platz!« Wir setzten uns, und sie fuhr fort: »Wir sind den Damen von Kaiserwald allen sehr dankbar. Sie tun viel Gutes. Und Sie kommen gar aus England, um zu sehen, wie es bei uns zugeht?«

Ich erzählte ihr, daß wir für drei, vier Monate gekommen seien und dann nach Hause zurückkehren wollten.

»Wo ist Gerda?« fragte ich dann. »Doch nicht etwa draußen im Regen?«

»Sie wird sich irgendwo untergestellt haben. Soviel Verstand hat sie allemal.«

»Sie ist ein hübsches Mädchen«, bemerkte ich. »Sie sieht so malerisch aus mit ihren Gänsen.«

Frau Leiben seufzte. »Ich mache mir Sorgen um sie. Was soll aus ihr werden, wenn ich nicht mehr bin? Wenn sie wäre wie die anderen, würde sie heiraten, und ihr Mann würde für sie sorgen. Vielleicht kommt ihre Mutter sie holen. Sie war fünf, als die Mutter und ihr Mann sie zu mir brachten. Ich dachte, sie kämen zurück, aber sie sind nicht wiedergekommen. Sie sind weit fort in Australien.« Sie machte ein sehr trauriges Gesicht. »Hermann, mein Mann, war bei mir, als sie fortgingen. Und jetzt ist Hermann tot. Die guten Diakonissen haben für ihn getan, was sie konnten, aber es war ihnen nicht möglich, sein Leben zu retten, und nun bin ich allein, seit drei Jahren schon. Als Hermann noch da war, habe ich die Last nicht so gespürt; wir haben sie zu zweit getragen.«

Sie sah uns an, als frage sie sich, ob sie wohl zuviel redete. Wir waren schließlich Fremde für sie. Ich hatte schon immer regen Anteil am Leben anderer Menschen genommen; sie schienen es zu spüren und lohnten es mir mit Vertrauen. Plötzlich kam die ganze Geschichte ans Licht. Frau Leiben und Hermann hatten eine Tochter gehabt, die sie abgöttisch liebten. Sie hatte ausgesehen wie Gerda, nur war sie gewitzt und klug gewesen. Sie hatten nur das Beste für sie gewollt. Sie war nach Hamburg gegangen und hatte bei einer Cousine gewohnt. Dort hatte sie Fritz kennengelernt und geheiratet.

»Sie ist nie richtig zurückgekommen«, sagte Frau Leiben. »Bloß zu Besuch. Es war nicht mehr ihr Zuhause. Und wir sahen, daß sie glücklich war. Natürlich haben wir uns für sie gefreut, aber wir selbst haben gelitten. Als Gerda geboren wurde, waren wir so glücklich, und dann war sie, wie sie ist.

Sie wollten sie nicht, vor allem Fritz. Sie war kein normales Kind, und sie war eine Belastung. Sie brachten sie hierher. Ab und zu sind sie uns besuchen gekommen. Dann wurde Fritz bei der Marine entlassen, und sie gingen nach Australien. Gerda wollten sie nicht mitnehmen. Damals lebte Hermann noch. Er hat Gerda innig geliebt. Sie sind zusammen in den Wald gegangen. Er hat ihr alle die alten Götter- und Heldensagen erzählt, und die Geschichten von den Drachen und Kobolden in den Bergen. Hermann kannte sie alle auswendig, und er konnte gut erzählen. Sie hat ihm stundenlang zugehört und war ganz verzückt. Als Hermann noch da war, war es leicht, aber dann ist er gestorben. Es war die Lunge. Er hat gehustet und gehustet, und es brach einem das Herz, wenn man ihn hörte. Sie haben ihn nach Kaiserwald gebracht, und dann ist er gestorben, und ich war allein.«

»Wie traurig«, sagte Henrietta.

»Gerda ist dennoch ein glückliches Kind«, fügte ich hinzu.

»Ach ja, sie lebt in ihrer Traumwelt mit all den Geschichten, die Hermann ihr erzählt hat. Ich erinnere mich an unser letztes Weihnachtsfest mit Hermann. Wir haben den Baum aufgestellt und mit allerlei Zierat und Kerzen geschmückt. Bald ist es wieder Zeit für den Baum. Wilhelm, der alte Holzfäller, bringt mir einen. Ich schmücke ihn, und Gerda freut sich. Aber ohne Hermann ist es traurig.«

Der Regen hatte aufgehört, und ich bemerkte, wir müßten uns sputen, wenn wir uns nicht verspäten wollten. »Es war sehr interessant, mit Ihnen zu plaudern, Frau Leiben«, sagte ich. »Ich hoffe, Ihre Tochter wird Sie bald besuchen kommen.«

»Von Australien ist es ein weiter Weg.«

Als wir zurückeilten, sagte ich zu Henrietta: »Was für eine traurige Geschichte! Arme Gerda. Arme Frau Leiben.«

»Ich glaube nicht, daß Gerda die Traurigkeit empfindet«, meinte Henrietta. »Sie vermißt ihre Mutter nicht. Sie fühlt sich nicht vernachlässigt.«

»Wir wissen nicht, was in Gerdas Kopf vorgeht. Ich hoffe, sie bekommen einen schönen Weihnachtsbaum. Es ist eine typisch deutsche Sitte, einen Baum zu schmücken. Sie bürgert sich allmählich auch bei uns zu Hause ein, seit Prinz Albert die Königin geheiratet hat.«

»Die Königinmutter hat schon vorher damit angefangen«, sagte Henrietta.

»Ich bin gespannt, wie in Kaiserwald gefeiert wird.«

»Überhaupt nicht, nehme ich an. Bloß noch mehr Choräle und Gebete.«

»Man sollte aber ein bißchen feiern. Es würde den Patienten bestimmt guttun. Das einzige, das ich an Kaiserwald auszusetzen habe, ist, daß es zu wenig Freude gibt.«

»Erzähl das mal der S. O.«, sagte Henrietta. S. O. war die Schwester Oberin.

»Das bringe ich ohne weiteres fertig.«

»Nimm dich in acht! Sie wird dir gründlich heimleuchten!«

Ich ersuchte um eine Unterredung mit der Diakonissenoberin – eine Audienz nannte es Henrietta –, die mir gnädig gewährt wurde. Ich entdeckte im Verhalten der Dame einen gewissen Respekt vor mir. Sie bat mich, Platz zu nehmen. Sie selbst saß an einem Schreibtisch. Sie hatte Papiere vor sich liegen, in denen sie hin und wieder blätterte, wie um mich zu erinnern, daß die Zeit, die sie für mich aufwenden könne, begrenzt sei.

Ich kam ohne Umschweife zur Sache. »Bald ist Weihnachten. Ich wüßte gern, welche Vorkehrungen für das Fest getroffen werden.«

»Wir werden Weihnachtslieder singen und besondere Gebete sprechen.«

»Gibt es keine Feier?«

»Ich verstehe Sie nicht, Miss Pleydell.«

»Ich meine, einen Weihnachtsbaum zum Beispiel.«

Sie starrte mich ungläubig an. Ich fuhr fort: »Ich dachte an zwei Bäume, einen an jedem Ende des Krankensaales. Und den Vorhang zwischen der Männer- und der Frauenabteilung könnten wir zurückziehen, so daß wir alle in einem großen Raum zusammen sind. Ich dachte an ein kleines Geschenk für jeden, nicht viel natürlich, nur eine Kleinigkeit. Wir könnten die Päckchen an die Bäume hängen und später verteilen.«

Sie hatte mich so lange reden lassen, weil sie sprachlos war. Meine Kühnheit war einfach unerhört. So hatte noch nie jemand mit der Diakonissenoberin gesprochen. Niemand wagte, in Kaiserwald neue Bräuche einzuführen.

Sie hob Einhalt gebietend den Finger. »Miss Pleydell, Sie sind wohl noch nicht lange genug hier, um mit unseren Gepflogenheiten vertraut zu sein. Diese Menschen sind leidend, manche sind schwer krank ...«

»Ich meine, ein wenig Unterhaltung würde ihnen guttun. Die Tage kommen ihnen endlos vor, sie langweilen sich, und das macht sie lustlos und dämpft ihren Lebenswillen. Wenn man ihnen etwas Freude und Unterhaltung bietet, werden ihre Gemüter aufgeheitert.«

»Wir sind nicht hier, um uns mit ihren Gemütern zu befassen, Miss Pleydell, sondern um ihre Körper zu heilen.«

»Das läuft manchmal auf dasselbe hinaus.«

»Wollen Sie mir erzählen, Sie wüßten besser als ich, wie man ein Hospital leitet?«

»Keineswegs. Aber ich meine, daß Außenstehende zuweilen nützliche Vorschläge machen können.«

»Ihr Vorschlag ist unsinnig. Wir haben dafür kein Geld übrig. Es gibt so viele *sinnvolle* Dinge, die wir mit dem, was wir auftreiben, tun können.«

»Aber es *ist* sinnvoll. Ich glaube, daß die Aufheiterung des Gemüts hilft, den Körper zu heilen.«

»Angenommen, ich ginge auf Ihren absurden Vorschlag ein. Woher sollen wir das Geld für diese – hm – Kleinigkeiten nehmen? Wir haben ungefähr hundert Patienten, wie Sie wissen.«

»Ja, ich weiß. Ich bin sicher, daß man uns die Bäume spenden wird. Die Leute hier halten sehr viel von dem Hospital.«

»Und woher wissen Sie das?«

»Weil ich mit ihnen gesprochen habe. Einige kenne ich so gut, daß ich weiß, sie würden für eine solche Sache gern etwas tun.«

»Und die ›Kleinigkeiten‹?«

»Die kaufe ich. Miss Marlington möchte sich ebenfalls gern beteiligen. Es gibt hier einen Hausierer, der könnte uns die Sachen besorgen: Taschentücher, Zierat, irgend etwas, was den Leuten das Fest zu einem besonderen Tag macht.«

»Es *ist* ein besonderer Tag. Es ist das Fest der Geburt Christi. Wir werden Weihnachtslieder singen. Ich werde dafür sorgen, daß allen die Bedeutung des Weihnachtsfestes bewußt wird.«

»Aber die Geburt Christi ist ein Anlaß zur Freude. Es sollte ein fröhlicher Tag sein. Ich bin überzeugt, daß wir bei den

Patienten eine Besserung feststellen werden. Schon allein die Vorfreude... und dann der Tag selbst. Ich finde, Menschen froh zu machen, sie zum Lachen zu bringen, ihnen Freude am Leben zu geben ist auch gut für ihre Gesundheit.«

Wenige Tage später ließ die Oberin mich rufen. »Nehmen Sie Platz, Miss Pleydell!«

Ich setzte mich. Würde sie mich heimschicken? Ich glaubte, sie sei über meinen Vorschlag entsetzt. Sie war eine tiefreligiöse Frau von starkem und edlem Charakter, aber völlig humorlos. Solchen Leuten mangelt es oft an Einfühlungsvermögen. Sie erwartete von jedermann, daß er sich gemäß ihrem Moralkodex verhielt, und für Lustbarkeiten, wie ich sie in ihrem Hospital einführen wollte, war da kein Platz.

Ihre ersten Worte verblüfften mich: »Ich habe über Ihre Idee nachgedacht, Fräulein Pleydell. Mir ist aufgefallen, daß Sie ein gewisses Talent zur Krankenpflege besitzen. Aber Sie halten sich nicht immer an unsere Methoden.«

Oje, dachte ich, jetzt kommt's.

»Sie haben das Zeug zu einer guten Krankenschwester. Sie glauben natürlich, daß die von Ihnen vorgeschlagene Unterhaltung den Patienten guttut. Sie wären bereit, dies auch finanziell zu unterstützen. Sie haben Glück, daß Ihnen Ihre Position dies gestattet.«

Ein schwaches Lächeln erschien in ihren Mundwinkeln. Ich war verblüfft. Zum erstenmal sah ich, daß sich ihr Gesicht zu etwas wie einem Lächeln verzog.

»Leider hat Ihre Freundin nicht dieselbe Begabung für diesen Beruf wie Sie. Aber sie ist fröhlich und willig. Ich glaube, die Patienten haben sie gern. Ich habe mit Doktor Bruckner und Doktor Kratz gesprochen. Sie meinen, die von Ihnen vorgeschlagenen Maßnahmen könnten den Patienten nicht schaden. Fräulein Pleydell, ich erlaube Ihnen, Ihr Experiment durchzuführen. Ich habe nichts damit zu tun. Es ist ganz allein Ihre Angelegenheit. Sie werden die Bäume beschaffen und die Kleinigkeiten aus eigener Tasche bezahlen.

Sie werden alles arrangieren. Sie können sich von den anderen Pflegerinnen helfen lassen, sofern diese einverstanden sind. Es liegt allein in Ihren Händen. Ob das Ganze gelingt oder ein Mißerfolg wird, ist Ihre Sache.«

»O danke!« rief ich aus. Sie winkte ab, und wieder sah ich, wie ihre Miene sich ein wenig verzog. Ich bildete mir ein, in ihrem Blick so etwas wie Zuneigung zu lesen. Ich war völlig aus dem Häuschen.

Ich lief zu Henrietta, die von dem Plan ganz begeistert war. Wir überlegten, wie wir vorgehen würden. Wir wollten den Stand des Hausierers auf dem Jahrmarkt aufsuchen, und wir wollten den Holzfäller bitten, uns die prächtigsten und schönsten Bäume auszusuchen, die er finden konnte. Er sollte sie aber erst eine Woche vor Weihnachten fällen, damit sie schön frisch waren.

Wir staunten über die Reaktion unserer Kolleginnen. Die meisten halfen gern, nur ein paar ältere sahen in jeder Lustbarkeit etwas Sündhaftes. Es gab immer welche, die für uns einsprangen, so daß wir immer wieder etwas Zeit für unsere Vorbereitungen fanden. Man hatte den Patienten mitgeteilt, daß ein Weihnachtsbaum aufgestellt würde, und es tat mir wohl zu sehen, daß die meisten von der Aussicht begeistert waren und sich auf Weihnachten freuten; sie sprachen miteinander davon, und nur die Schwerkranken blieben teilnahmslos.

Der Jahrmarkt ging am 30. November zu Ende, und wir mußten uns beeilen, wenn wir den Hausierer noch antreffen wollten. Als Henrietta und ich uns dem Platz näherten, hörten wir Fiedelklänge. Die in knalligen Blau- und Rottönen gehaltenen Buden hoben sich wie Farbkleckse vom Grün der Nadelbäume ab. Wir sahen junge Mädchen in Tracht mit spitz zulaufenden Hauben und wallenden weißen Unterröcken unter bauschigen Röcken. Die Männer trugen lederne Kniehosen und mit Federn geschmückte Hüte. Sie sahen sehr fröhlich aus. Eine Gruppe junger Leute tanzte zu den Klängen zweier Fiedeln. Ich wünschte, ich hätte sie zur Erheiterung der Patienten mit ins Hospital nehmen können. Wir blieben eine Weile stehen, um ihnen zuzusehen, und warfen einige Münzen in die Büchse, die sie aufgestellt hatten, damit die Passanten ihre Anerkennung ausdrücken konnten. Wir bahnten uns unseren Weg zwischen den Ständen hindurch, an denen Waren feilgeboten wurden, Sattelzeug, Kleidung, Schuhe und Stiefel, Gemüse, Eier und Käse, Flitterkram, Stoffe und Schmuck aller Art. Ich fragte nach Klaus dem Hausierer, und man wies uns zu seinem Stand. Er hockte auf einer Holzkiste, hielt zündende Reden an die Passanten, schmeichelte zuerst den Damen und erzählte ihnen im nächsten Moment, wie dumm sie seien, daß sie den ungeheuren Wert der von ihm feilgebotenen Waren nicht erkannten. »Die Chance des Lebens!« rief er. »Herbei, meine Damen! Wo denken Sie hin? Wollen Sie sich so eine Gelegenheit entgehen lassen? Hier, meine Schöne, ein hübsches Stückchen Samt für ein Kleid, weich und schmiegsam. Bei Ihrer Figur sind Sie sich das schuldig, jawohl, meine Dame.« Die Dame biß an. Sie befingerte den Samt.

Dann erblickte er uns. »Willkommen, die Damen! Kommen Sie, kaufen Sie! Damen aus England erkennen etwas Gutes auf den ersten Blick.«

»Bedienen Sie zuerst die Dame«, sagte ich. »Dann möchten wir mit Ihnen reden.«

Er verkaufte den Kleiderstoff, dann wandte er sich uns zu. »Ich hätte gern Ihren Rat, was man an Weihnachtsbäume hängen könnte«, sagte ich.

»Da sind Sie an den Richtigen geraten, schönes Kind. Klaus hat alles, was Sie wünschen. Sehen Sie sich nur um! Na, was hätten Sie gern? Was Klaus nicht hat, das besorgt er Ihnen.«

»Es ist fürs Hospital«, sagte ich.

Er sah mich mißtrauisch an. »Wollen Sie's umsonst?«

216

»Nein, nein. Wir bezahlen natürlich. Wir möchten ungefähr hundert bescheidene kleine Geschenke.«

»Hundert Stück! Das ist ein Riesengeschäft. Darüber müssen wir reden, aber nicht hier auf der Straße. So was muß man am Tisch erledigen. So schließt man große Geschäfte ab.« Er legte die Finger an die Nase, wohl um auf die Verständigung zwischen zwei gerissenen Geschäftspartnern hinzudeuten. »He, Jakob«, rief er. Ein junger Mann, fast noch ein Knabe, kam herbeigelaufen. »Paß mal solange auf! Ich muß was Geschäftliches besprechen.« Er führte uns über den Platz in ein Gasthaus. Klaus bestellte Bier. Es wurde in Humpen serviert. Er stützte seine Arme auf den Tisch und musterte uns. Ich erklärte ihm kurz, was wir vorhatten. Er schlug für die Frauen bestickte Ziertaschentücher vor, alle in verschiedenen Farben und Mustern, Perlenschnüre, kleine bunte Vasen, Bilder vom Wald im Sommer und verschneit im Winter, kleine Figürchen, etwa Jongleure mit Glöckchen an den Fußgelenken, Fächer; für die Männer einfarbige große Schnupftücher, Kartenspiele ... er wolle sich noch mehr einfallen lassen.

»Ich sehe, Sie haben verstanden«, sagte ich. »Wir brauchen die Sachen gut zwei Wochen vor Weihnachten.«

»Kein Problem«, sagte Klaus. »Ich bring' sie beim nächsten Besuch mit.«

»Können wir uns darauf verlassen?« fragte Henrietta.

Er sah sie vorwurfsvoll an. »Selbstverständlich können Sie sich auf Klaus verlassen. Wenn ich sag', ich liefere was, dann ist es schon so gut wie da. Wie könnte ich sonst Geschäfte machen? Ich komm' zweimal im Monat in diese Gegend. Auf mich ist immer Verlaß. Wenn ich sag', ich bring' was, dann wird's gebracht. Sie haben mein Wort, meine Damen. Aber jetzt müssen wir ein bißchen rechnen. Wie viele Männer? Wie viele Frauen?«

Wir saßen und tranken unser Bier und lachten über Klaus; er freute sich sichtlich über so einen Auftrag, war aber wegen der Bezahlung ein wenig besorgt, bis ich ihm sagte, daß Henrietta und ich die Sachen bezahlen würden. »Die Damen müssen verzeihen, daß ich so etwas Vulgäres wie Geld erwähne, aber ich bin ein armer Mann und muß mich durchschlagen.«

»Selbstverständlich müssen wir darüber reden«, sagte ich. »Möchten Sie eine Anzahlung?«

»Mein Gott!« rief er. »Es ist eine Freude, mit solchen Damen Geschäfte zu machen. Seien Sie versichert, daß Sie Ihre Sachen pünktlich bekommen, und wären Sie nicht so turmhoch über mir, ich würde mich Hals über Kopf in Sie beide verlieben.«

Wir waren viel zu lange auf dem Jahrmarkt geblieben, aber wir hatten unser Ziel erreicht. Als wir zurückkamen, sagte man uns, Schwester Oberin habe nach uns gefragt und wir sollten sofort zu ihr kommen.

Henrietta zog ein Gesicht. »Sie wird uns vorhalten, daß wir zuviel Zeit verschwenden, du wirst sehen. Ich nehme an, im Grunde gefällt ihr die Sache nicht, und sie hofft, daß es ein Reinfall wird.«

»Das glaube ich nicht. Wenn sie merkt, daß es den Patienten wirklich guttut, wird sie sich freuen.«

»Ich bin gespannt, was sie jetzt von uns will.«

Sie saß an ihrem Schreibtisch. Sie nickte uns zu und bat uns, Platz zu nehmen. »Von Zeit zu Zeit haben wir Besucher im Hospital«, begann sie. »Einflußreiche Leute, zumeist Ärzte. Nächste Woche werden wir einen hochangesehenen Arzt aus England hier haben. Nur wenige von uns beherrschen die englische Sprache. Ich möchte, daß Sie beide sich mit unserem Gast unterhalten, ihm sagen, was er wissen möchte, sofern Sie in der Lage dazu sind. Wie Sie wissen, ist mein Englisch nicht fehlerfrei. Ich erwarte von Ihnen, daß Sie Doktor Fenwick behilflich sein werden, so gut Sie können.«

»Aber gern«, sagte ich.

»Mit Vergnügen«, fügte Henrietta hinzu.

»Er wird für ein paar Wochen bei uns sein. Wir müssen ihm ein Zimmer herrichten. Vielleicht können Sie das veranlassen. Und wenn er ankommt, wäre es schön, wenn Sie ihn begrüßen würden.«

Wir wiederholten, daß es uns ein Vergnügen sein werde.

Damit waren wir entlassen. Als wir außer Hörweite waren, sah Henrietta mich an. »So eine Überraschung!« Ihre Augen blitzten schelmisch. »Wie aufregend! Ein Engländer kommt hierher. Und noch dazu ein hochangesehener! Stell dir vor! Ein bißchen männliche Gesellschaft ist mir sehr willkommen.«

»Du hast doch Doktor Bruckner und Doktor Kratz.«

Henrietta zuckte mit den Achseln. »Die überlasse ich dir.«

»Danke, lieber nicht. Du bist sehr frivol, Henrietta. Aber warte erst mal ab, wie dieser Doktor Fenwick ist, bevor du ihn zum Helden deiner Träume machst.«

»Ich hab' das Gefühl, daß er gutaussehend und charmant ist, genau, was ich brauche, um mein Dasein zu beleben.«

»Wir werden ja sehen.«

Klaus hielt Wort und lieferte seine Sachen zu unserer Freude pünktlich ab. Wir schrieben eifrig Zettel mit Nummern; eine Woche vor Weihnachten wurden die Bäume im Krankensaal aufgestellt, und wir schmückten sie mit Kerzen. Die Geschenke wurden daran gehängt, und im Krankensaal herrschte helle Aufregung. Ich war überzeugt, daß es ein voller Erfolg werden würde.

Und dann kam Dr. Charles Fenwick. Henriettas Vorahnung erwies sich als richtig. Er sah gut aus und war überaus charmant. Er war ungefähr 30 Jahre alt und von einer Ernsthaftigkeit, die erkennen ließ, daß er sehr an seinem Beruf hing. Als Henrietta und ich ihn empfingen, zeigte er sich erfreut darüber, hier zwei Landsmänninnen anzutreffen. Aufgrund unserer gemeinsamen Nationalität schlossen wir rasch Freundschaft.

Henrietta sagte, es sei ein Segen, mit jemandem englisch

sprechen zu können, und als ich die Brauen hob, fügte sie hinzu: »Ich meine jemanden von männlichem Geschlecht.«

Er stellte eine Menge Fragen und fand unser Weihnachtsvorhaben ausgezeichnet. Er war viel mit Dr. Bruckner und Dr. Kratz zusammen und machte täglich mit ihnen einen Rundgang durch den Krankensaal. Er ließ sich genau über jeden einzelnen Fall unterrichten. Die Ärzte tauschten Erfahrungen aus, und Dr. Fenwick empfand offensichtlich große Hochachtung für die in Kaiserwald angewandten Methoden.

Hin und wieder ging er mit uns im Wald spazieren. Er fand die Landschaft zauberhaft und bedauerte, daß sein Aufenthalt kaum länger als sechs Wochen dauern werde. Er lächelte uns an, wie um anzudeuten, wir beide seien mit ein Grund – vielleicht der wichtigste – für sein Bedauern. Daraufhin erzählte ich ihm, daß auch wir nur noch etwa einen Monat bleiben würden. Unsere auf drei Monate befristete Zeit gehe zu Ende. Es sei nur Henriettas Beziehung zu Miss Nightingale zu verdanken, daß wir überhaupt die Erlaubnis erhalten hatten, hierherzukommen.

»Man hatte wohl nicht erwartet«, sagte Dr. Fenwick, »daß Damen wie Sie von großem Nutzen sein könnten. Das war ein Irrtum. Ich nehme an, daß keine von Ihnen vorher Erfahrung in der Krankenpflege hatte.«

»Nicht die geringste«, sagte ich.

»Aber Anna hat eine Begabung dafür«, erklärte Henrietta. »Selbst die S. O. hat es bemerkt und es widerwillig anerkannt.«

»Mir ist es auch schon aufgefallen.«

Er schilderte die erschreckenden Zustände der Spitäler in aller Welt und sagte, zu unserer Schande sei unser Heimatland keine Ausnahme. Aber zum Glück gebe es Kaiserswerth und seine Tochteranstalten, und es seien Bestrebungen im Gange, die Lage zu verbessern. Und im weiteren Verlauf des Gesprächs erfuhr ich, daß er über den Gang der Ereignisse zu Hause beunruhigt war.

»Befinden sich Rußland und die Türkei noch im Krieg?« fragte ich. »Wir haben davon gehört, kurz bevor wir England verließen.«

»Es ist äußerst besorgniserregend«, sagte er. »Wenn so ein Zwist ausbricht, weiß man nie, wie weit er sich ausbreitet. Rußland gelüstet es schon seit langem nach den Reichtümern Konstantinopels und des Sultans.«

»Gottlob spielt sich das alles fern der Heimat ab«, sagte Henrietta.

Dr. Fenwick sah sie ernst an. »Kriege haben es an sich, auch weit entfernte Länder mit hineinzuziehen.«

»Sie glauben doch nicht, daß *wir* in diesen Unsinn verstrickt werden?«

»Ich wünschte, ich könnte es aus voller Überzeugung verneinen, aber wir dürfen nicht zulassen, daß Rußland zu mächtig wird. Außerdem sind wir den Türken zu Dank verpflichtet. Der Premierminister ist gegen einen Krieg.«

»Meinen Sie, auch England könnte den Krieg erklären?«

»Wenn die Lage sich zuspitzt, ja. Palmerston ist unbedingt für den Krieg, und das Volk steht hinter ihm. Mir will die Lage der Dinge überhaupt nicht gefallen. Die Menschen verherrlichen den Krieg. Für den Mann auf der Straße, von der sicheren Heimat aus, besteht Krieg aus nichts als Fahnenschwenken und patriotischen Liedern. Für den armen Soldaten sieht es etwas anders aus. Was ich mit ansehen mußte... Verwundete, Tote...«

»Dies ist ein sehr betrübliches Gespräch, und dabei steht Weihnachten vor der Tür«, sagte Henrietta.

»Verzeihen Sie, ich ließ mich hinreißen.« Er lachte, und nun sprachen wir vom Weihnachtstrubel und überlegten, ob es gelingen würde, die S. O. zu überzeugen, daß ich recht hatte.

Aber ich verspürte ein ungutes Gefühl. Allerdings war das alles weit fort, und wir befanden uns hier... Wir würden Weihnachten inmitten von Wäldern und Bergen feiern, ganz anders, als wir es zu Hause gewohnt waren.

Ich wachte am Weihnachtstag mit einem prickelnden Gefühl der Erregung auf. Mir blieb keine Zeit, mich im Bett zu rekeln. Es war fünf Uhr – Zeit zum Aufstehen. Ich sah zu Henriettas Koje hinüber. Sie schlief fest. Ich stieg aus dem Bett und ging zu ihr. Sie sah sehr hübsch aus mit den zerzausten Locken, so unschuldig, fast kindlich. Eine Woge der Zärtlichkeit überkam mich, als ich daran dachte, welche Mühen sie ertragen hatte und wie anders ihr Leben jetzt war als jenes, das sie als Gemahlin von Lord Carlton geführt hätte. Aber sie schien es nicht zu bereuen. Sie sprach sehr viel von der Freiheit. Ich verstand sie natürlich. Mir bedeutete die Freiheit genausoviel wie ihr.

»Aufwachen!« sagte ich. »Frohe Weihnachten!«

Sie schlug langsam die Augen auf und sah mich an. »Ach, laß mich«, jammerte sie. »Ich hab' so schön geträumt. Ich war im Wald, und ein böser alter Kobold lief hinter mir her. Ein stattlicher Ritter kam herbeigeritten und wollte mich gerade retten. Rate mal, wer es war?«

»Könnte es möglicherweise Doktor Charles Fenwick gewesen sein?«

Sie schüttelte den Kopf. »Nichts so Naheliegendes... viel aufregender. Er trug eine Maske, und als er sie abnahm, war er es: schwarzhaarig, schwarzäugig, ganz und gar verrucht – unser dämonischer Doktor. Es ist zum Verrücktwerden, daß du mich ausgerechnet in diesem Moment wecken mußtest. Ich hätte gern gewußt, was als nächstes passiert wäre. Weißt du, Anna, wir haben unser ›Projekt‹ in der letzten Zeit ziemlich vernachlässigt. Ich glaube, du hattest nichts anderes im Kopf als die Weihnachtsfeier. Ach, warum hast du mich nicht mit unserem Dämon im Wald gelassen?«

»Komm, steh auf! Wir kommen zu spät zum Frühstück.«

Was für ein Tag! Er wird mir ewig in Erinnerung bleiben. Ich war erstaunt, welche Veränderung die Weihnachtsbäume im Krankensaal bewirkten. Die Patienten unterhielten sich aufgeregt, schon seit Tagen hatte lebhafte Vorfreude geherrscht. Und heute war Weihnachten! Ich dachte an die Festtage in Indien, wo die englische Gemeinde sich alle Mühe gegeben hatte, ein sogenanntes englisches Weihnachten zu feiern. Es war nie richtig gelungen. Die richtig traditionellen Weihnachtsfeiern hatte ich im Pfarrhaus erlebt, mit Kinderfesten im Kirchenvorraum und dem Rundgang der Sternsänger, die sich mit Laternen an den Türen aufstellten und die bekannten Weisen sangen, vielleicht falsch, aber das machte nichts. Und dann der Gottesdienst in der Kirche mit den Chorknaben, die mit reinen, hellen Stimmen die Glorie von Christi Geburt verkündeten, aber auf eine Art, die verriet, daß sie mit den Gedanken ganz woanders waren, was sie nur um so rührender wirken ließ. Gänsebraten und Weihnachtspudding, mit Brandy flambiert und brennend aufgetischt; und Tante Graces hausgemachter Wein. Dies waren die Weihnachtsfeste, an die ich mich erinnerte. Und Weihnachten auf dem Gut, mit dem Wissen, daß Aubrey und ich uns immer mehr entfremdeten, Weihnachten mit Julian – die Krippe, die ich im Kinderzimmer aufgestellt hatte, und das Jesuskind, das am Weihnachtstag hineingelegt werden sollte; ich hatte mir gesagt, daß er ein Jahr später schon verstehen würde, was das alles bedeutete. Aber es sollte für ihn kein nächstes Jahr geben.

Weihnachten ist eine Zeit, an die man sich immer besonders erinnert, und ich hatte sogleich das Gefühl, daß ich dieses Weihnachtsfest nie vergessen würde. Beim Verteilen der Geschenke ging es genauso aufgeregt zu, wie ich es mir vorgestellt hatte. Dr. Fenwick zog die Nummern, Henrietta die Namen, und ich holte das jeweilige Geschenk und brachte es dem Patienten, dem es zugedacht war. Es war erstaunlich, wieviel Freude diese bescheidenen Gaben bereiteten. Es lag nicht so sehr an den Taschentüchern oder Fächern oder den Väschen und Schächtelchen, es lag vielmehr an der weihnachtlichen Atmosphäre, einfach daran, daß dieser Tag anders verlief als die übrigen.

Die Bescherung hatte nach dem Mittagessen stattgefunden, und danach gaben wir ein kleines Konzert – sofern das nicht ein zu großartiger Ausdruck dafür war. Eine Pflegerin spielte Blockflöte, Dr. Kratz spielte Geige, und Henrietta, die eine sehr hübsche Stimme hatte, sang. Es war rührend, sie zu beobachten. Sie sang alte englische Weihnachtslieder, und konnten die Patienten die Worte auch nicht verstehen, so teilten sich ihnen doch die darin ausgedrückten Gefühle mit. Henrietta trug ihr blondgelocktes Haar offen, so daß es ihr Gesicht umrahmte – nicht so streng wie bei der Arbeit –, und sie sah schön aus. Ich bemerkte, wie Dr. Fenwick sie beim Singen beobachtete, und ich dachte: Ich glaube, er ist im Begriff, sich in sie zu verlieben. Ich fand es vollkommen natürlich, daß ein Mann sich in Henrietta verliebte.

Die Weihnachtsveranstaltung war unleugbar ein großer Erfolg, und aufrichtig, wie sie war, machte die Oberin auch keinen Versuch, es zu bestreiten. Sie rief Henrietta und mich in ihr Arbeitszimmer und sagte: »Es war sehr gelungen. Die Ärzte sind voll des Lobes. Sie haben beide sehr hart gearbeitet, ohne Ihre übrigen Pflichten zu vernachlässigen.«

»Wer hätte das gedacht!« sagte Henrietta hinterher. »Ich glaube, sie hat beinahe gelächelt. Sie konnte sich nicht ganz zu einer solch ungeheuren Anstrengung aufraffen, aber im Ansatz war es da, ich habe es gesehen.«

»Wenigstens hat sie zugegeben, daß es ein Erfolg war.«

»Es blieb ihr nichts anderes übrig.«

Wir lebten einige Tage im Glanz dieses Erfolgs, und dann war das neue Jahr angebrochen.

»Nicht mehr lange, und wir reisen ab«, sagte ich zu Henrietta.

»Tut es dir leid?«

»Ich glaube nicht. Es war interessant, und ich habe viel gelernt und eine Menge Erfahrungen gesammelt. Es war großartig, aber mein Leben möchte ich hier nicht verbringen, du etwa?«

»Es wäre ziemlich fade ohne Dr. Fenwick.«

Ich sah sie scharf an.

»Oder etwa nicht?« sagte sie.

»Doch, natürlich.«

»Er ist wie ein Hauch Heimat. Es ist nett, jemanden hierzuhaben, der unsere Scherze versteht, einen, mit dem man ganz natürlich reden kann, du weißt schon.«

»Ja.«

»Er bewundert dich sehr.«

»Und dich auch, glaube ich.«

Sie zuckte mit den Achseln. »Er findet, du hast etwas Besonderes an dir. Er sagt, du solltest dich nicht mit den niedrigen Bereichen der Krankenpflege befassen. Du solltest Verantwortung haben, organisieren. O ja, du hast ihn sehr beeindruckt.«

»Du aber auch.«

»Zwei Engländerinnen, offensichtlich an etwas Komfort gewöhnt, kommen an einen Ort wie diesen. Natürlich habe ich ihm nicht erzählt, daß das zu einem größeren Plan gehört und daß wir als Krankenschwestern verkleidete Spürhunde auf der Fährte eines Ungeheuers sind.«

»Das ist auch besser so. Er hätte uns sonst für verrückt erklärt.« Sie lachte. Ich fragte mich, ob sie wohl die Gefühle des Arztes erwiderte.

Es war kalt, auf den Bergen lag Schnee. In Kaiserwald traf man Vorbereitungen wie für eine Belagerung. Eine Schwester erzählte mir, es könne passieren, daß wir eines Morgens aufwachen und eingeschneit sind. Letztes Jahr hätten sie das Hospital drei Wochen lang nicht verlassen können.

Henrietta und ich wollten im Februar abreisen. Sicher würde ich Kaiserwald vermissen, aber ich wollte ja weiterkommen. Die Ortsveränderung, das Gefühl, mich meinem Ziel um etliche Schritte genähert zu haben, hatten meinen

Kummer gelindert. Aber er war noch vorhanden und konnte jeden Moment wieder aufbrechen.

Charles Fenwick meinte, mit unserem Einverständnis würde er es so einrichten, daß er mit uns nach England zurückkehre. Henrietta war von der Idee begeistert.

»Müssen Sie deshalb Ihren Aufenthalt hier verlängern?« fragte ich.

»Vielleicht ein wenig, aber ich habe schon mit Schwester Oberin gesprochen, und sie hat nichts dagegen. Sie meint, dann hätten Sie Begleitung; es sei unziemlich für zwei Damen, unbegleitet quer durch Europa zu reisen.«

»Wir sind alleine hergekommen.«

»Ja, aber darüber war sie ziemlich entsetzt. Sie gestattet mir gerne, bis zu Ihrer Abreise Anfang Februar zu bleiben.«

Die Tage waren nun gezählt, und wir genossen jeden einzelnen. Ich führte mehrere Gespräche mit Dr. Fenwick, der sich viel öfter mit mir unterhielt als mit Henrietta. Wir erörterten die Krankheiten der Patienten und die beste Art der Behandlung. Er erzählte mir, wie unzulänglich er sich fühle und wie erschreckend es sei, sozusagen im Dunkeln zu arbeiten und oft auf Experimente angewiesen zu sein. »Aber was sollen wir machen? Wir glauben, eine bestimmte Methode kann zur Heilung führen, aber wie können wir es wissen, solange wir sie nicht ausprobiert haben?«

Er sprach mit mir auch über die politische Situation. »Ich kann nur hoffen, daß wir nicht in den Krieg hineingezogen werden. Die Menschen wissen nichts von den Greueln des Krieges ... Soldaten auf fremden Schlachtfeldern ohne Lazarett, ohne medizinische Versorgung, ohne Ärzte, ohne Krankenschwestern ...«

»Ich habe in London einmal einen Blick in ein Spital getan«, sagte ich. »Es war entsetzlich.«

»Dann können Sie sich vielleicht etwas vorstellen, das noch tausendmal schlimmer ist.«

»Die Menschen sollten sich überall bemühen, das zu ändern.«

Er sah mich mit nahezu derselben Bewunderung an, die ich in seinen Augen wahrgenommen hatte, als Henrietta die alten Weihnachtslieder sang. »Es wird etwas geschehen. Es ist tröstlich zu wissen, daß es auf der Welt Menschen gibt wie Sie.«

»Sie überschätzen mich.«

»Das glaube ich nicht«, sagte er.

Unwillkürlich verspürte ich ein Glücksgefühl. Dann kam Henrietta dazu, und bald lachten wir alle drei.

Ende Januar war es ein wenig wärmer geworden, und der Schnee war weggetaut. Ich zog feste Stiefel an und machte einen Waldspaziergang. Henrietta hatte Dienst, und ich ging allein.

Als ich an Frau Leibens Häuschen vorüberkam, ging die Tür auf, und ich hörte meinen Namen. Ich erkannte Frau Leibens Stimme. »Fräulein… Fräulein Pleydell. Kommen Sie! Rasch!« Ich trat geschwind in das Häuschen. Sie führte mich in eine Kammer, in der ein Bett stand. Dort lag Gerda und krümmte sich vor Schmerzen. »Bitte… helfen Sie«, stammelte Frau Leiben.

Ich trat zu Gerda. »Gerda, was fehlt dir? Wo tut es dir weh?«

Sie gab keine Antwort, sondern stöhnte nur. Ich wandte mich an Frau Leiben: »Gehen Sie ins Hospital. Sagen Sie, ein Arzt muß sofort herkommen.«

Sie zog hastig Stiefel und Umhang an und eilte fort. Ich war sehr besorgt um Gerda, denn ich sah, daß sie ernstlich krank war. Ich befühlte ihre Stirn. Sie war sehr heiß. »Gerda, du weißt, wer ich bin. Ich bin bei dir. Ich kümmere mich um dich.« Das schien sie etwas zu beruhigen. Ich ließ meine Hand auf ihrer Stirn. Doch wenige Minuten später schrie sie vor Schmerzen. Nie war mir die Zeit so lang geworden. Es schienen Stunden zu vergehen, bis Dr. Fenwick endlich kam. Er warf einen Blick auf Gerda und sagte zu mir: »Gehen Sie zurück, und besorgen Sie einen Wagen! Sie muß sofort ins Hospital.« Ich rannte los.

Und so brachten wir Gerda nach Kaiserwald. Sie erhielt ein kleines Zimmer – kaum größer als eine Zelle –, denn man konnte sie nicht zu den anderen legen.

Dr. Bruckner und Charles Fenwick untersuchten sie, dann riefen sie eine Schwester. Ich war ein wenig gekränkt, weil sie nicht nach mir schickten. Ich hatte gefühlt, daß ich Gerda beruhigen konnte. Sie kannte mich, und ich glaube, daß sie mir vertraute. Es fiel mir schwer, wieder an meine Arbeit zu gehen, ohne zu wissen, was vorging.

Es war spät. Ich konnte nicht schlafen. Ich wollte unbedingt wissen, was los war. Ich schlich vor Gerdas Zimmer. Es war sehr still, und mich überkam eine schreckliche Furcht. Die Tür ging auf, und Dr. Fenwick kam heraus. Er starrte mich an. »Miss Pleydell!«

»Ich mache mir solche Sorgen um Gerda.«

»Es geht ihr schon etwas besser.«

»Gott sei Dank!«

»Sie wird durchkommen, aber es stand auf Messers Schneide.«

»Darf ich zu ihr?«

»Lieber nicht. Warten Sie bis morgen! Sie war sehr krank.«

»Was fehlt ihr?«

Er sah mich fest an, antwortete aber nicht. »Sie sollten schlafen gehen«, sagte er schließlich. »Sie müssen früh aufstehen.« Er legte seine Hand auf meinen Arm. »Sie wird genesen. Sie hat eine robuste Natur. Ich unterhalte mich morgen mit Ihnen. Gute Nacht, Miss Pleydell!« Mir blieb nichts anderes übrig, als wieder zu Bett zu gehen.

Am nächsten Morgen ging ich zu Gerda. Ich öffnete die Tür zu ihrem kleinen Zimmer und blickte hinein. Sie lag im Bett, die blonden Haare umrahmten ihr Gesicht. Sie war sehr blaß. Sie sah wie tot aus. Eine Schwester saß an ihrem Bett.

Ich wünschte ihr einen guten Morgen und erkundigte mich nach der Patientin. »Sie hatte eine ruhige Nacht«, lautete die Antwort.

Am Nachmittag fragte mich Dr. Fenwick, ob Henrietta und ich vorhätten, einen Waldspaziergang zu machen. Als ich bejahte, bat er, uns begleiten zu dürfen. Während wir unter den Bäumen wanderten, erkundigte ich mich nach Gerda.

»Es wird noch einige Wochen dauern, bis sie völlig genesen ist. Sie hätte sich beinahe umgebracht.«

»Umgebracht!« rief ich aus.

»Sie hatte natürlich einen Komplizen.«

»Wie meinen Sie das?« wollte Henrietta wissen.

»Gerda war schwanger. Sie hatte eine Fehlgeburt.«

»Was?« rief ich. »Das ist unmöglich!«

»Sie ist doch viel zu jung«, sagte Henrietta.

»Sie ist alt genug«, sagte Charles Fenwick.

»Gerda! Nein. Ich kann es nicht glauben.«

»Das Mädchen weiß mehr, als man ihr zutraut. Erst wird sie schwanger, und dann versucht sie, das Kind abzutreiben.«

»Was ihr offensichtlich gelungen ist«, sagte Henrietta. »Aber wer…?«

»Es muß wohl Menschen geben, die ein Mädchen wie sie ausnutzen.«

Undeutliche Gesprächsfetzen kamen mir in den Sinn. Was hatte sie von einer Begegnung mit dem Teufel im Wald gesagt? Wen konnte sie damit gemeint haben? »Das arme, unschuldige Kind«, sagte ich.

»Gar so unschuldig ist sie nicht«, widersprach Fenwick. »Sie wußte genau, was sie tat, als sie beschloß, das Kind loszuwerden.«

»Aber wie konnte ein Mädchen wie sie an ein Mittel gelangen…?«

»Ihr Liebhaber hat ihr vermutlich etwas gegeben.«

»Das ist ja furchtbar. Wissen Sie, wer es gewesen sein könnte?«

Er schüttelte den Kopf. »Jemand, der ein wenig Ahnung von diesen Dingen hat.«

»Ein wenig Ahnung kann gefährlich sein. Haben sie mit ihr gesprochen?«

»Nein. Sie ist zu schwach. Ich bin nur froh, daß wir sie rechtzeitig ins Hospital geschafft haben.«

»Wie gut, daß ich gestern an der Hütte vorbeikam. Warum hat Frau Leiben keine Hilfe geholt?«

»Sie wußte wohl, was los war, und dachte, sie käme alleine mit dem Mädchen zurecht.«

»Sie meinen, die Großmutter hat ihr das Zeug verabreicht?«

»Man kann nie wissen. Ich kann Ihnen nur sagen, daß Gerda schwanger war und etwas genommen hat, um das Baby loszuwerden, und das hätte sie beinahe das Leben gekostet. Ich werde sie warnen, daß sie so etwas nie wieder tun darf. Ich möchte nur wissen, wie sie an das Zeug gekommen ist. Höchstwahrscheinlich hat sie es von irgendeiner alten Frau. Das muß untersucht werden, damit so etwas nicht noch einmal vorkommt. Ich möchte gern mehr über den Fall wissen. Erstens, wer ist der Schuft, der ihre Unschuld ausgenutzt hat, und zweitens, wer hat ihr das schädliche Mittel gegeben? Ich möchte sie noch ein, zwei Tage beobachten, bis sie wieder ganz bei sich ist. Im Augenblick ist sie noch benommen. Ich schlage vor, daß Sie sich um sie kümmern, Miss Pleydell. Ich konnte Sie gestern nicht darum bitten, weil wir eine Schwester mit Erfahrung in Geburtshilfe brauchten.«

»Soll ich gleich zu ihr gehen?«

»Ich muß zuerst noch mit Schwester Oberin sprechen. Sie ist einverstanden, daß Sie die Pflege des Mädchens übernehmen, aber ich muß trotzdem noch mal zu ihr, sobald wir zurück sind.«

Ich setzte mich an Gerdas Bett. Wie zart sie war! Ich strich ihr die wirren Locken aus der schmalen Stirn, und sie schlug die Augen auf und lächelte mich an. »Ich bin in Kaiserwald«, sagte sie.

»Ganz recht. Du warst krank, und jetzt geht es dir schon etwas besser.«

Sie nickte und schloß die Augen. Ich streichelte unablässig ihre Stirn. »Das tut wohl«, murmelte sie. Sie schlief ein Weilchen, und später weckte ich sie, um ihr etwas Haferschleim zu geben. »Muß ich hierbleiben?« fragte sie.

»Bis du gesund bist.«

»Ich war krank, ja?« Sie verzog das Gesicht. »Es hat so weh getan.«

»Das kam von dem Zeug, das du eingenommen hast, Gerda. Wer hat dir die Medizin gegeben?«

Sie lächelte geheimnisvoll.

»Wußtest du, wofür sie war?«

»Sie sollte mich wieder heile machen.«

»Sie hat dir Schmerzen gemacht.«

»Sie hat mich heile gemacht.«

»Du hast mir vom Teufel erzählt, den du im Wald getroffen hast. Hat er dir die Medizin gegeben?«

Sie runzelte die Stirn.

»Wen hast du im Wald getroffen, Gerda? Du hast mir erzählt, es war der Teufel.«

Sie nickte. Ihr Gesichtsausdruck veränderte sich, und sie lächelte. Ich sah ihr an, daß sie in Gedanken bei ihrem Verführer war.

»Wer war es?« flüsterte ich.

Sie flüsterte zurück: »Es war der Teufel.«

»Und wer hat dir die Medizin gegeben?«

Sie schloß die Augen. Sie wirkte erschöpft, und ich dachte, ich darf sie nicht weiter ausfragen. Ich quäle sie, dabei braucht sie Ruhe. Ich muß warten, bis sie sich erholt hat. Aber etwas sagte mir, daß ich die Antwort nicht bei Gerda finden würde.

Gerdas Zustand besserte sich mit jedem Tag. Nach zwei

Wochen kehrte sie zu ihrer Großmutter zurück. Sie sah zarter aus denn je, sie wirkte vollkommen unschuldig und schien sich nicht bewußt zu sein, was geschehen war.

Ich sprach mit ihrer Großmutter. Die arme alte Dame war untröstlich. »Daß das ausgerechnet in meiner Familie passieren mußte!«

»Frau Leiben, haben Sie eine Ahnung, wer…«

Sie schüttelte den Kopf. »Es gibt nicht viele junge Männer in dieser Gegend. Sie ziehen in die Städte, sobald sie alt genug sind, und die wenigen, die bleiben, sind anständige junge Burschen. Sie würden sich nicht an Gerda vergehen.«

»Sie hat vom Teufel gesprochen.«

»Hirngespinste. Sie hatte immer eine lebhafte Phantasie. Manchmal sagt sie, sie hat Kobolde gesehen. Das kommt von all den Geschichten, die Hermann ihr erzählt hat.«

»Haben Sie etwas von dem Zeug gesehen, das sie eingenommen hat?«

»Nein. Ich fand sie nur ein bißchen anders als sonst. Ich hatte keine Ahnung, daß sie im dritten Monat war.«

»Die Ärzte sind entsetzt, weil sie sich fast umgebracht hat, und möchten gern wissen, woher das Zeug kam. Sollten Sie es erfahren, müssen Sie es den Ärzten sagen. Es liegt ihnen sehr daran, daß so etwas nicht noch einmal vorkommt.«

Sie machte ein erschrockenes Gesicht.

»Oh«, fuhr ich rasch fort, »sie dachten dabei nicht an Gerda, sondern an andere Mädchen, die vielleicht in eine ähnliche Lage kommen könnten.«

»Wenn ich es wüßte, würde ich es sagen«, versicherte sie mir, und ich glaubte es ihr.

Der Februar, der Monat unserer Abreise, war nun nicht mehr fern. Die Sache mit Gerda hatte uns so beschäftigt, daß wir gar nicht gemerkt hatten, wie die Zeit verflog.

Wir drei – Charles Fenwick, Henrietta und ich – sprachen bei unseren Waldspaziergängen nun vor allem über die Heimreise. Charles meinte, der Aufenthalt in Deutschland sei sehr lehrreich gewesen. Doch so vorbildlich Kaiserwald auch sei, so gebe es auch hier noch eine Menge zu verbessern, sowohl was die Diagnose, als auch was die Pflege betreffe. »Aber es ist eine ausgezeichnete Anstalt. Auch ein Freund von mir, der kürzlich hier war, hat mir nur Gutes berichtet.«

»Auch ein Arzt, nehme ich an?«

»Ja, ein ganz hervorragender Mann. Doktor Adair.«

»Und er war beeindruckt?«

»Sehr. Dabei ist er überaus kritisch. Er ist entsetzt über den Zustand der Spitäler in aller Welt.«

»Vielleicht will er etwas dagegen unternehmen?«

»Ganz bestimmt. Wenn der etwas anfaßt, dann ist es bald getan. Er verfügt über eine ungeheure Energie.«

»Hört sich wie ein ausgemachter Kraftprotz an«, sagte Henrietta.

»Davon ist mir nichts bekannt.« Er lachte. »Es gab etliche Skandale um ihn.«

»Das interessiert mich«, rief Henrietta.

»Nun ja, bei so einem Mann ist das nicht verwunderlich. Er war im Fernen Osten, er ist weit gereist und hat unter den Eingeborenen gelebt. Er hat Bücher über seine Abenteuer geschrieben. Er meint, wir dürfen unsere Augen nicht vor den Methoden anderer Völker verschließen, nur weil sie uns fremd sind. Er glaubt, daß sie auch über andere heilsame Rauschmittel oder Heilmethoden verfügen, von denen wir lernen könnten.«

Mein Herz schlug wie wild. Ich hörte mich sagen: »Wie, sagten Sie, war der Name dieses Arztes?«

»Adair.«

»Ich habe einmal ein ähnliches Buch von einem Arzt gelesen. Aber er hieß nicht Adair.«

»Hieß er Damien?«

»Ja.«

Charles lachte. »Das ist sein Vorname. Er schreibt unter

dem Namen Damien. Es wäre nicht angebracht, unter seinem vollen Namen zu schreiben. Er braucht eine gewisse Anonymität.«

Ich sah Henrietta an. Sie öffnete den Mund, um etwas zu sagen, aber ich hinderte sie mit einem Blick daran.

Ich sagte langsam: »Und er war neulich hier?«

»Ja, es muß kurz vor Ihrer Ankunft gewesen sein.«

Mir war schwindlig. Fast wären wir ihm begegnet. Ich malte mir aus, wie ich ihm von Angesicht zu Angesicht gegenübergetreten wäre.

»Sehen Sie ihn oft?« fragte ich.

»Gütiger Himmel, nein! Er ist hier und dort und überall. Er ist immer mit irgendeinem Projekt beschäftigt. Ein hervorragender Mann, wie gesagt. Aber diesmal habe ich ihn zufällig gesehen, als er zurückkam. Er erzählte mir von Kaiserwald und sagte, es sei einen Besuch wert. Er war es, der mich hierhergeschickt hat.«

»Das ist hochinteressant«, sagte ich. »Nachdem ich seine Schriften gelesen habe...«

»Vielleicht lernen Sie ihn eines Tages persönlich kennen.«

»Das will ich hoffen«, gab ich zurück.

Als er uns verließ, um nach einem Patienten zu sehen, sagte Henrietta: »Jetzt haben wir wenigstens eine Spur.«

»Stell dir vor, fast wären wir ihm begegnet!«

»Das Schicksal hat uns hierhergeführt. Ich bin gespannt auf ihn. Charles hält ja ungeheuer viel von ihm. Kommt es dir auch ein bißchen wie Heldenverehrung vor?«

»Ja. Diese Wirkung übt er anscheinend auf viele Menschen aus. Mein Schwager Stephen verhielt sich genauso.«

»Er muß ein faszinierender Mann sein.«

»Er ist teuflisch«, sagte ich.

»Das muß nicht heißen, daß er nicht faszinierend ist. Was fangen wir nun an?«

»Ich weiß es nicht. Wenigstens wissen wir jetzt, wer er ist. Das ist ein großer Schritt vorwärts.«

»Und wir sind ausgebildete Krankenschwestern. Aber würdest du uns als erfahren bezeichnen?«

»Kaum, nach den paar Monaten Bettenmachen und Lakenwaschen.«

»Trotzdem, Kaiserwald hat einen Namen, und in unserem Beruf, wer weiß, vielleicht laufen wir ihm eines Tages irgendwo über den Weg. Wir müssen alles tun, was wir können… und denkst du etwa, Charles sagt: ›Auf Wiedersehen, es war nett, Sie kennenzulernen‹, wenn wir nach Hause kommen? Nein, das werde ich nicht zulassen. Ich glaube, er ist unser Freund. Und vergiß nicht, er ist ein Freund von unserem dämonischen Doktor. Wir werden ihn zu uns ins Haus einladen. Und wir werden sagen – vielmehr ich werde es sagen, weil mir dergleichen mehr liegt: ›Und bringen Sie Ihren faszinierenden Freund mit! Wir interessieren uns sehr für den Orient. Sie wissen ja, Anna hat mal in Indien gelebt.‹«

Ich bekam bei dieser Aussicht Herzklopfen.

»Wer von uns tut ihm den Schierling ins Glas?« fuhr Henrietta fort. »Das übernimmst du am besten. Deine Gefühle sind stärker. Ich habe bloß schreckliche Angst, daß ich mich in ihn verlieben könnte.«

»Wie geschmacklos.«

»Ja, ich weiß. Aber das ist alles so aufregend.«

»Mir ist ein Gedanke gekommen, Henrietta.«

»Ja?«

»Er war hier. Er ist ein Satan. Vielleicht hat Gerda ihn im Wald gesehen. Sie hat doch gesagt, es war der Teufel, nicht? Vielleicht…«

Sie starrte mich entgeistert an. »O nein, nicht unser weitgereister, weltgewandter, brillanter Teufelsdoktor und die einfältige kleine Gerda!«

»Warum nicht? Ich könnte mir vorstellen, daß sie für so einen Mann sehr anziehend ist. Er würde mit ihr experimentieren. Experimentiert er nicht immerzu? Und wo hat sie die Medizin her, die sie fast umgebracht hat? Charles sagt, das Mittel war überaus wirksam. Sie muß es von jemandem haben, der etwas von diesen Dingen versteht.«

Henrietta starrte mich immer noch fassungslos an. »Alles paßt zusammen«, sagte sie. »Das wäre sonst ein zu großer Zufall. Er war hier. Man kann ihn sich vorstellen, wie er die Methoden erforscht, Doktor Bruckner und Doktor Kratz aushorcht, die ärmsten; wie er sich in die Höhle der Löwin wagt und von der S. O. dies und das wissen will; sein überhebliches Lächeln, und wie er an allem was auszusetzen hat. Ich nehme an, er spricht fließend Deutsch. Und um sich ein wenig zu entspannen, schlendert er in den Wald und begegnet der hübschen kleinen Gänsemagd. Einfältig, begehrenswert, ein Experimentierstoff. ›Komm mit mir, mein Kind, ich zeige dir die Freuden der Natur.‹ Vielleicht wollte er sehen, was für ein Kind dieses einfältige Mädchen nach der Paarung mit diesem brillanten Mann hervorbringen würde. Andererseits hat er ihr die Arznei gegeben. Vielleicht hielt er es für besser, jeden Beweis dieser Lustbarkeit im Wald zu beseitigen. Womöglich war das alles … ein bißchen Erholung für den Gott auf Erden.«

»Dasselbe habe ich auch gedacht. Ich bin mehr und mehr überzeugt, daß er es war. Wer könnte es sonst gewesen sein? Frau Leibens Nachbarn achten ihre Enkelin zu sehr, um ihr so etwas anzutun. Es sind brave, freundliche Leute. Ach, ich wollte, Gerda würde es uns erzählen.«

»Wenigstens wissen wir jetzt genauer, hinter wem wir her sind«, sagte Henrietta. »Keine Bange, mit der Zeit spüren wir ihn auf, das hab' ich im Gefühl.«

»Ja«, sagte ich, »bestimmt.«

Seesturm

An einem milden Februartag erreichten wir England. Wir standen an Deck und betrachteten die weißen Felsen: Henrietta und ich, Charles in unserer Mitte. Wir waren alle ein wenig gerührt, als wir die Heimat wiedersahen.

Charles bestand darauf, uns bis zu meinem Haus zu begleiten. Von dort gedachte er nach Mittelengland weiterzureisen, wo er daheim war. Er wußte noch nicht recht, was er nun tun sollte. Er überlegte, in der Praxis seines Vaters mitzuarbeiten. Er hatte jedoch auch daran gedacht, zum Militär zu gehen, denn dort wurden Ärzte dringend gebraucht.

Joe wartete mit der Kutsche und freute sich sichtlich, uns wiederzusehen. »Ihre Mädels, Miss Pleydell, die haben die Tage gezählt. ›Ihr seid mir ein schönes Paar‹, hab' ich zu ihnen gesagt. ›Lebt selbst wie die feinen Damen und könnt nicht abwarten, bis sie zurückkommen.‹ Sie meinten, es ist unnatürlich, keine Damen zum Aufwarten zu haben.«

»Das ist ein schönes Willkommen«, sagte ich. Und als wir zu Hause ankamen, war Janes und Pollys Freude offensichtlich. Sie waren ein wenig scheu, was ihnen gar nicht ähnlich sah, und ich war tief bewegt. Dann setzte ein geschäftiges Treiben ein. Lammkoteletts mit Sauce wurden zubereitet, »weil Miss Marlington die doch so gern mag. Und hier ist Käse für Sie, Miss Pleydell. Jane ist überall rumgelaufen, um ihn zu kriegen. Komisch, nie gibt es, was man gerade will.«

»Ein bißchen wie im Leben«, bemerkte ich. »Dies ist Doktor Fenwick. Er war mit uns in Kaiserwald.«

Jane und Polly knicksten flüchtig. »Und bleibt er zum Mittagessen, Miss?«

»Ja.«

»Leg noch ein Gedeck auf, Polly!«

Es war schön, wieder zu Hause zu sein. Ich erkundigte mich nach Lily. Die beiden wechselten vielsagende Blicke.

»Wirklich?«

»Ja, Miss, wirklich.«

»Wann?«

»Im Juli.«

»Und freut sie sich?«

»Meine Güte, Miss! Sie sollten die Clifts mal sehen! Die tun, als hätte noch nie jemand ein Baby gekriegt.«

Meine Gedanken wanderten zu der armen kleinen Gerda, die vor lauter Angst die gefährliche Medizin genommen hatte.

Das Mittagessen wurde mit großem Zeremoniell serviert. Charles war von der Anhänglichkeit unseres Personals beeindruckt. Bevor Joe ihn am Nachmittag zum Bahnhof brachte, sagte er beim Abschied: »Wir werden uns bald wiedersehen. Wenn ich in London zu tun habe, schaue ich vorbei, wenn ich darf.«

»Wir freuen uns schon darauf.«

Er drückte mir und Henrietta die Hand. Ich dachte, wie gut er zu ihr paßte, zweifelte jedoch, ob sie auch zu ihm paßte. Ich hatte sie sehr gern, doch zuweilen erschien sie mir etwas leichtsinnig und zu lebenshungrig. Verglichen mit ihr war ich eine nüchterne, erfahrene Frau. Vielleicht wird man so, wenn einem großes Leid widerfährt.

Es war schwer, sich wieder an das alte Leben zu gewöhnen. In Kaiserwald war so viel zu tun gewesen, daß uns die wenigen Mußestunden ausgesprochen kostbar waren. Anfangs empfand ich es als Luxus, in einem bequemen Bett zu schlafen und das Frühstück serviert zu bekommen – worauf Jane und Polly bestanden – oder verschiedene, lecker zubereitete Gerichte zu verspeisen statt der dünnen Brühe und dem ewig gleichen Gemüse, und richtigen Tee zu trinken anstelle des Roggengebräus. Jane meinte, man habe uns dort hungern lassen, und sie und Polly würden uns jetzt aufpäppeln; sie bereiteten Köstlichkeiten, die wir verzehren mußten aus Furcht, daß sie sonst beleidigt wären. »Ihr macht ja zwei Dickmadams aus uns«, klagte Henrietta.

Sie sah bekümmert auf ihre Hände, und ich betrachtete meine – sie waren nicht mehr schön. Scheuerbürste und Wasser hatten sie rissig gemacht, und die Nägel begannen eben erst wieder zu wachsen. Henrietta meinte, unsere erste Aufgabe sei es, unsere Hände wieder in den Zustand zu bringen, wie sie vor Kaiserwald gewesen seien, denn so könnten wir uns in der Londoner Gesellschaft nicht blicken lassen.

»Was wollen wir in der Londoner Gesellschaft?« fragte ich.

»Wir müssen unseren teuflischen Doktor aufspüren, wann immer sich die Gelegenheit bietet, und ich habe das Gefühl, daß er in den höchsten Kreisen verkehrt.«

Wir rieben unsere Hände jeden Abend dick mit Gänsefett ein und gingen mit Baumwollhandschuhen ins Bett.

Ich dachte oft an Gerda und hatte eine große Wut auf den Mann, der sie verführt hatte. Ich war überzeugt, daß *er* es war; der Mann, der Aubreys Leben ruiniert und das meines Sohnes nicht gerettet hatte. Und ich haßte ihn so sehr wie eh und je.

Gleich am Tag unserer Ankunft kam Lily uns besuchen. Sie sah blendend aus und schon ein wenig hausmütterlich. Wir sprachen viel von dem Baby, das sie erwartete. Man sah ihr an, daß sie eine zufriedene junge Frau war. »Und das hab' ich alles Ihnen zu verdanken, Miss. Stellen Sie sich vor, ich wär' nicht vor Ihre Kutsche gelaufen ...«

»Vielleicht verdankst du es dem Kerl, der die Knöpfe abgerissen hat. Du siehst, Lily, Ursache und Wirkung ergänzen sich stets.«

»Das mag wohl sein, Miss, aber ich finde, ich hab' alles Ihnen zu verdanken.«

»Es freut mich, dich glücklich zu sehen, Lily.«

»Bloß eins macht uns im Moment wirklich sehr viel Kummer.«

»Was?«

»Daß William vielleicht weg muß.«

»Du meinst zum Dienst im Ausland?«

»Das wär' nicht so schlimm, weil dann würde ich mit ihm gehen und das Baby mitnehmen. Aber dies ganze Gerede von Krieg. Die Zeitungen sind voll davon. Irgendwas mit Rußland und der Türkei, und alle Leute sagen, wir sollen's ihnen zeigen, und sie rufen nach Lord Palmerston und so.«

»Ich verstehe.«

Ihre Miene hatte sich etwas getrübt. »Sie wissen ja, Miss, William ist Soldat. Mir wär' es lieber, er würde bei seinem Vater im Geschäft arbeiten. Obwohl er natürlich in seiner Uniform sehr schmuck aussieht.«

»Mach dir keine Sorgen! Vielleicht kommt es nicht dazu. Rußland und die Türkei sind weit weg.«

»Das sagt Williams Vater auch. Aber es steht so viel in der Zeitung, und eine Menge Leute meinen, wir sollten dort kämpfen.«

»Hoffen wir, daß es nicht dazu kommt!«

Doch als ich die Kommentare in den Zeitungen las, konnte ich verstehen, warum Lily sich Sorgen machte. In Kaiserwald waren wir von der Welt abgeschnitten gewesen, nun aber wurde mir klar, daß wir dem Krieg näher waren, als ich mir vorgestellt hatte. Die Großmächte Europas hatten versucht zu vermitteln und zwischen der Türkei und Rußland Frieden zu stiften, aber Rußland war entschlossen, den »kranken Mann am Bosporus«, womit die Türkei gemeint war, zu bezwingen. Die Verhandlungen wurden abgebrochen, und es drohte ein Krieg.

Auf den Straßen herrschte eine gespannte Atmosphäre. Wohin man ging, war von Krieg die Rede. Die Schlagzeilen der Zeitungen forderten eine Intervention; wer dagegen sei, sei ein Verräter. Wir sollten eingreifen, hieß es, wir könnten die Russen binnen einer Woche zur Räson bringen.

Schlachten werden bei Tisch leicht geschlagen oder in den Clubs oder wo immer Menschen sich versammeln, und der Krieg war das allgemeine Gesprächsthema. Lord Palmerston sollte ins Amt zurückkehren. Er würde den Russen die Macht Englands zeigen. Man müsse etwas unternehmen. Rußland bedrohe nicht nur die Türkei, sondern auch uns. Aberdeens Politik des Friedens um jeden Preis sei der Grund für Rußlands Kompromißlosigkeit, sagten einige. Hätte England sich erhoben und seine Absicht bekundet, die Türkei zu retten, wäre es nie so weit gekommen. »Ruft Palmerston zurück!« forderte die Presse. Man beschuldigte die Königin, die bekanntlich gegen einen Krieg war, aber noch mehr beschuldigte man ihren Gemahl. So könne es nicht weitergehen.

Die Wochen vergingen, es wurde März. Die Zeitungsjungen liefen, die Neuigkeiten ausrufend, durch die Straßen, und die Leute stürzten aus ihren Häusern, um Zeitungen zu kaufen. »Frankreich erklärt Rußland den Krieg.« Wie konnte England da abseits stehen? Am nächsten Tag geschah es: Wir waren in den Konflikt verstrickt. Der katastrophale Krimkrieg begann.

Arme Lily! Ihre Freude war von Sorge getrübt. William hatte seinen Marschbefehl erhalten. Lily sagte wohl zwanzigmal am Tag: »Es heißt, es dauert nicht länger als eine Woche, wenn unsere Jungs erst mal dort unten sind.« Und wir taten, als stimmten wir ihr zu.

Am Tag, als William aufbrach, waren wir alle auf der Straße. Die Königin sah der Parade vom Balkon des Buckingham-Palastes aus zu und lächelte stolz auf ihre schmucken Soldaten herab. Es war ein tiefbewegender Anblick. Der Lärm war ohrenbetäubend, die Leute jubelten den prachtvollen Wachen und den voranmarschierenden Trommlerjungen zu, die ihren Weg zu den Docks nahmen, wo sie sich einschifften. Triumphierend verkündeten die Kapellen:

Man spricht von Alexander und auch von Herkules,
von Hektor und Lysander, von Namen so pompös.
Doch alle großen Helden, weder dort noch hier,
hatten so viel zu melden wie Englands Grenadier.

Die Musik dröhnte mir in den Ohren. Ich sah Lily an, die
bald Mutter werden würde, und betete, daß William unver-
sehrt zu ihr zurückkehren möge.

Polly und Jane waren von den Soldaten begeistert. Sie
wollten Lily unbedingt aufheitern, deshalb kehrten wir gemeinsam nach Hause zurück, sprachen von dem Baby und
zeigten Lily die Sachen, die wir für die Ausstattung besorgt
hatten, worauf sich Lilys Stimmung etwas besserte.

Am nächsten Tag bekamen wir Besuch von Charles Fenwick. »Ich bin für zwei Tage in London«, sagte er, »und da
wollte ich Sie aufsuchen. Ich gehe auf die Krim.«

»Wann?« fragte ich.

»Sofort. Der Krieg hat meinen Entschluß bestimmt. An
der Front werden Ärzte dringend gebraucht.«

»Ich wünsche Ihnen viel Glück.«

Er lächelte mich und Henrietta an. Unser Abschied war
etwas schroff, wohl weil wir uns alle bemühten, unsere Bewegung zu verbergen.

Die Leute konnten kaum noch von etwas anderem sprechen
als vom Krieg. Ich glaube, sie hatten von der Armee Wunder
erwartet und waren ungeduldig, weil keine Siegesnachrich-
ten eintrafen.

Lilys Baby kam zur rechten Zeit, und bei den Clifts wie
auch bei uns herrschte große Freude. Klein Willie drängte
den Krieg ein wenig in den Hintergrund. Er war ein gesun-
der, kräftiger Knabe und Lilys ganzer Stolz. Jane und Polly
waren von dem Kind entzückt. Die Ablenkung tat wohl,
denn die Euphorie der Menschen verflog allmählich.

Was ging da drunten vor? Der Sommer war fast vorüber,

als wir vom Sieg der Engländer und Franzosen bei Alma erfuhren. Nun würde der Krieg bald aus sein, sagten alle. Unsere Soldaten seien dort unten, und das spreche für sich. Aber in der »Times« erschienen alarmierende Berichte des Kriegsberichterstatters William Howard Russell. In der Armee war eine Choleraepidemie ausgebrochen, und die Männer starben nicht an Kampfverwundungen, sondern an der Seuche. Die Ausstattung der Lazarette war jämmerlich. Nichts war organisiert, und der Mangel an Medikamenten und Pflege warf unsere Soldaten nieder. Der Feind, das waren die Seuche und die mißliche Verwaltung, nicht die Russen.

Das Volk wurde unruhig und suchte nach Sündenböcken. Vergebens bemühte sich die Armee, die Nachrichten zu unterdrücken; die grausamen Geschichten drangen durch. Es mußte etwas geschehen.

Eines Tages schreckte uns ein Zeitungsartikel auf: ADAIR AUF DIE KRIM war er überschrieben. Ich las ihn Henrietta vor.

> Dr. Damien Adair geht auf die Krim. Er sagt, er sei über die Vorgänge dort zutiefst empört. Es sei ein Musterbeispiel an krasser Mißwirtschaft. Dr. Adair ist der Arzt, an dessen Reisen in den Orient so viele Menschen regen Anteil nahmen. Er ist Experte für die Verwendung von Rauschgift in der Medizin. Er ist heute abgereist und dürfte bald am Ziel sein.

Ich ließ die Zeitung sinken und sah Henrietta an. »Ich wünschte, ich wäre dort«, sagte ich.

»Glaubst du, er wird Schaden anrichten?«

»Wo immer er ist, folgt die Katastrophe auf dem Fuße.«

»Mir scheint, der Krimkrieg ist ohne ihn ausgebrochen.«

»Wäre es nicht aufregend, wenn wir dorthin könnten?«

»Das würde man uns nie erlauben.«

»Ich habe mir immer gesagt, nichts ist unmöglich.«

Henrietta zuckte mit den Achseln. »Er wird bald zurück sein. Vielleicht kommt er mit Charles nach London. Dann könnten wir beide zum Essen einladen.«

Ich mußte unentwegt an sein dämonisches Gesicht denken und an die armen Männer, die ihm in einem schlecht ausgestatteten Lazarett auf Gnade und Barmherzigkeit ausgeliefert waren.

Russells Berichte konnte man nicht einfach übergehen. Man mußte etwas tun – und es geschah etwas. In der nächsten Ausgabe wurde berichtet, daß man Miss Florence Nightingale gebeten habe, eine Gruppe Krankenschwestern zu rekrutieren und mit ihnen auf die Krim zu gehen. Das war alles, was wir brauchten. Henrietta fand rasch heraus, wie die Krankenschwestern ausgesucht wurden. Wir sollten uns im Haus der Herberts vorstellen, die ihr Anwesen Miss Nightingale für diesen Zweck zur Verfügung gestellt hatten. Als wir hinkamen, sahen wir uns vier Damen gegenüber, von denen Henrietta eine kannte. Ich war nicht sicher, ob das ein Vorteil war, denn die Dame wußte gewiß, daß Henrietta die Verlobung mit Lord Carlton gelöst hatte, was als leichtfertige Tat galt, zumal sie danach ihre gesellschaftlichen Kreise gemieden hatte und in unbekannte Gefilde verschwunden war.

Man musterte uns erstaunt. »Ist Ihnen klar, daß es sich hier um eine sehr harte Arbeit handelt?« fragte man uns. »Das ist nichts für Damen wie Sie.«

Ich erwiderte etwas spitz: »Wir waren gerade etwas länger als drei Monate in Kaiserwald. Wir haben dort wahrlich sehr hart gearbeitet und einiges in der Krankenpflege gelernt. Ich glaube, ich eigne mich für diese Arbeit. Die Diakonissenoberin in Kaiserwald kann es bestätigen. Es ist mein fester Wunsch, mich Ihrer Schwesterngruppe anzuschließen.«

»Wir bezweifeln nicht, daß Sie genau die Kräfte sind, die Miss Nightingale sich wünscht, aber ich warne Sie. Die meisten, die sich bei uns gemeldet haben, sind arbeitslose Mädchen, die sich ihren Lebensunterhalt verdienen müssen.«

»Ich möchte auf alle Fälle mitkommen«, sagte ich ernst.

»Miss Marlington?« Unsere Prüferin sah Henrietta an.

»Ich war in Kaiserwald. Ich habe hart gearbeitet und möchte sehr gerne mitkommen.«

»Ich werde Miss Nightingale Ihre Namen nennen und ihr sagen, was für einen Eindruck wir von Ihnen hatten.«

Als wir gingen, waren wir nicht gerade ermutigt. »Ich glaube«, sagte Henrietta, »ich hab's verdorben. Sie kennen mich und halten mich für leichtfertig und frivol. Tut mir leid, Anna. Du hättest allein hingehen sollen. Dich hätten sie genommen, aber ich fürchte, du bist ein wenig infiziert durch die Freundschaft mit einer, die sich nicht gerade als wertvolles Mitglied der Gesellschaft erwiesen hat.«

»Unsinn«, sagte ich. »Wir gehen, und zwar zusammen.«

Wenige Tage später erhielten wir die Nachricht, daß wir angenommen waren.

In den kommenden Wochen dachten wir an nichts anderes als unsere bevorstehende Abreise. Das Abenteuer Kaiserwald war nichts dagegen. Jane und Polly machten große Augen, als sie hörten, was wir vorhatten. »Grundgütiger Himmel«, sagte Polly, »was Sie beide alles unternehmen! Hat man so was schon gehört? Ich hätte gedacht, Miss Henrietta hat bloß junge Männer im Kopf... und ein bißchen davon würde Ihnen auch nicht schaden, Miss Pleydell.«

»Wir haben beschlossen, die verwundeten Soldaten zu pflegen.«

»Wenn der kleine Willie nicht wäre, würde ich mitkommen«, sagte Lily. »Halten Sie nach William Ausschau, ja, Miss?«

Ich versprach es.

Joe schüttelte ungläubig den Kopf. »Und wer soll in der Kutsche fahren, wenn Sie weg sind? Kutschen sind nicht gemacht, damit sie im Stall rumstehen, sie gehören raus auf die Straße.«

»Die Kutsche kann doch warten, bis wir wieder zurück sind.«

»Seien Sie vorsichtig«, sagte Joe. »Krieg ist etwas Gefährliches.«

Als wir unsere Uniformen mit nach Hause brachten, waren Jane und Polly sprachlos. Man hatte uns gesagt, daß alle Krankenschwestern gleich angezogen sein würden, ohne Ausnahme. Wir würden alle zusammen essen, arbeiten und dieselbe Kleidung tragen. Miss Nightingale hatte es so geplant, um ein neues Berufsbild zu schaffen. Ich muß zugeben, daß ich einen leichten Schrecken bekam, als ich sah, was wir anziehen sollten.

»Warum müssen wir häßlich aussehen, um tüchtig zu sein?« wollte Henrietta wissen.

»Vielleicht sollen die Uniformen signalisieren: Hände weg, meine galanten Herren, wir sind im Dienst!«

»Ich glaube nicht, daß irgendeiner Lust zu Galanterie hat, wenn er uns hierin sieht. Deine ist zu klein. Meine ist zu groß.«

Es stimmte. Die Uniformen waren nicht maßgeschneidert. Es gab verschiedene Größen, und man hatte uns die gegeben, die annähernd paßten. Sie bestanden aus einem Tweedkleid in einem häßlichen Grauton, einer Kammgarnjacke in derselben tristen Farbe, einem wollenen Umhang und einer weißen Haube. Als Lily sie sah, hob sie entsetzt die Hände. »Wo haben Sie die bloß aufgetrieben?«

»Sie wurden eigens entworfen, um zu zeigen, daß wir nicht als Gegenstände der Bewunderung zu betrachten sind«, erklärte ich. Dann sagte ich zu Henrietta: »Deine steht dir gar nicht schlecht.«

»Das kann ich von deiner nicht behaupten. Du siehst aus, als hättest du eine Vogelscheuche geplündert.«

»Sie würden nicht ganz so scheußlich aussehen, wenn sie richtig säßen«, bemerkte Lily.

»Vielleicht könntest du die von Henrietta kürzen und die Ärmel umnähen«, schlug ich vor.

Lily prüfte das Kleid mit gerunzelter Stirn. »Ja, das geht«, murmelte sie.

»Aber ich glaube, meines ist ein hoffnungsloser Fall.«

Sie kniete zu meinen Füßen. »Hier ist ein ordentlicher Saum… und weil Sie wie eine Bohnenstange sind, füllen Sie es nicht ganz aus. Ich könnte auch die Ärmel auslassen.«

Sie machte sich augenblicklich an die Arbeit. Sie war ernster als die anderen. Ich glaube, Jane und Polly hielten unseren Aufbruch nach der Krim für eine Art Vergnügungsreise. Lily faßte ihn nicht so auf. Aber insgeheim war sie wohl froh, daß wir gingen. Sie hatte eine hohe Meinung von mir und glaubte, ich könne mich um William kümmern. Für sie war es selbstverständlich, daß ich ihn finden würde, reisten wir doch in dieselbe Gegend.

Als unsere Uniformen richtig saßen, sahen sie schon etwas besser aus; Lily brachte mit ihrer Nadel wahrhaftig Wunder zustande.

Fieberhaft bereiteten wir uns auf die Abreise vor, und an einem strahlenden Samstagmorgen im Oktober traten wir unsere Reise auf die Krim an.

Alle Krankenschwestern reisten gemeinsam, und ich bekam Miss Nightingale zum erstenmal zu sehen. Sie war zu meiner Überraschung eine ungewöhnlich hübsche Frau. Ich hatte von Henrietta erfahren, daß sie eine glänzende Partie hätte machen und eine Perle der Gesellschaft werden können; sie aber war von ihrer Mission erfüllt, die Kranken zu pflegen und in England Hospitäler einzurichten, auf die das Land stolz sein könne. Sie war edel und bewundernswert. Ich hielt sie damals – und es sollte sich später bestätigen – für die bemerkenswerteste Frau, die mir je begegnet war. Sie verhielt sich reserviert, doch gleichzeitig beobachtete sie alles, was vorging. Sie besaß eine seltene Würde und Vornehmheit. Ich fand sie wunderbar.

Wir sollten nach Boulogne übersetzen und sodann nach

Paris fahren, um dort zu übernachten. Anschließend ging es nach Marseille, wo wir vier Tage bleiben und uns mit allem Notwendigen versorgen sollten, bevor wir das Schiff nach Skutari bestiegen.

Ich war sehr gespannt auf die anderen Krankenschwestern. Es waren vierzig an der Zahl. »Aus allen Schichten«, sagte Henrietta, und das stimmte. Ungefähr ein halbes Dutzend waren ähnlich wie wir; der Rest verblüffte mich. Manche hatten verwüstete Gesichter und waren nicht mehr jung. Ich wunderte mich, wieso man sie ausgesucht hatte, und später erfuhr ich, daß man sie aus Verzweiflung genommen hatte, weil es nicht leicht war, Krankenschwestern für ein solches Unterfangen zu rekrutieren.

Auf dem Schiff nach Boulogne lernte ich einige kennen. Henrietta und ich waren an Deck, als eine meine Freundin erblickte und rief: »Henrietta! Wie schön, dich hier zu treffen! Du bist also auch dabei? Es wird bestimmt interessant.«

Es war eine hochgewachsene Frau von etwa 30 Jahren mit hochmütig-aristokratischen Zügen. Henrietta stellte uns vor: »Lady Mary Sims, Miss Pleydell.« Wir gaben uns die Hand.

»Dorothy Jarvis-Lee ist auch hier«, sagte Lady Mary. »Wir sind zusammen gekommen. Als wir von dem Plan hörten, waren wir ganz wild darauf. Ist Florence nicht großartig? Ich glaube, anfangs wollte sie uns gar nicht nehmen. Erst, als sie Schwierigkeiten hatte... Sie dachte, wir legen bestimmt keinen Wert darauf, mit dem Pöbel zusammenzusein. Ah, da ist Dot. Dot, ich habe Henrietta Marlington getroffen.«

Mrs. Dorothy Jarvis-Lee war eine hagere Person mit wettergegerbtem Gesicht, das vom Landleben kündete. »Henrietta! Nett, dich zu sehen.«

»Und dies ist Miss Pleydell.« Wir schüttelten uns die Hände.

»Ich weiß, Sie sind eine gute Freundin von Henrietta. Sie waren mit ihr in Deutschland, nicht wahr?«

»Ja, in Kaiserwald.«

»Als ich von dieser Sache hörte, habe ich mich gleich gemeldet, um meinem Vaterland zu dienen.«

Während wir uns unterhielten, bemerkte ich zwei Frauen, die uns beobachteten. Die eine war groß, die andere war klein und sehr blaß. Die Größere platzte förmlich aus ihrer Uniform, und die Kleine schien in der ihren zu versinken. Ich sah ein Lächeln auf den Lippen der Großen. Es war kein heiteres Lächeln. Sie wandte sich an ihre Begleiterin und sagte mit lauter, schleppender Stimme, die eindeutig Mrs. Jarvis-Lee imitieren sollte: »Oh, Tag Ethel, was machst denn du hier? Also ich bin dabei, um meinem Vaterland zu dienen. Ich hab' Florence gesagt, daß ich komm'. Hab' sie neulich abends im Schloß von Lord Großkotz getroffen, und er hat zu mir gesagt: ›Na, Eliza, willste nicht mit Florence gehen und ihr bei den Soldaten helfen? Denk nur, in was für 'ne Gesellschaft du da gerätst; da sind ein paar komische Krähen dabei. Ich nehm' nicht an, daß die in ihrem Leben schon mal ein Bett gemacht ham. Na wenn schon, es wird nett für dich, wennste in solche Gesellschaft kommst.‹«

Mrs. Jarvis-Lee und Eliza sahen sich stumm an. Verachtung und Feindseligkeit wurden förmlich greifbar.

Dann sagte Eliza: »Komm, Ethel! Wir müssen auf der Hut sein, mit wem wir verkehren. Wir wollen's nicht mit Krethi und Plethi zu tun haben.«

Die kleinere Frau sah uns ängstlich an, und die große, die Eliza hieß, hielt sie fest am Arm, als sie davonmarschierten, wobei sie die Hüften schwenkte, offensichtlich, um den selbstbewußten Gang der Reichen nachzuahmen.

»Na«, sagte Mrs. Jarvis-Lee, »wenn wir mit denen zusammenleben müssen, wird es Ärger geben. Die Person war ausgesprochen unverschämt. Ich werde mich weigern, mit solchen Leuten an einem Tisch zu essen. Ich meine, es muß doch eine Möglichkeit geben, daß wir Damen von denen getrennt werden.«

»Ich glaube, die Vorschriften verlangen, daß wir alle zusammen sind und keine Unterschiede gemacht werden«, sagte ich.

»Ich sehe schon, das wird unmöglich«, lautete die Antwort. Und ich hatte das Gefühl, daß es tatsächlich Schwierigkeiten geben würde.

Ich war erstaunt über den Empfang, den man uns in Boulogne bereitete. Die Franzosen waren unsere Verbündeten, und sie hatten zweifellos von den Zuständen in Skutari gehört und wußten, daß wir dorthin unterwegs waren, um die Kranken zu pflegen – nicht nur unsere Männer, sondern auch ihre.

Sie trugen unser Gepäck in das Lokal, wo wir aßen. Man servierte uns eine ausgezeichnete kostenlose Mahlzeit, so dankbar waren diese guten Menschen, und so sehr bewunderten sie unser Vorhaben.

Um zehn Uhr abends kamen wir am Gare du Nord an, und wir wurden abermals festlich bewirtet. Wir waren alle sehr müde, und nach dem Essen legten wir uns in die Betten, die man für uns reserviert hatte. Früh am nächsten Morgen waren wir nach Marseille unterwegs.

Wir machten einen kleinen Stadtbummel durch Marseille und kauften einige Dinge ein, von denen wir annahmen, daß wir sie benötigen würden. Die Abneigung zwischen uns und »denen«, wie Mrs. Jarvis-Lee die anderen nannte, nahm ständig zu, und ich fragte mich schon, wieviel Gutes wir wohl ausrichten konnten, wenn wir untereinander zerstritten waren. Vergebens hielt ich nach einer Kollegin Ausschau, die dieselbe Neigung zur Krankenpflege besaß wie ich. Ich wußte, daß Miss Nightingale so empfand, aber wie sah es bei den anderen aus? Ich war überzeugt, daß Lady Mary, Dorothy Jarvis-Lee und einige andere »Damen« das Ganze als Abenteuer begriffen, um die Eintönigkeit ihrer Tage zu beleben und gleichzeitig dem Vaterland auf spektakuläre Weise zu dienen. Daneben gab es solche, die bereits hin und wieder in Hospitälern gearbeitet und etwas Erfahrung hat-

250

ten; aber die waren nicht aus Neigung zum Beruf der Krankenschwester mit uns gekommen, sondern weil sie sich ihren Lebensunterhalt verdienen mußten und dies hiermit auf einigermaßen bequeme Art tun zu können glaubten. Manche von ihnen hatten Ginflaschen in ihr Gepäck geschmuggelt und pichelten bei jeder Gelegenheit.

Ich dachte an die strenge Disziplin in Kaiserwald und an die Diakonissen, die das Hospital so gut wie nie verließen, und ich zitterte bei dem Gedanken, wie wir in Skutari zurechtkommen sollten.

Die »Vectis« machte auf mich keinen großartigen Eindruck. Sie war ein altes, ramponiertes Schiff, und selbst wenn man nicht viel von dergleichen verstand, konnte man erkennen, daß sie nicht in allerbestem Zustand war. Wir gingen in Marseille an Bord, um die Reise zum Bosporus anzutreten, und sobald wir uns eingerichtet hatten, wußte ich, daß meine Befürchtungen begründet waren. Küchenschaben huschten über die Decks, flink, leise, eklig. Ich weiß nicht, warum mir so vor ihnen graute; denn sie waren vermutlich harmlos. Es lag wohl daran, daß sie das sichtbare Zeichen von Unsauberkeit waren. Es war unmöglich, ein paar Schritte zu gehen, ohne auf eine zu treten.

Es gab wenig Komfort auf dem Schiff, das selbst bei ruhiger See beängstigend knarrte und schaukelte. Wir waren zu acht in einer Kabine. Dorothy Jarvis-Lee hatte die Frauen sorgsam ausgesucht. »Wir wollen keine von *denen* bei uns haben«, erklärte sie. »Hoffentlich müssen wir nicht allzulange auf diesem gräßlichen Schiff verweilen.«

Wir waren noch keinen Tag auf See, als heftiger Sturm aufkam und unser armes, nur beschränkt seetüchtiges Schiff von den unbarmherzigen Wellen hin und her geworfen wurde. Fast alle Passagiere waren furchtbar seekrank und blieben in ihren Kabinen. Ich war erleichtert, als wir Malta erreichten, doch die meisten Schwestern waren zu krank, um an Land zu gehen. Miss Nightingale selbst lag darnieder, und das Schiff hatte im Sturm etliche Schäden davongetragen.

Henrietta und ich unternahmen mit mehreren Schwestern unter Führung eines auf Malta stationierten Soldaten eine Besichtigungstour. Er scheuchte uns wie Schafe umher, und es machte keinen Spaß. Ich war froh, als wir wieder auf dem Schiff waren und die Reise fortsetzen konnten, denn ich fand, je eher wir unser Ziel erreichten und die ramponierte »Vectis« endgültig verlassen konnten, um so besser.

Wir waren wieder unterwegs. Das Wetter hatte sich nicht gebessert. Der Sturm heulte, und es war unmöglich, aufrecht zu stehen.

Ich hielt es in der stinkenden Kabine mit so vielen seekranken Mitreisenden – darunter Henrietta – nicht aus, deshalb taumelte ich aufs offene Deck. Es ging ein heftiger Wind, und das Schiff ächzte und knarrte dermaßen, daß ich meinte, es würde jeden Moment auseinanderbrechen. Ich überlegte schon, welche Überlebenschancen ich wohl in dem tobenden Wasser hätte.

Ich kämpfte mich, mehr kriechend als gehend, zu einer Bank vor und setzte mich. Ich klammerte mich an der Lehne fest, denn ich hatte das Gefühl, ich könne jeden Moment aufgehoben und gegen die Reling geworfen werden. Der Sturm war so heftig und das Schiff so klapprig, daß ich glaubte, wir würden alle ertrinken. Jetzt erst merkte ich, wie sehr ich am Leben hing. Als Julian gestorben war, hatte ich mich zuweilen danach gesehnt, ihm zu folgen. Doch nun, da der Tod so nahe war, wünschte ich verzweifelt zu leben, um etwas aus meinem Dasein zu machen – Leben zu retten, die Kranken gesund zu pflegen. Es war kein weltbewegender Ehrgeiz. Krankenschwester! Das war nichts so Großartiges wie Wissenschaftler oder Arzt.

Meine Gedanken schweiften zu Dr. Damien Adair. Was wollte er? Ich glaubte es zu wissen. Ruhm und Ansehen. Mit den Großen auf einer Stufe stehen, Dr. Adair, der erstaunliche Entdeckungen gemacht und ein wildbewegtes, abenteuerliches Leben geführt hatte, der mit Menschen experimentierte ohne Rücksicht darauf, was aus ihnen wurde. Wenn sie starben, geschah es im Dienste der Sache – der Mehrung der wissenschaftlichen Entdeckungen des großen Dr. Adair.

Er hatte mit Aubrey experimentiert. Als ich an Aubrey dachte, überkam mich eine große Traurigkeit, wohl auch ein Schuldgefühl. In den ersten Wochen unserer Hochzeitsreise war alles vollkommen gewesen. Aber seine Sucht hatte unsere Ehe zerstört. Und dieser Adair war schuld. Aubrey war schwach und leicht zu verleiten gewesen. Und Männer wie Damien Adair nutzen die Schwäche der anderen aus. Er hatte das Leben meines Mannes ruiniert, dann hatte er mit meinem Sohn experimentiert. Er hatte beider Leben zerstört.

Ach, wie gern wollte ich leben! Ich wollte ihm von Angesicht zu Angesicht gegenübertreten. Ich wollte verhindern, daß er andere Menschen benutzte, wie er meinen Mann und meinen Sohn benutzt hatte.

Wie ich so an die Bank geklammert saß, sagte ich zu mir: »Ich werde ihn finden, und ich werde die Kranken pflegen. Ich werde sie heilen … und ich werde ihn finden.«

Ich gewahrte eine zarte taumelnde Gestalt auf dem Deck. Es war Ethel, das blasse, unterernährte Mädchen, das viel mit der fülligen, streitlustigen Eliza zusammen war – ein ungleiches Gespann. Ich sah sie schwanken und fürchtete schon, sie würde über Bord gespült. Sie war ja so schmächtig. Sie klammerte sich an die Reling und beugte sich hinüber. Sie stand eine Weile ganz still, der Wind zauste an ihren Haaren und heulte wie tausend todverkündende Geister. Sie blickte in das tosende Wasser hinab. Dann bewegte sie sich, stieß sich ab. Ich wußte sogleich, was sie vorhatte. Ich sprang von meiner Bank. Der Wind behinderte mich, und das Schlingern des Schiffes erschwerte das Fortkommen, doch ich kämpfte mich mit aller Kraft zu ihr vor. »Nein!« schrie ich, doch meine Stimme wurde vom Wind verschluckt. Ich erreichte das Mädchen gerade, als es sich hinabstürzen wollte. Ich riß sie zurück. Sie drehte sich zu mir um. Ich sah die Verzweiflung in ihrem Gesicht. Ich rief: »Nein, nein, das dürfen Sie nicht. Es ist nicht recht.« Sie starrte mich nur an. Ich nahm ihren Arm und zog sie zu der Bank. Sie setzte sich neben mich, und ich hielt sie fest untergehakt. »Ich habe es gerade noch gesehen«, sagte ich.

Sie nickte. »Ich wollte es tun. Es wäre wirklich das Beste gewesen.«

»Nein. Das meinen Sie jetzt bloß. Später werden Sie anders darüber denken.«

»Er ist nicht mehr da«, sagte sie abwesend wie zu sich selbst. »Ich werde ihn nie mehr in meinen Armen halten. Er war so hübsch. Er war alles, was ich hatte, und jetzt ist er nicht mehr da.«

»Vielleicht kommt er zurück.«

»Er ist tot«, weinte sie. »Tot, tot, mein kleines Baby ist tot.«

Ich fühlte mich diesem Mädchen augenblicklich verbunden. Ich hörte mich sagen: »Ich weiß … ich weiß.«

»Nichts wissen Sie. Mein kleines Baby war mein ein und alles. Wenn ich nicht fortgemußt hätte … Aber ich brauchte schließlich Geld. Als ich zurückkam, war mein Baby tot. Ich wollte ihm etwas kaufen, gute Brühe und Milch, und als ich heimkam, lag er da, kalt, eiskalt, und sein Gesichtchen wie Wachs.«

Ich sagte immer wieder: »Ich weiß, ich verstehe. Niemand könnte es besser verstehen als ich.« Meine tiefe Bewegung schien sich ihr mitzuteilen. Sie gewahrte den Schmerz in meinem Gesicht, und in diesem Augenblick wurde zwischen uns ein Band geknüpft. »Möchten Sie darüber sprechen?« fragte ich.

Sie schwieg eine Weile, dann sagte sie: »Ich weiß, es war falsch. Die Näherei brachte nicht genug ein.«

254

Näherei! Sie war also in demselben Gewerbe tätig wie Lily. Ich nahm an, es gab viele von ihnen, die in Dachstübchen mit der Nadel emsig ums nackte Leben kämpften.

Stich, Nadel, stich,
in Armut, Hunger, Schmutz.
Doppelt genäht hält besser,
sei's Totenhemd oder Putz.

»Ich mußte doch Geld verdienen... für ihn. Ich hatte ihn nicht gewollt, aber als er da war, da war er die Welt für mich, mein kleiner Billy. Und dann, wie ich nach Hause komme, da finde ich ihn... Ich hätte ihn nicht allein lassen dürfen.«

»Sie haben nur Ihr Bestes getan.«

Sie nickte. »Sie hätten mich nicht zurückhalten sollen.«

»Doch. Eines Tages werden Sie froh sein. Ich habe selbst ein Kind verloren, einen kleinen Jungen.«

»Sie?«

»Mein Mann ist auch tot. Ich spreche nicht darüber. Mir ist lieber, wenn man mich für unverheiratet hält. Es ist ein Geheimnis.«

»Ich werde es nicht verraten.«

»Danke. Aber nun wissen Sie, warum ich Sie verstehe. Mein kleiner Junge war mein ein und alles.«

»Er hat bestimmt nicht gehungert.«

»Nein. Aber ich habe ihn trotzdem verloren.« Ich durchlebte alles noch einmal. Meine Wangen waren naß – nicht von der Gischt. Ethel sah mich verwundert an und weinte auch.

Ich weiß nicht, wie lange wir so saßen, vom Wind durchgerüttelt, ohne zu sprechen. Ich dachte an Julian, sie an ihr Kind, zwei stumm trauernde Frauen, während um uns der Sturm tobte.

Jemand war an Deck gekommen. Es war Eliza. Sie kämpfte sich schwankend zu uns vor. »Allmächtiger«, rief sie. »Was machste hier, Ethel?« Sie setzte sich neben Ethel und starrte uns an. Wir müssen ein unerhörter Anblick gewesen sein: Repräsentantinnen der gegnerischen Lager, die still vor sich hin weinten.

Ethel sagte: »Ich wollte Schluß machen, Liza.«

»Das darf doch nicht wahr sein!«

»Sie … sie hat mich zurückgehalten.«

Eliza sah mich feindselig an.

»Sie hat mir von sich erzählt. Sie war gut zu mir.«

»Du hättest nicht allein hier raufgehen sollen.«

»Ich mußte, Liza. Ich hab's nicht mehr ausgehalten.«

Eliza schüttelte den Kopf. Mir fiel auf, wie sanft sie sprach.

»Was hast du ihr erzählt?« fragte sie.

»Von dem Jungen.«

»Ich verstehe sie«, sagte ich. »Ich habe selbst einen Jungen verloren.«

Eliza starrte vor sich hin. »Wir fliegen alle über Bord, wenn das so weitergeht. Wenn ich das geahnt hätte, hättest du mich nie dazu gekriegt, diesen Unsinn mitzumachen.« Sie wandte sich an mich, und ihre Miene wurde sanfter. »Man muß auf sie aufpassen«, sagte sie.

Ich stimmte ihr zu. »Ja.«

»Sie hat Pech gehabt, grausames Pech.«

»Wir haben beide ein ähnliches Schicksal erlitten.«

»Was! Sie?«

»Ja. Ich war verheiratet. Ich habe meinen Mann und meinen kleinen Jungen verloren.«

»Es ist ein Geheimnis«, sagte Ethel. »Du darfst es nicht weitererzählen. Ich hab's versprochen.«

Eine riesige Welle hob das Schiff fast aus dem Wasser. In diesem Augenblick glaubten wir alle, wir würden über Bord geworfen.

»Ob wir jemals heil ankommen?« fragte Ethel.

»Das weiß nur Gott«, sagte Eliza.

Ich fragte mich dasselbe. Der Aufprall der Wellen und das

heftige Ächzen der Planken waren beängstigend. In diesem Moment war es mir einerlei, ob die anderen mein Geheimnis kannten. Was ist es doch für ein seltsamer Zug der menschlichen Natur, daß Kummer leichter zu ertragen ist, wenn andere ebenfalls leiden.

»Komisch, jetzt sind wir bis hierher gekommen, und nun das«, sagte Eliza. »Ich mach' mir Vorwürfe wegen ihr«, fügte sie nach einer Pause hinzu.

»Ich weiß, Liza«, sagte Ethel. »Aber das solltest du nicht. Ich habe alles aus freien Stücken getan.«

»Ich weiß nicht. In Situationen wie jetzt kommt man ins Grübeln. Sagen Sie, Miss Pleydell, wissen alle Ihre hochnäsigen Freundinnen Bescheid?«

»Nur Miss Marlington.«

»Die Hübsche? Die ist wohl Ihre Busenfreundin. Sieht gar nicht übel aus.«

»Sie ist sehr nett. Sie müßte Ihnen auch gefallen.«

»Ich kann die anderen nicht ausstehen. Tragen die Nasen zu hoch. Die gucken einen an wie 'nen stinkigen Fisch.«

»Wir sind alle zusammen hier, und Miss Nightingale sagt, es darf keinen Unterschied geben.«

»Oh, Miss Nightingale, die ist 'ne richtige Dame.« Nach einigem Zögern fügte sie hinzu: »Wie Sie.«

»Danke.«

»Ich möchte wissen, was das für ein Gefühl ist, wenn man ertrinkt.«

»Bei so einem Seegang würde es schnell gehen«, sagte ich tröstend.

»Komisch«, fuhr Eliza fort, »ich hab' bis jetzt nie ans Sterben gedacht. Deshalb mach' ich mir ja solche Vorwürfe wegen ihr. Wissen Sie, ich hab' sie nämlich dazu angestiftet. Für mich war's ganz in Ordnung, und ich dachte, bei ihr würde es genauso klappen.«

»Was ist denn geschehen?«

»Du hast doch nichts dagegen, wenn ich's ihr erzähle,

Ethel? Ich möcht's mir gerne von der Seele reden. Sie hat es zu nichts gebracht. Sie hat die halbe Nacht genäht und trotzdem kaum was verdient. Ich hab' zu ihr gesagt: ›Weißte, Mädchen, es geht auch einfacher.‹ Da hab' ich sie mitgenommen. Man gewöhnt sich dran. Ich hab' mich dran gewöhnt. Ich dachte, sie gewöhnt sich auch dran. Dann geht sie hin und verknallt sich in diesen Kerl. Dummes Ding.« Sie versetzte Ethel einen liebevollen Stups. »Sind wie die Turteltauben, die zwei. Er will Ethel heiraten. Dann kriegt sie das Kind, und er ist auf und davon. So war das. Sehen Sie, wenn ich sie nicht angestiftet hätte, dann hätte sie weitergenäht und bloß für sich selbst sorgen müssen, und wer weiß, vielleicht hätte sie sich durchgeschlagen. Tja, und dann kam die Geschichte mit dem Kind. Sie ist nie drüber weggekommen. Da dachte ich, ich hab's. Wir ziehen in den Krieg. Wir werden Krankenschwestern. Wir haben beide mal kurze Zeit in 'nem Spital gearbeitet. War scheußlich. Dreckige Böden schrubben, und es gab nicht viel dafür. Jedenfalls haben wir da unsere Erfahrungen gesammelt. Aber sehen Sie, ich hab' immer das Gefühl gehabt, ich muß auf sie aufpassen. Und dann schleicht sie sich hier rauf und macht so was! Stellen Sie sich vor, ohne Sie wär' sie jetzt da unten.«

Der Sturm hielt an; nur manchmal ließ er etwas nach, dann wurde er wieder stärker. Hin und wieder sagten wir etwas, und wir stellten Mutmaßungen an, wie es in Skutari zugehen würde. Ich erzählte ihnen von Kaiserwald. Manchmal mußte ich fast schreien, um mich trotz des tobenden Sturms verständlich zu machen. Ich sprach von meiner Kindheit in Indien und schilderte, wie mein Vater gestorben war.

Sie erzählten von sich. Eliza hatte es schwer gehabt. Sie hatte ihren leiblichen Vater nicht gekannt. Als sie zehn Jahre alt war, versuchte ihr verhaßter Stiefvater, sie zu vergewaltigen. Sie lief von zu Hause fort und lernte so schon früh, für sich selbst zu sorgen. Für das andere Geschlecht hatte sie nur Verachtung übrig, daher vermutete ich, daß sie viel unter den

Männern zu leiden gehabt hatte. Aber sie war stark und entschlossen. Heutzutage würde sie sich von niemandem mehr unterkriegen lassen. Eliza war – wie Lily – vom Land gekommen, um in der Großstadt ihr Glück zu machen.

Alle beide hatten eine trauige Geschichte. Elizas widerborstige Art war dem Umstand zuzuschreiben, daß sie sich in der Welt hatte durchschlagen müssen, und Ethels Schüchternheit war der Ausdruck ihrer Erkenntnis, daß sie dazu nicht fähig war.

Wir kamen uns an diesem Abend sehr nahe. Vielleicht enthüllten wir so viel von uns selbst, weil wir insgeheim dachten, die »Vectis« würde den Sturm nicht überleben, und Trost darin fanden, unsere Seelen bloßzulegen. Wir müssen wohl mehrere Stunden so dagesessen sein, gegen den Sturm aneinandergeschmiegt; und als er endlich nachließ und wir noch lebten, war zwischen uns ein starkes Band der Freundschaft entstanden.

Auf den Straßen von Konstantinopel

An einem windigen Novembertag liefen wir in den Bosporus, die Meerenge, die Europa von Asien trennt, ein. Der Wind heulte; denn der Sturm hatte uns bis zum Schluß begleitet und schüttelte uns, als wir an Deck standen. Trotz des Regens bot sich uns ein wundervoller Anblick. Zu beiden Seiten der Buchten ragten Berge auf, an den Ufern wuchsen Zypressen und Lorbeerbäume. Malerische Boote, Gondeln ähnlich, glitten über das Wasser. Eine der Buchten bildete den Hafen von Konstantinopel, und gegenüber lag Skutari, unser Ziel. Die beiden Städte waren etwa 500 Meter voneinander entfernt.

Im Halbdunkel des frühen Morgens war die Szenerie von romantischer Schönheit, doch als es heller wurde, sahen wir die verdreckten Ufer, und das riesige Hospital, das sich wie ein Kalifenpalast aus dem Dämmerlicht erhoben hatte, entpuppte sich als schmutzig und verwahrlost. Ringsum standen Zelte, Buden und Hütten, in denen sich ein buntes Völkergemisch tummelte. Ich gewahrte zwei Soldaten, die sich unsicher zwischen den Buden bewegten: Der eine hinkte, der andere trug einen schmierigen Verband um den Kopf.

Bald gingen wir von Bord, das heißt, wir stiegen mit unseren Reisetaschen in die gondelähnlichen Boote und wurden an Land gebracht.

Zu dem auf einem Plateau gelegenen Hospital von Skutari führte keine richtige Straße. Um es zu erreichen, mußte man einen schmalen Lehmpfad hinaufsteigen. Mein erster Eindruck von diesem Spital war dermaßen deprimierend, daß ich am liebsten kehrtgemacht und auf der »Vectis« den Rückweg angetreten hätte. Die Luft schien von Hoffnungslosigkeit durchdrungen. Sogar Henriettas Lebenslust war gedämpft. Ich weiß nicht, was wir erwartet hatten, aber etwas Derartiges bestimmt nicht.

Wir waren außer Atem, als wir das Plateau erklommen hatten, und je mehr wir uns dem Spital näherten, um so mehr wuchs unsere Beklemmung. Jetzt konnten wir die Buden und Baracken deutlich sehen. In den meisten wurden alkoholische Getränke verkauft. Ich sah eine Frau in einem fleckigen Samtkleid mit einer unter den Arm geklemmten Flasche zum Hospital gehen.

»Soldatenhuren«, flüsterte ich Henrietta zu.

»Aber doch nicht im Spital.«

»Das werden wir ja sehen.«

Und es erwies sich als zutreffend.

Das Hospital hatte wahrhaft gewaltige Ausmaße. Ich dachte, dann haben wir wenigstens genug Platz für uns. Das war aber nicht der Fall. Den meisten Raum nahmen die Krankensäle ein. Ich staunte, wie viele Leidende dort lagen, und später erfuhr ich, daß sie nicht an den Auswirkungen des Krieges, sondern an der Seuche litten: Eine Choleraepidemie hatte Tausende dahingerafft.

An den Wänden des Hospitals rann Feuchtigkeit herab, und die einstmals prachtvollen Bodenfliesen waren an vielen Stellen zerbrochen. Der Hof war mit moderndem Unrat übersät, der schon geraume Zeit dort gelegen haben mußte. Unordnung, Verfall und die unvermeidliche Seuche schienen diese Stätte geprägt zu haben.

Ich war wütend auf diejenigen in der Heimat, die unsere Männer – wie Lilys William – in dieses Elend geschickt hatten. Lieber auf dem Schlachtfeld sterben, dachte ich, als in so ein Spital eingeliefert werden.

Lady Mary Sims und Mrs. Jarvis-Lee waren schrecklich enttäuscht, und ihr Wunsch, dem Vaterland zu dienen, ließ rasch nach. Miss Nightingale schien verzweifelt, doch es war nicht ihre Art, solchen Emotionen nachzugeben. Sie erfaßte die Situation und entwarf sogleich Pläne zur Verbesserung.

Man hatte uns sechs Zimmer zugewiesen; eins davon war eine Küche, und die anderen waren so winzig, daß unmöglich mehr als zwei Personen darin untergebracht werden konnten. »Na ja«, meinte Miss Nightingale, »fürs erste müssen wir uns mit dem begnügen, was wir haben.«

Als wir die Zimmer sahen, sank uns vollends der Mut, obwohl wir nun schon auf Mißlichkeiten vorbereitet waren. An den Wänden standen türkische Diwans, auf denen wir schlafen sollten. Sie waren klamm und schmutzig. Miss Nightingale sagte: »Als erstes müssen wir saubermachen, und dann müssen wir uns verteilen, so gut es eben geht. Denken wir daran, daß wir nicht zu unserer Bequemlichkeit hier sind, sondern um die Kranken zu heilen.«

Wir machten uns unverzüglich an die Säuberung der Zimmer. Eliza schloß sich uns an, denn seit der Begebenheit an Deck waren wir Freundinnen. Eliza war die geborene Beschützerin. Sie war herrisch und streitlustig, und die meisten anderen hatten ein wenig Angst vor ihr. In ihrem Umgang mit Ethel hatte sie eine natürliche Güte bewiesen, die sie ansonsten zu verbergen trachtete; und obwohl sie eine leichte Verachtung für unsere Rede- und Verhaltensweise sowie für unsere Unkenntnis der Härten des Lebens an den Tag legte, war sie unsere Freundin.

»Dies wird unser Winkel«, sagte sie augenzwinkernd zu mir. »Wir belegen ihn mit Beschlag, und dann gehört er uns. Guck mal«, fuhr sie fort und zeigte auf einen Dreckhaufen, »hier waren Ratten! Kein Wunder bei dem ganzen Unrat! Schätze, die Biester führen hier ein Leben wie die Fürsten. He, mich juckt's. Würd' mich nicht wundern, wenn wir hier ein paar Hüpfer hätten.«

Henrietta und ich waren froh über ihre Gesellschaft. Ich konnte mir vorstellen, daß Henrietta eine Ehe mit Lord Carlton ihrer jetzigen Situation vorgezogen hätte. Sie war keine hingebungsvolle Krankenschwester, aber sie besaß Charme, der sie bei den Patienten in Kaiserwald sehr beliebt gemacht

262

hatte. Ich dagegen wollte lieber Kranke pflegen als irgendeine andere Tätigkeit ausüben, selbst wenn ich es in Skutari tun mußte statt in dem idealen Hospital, von dem ich zu Hause geträumt hatte.

Denke ich an die Ankunft in Skutari zurück, so ist mir am lebhaftesten das Bild der armen Männer in Erinnerung, die ohne ausreichende Kleidung und Decken in ihren Betten lagen und nichts als schmutzige Laken gegen die Kälte hatten. Ich denke an Fußböden, über die Ratten huschten, an den gräßlichen Gestank von Krankheit und Fäulnis. Miss Nightingale wandte sich in grimmiger Entrüstung gegen die Minister, die behaglich in London saßen und diese Männer ohne ausreichende medizinische Versorgung in den Krieg fürs Vaterland geschickt hatten. Wie töricht von ihnen! Wie kurzsichtig! Daheim hielten alle die britische Armee für unbesiegbar. Aber es gehörte mehr als Gewalt und Mut dazu, Seuchen zu besiegen. Cholera und Ruhr waren schlimmere Feinde als die Russen.

So waren denn unsere ersten Taten scheuern und waschen. In dieses Hospital mußte Sauberkeit einziehen. Der Schmutz, Hand in Hand mit den Seuchen, war der Fluch dieses Krieges. Es gab keine Kerzen. Miss Nightingale hatte entdeckt, daß sie Mangelware waren, und verfügte, daß sie für Notfälle aufbewahrt wurden. So gingen wir im Dunkeln zu Bett und streckten uns auf unseren Diwans aus, Ethel und Eliza auf der einen Seite, Henrietta neben mir auf der anderen.

»Eine schöne Bescherung«, sagte Eliza. »Wer hätte gedacht, daß wir mal in so einem Loch landen würden?« Wir lagen und lauschten auf die Ratten, die auf dem Boden umherhuschten, doch wir waren so erschöpft, daß wir bald einschliefen.

Am nächsten Tag sah ich Dr. Charles Fenwick. Wir waren schon wieder mit Saubermachen beschäftigt, eine nahezu übermenschliche Aufgabe. Charles hatte von unserer Ankunft gehört und kam zu uns. Er sah abgemagert und müde aus. Er nahm meine Hände, wir sahen uns an.

»Sie sind also hier«, sagte er. »Und Henrietta?«

»Sie ist mit mir gekommen.«

»Sie sind bestimmt furchtbar schockiert.«

Ich bestätigte es. Wir hatten zwar keinen Luxus erwartete, aber das hier…

»So geht es uns allen. Aber Sie sehen gut aus, Anna.«

»Danke, es geht mir auch gut.«

»Es gibt viel zu tun. Die Choleraepidemie hat uns schwer zu schaffen gemacht. Mit den Verwundeten wären wir noch fertig geworden, obgleich die Versorgung äußerst mangelhaft ist. Man kommt sich so hilflos vor.«

»Miss Nightingale wird schon dafür sorgen, daß diese Zustände sich ändern.«

Er lächelte. »Es bestehen Vorurteile gegen sie. Die Behörden pfuschen uns ins Handwerk, Anna. Leute, die von den Bedingungen hier keine Ahnung haben, die zu Hause in Whitehall sitzen, erteilen die Befehle. So kann das nicht weitergehen.« Er sah mich besorgt an. »Anna, werden Sie es hier aushalten können?«

»Charles, wir sind hierhergekommen, um die Kranken zu pflegen.«

»Aber Henrietta wird es nicht durchhalten. Sie ist nicht so willensstark wie Sie, Anna.«

»Ich glaube, daß sie bleibt. Ich werde sie rufen. Sie möchten sie bestimmt sehen.«

Ich brachte sie zu ihm. Er nahm ihre Hände und sah sie an. Ich lächelte. Ich glaubte, er hatte sie gern, und das schien mir selbstverständlich. Jeder mußte Henrietta gern haben.

»Charles!« rief sie. »Wie schön, Sie zu sehen! Wie in alten Zeiten. Ich könnte meinen, die S. O. kommt jeden Moment herein und wirft mir vernichtende Blicke zu.«

»Ich sagte soeben zu Anna, Sie werden es hier schwer haben. Frauen sollten hier nicht arbeiten.«

264

»Wir werden sehr böse mit Männern, die so etwas sagen, nicht wahr, Anna?«

»Allerdings.«

Charles sagte: »Gott segne Sie beide. Aber ich mache mir wirklich Sorgen um Sie.«

»Und was ist mit all den Männern da draußen? Wir haben die Krankensäle zwar noch nicht richtig gesehen, aber ...«

»Es ist deprimierend.«

»Dann ist es höchste Zeit, daß wir gekommen sind, um zu helfen«, sagte ich entschlossen.

»Wir ... wir haben gehört, daß Dr. Adair hier ist«, warf Henrietta ein. »Sie wissen schon, der diese Bücher geschrieben hat.«

»O ja, er ist hier. Er hält sich hauptsächlich im Hauptgebäude auf.«

»Wo ist das?« fragte Henrietta neugierig.

»Eigentlich gehört alles zusammen. Es ist keine 500 Meter entfernt.«

»Vielleicht lernen wir den berühmten Herrn ja eines Tages kennen«, meinte Henrietta.

»Bestimmt. Er ist ziemlich oft hier. Meistens wettert er über den Mangel an lebenswichtigen Vorräten. Wir sind alle wütend, weil es an allem fehlt.«

»Das kann ich gut verstehen«, sagte ich. »Aber jetzt müssen wir wieder an die Arbeit. Wir sehen uns später, hoffe ich.«

»Hoffentlich oft«, sagte Charles. »Wenn Sie Schwierigkeiten haben, kommen Sie zu mir. Ich werde sehen, was ich tun kann.«

»Das ist sehr beruhigend.« Henrietta schenkte ihm ein verführerisches Lächeln.

»Ich bin froh, daß Sie hier sind«, sagte er, »auch wenn es vielleicht falsch ist.«

»Falsch?« fragte Henrietta. »Wieso falsch?«

»Wegen dem, was Ihnen bevorsteht.«

»Sie vergessen, daß wir freiwillig hier sind«, hielt ich ihm entgegen.

Er lächelte. »Ich weiß. Sie sind wunderbar.«

Wir kehrten an unsere Scheuerarbeit zurück. »Ich habe das Gefühl, daß wir dem dämonischen Doktor bald von Angesicht zu Angesicht begegnen werden«, sagte Henrietta.

Sie sollte recht behalten.

Charles kam immer zu einer bestimmten Zeit aus dem Krankensaal, und wenn er in unserer Nähe war, sprach er gern ein paar Worte mit uns. Noch hatte man uns nicht gestattet, als Krankenpflegerinnen zu arbeiten. Die meisten Ärzte hielten uns wohl für unqualifiziert. Doch war, wie Miss Nightingale sagte, ohne grundlegende Sauberkeit jede Pflege sinnlos. Deshalb gab es vorerst für uns genug zu tun.

Neben dem Krankensaal lag ein kleines Zimmer, und ich vermutete, daß Charles dort sei. Als ich näher kam, vernahm ich Stimmen. Ich zögerte, und da hörte ich einen Mann im tiefen, sonoren Ton sagen: »Ich brauche Medikamente, nicht einen Haufen Nightingale-Weiber. Was sollen die uns nützen? Überhaupt nichts! Die sind bloß ein verdammter Klotz am Bein. Sie werden reihenweise in Ohnmacht fallen... Sie werden schwermütig oder hysterisch... und nach Federbetten schreien. Ich brauche Medikamente, und man schickt mir diese dämlichen Weiber!«

Ich war so wütend, daß ich wie angewurzelt stehenblieb.

Dann hörte ich Charles sagen: »Du irrst dich. Es sind einige sehr gute Mädchen dabei. Du wirst deine Meinung ändern müssen.«

»Das glaube ich kaum. Oh, ich weiß, einige von diesen Frauen gefallen sich in der Vorstellung, Krankenschwester zu *spielen*. Aber die Realität sieht anders aus. Das Heer ist stark geschwächt. Nicht durch die Russen, sondern durch Krankheit und Verwahrlosung. Weil nichts da ist, nichts, womit man die Leute behandeln kann. Nichts, nichts, und die schicken uns einen Haufen... Nachtigallen. In Kürze treffen die Verwundeten von Balaklawa hier ein, und was haben wir? Medikamente? Verbandzeug? Nein! Eine Schar nutzloser Weiber!«

Ich handelte impulsiv. Ich öffnete die Tür und trat in das Zimmer. Meine Augen funkelten, meine Wangen glühten scharlachrot.

»Anna!« rief Charles.

»Ich habe alles gehört.«

Ich sah den Mann an und wußte sogleich, wer er war. Er war groß und viel schlanker, als ich ihn mir vorgestellt hatte. Seine Haare waren schwarz, und seine tiefliegenden, leuchtenden Augen waren so dunkelbraun, daß sie ebenfalls schwarz wirkten. Seine hohen Wangenknochen ließen sein Gesicht mager erscheinen; seine Nase war lang und gerade; sein Mund hatte sich zu einem amüsierten Lächeln verzogen. Er sah fast genauso aus, wie ich ihn mir vorgestellt hatte.

»Ah«, sagte er, »da haben wir ja so eine Nachtigall. Wie es heißt, bekommen Lauscher nie etwas Gutes über sich selbst zu hören.«

»Anna, das ist Doktor Adair«, stellte Charles vor. »Adair – Miss Pleydell.«

Dr. Damien machte eine beinahe ironische Verbeugung.

»Ich habe einige von Ihren Büchern gelesen«, sagte ich.

»Wie nett, daß Sie das erwähnen.« Er erwartete Lob und erntete kühles Schweigen.

»Schade, daß Sie so eine schlechte Meinung von uns haben. Ich denke nicht, daß wir ein Klotz am Bein sind.«

»Miss Pleydell war in Kaiserwald«, sagte Charles. »Sie ist eine ausgezeichnete Krankenschwester. Miss Marlington war mit ihr dort. Ich bin überzeugt, daß du deine Meinung ändern wirst, zumindest, was diese beiden betrifft.«

Ich zitterte. Da stand er vor mir. In meiner Phantasie hatte ich seinen Kopf mit Hörnern und seinen Fuß mit einem Pferdehuf versehen gehabt. Ich hatte ihn mir in Aubreys Tempel der Sünde vorgestellt. Ich zwang mich, ruhig zu bleiben. Ich hatte diese Begegnung gewollt; der Gedanke an Rache hatte mich während der Monate der Trauer am Leben erhalten. Und nun hatte ich meine Beute in einem Spital in Skutari aufgespürt. Er flößte mir Angst ein.

Ich hörte Henriettas Stimme. »Anna, Charles, seid ihr da?«

Sie kam herein. »Henrietta«, sagte ich, »das ist Doktor Adair.«

»Oh!« Sie machte große Augen, und ich dachte schon, sie wollte etwas Schnippisches sagen.

»Das ist Miss Marlington, die mit Miss Pleydell in Kaiserwald war«, stellte Charles vor.

Dr. Damien verbeugte sich kühl.

»Guten Tag.« Henriettas Wangen röteten sich, ihre Augen glitzerten vor Aufregung.

»Doktor Adair hat soeben seine Verachtung für uns kundgetan«, sagte ich. »Er meint, wir verfallen in Schwermut und verlangen Federbetten.«

»Jedes Bett wäre mir lieber als unsere Diwans, auf denen es von Flöhen wimmelt«, meinte Henrietta. »Es müssen nicht unbedingt Federn sein.«

»Ich denke, Sie werden noch mehr zu bemängeln finden als Ihre Diwans«, sagte Adair.

»Und ich denke, es war tapfer von ihnen, hierherzukommen«, sagte Charles. »Ich hege für sie und die übrigen die größte Bewunderung.«

»Hoffen wir, daß deine Gefühle von allen geteilt werden.« Mit einer gebieterischen Kopfbewegung gab Adair uns zu verstehen, daß die Zusammenkunft beendet sei, und ging hinaus.

»So, das ist also Doktor Adair«, sagte Henrietta.

»Sie dürfen sich seine Worte nicht so zu Herzen nehmen, Anna«, sagte Charles.

»Was waren denn seine genauen Worte?« wollte Henrietta wissen.

»Daß wir nutzlose, überflüssige Frauen seien – einen Haufen hat er uns genannt – und eher ein Klotz am Bein als eine Hilfe sein würden.«

»Er hat nur seinem Ärger Luft gemacht, weil er die Medikamente nicht hat, die er benötigt. Er ist sehr wütend deswegen. Das sind wir alle.«

»Er hat nicht über Medikamente gesprochen, sondern über uns«, beharrte ich. »Er hat sich schon eine feste Meinung über uns gebildet, bevor er uns richtig kennt. Er ist arrogant, überheblich, einfach unmöglich. Ich glaube nicht, daß ich Ihren Doktor Adair mögen werde.«

»Wieso ›meinen‹ Doktor Adair?« fragte Charles.

»Weil ich gemerkt habe, daß er für Sie so etwas wie ein Held ist.«

»Er arbeitet hier sehr hart.«

»Sie auch. Wir alle.«

»Doktor Adair hat etwas Besonderes an sich.«

»Ja, eine Aura der Selbstzufriedenheit: ›Ich bin der Größte. Was ich tue, ist einmalig!‹«

»Sie sind ja ganz außer sich, Anna. Er hat Sie mit seinen unbedachten Bemerkungen verärgert.«

»Nicht nur mit den Bemerkungen«, gab ich ihm zu verstehen.

Ich wollte fort. Es war nicht klug, die anderen merken zu lassen, was ich empfand. Mein Haß auf diesen Mann war zu stark, um ihn zu verbergen. Die Begegnung war, obwohl ich damit gerechnet hatte, doch etwas zu plötzlich gekommen.

»Wir müssen gehen«, sagte ich zu Henrietta.

»Dann bis später«, sagte Charles.

»So«, meinte Henrietta, als wir allein waren, »das ist er also. Beeindruckend, findest du nicht?«

»Er ist genau, wie ich ihn mir vorgestellt habe, und ich hasse ihn mehr denn je, sofern das überhaupt möglich ist.«

»Hm, ich fand ihn ziemlich faszinierend.«

Ich sah sie unwillig an, und sie lachte. »Weißt du, ich

glaube, die ganze Mühe hat sich gelohnt, nur um ihn kennenzulernen.«

Jeder andere Gedanke wurde an dem schrecklichen Tag verbannt, als die Verwundeten der Schlacht von Balaklawa nach Skutari gebracht wurden. Die Qualen dieser Männer waren unbeschreiblich. Es gab keine andere Möglichkeit, sie ins Hospital einzuliefern, als sie auf Tragen zu dem Plateau hinaufzubringen, und es war herzzerreißend, diese armen Verwundeten vor Schmerzen stöhnen zu hören, als die türkischen Träger sie schwerfällig den Hang hinaufbeförderten.

Wir hatten nicht genug Betten für alle, und viele mußten auf dem Fußboden liegen. Es fehlte an Decken und Verbandzeug. Doch hauptsächlich mangelte es an Medikamenten.

Die Ärzte waren verzweifelt. Wie sollten sie mit so vielen Verwundeten fertig werden? Es war schrecklich, daß viele, die bei ausreichender Versorgung hätten gerettet werden können, sterben mußten. Miss Nightingale beorderte zehn von uns ins Hauptgebäude, die übrigen sollten im Spital bleiben, das eher einer Baracke glich. Henrietta, ich und zu unserer Freude auch Ethel und Eliza gehörten zu denen, die ins Hauptgebäude geschickt wurden.

Mein erster Gedanke war, daß wir dorthin gehen würden, wo er war, und ich wußte nicht, ob ich es begrüßen oder bedauern sollte. Natürlich wollte ich mehr über ihn erfahren, doch andererseits war ich überzeugt, daß ich mit ihm in Streit geraten würde. Er hatte mir ja schon gezeigt, daß er uns verachtete. Das schuf kein gutes Verhältnis zwischen Arzt und Krankenschwester.

In dieser schrecklichen Zeit hatten wir zu viel zu tun, um an etwas anderes als die Pflege der Kranken zu denken. Das Leid, das ich zu sehen bekam, wühlte mich dermaßen auf, daß ich von tiefer Melancholie erfüllt war. Im Rückblick sehe ich ein verwischtes Bild von Blut und Schrecken – nie hatte ich gedacht, daß ich einmal so etwas würde erleben müssen, und ich hoffte inständig, daß ich nie wieder Zeuge eines solchen Anblicks sein würde. Nirgends konnten die Schrecken des Krieges deutlicher zutage treten als in diesem Spital in Skutari, und die Dummheit und Uneinsichtigkeit der Männer, die andere in den Kampf schickten, erfüllte mich mit einer Entrüstung, die mich zu Taten befähigte, für die ich sonst nicht die Kraft besessen hätte.

Ich war Tag und Nacht pausenlos im Einsatz und eilte von einem Bett zum anderen. Ich fand nur hier und da ein Stündchen Schlaf, und ich sah Qualen und Leid, die mir mein Leben lang in Erinnerung bleiben sollten. Ich war unglaublich gerührt von der Hoffnung in den Augen dieser armen, vor Schmerzen fast wahnsinnigen Verwundeten. Miss Nightingale ging leise durch die Säle; die Lampe hoch haltend, blieb sie an den Betten der am grausamsten Betroffenen stehen, flüsterte ein paar ermutigende Worte und gab uns Anweisung, was zu tun sei.

Nie hatte ich gedacht, daß ich einmal solch menschliches Elend erleben würde, und doch befiel mich ein Hochgefühl. Dies war meine Berufung, hierfür war ich geboren. Ich besaß eine lindernde Kraft, und die Berührung meiner Hand auf einer fiebrigen Stirn schien mehrmals Wunder zu wirken.

Henrietta hielt sich tapfer. Sie besaß nicht meine Ausdauer und ermüdete schnell, aber ihre feminine Erscheinung spendete vielen Soldaten Trost. Sie war hübsch, sie war wie eine Blume zwischen all dem Entsetzen. Nicht einmal die alles andere als kleidsame Uniform vermochte ihrer zierlichen Erscheinung etwas anzuhaben. Ethel war sanft; sie war zu rührselig, aber die Patienten liebten sie dafür. Eliza war sehr kräftig und konnte einen Mann mühelos hochheben. So taten wir vier, jede auf ihre Art, was wir konnten.

Tagsüber, wenn es nichts als Arbeit gab, verbannte ich in dem Bestreben, nahezu unmögliche Aufgaben zu bewältigen, alles andere aus meinen Gedanken. Dann vergaß ich, daß ich mit einer bestimmten Absicht hierhergekommen war. Der Mann, den ich hatte finden und als Schuft bloßstellen wollen, arbeitete unermüdlich wie wir alle. Ich sah ihn ab und zu, den weißen Kittel oft rot von Blut, den Mund verkniffen, die Augen glitzernd vor Zorn. Manchmal erteilte er uns barsch Befehle in einem Ton, der erkennen ließ, daß er nicht viel von uns hielt und sich fragte, warum wir sein Hospital bevölkerten.

Ich hatte den Eindruck, daß er mich bemerkte, obwohl er oft an mir vorbeiging, als hätte Charles uns nicht vorgestellt. Zuweilen nickte er kurz und gab eine Anweisung. »Waschen Sie den Patienten! Aber vorsichtig! Er ist sehr krank.«

Manchmal hätte ich ihn am liebsten angeschrien, aber ich tat es nicht. Ich gehorchte immer brav. Er brachte es zustande, sich alle Menschen ringsum zu unterwerfen, und er wurde überall im Hospital mit großer Ehrfurcht behandelt.

Eines schrecklichen Morgens war unter den eingelieferten Verwundeten ein Mann, dessen rechtes Bein zerschmettert war. Ich wollte ihm gerade das Bett herrichten, als Dr. Adair und ein anderer Arzt, Dr. Legge, hinzukamen. Ich trat zurück, während sie ihn untersuchten. Der Mann lag da, als befände er sich an der Schwelle des Todes. Dr. Adair sagte: »Wundbrand. Es muß runter.«

»Der Schock wird ihn umbringen«, erwiderte Dr. Legge.

»Der Wundbrand bringt ihn auf jeden Fall um. Ich riskiere es. Je eher, desto besser.« Dann bemerkte er mich. »Sie können assistieren.«

Dr. Legge blickte ihn bestürzt an. »Aber…«

»Sie ist als Krankenschwester hergekommen. Wenn Frauen diesen Beruf ergreifen, müssen sie sich an solche Dinge gewöhnen.« Er sah mich hämisch an. »Wir müssen mit dem vorliebnehmen, was wir haben. Es ist weiß Gott wenig genug.« Sein Blick war so schneidend wie ein Skalpell. Ich war nicht sicher, ob er mich meinte oder die Versorgung – wahrscheinlich beides.

»Ich operiere sofort.«

Es war wie in einem gräßlichen Alptraum. Die Operation mußte im Krankensaal ausgeführt werden. Es gab keinen anderen Raum dafür. Der Patient wurde auf ein Brett gelegt, das auf Böcken ruhte.

»Es wird grausam, Miss – hm – Nachtigall«, sagte Dr. Adair mit zuckenden Lippen zu mir. »Hoffentlich werden Sie nicht ohnmächtig. Erstens nützt es nichts, und zweitens würde man Sie nicht beachten. Wir werden keinen Patienten vernachlässigen, um Ihnen Riechsalz zu verabreichen.«

»Das erwarte ich auch nicht von Ihnen. Und ich werde nicht ohnmächtig.«

»Da wäre ich nicht so sicher. Sie werden den Patienten beruhigen. Halten Sie seine Hand! Er soll sie fest umklammern. Tun Sie Ihr Bestes!«

»Ja.« Ich nahm meine ganze Kraft zusammen. Ich betete ununterbrochen. »Lieber Gott«, sagte ich wieder und wieder, »lieber Gott.« Und der arme Mann sprach mit mir: »Lieber Gott.«

Ich konnte nicht hinsehen. Ich hielt nur seine Hand, und er umklammerte meine, so fest, daß sie sich taub anfühlte. Und ich betete fortwährend laut mit ihm, bis er gottlob in Bewußtlosigkeit sank.

»Mehr können Sie nicht tun«, sagte Dr. Adair.

Ich wandte mich ab. Mir war, als hätte ich die anstrengendste Prüfung meines Lebens hinter mir, und ich hatte sie nicht schlecht bestanden.

Am nächsten Tag starb der Patient. Ich erfuhr es von Dr. Adair persönlich. Ich traf ihn vor dem Krankensaal. »Unserer Operation war kein Erfolg beschieden«, sagte er.

»Dann war sie wohl … überflüssig.«

»Überflüssig! Wissen Sie, was Wundbrand ist? Er läßt das Gewebe absterben. Er wird durch die Unterbrechung der Blutzufuhr verursacht.«

»Ich weiß. Er wäre daran gestorben, und deshalb schien es überflüssig, ihm noch zusätzlich Schmerzen zuzufügen.«

»Wollen Sie mir Ratschläge erteilen, Miss – hm – Nachtigall?«

»Keineswegs. Ich sage nur, es ist traurig, daß der Mann, der in jedem Fall verloren war, unnötigerweise die Amputation ertragen mußte.«

»Es ist unsere Aufgabe, Leben zu retten, Miss Pleydell. Wenn auch nur eine geringe Chance besteht, müssen wir sie nutzen. Bestenfalls haben wir ein Leben gerettet; schlimmstenfalls haben wir eine kleine Erfahrung gewonnen.«

»So hat der Patient, der schon von denen ausgenutzt wurde, die den Krieg wollten, noch einen weiteren Nutzen. Er kann namhaften Ärzten dazu dienen, noch berühmter zu werden.«

»Sie haben den Kern der Sache erfaßt.« Er verbeugte sich ironisch und ging weiter.

Das Erlebnis hatte mich sehr erschüttert, aber mir blieb keine Zeit zum Grübeln. Immer noch trafen Männer aus Balaklawa ein – es war gewiß die vergeblichste Schlacht, die je geschlagen wurde. O ja, er war großartig, der Sturm der leichten Brigade. Glorreich nannten ihn manche – diejenigen, die die elenden Überlebenden nicht gesehen haben. Am glücklichsten waren noch die zu nennen, die bei diesem wilden, tollkühnen Sturmangriff ihr Leben ließen.

Bald darauf kehrten Lady Mary Sims und Mrs. Jarvis-Lee heim. Sie sagten, sie könnten ihrem Vaterland in England besser dienen. Das mochte stimmen, denn als Krankenschwestern taugten sie nichts, dagegen würden sie sicher mit viel Geschick Wohltätigkeitsbälle und Basare zur Unterstützung der Hospitäler organisieren.

Die Leute sprachen viel über den großartigen Dr. Adair. Es sei ein Glück für uns, daß wir ihn in unserem Spital hätten, hieß es. Ich glaubte, daß er genauso war, wie ich gedacht hatte – ein tüchtiger Arzt, zweifellos, aber ohne Mitgefühl oder Empfindsamkeit. Ich war überzeugt, daß die Patienten für ihn lediglich Material für seine Experimente waren. Meiner Meinung nach hatte er von vornherein gewußt, daß er das Leben des Mannes durch die Amputation des Beines nicht retten konnte; er aber hatte trotzdem operiert, weil er dabei etwas zu lernen hoffte. Leiden berührte ihn nicht. Für ihn zählten nur sein Wissensdurst und die Mehrung des Ruhmes des Dr. Damien Adair.

Als die furchtbaren Nachwirkungen der Schlacht ein wenig abklangen, als die Toten begraben waren und die Überlebenden zwischen Leben und Tod schwebten, sah ich Dr. Adair zwei Tage nicht, und diese Tage schienen mir seltsam leer. Ich vermißte den belebenden Unmut, die Wut auf ihn, die zu einem festen Bestandteil meines Daseins geworden war, und mein Entschluß, ihn seiner gerechten Strafe zuzuführen – wie, war mir noch nicht ganz klar –, stand fester denn je.

Dann erfuhr ich, daß er nicht mehr im Hospital war. Obgleich Charles in der Baracke arbeitete, trafen wir uns ab und zu, denn es war ja nicht weit entfernt, und einmal fragte ich ihn nach Dr. Adair.

»Er ist für ein paar Wochen verreist.«

»Aber er macht doch nicht etwa Ferien!«

»Vielleicht braucht er eine kleine Verschnaufpause.«

»Eine Verschnaufpause? Ausgerechnet jetzt?«

»Er hat sehr hart gearbeitet.«

»Das haben wir alle. Ich hätte gedacht, sein Platz sei hier.«

»Er hat Tag und Nacht gearbeitet.«

»Aber wir doch auch.« Wieso nahmen ihn immer alle in Schutz?

Und das war alles, was ich erfuhr.

Das Leben nahm unerbittlich seinen Lauf. Nach dem Sieg der Engländer und Franzosen in der Schlacht bei Inkerman hatten wir geglaubt, Sebastopol würde uns in die Hände fallen und das werde der Wendepunkt des Krieges sein. Doch leider hatte die Obrigkeit die Lage wieder einmal falsch eingeschätzt. Sebastopol stand unter Belagerung und sollte es eine ganze Zeitlang bleiben. Es würde keinen leichten Sieg geben.

Der Winter rückte näher, und ständig trafen neue Verwundete ein. Wir hatten sehr wenig Freizeit, aber man sah wohl ein, daß wir eine Atempause brauchten, falls wir nicht selbst krank werden sollten. Wir mußten einmal für ein Weilchen fort von dem Spital, und man erlaubte einer Gruppe von uns, in einem von diesen gondelähnlichen Booten für ein paar Stunden nach Konstantinopel zu fahren.

Wir brachen zu sechst auf. Zu zweit zu gehen war nicht erlaubt. Wir waren froh, einmal von der bedrückenden Atmosphäre des Spitals und dem ständigen Leid fortzukommen und das Grauen für kurze Zeit zu vergessen.

Das Boot trug uns auf die andere Seite des Bosporus, und vor uns lag Konstantinopel. Allein schon der Name hatte einen romantischen Klang, und die Stadt mit den vielen Kuppeln und Minaretts bot einen prachtvollen Anblick. Wir sahen die alte Burg der sieben Türme, die eine finstere Geschichte hatte, da hier so viele Sultane durch rebellische Soldaten zu Tode gekommen und viele andere Gefangene jahrelang eingekerkert gewesen und grausamen Folterungen unterworfen waren. Ich wollte das Topkapi-Serail besichtigen, den Palast der Sultane mit ihrem sagenhaften Reichtum und den Harems.

Ich hatte oft über die Meerenge geblickt und dabei das Gefühl gehabt, dort tue sich eine unbekannte Welt auf, eine ganz andere Welt als das viktorianische England, vielleicht ein wenig wie jene, die ich in meiner Kindheit in Indien gekannt hatte.

Man hatte uns ermahnt, vorsichtig zu sein. Wir wußten, daß es eigentlich zwei Städte waren: Die eine wurde das christliche Konstantinopel genannt, und die andere, Stambul, war der türkische Teil. Sie lag an der Südseite des Goldenen Horns. Die zwei Städte waren durch Brücken miteinander verbunden, und man hatte uns eingeschärft, uns auf gar keinen Fall nach Stambul hineinzuwagen.

Es war aufregend, sich zwischen den sarazenischen und

byzantinischen Bauten zu bewegen, die ich liebend gern besichtigt hätte.

Ich glaube, wir fielen auf in den Uniformen mit unseren Schals aus feinem Leinen, auf die in Rot *Skutari-Hospital* gestickt war. Die Leute sahen uns an und traten beiseite, um uns vorbeizulassen.

Die Basare und Gäßchen zogen die meisten Schwestern in ihren Bann. Dort herrschte großes Gedränge, und es war schwierig, zusammenzubleiben. Henrietta schob ihren Arm durch meinen. »Verlier mich nicht«, flüsterte sie, »sonst fürchte ich mich.«

Die Straßen wurden immer schmaler, die Läden glichen dunklen Höhlen, in denen Waren aller Art feilgeboten wurden: Messinggeräte, Zierat, Schmuck, Seidenstoffe. Hier und da saß ein Ladenbesitzer, eine Wasserpfeife rauchend, vor seiner Tür. Barfüßige Jungen liefen durch die Menge und rempelten uns an, eine Ermahnung für uns, auf unser bißchen Geld achtzugeben. Wir blieben an einem Stand mit Ohrringen stehen. Sie waren in verschiedenen Farbtönen emailliert und sehr hübsch. »Kaum das Richtige für die Arbeit im Krankensaal«, bemerkte ich.

»Mein liebes Mädchen, wir werden nicht ewig hierbleiben. Wart's nur ab! Sebastopol wird fallen, und dann geht es nach Hause.«

»Hoffentlich hast du recht.«

»Ich kaufe die blauen. Du solltest die grünen nehmen.«

Als der alte Mann ein Geschäft witterte, stellte er seine Wasserpfeife beiseite, und der Handel nahm einige Zeit in Anspruch. Man erwartete von uns, daß wir feilschten, aber wir wußten nicht wie, und ich glaube, wir haben unseren Verkäufer enttäuscht, dem ein niedrigerer Preis und ein bißchen Unterhaltung wohl lieber gewesen wären.

Und als wir unsere Ohrringe bezahlt hatten, mußten wir feststellen, daß wir die anderen Schwestern verloren hatten.

»Macht nichts«, sagte Henrietta, »wir finden schon zurück.«

»Und ich glaube, wir sollten uns unverzüglich auf den Weg machen«, erwiderte ich.

Wir versuchten, unseren Weg zurückzuverfolgen, doch anstatt aus dem Irrgarten der Basare hinauszugelangen, gerieten wir immer tiefer hinein. Ich bemerkte einen dunkelhäutigen Mann, der uns beobachtete, und ich hatte den Eindruck, daß er uns folgte.

Wir kamen zu einer Gasse. »Versuchen wir die«, sagte Henrietta. »Hier ist es nicht so voll. Vielleicht finden wir jemanden, der Englisch spricht und uns den Weg weisen kann.«

Wir waren nicht weit gekommen, als wir zu unserem Schrecken feststellten, daß wir in eine Sackgasse geraten waren, und als wir umkehren wollten, kamen mehrere Jungen – sie dürften zwischen zwölf und vierzehn Jahre alt gewesen sein – auf uns zu. Zwei schlichen sich hinter uns, die übrigen vertraten uns den Weg. Ich nahm Henriettas Arm und versuchte, mich an ihnen vorbeizuschieben, aber sie hatten uns eingekreist. Einer griff nach meinem Umhang. Die anderen hatten Henrietta am Ärmel gepackt.

Ich sagte zu ihnen: »Wir möchten zu den Booten. Wir müssen ins Hospital zurück.«

Einer streckte seine Hand aus. »Geld«, sagte er. »Geben Sie einem armen Jungen etwas!«

Henrietta sah mich an. »Wir sind arme Krankenschwestern«, sagte sie. »Wir haben kein Geld.«

Sie verstanden natürlich kein Wort. Sie sahen uns drohend an. Ich weiß nicht, was geschehen wäre, aber dann betrat der dunkelhäutige Mann, den ich im Basar gesehen hatte, die Gasse. Er richtete das Wort an uns. Er konnte nur ein paar Brocken Englisch, was die Verständigung schwierig machte, aber ich glaubte herauszuhören, daß er uns fragte, ob er uns helfen könne.

»Wir möchten zu den Booten«, sagte ich. »Wir müssen ins Hospital zurück.«

»Hospital.« Er nickte und deutete auf unsere Schals. Ich sah Henrietta erleichtert an. Offenbar hatten wir Glück.

»Folgen!« sagte unser Retter. Er führte uns aus der Sackgasse an eine Stelle, wo mehrere Pferdekutschen warteten, die man anscheinend mieten konnte.

»Wir brauchen keine Kutsche«, sagte ich. »Wir können nicht weit vom Wasser sein.« Aber er schob Henrietta bereits in einen Wagen. Ich stieg unter Protest zu ihr, und während ich versuchte, sie herauszuholen, setzte sich die Kutsche in Bewegung, und unser Retter gab dem Kutscher Anweisungen. Bald darauf merkte ich, daß wir nicht ans Wasser fuhren. »Das ist nicht der richtige Weg«, murmelte ich.

Henriettas Augen weiteten sich vor Schreck. »Oh… Anna, was hat das zu bedeuten?«

Ich schüttelte den Kopf. Ich wagte mir nicht auszudenken, was dieser Mann mit uns vorhatte. Dann stellte ich bestürzt fest, daß wir eine Brücke überquerten, die das Goldene Horn überspannte, und aus dem christlichen Konstantinopel in den anderen Teil der Stadt gelangten, vor dessen Betreten man uns gewarnt hatte.

Das Pferd beschleunigte seinen Schritt, so daß ich dachte, wir würden jeden Moment umstürzten. Ich fürchtete, die Kinder und alten Leute auf unserem Weg würden überfahren, doch irgendwie gelang es ihnen stets auszuweichen. Wir waren zu einer Straße mit hohen Häusern gelangt, die dunkel und geheimnisvoll aussahen, weil sie nur wenige Fenster hatten. Unsere Kutsche bog in eine Toreinfahrt ein, und dann befanden wir uns in einem Innenhof.

»Aussteigen!« sagte der Mann.

Ich sah Henrietta fragend an. Sollten wir uns weigern? Wir hatten jedoch keine Wahl. Unser Aufseher gab uns deutlich zu verstehen, daß wir zu gehorchen hatten. Er zog zuerst Henrietta, dann mich aus der Kutsche, dann packte er uns an den Armen und führte uns durch einen Torbogen in einen finsteren Gang. Vor uns lag eine Treppe. »Hinauf«, sagte der Mann.

»Hören Sie«, sagte ich laut zu ihm, »wo sind wir hier? Ich will es wissen. Wir sind Krankenschwestern. Englische Krankenschwestern. Sie wollten uns ans Wasser bringen. Wo sind wir? Ich gehe keinen Schritt weiter.«

Seine Antwort bestand darin, daß er mich die Treppe hinaufstieß. Ich hörte Henrietta stöhnen. »Anna ...«

»Wir müssen hier weg«, sagte ich.

»Aber wie?«

Ein Mann erschien oben auf der Treppe. Unser Aufseher sagte etwas zu ihm. Sie unterhielten sich einige Sekunden aufgeregt, dann führte uns der, der uns hergebracht hatte, gewaltsam in einen Flur. Er schob uns in einen kleinen Raum mit schweren Vorhängen und Diwans an den Wänden, dann schloß sich die Tür hinter uns. Ich versuchte sie zu öffnen. Sie war abgeschlossen.

»Es hat keinen Zweck«, sagte Henrietta. »Wir sind Gefangene.« Wir starrten uns an und machten uns gegenseitig vor, nur halb so verängstigt zu sein, wie wir in Wirklichkeit waren.

»Was hat das zu bedeuten?« fragte Henrietta.

Ich schüttelte den Kopf.

»Wir waren Idioten. Wieso haben wir uns verirrt? Diese verflixten Ohrringe ... Was hat man mit uns vor?«

Ich sah ihr an, daß sie angestrengt nachdachte. Dann sagte sie: »Ich habe von solchen Fällen gehört. Es ist immer wieder vorgekommen, daß Frauen entführt und zu Sklavinnen gemacht wurden ... in Harems.«

»O nein!«

»Warum nicht! So leben die Sultane doch, oder? Sie haben lauter Frauen in ihrem Harems. Sie nehmen sie in Kriegen gefangen und machen sie zu Sklavinnen.«

»Sie sind unsere Verbündeten. Vergiß nicht, daß wir diesen Krieg *für* sie führen.«

»Das ist denen bestimmt egal. Der Kerl hat uns verfolgt. Vielleicht war alles geplant; die Jungen sollten uns einkreisen, er sollte uns retten und hierherbringen. Glaubst du, wir sind hier in einem Sultanspalast?«

»Bestimmt nicht im Topkapi.«

»Ach, Anna, hoffentlich werden wir nicht getrennt. Die ganze triste Zeit hatte ich gehofft, daß mal etwas passiert. Ich war den Geruch von Blut und Krankheit und das ganze Elend so leid. Ich habe gebetet, daß etwas geschehen möge, irgendwas, damit ich mal aus diesem Bau rauskäme... und nun dies. Wie mag es in einem Harem zugehen?«

»Ich glaube nicht, daß man uns deswegen hergebracht hat. Sieh uns doch an. Wir sind nicht gerade begehrenswert. Diese Uniformen... Schau dir meine Haare an. Ich kann sie hier nicht richtig waschen. Wir sehen beide blaß und erschöpft aus. Kaum eine lohnende Beute für das Serail eines Sultans.«

»Aber wir sind anders. Vielleicht liegt unser Reiz gerade darin, daß wir Ausländerinnen sind. Und wenn wir in Eselsmilch gebadet haben und mit Juwelen geschmückt sind, könnten wir sehr anziehend sein.«

Sie lachte, aber sie hatte einen hysterischen Ton in der Stimme.

»Hör auf, Henrietta!« sagte ich. »Wir werden unseren ganzen Verstand benötigen. Wir müssen nach einem Fluchtweg Ausschau halten.«

Sie umklammerte meinen Arm. »Wir müssen zusammenbleiben. Wenn du bei mir bist, hab' ich keine Angst... jedenfalls weniger, als wenn ich allein wäre.«

»Wir wollen auf jeden Fall versuchen, zusammenzubleiben.«

»Was werden sie im Spital denken?«

»Daß wir unfolgsam waren und uns von der Gruppe getrennt haben.«

»Die Gruppe hat sich von uns getrennt! Meinst du, sie schicken jemanden aus, um uns zu suchen?«

»Bestimmt nicht. Sie haben sicher Wichtigeres zu tun.«

»Anna, was wird aus uns werden?«

»Wir müssen abwarten. Halt dich bereit. Wir müssen hier heraus.«

»Aber wie? Und wenn wir es schaffen, wo sind wir?«

»Wir könnten den Weg ans Wasser finden. Dort sind überall Boote. Horch.«

Die Tür ging auf. Wir sprangen hin. Es war unser dunkelhäutiger Aufpasser. »Mitkommen!« sagte er.

»Wohin bringen Sie uns?« fragte ich.

Er gab keine Antwort.

Henrietta und ich sahen uns an. Der Mann führte uns mit festem Griff eine Treppe hinauf. Oben ließ er Henrietta los, um leise an eine Tür zu klopfen. Drinnen sagte eine Stimme etwas, worauf unser Aufpasser die Tür öffnete und uns hineinschob.

Die schweren Vorhänge waren zugezogen. Ich sah einen Tisch, darauf stand eine reichverzierte Lampe, die den Raum in schummeriges Licht tauchte. Ein Mann saß zurückgelehnt auf einem Diwan. Er trug einen Turban, und er kam mir irgendwie bekannt vor. Ich dachte, das darf doch nicht wahr sein, und doch… Und als er sprach, da wußte ich es.

»Ein Paar Nachtigallen«, sagte er.

»Doktor Adair!« stammelte Henrietta.

»Ich wußte ja, daß es Ärger geben würde, wenn man einen Haufen Frauen herbringt.«

»Was hat das alles zu bedeuten?« fragte ich. Die Angst der letzten Stunde war rasch verflogen. An ihre Stelle traten Erleichterung und eine ungeheure Erregung. »Man hat uns unverschämt behandelt und gegen unseren Willen hierhergebracht. Man hat uns glauben gemacht…« Ich sah Henrietta an. Auch ihre Stimmung war verwandelt. Ihre Augen funkelten vor Erregung.

»Die Erklärung ist ganz einfach«, sagte er. »Zwei törichte

282

Frauen schlendern durch die Basare, werden beinahe ausgeraubt, werden gerettet und hierhergebracht. Danken Sie Ihrem Schicksal, daß Sie in Uniform waren. Die Schals, die Sie tragen, sind Ihre Glücksbringer. Skutari-Hospital. Alle kennen es und wissen, wo Sie herkommen. Aus diesem Grunde hat man Sie hierhergebracht. Ich habe Freunde in der Stadt. Meine Verbindung zum Hospital ist bekannt. Deshalb werden zwei Nachtigallen, die das Nest verlassen und beim Herumflattern in anrüchigen Stadtvierteln angetroffen werden, eingefangen und zu mir gebracht. Es wundert mich, daß man Ihnen erlaubt hat, in die Stadt zu gehen.«

»Wir sind mit einer Gruppe gekommen«, sagte Henrietta. »Wir sind stehengeblieben, um etwas zu kaufen, und nachher waren die anderen verschwunden.«

»Aber was ist das für ein Haus?« wollte ich wissen. »Was tun Sie hier? Es ist kein Spital.«

»Ich habe noch ein Leben außerhalb von Spitälern«, sagte er. »Warum ich hier bin, ist meine Sache.«

»Und gekleidet wie ein Sultan!« Henrietta kicherte. Die Ärmste, sie hatte sich wirklich gefürchtet, und ich merkte, daß ihre Hysterie noch nicht verklungen war.

»Ich bin überzeugt, daß Sie beide wohlerzogene junge Damen sind und Ihre Kinderfrauen Ihnen immer wieder eingeschärft haben, daß man in den besten Kreisen keine aufdringlichen Fragen stellt.«

»Ich wollte nicht aufdringlich sein«, begann Henrietta.

Ich unterbrach sie. »Würden Sie uns bitte erklären, was hier vorgeht?«

»Gewiß. Ein Freund von mir hat Sie auf der Straße entdeckt. Er sah, daß Sie leicht in Gefahr geraten konnten. Er hat Sie eine Weile beobachtet und ist Ihnen bis zu einer Stelle gefolgt, wo Sie fast beraubt worden wären... Man hätte Sie womöglich sogar verletzt. Er hat Sie gerettet, und weil ihm klar war, woher Sie kamen, brachte er Sie zu mir. Sie haben heute großes Glück gehabt. Erstens, daß Sie in Uniform waren, und zweitens, daß ich zufällig um diese Zeit hier war. Man wird Sie bestimmt wegen Ihrer verspäteten Rückkehr ins Hospital tadeln. Ich hoffe, daß man Ihnen ernsthafte Vorhaltungen macht. Es soll Ihnen eine Lehre sein. Wagen Sie sich nie, *niemals* allein auf diese Straßen. Wir sind hier nicht in Bath oder Cheltenham, und selbst dort würde man wohlerzogenen jungen Damen nicht gestatten, allein herumzuwandern. Dies ist ein fremdes Land mit anderen Vorstellungen, Sitten und Gebräuchen, denken Sie daran. Ich lasse Ihnen jetzt Kaffee bringen, denn wir warten auf einen Freund von mir, der Sie ins Hospital zurückbegleitet.«

»Und Sie...?« begann ich.

Er hob die Augenbrauen.

Ich stammelte: »Ich... ich dachte, Sie kämen vielleicht zurück. Es treffen immer mehr Verwundete ein. Es scheint...« Ich blickte mich im Zimmer um, dann sah ich ihn an. Der Turban verlieh ihm etwas Fremdartiges. Er wirkte dunkler, seine Augen sahen leuchtender aus.

»Sie halten mir Eigennutz vor«, sagte er.

»Sie werden im Hospital gebraucht.«

Er bedachte mich mit einem merkwürdigen Lächeln, das ich nicht zu deuten vermochte.

In diesem Moment klopfte es leise an die Tür. Ein Mann kam herein. Er trug ein Messingtablett mit Kaffee und Gebäck. Dr. Adair sagte etwas zu ihm, das ich nicht verstehen konnte, und der Mann stellte das Tablett auf einen Tisch.

»Eine kleine Stärkung wird Ihnen guttun«, sagte Dr. Adair zu uns. »So trinkt man hier den Kaffee. Hoffentlich schmeckt er Ihnen.«

Wir nahmen neben ihm auf dem Diwan Platz, und er reichte uns den dickflüssigen süßen Kaffee und die gewürzten Plätzchen. Er sah uns ernst an und sagte: »Ihr Ausflug auf die Krim ist zweifellos etwas enttäuschend geworden.

Solche Abenteuer verlaufen nie ganz so, wie man es sich zuvor denkt. Sie hatten sich bestimmt vorgestellt, in knisternden weißen Schürzen und kleidsamen Gewändern als Engel der Barmherzigkeit vor dankbaren Männern aufzutreten. Es ist etwas anders gekommen, wie?«

»Nein, so hatten wir es uns ganz und gar nicht vorgestellt. Wir wußten, daß uns Elend und Leid erwarteten.«

»Aber solches Elend? Solches Leid?«

»Ich gebe zu, daß Sie recht haben«, sagte Henrietta. »Mit dem, was wir angetroffen haben, hatte ich nicht gerechnet.«

»Und wenn Sie es gewußt hätten, wären Sie nicht gekommen.«

»Ich nicht, aber Anna. Du wärst doch gekommen, nicht wahr, Anna?«

»Ja«, sagte ich, »ich wäre gekommen.«

Er sah mich zweifelnd an. »Sie sind eine junge Frau, die nie zugeben würde, daß sie sich geirrt hat.«

»Das ist nicht wahr. Ich irre mich oft.«

»Ja, in Kleinigkeiten. Aber in großen Dingen?«

»Auch da. Ich habe oft in wichtigen Dingen versagt, ohne mir einzureden, es sei nicht meine Schuld.«

»Anna ist eine außergewöhnliche Frau«, sagte Henrietta. »Das habe ich gleich erkannt, als ich sie das erste Mal sah. Eine wie sie findet man selten. Deshalb bin ich auch zu ihr gegangen, als ich beschloß, mein Leben zu ändern.«

Er sah von einer zur anderen und wiegte bedächtig den Kopf. »Und Sie wollen bis zum Ende ausharren?«

»Wenn Sie meinen, bis wir nicht mehr gebraucht werden, ja«, erwiderte ich.

»Aber ich hoffe, der Krieg wird bald vorüber sein«, fügte Henrietta hinzu. »Man sagt, Sebastopol kann nicht durchhalten, und das ist der Schlüssel zum Sieg. Ist es erst gefallen, wird der Krieg aus sein.«

»›Man‹ täuscht sich oft. Optimismus ist gut und eine große Hilfe, aber Realismus vielleicht noch besser.«

»Wollen Sie damit sagen, daß Sebastopol nicht bald fällt?« fragte ich.

»Ich denke, die Russen sind sich der Bedeutung der Stadt bewußt und ebenso entschlossen, sie zu halten, wie die Engländer und Franzosen entschlossen sind, sie zu nehmen.«

»Ich glaube nicht, daß ich es hier jahrelang aushalten kann«, sagte Henrietta.

»Dann sollten Sie heimkehren. Ich glaube, einige von Ihnen haben es schon getan.«

»Die nicht wußten, was Krankenpflege heißt, sind fort«, sagte ich. »Aber ich glaube, wir haben nichts zu bereuen.«

Wieder klopfte es leise. Dr. Adair rief etwas – auf türkisch, nahm ich an –, und der Mann, der den Kaffee gebracht hatte, kam mit einem Herrn herein. Dieser war groß, mit braunen Haaren und braunen Augen, aber im Vergleich zu unserem dunklen Gastgeber wirkte er beinahe blond.

»Philippe!« sagte Dr. Adair. »Gut, daß du gleich gekommen bist. Darf ich vorstellen: Monsieur Philippe Lablanche – Miss Pleydell, Miss Marlington.«

Philippe Lablanche verbeugte sich.

»Die Damen hatten das Pech, sich in der Stadt zu verirren«, erklärte Dr. Adair. »Würdest du sie nach Skutari zurückbringen?«

»Es wird mir ein Vergnügen sein«, sagte der galante Franzose. Seine Augen leuchteten vor Bewunderung, die, wie ich annahm, Henrietta galt, die trotz der Uniform sehr hübsch aussah.

»Ich biete dir keinen Kaffee an«, fuhr Dr. Adair for, »weil sie unverzüglich zurück müssen.« Er wandte sich an uns: »Monsieur Lablanche ist einer unserer unschätzbaren Verbündeten. Er wird gut auf Sie achtgeben.«

»Ich werde mein Bestes tun.«

»Im Hof steht ein Wagen bereit. Er wird Sie zur Anlegestelle bringen.«

»Dann müssen wir wohl aufbrechen, meine Damen«, sagte Monsieur Lablanche.

Wir standen auf, und ich wandte mich an Dr. Adair: »Wir haben Ihnen zu danken.«

Er neigte den Kopf.

»Was hätten wir nur ohne Sie getan«, meinte Henrietta schaudernd.

»Es lohnt sich bestimmt, ein wenig darüber nachzudenken«, gab er zurück. »Betrachten Sie es als wertvolle Erfahrung, auf daß Sie in Zukunft nicht so unbesonnen sind.«

»Ich hatte wahrhaftig damit gerechnet, daß wir betäubt und in einen Harem geschleppt werden«, gestand sie ihm.

»Hoffentlich waren Sie nicht allzu enttäuscht.«

Henrietta brach in Gelächter aus. »Es ist äußerst befriedigend ausgegangen. Danke, Dr. Adair! Seien Sie tausendmal bedankt!«

»Einmal genügt.«

Im Hof wartete ein Wagen, wie er gesagt hatte, und wir stiegen ein. Das Erlebnis gab mir Rätsel auf. Was tat er dort in dieser Kostümierung? Wieso lebte er wie ein türkischer Pascha? Was hatte das zu bedeuten? Was war er doch für ein geheimnisvoller Mann! Er wurde immer interessanter, je mehr ich ihn kennenlernte.

Philippe Lablanche war sehr charmant. Er machte uns während der Fahrt auf die Sehenswürdigkeiten der Altstadt aufmerksam. Es dämmerte, und von den Minaretts wurden die Gläubigen zum Gebet gerufen. Die Stadt, schön und geheimnisvoll, wirkte im schwindenden Licht lockend und unheimlich zugleich. Ich sah Henrietta an. Ihre Augen waren groß, und ihre Wangen waren vor Aufregung gerötet. Sie wirkte geradezu ekstatisch.

Philippe Lablanche erzählte uns, daß er mit dem französischen Heer zu tun habe und daß Dr. Adair ein guter Freund von ihm sei. »Ein wunderbarer Mensch«, sagte er. »Ich kenne nicht seinesgleichen. Er ist einmalig.«

»Haben Sie denn seine Bücher gelesen?« fragte ich lächelnd.

»Natürlich. Sie sind ins Französische übersetzt worden.«

»Er ist ein Mensch, der das Abenteuer liebt.«

»Er braucht es zum Leben wie den Atem.«

»Auch Sie müssen abenteuerliche Zeiten erlebt haben, Monsieur Lablanche.«

»Ja, aber so ist das eben im Krieg.«

»Ich nehme an«, fuhr Henrietta fort, »wir sollen Ihnen keine Fragen stellen bezüglich dessen, was Sie tun?«

»Sie sind sehr verständnisvoll.«

»Dann«, fuhr Henrietta fort, »werden wir nicht fragen. Wir werden uns in heimlichen Phantasien ergehen und nie Gewißheit haben.«

»Es ist sehr nett von Ihnen, daß Sie so viel Rücksicht auf mich nehmen.«

»Es ist nett von *Ihnen*, daß Sie uns in Sicherheit bringen.«

»Wissen Sie, Doktor Adair hat recht. Es ist unklug, wenn Damen alleine hier herumspazieren.«

»Wir dachten schon, man würde uns in den Harem eines Sultans verschleppen«, sagte Henrietta lachend.

»Oh, das wäre durchaus möglich. Dergleichen ist bekanntlich schon geschehen. Diese Menschen empfinden nicht wie wir.«

»Ich weiß«, sagte ich. »In einigen Ländern gelten die Frauen nicht viel. Sie sind nur dazu da, den Männern zu dienen.«

»Ganz recht, Mademoiselle. Andere Länder, andere Sitten.«

»Diesen Tag werden wir nie vergessen, nicht wahr, Anna?« sagte Henrietta. »Zuerst ein paar freie Stunden. Welch ein Segen! Und dann dieser Schrecken, durch die Straßen gefahren zu werden, ohne zu wissen, wohin. Wenn er es uns doch nur gesagt hätte! Aber das konnte er ja nicht, der Ärmste, er beherrscht unsere Sprache nicht. Und dann kommen wir zu Doktor Adair, und er sieht wie ein Sultan aus…

phantastisch!« Sie sah Philippe Lablanche beinahe schmeichelnd an, als wolle sie sagen: Erzählen Sie uns, was Sie von den seltsamen Eigenarten unseres faszinierenden Doktors wissen. Aber so entgegenkommend er auch war, er erzählte uns nichts, sofern er überhaupt etwas wußte.

Wir überquerten nun den Bosporus. »Von Europa nach Asien«, sagte Henrietta. »Das hört sich abenteuerlich an, dabei ist es nur eine schmale Meerenge. So eine interessante Gegend! Ich wollte, wir sähen mehr davon. Da sind wir nun in so einer Stadt, und alles, was wir zu sehen bekommen, sind Bettenreihen im Hospital.«

»Ich finde Sie fabelhaft«, sagte Philippe Lablanche. »Sie sind den Verwundeten ein großer Trost.«

»Doktor Adair hat eine weniger hohe Meinung von uns«, entgegnete ich.

»Ach was. Er findet, daß Sie gute Arbeit leisten. Dem könne niemand widersprechen. Wir haben so viel von Ihnen und der guten Mademoiselle Nightingale gehört. Sie wird als Heldin angesehen, mehr noch, als eine Heilige. Und Sie, ihre Helferinnen, sind Engel der Barmherzigkeit. Man wird Sie nie vergessen.«

»Wir kommen uns nicht gerade wie Engel vor, nicht wahr, Anna?« meinte Henrietta. »Im Hospital schon gar nicht. Obgleich einige Männer uns gerne sehen, glaube ich. Aber die Vorgesetzten… Die meiste Zeit sind wir ihnen nur eine Last.«

»Das ist nicht wahr. Es bleibt nur keine Zeit, Ihnen zu sagen, wie gut Sie sind. Es gibt so viel zu tun.«

Wir legten an. »Ich begleite Sie zum Hospital«, erbot sich Philippe Lablanche. »Ich habe übrigens manchmal hier zu tun. Viele von unseren Männern liegen hier.«

»Dann werden wir uns ja öfter sehen«, sagte Henrietta.

»Das will ich hoffen.«

Wir stiegen den Hang hinauf. Das Hospital lag vor uns. »Wir sind Ihnen so dankbar«, sagte Henrietta, und auch ich bedankte mich bei ihm.

»Es war mir wirklich ein großes Vergnügen, Sie zu begleiten.«

Er hielt meine Hand und lächelte mich an. Dann gab er Henrietta die Hand. Henrietta schenkte ihm ein strahlendes Lächeln. »Nochmals vielen Dank!« sagte sie.

Er hielt immer noch ihre Hand.

»Leben Sie wohl!« sagte sie.

»Nein, lassen Sie uns nicht Lebewohl sagen! Ich werde Sie besuchen kommen. Sagen wir lieber *au revoir*, auf Wiedersehen! Das ist eine nettere Art, sich zu verabschieden.«

»Das stimmt«, erwiderte Henrietta.

»Komm jetzt!« sagte ich. »Hoffentlich gibt es nicht allzuviel Ärger wegen unserer Verspätung.«

Wir gingen ins Hospital. In wenigen Minuten würden wir wieder Dienst tun. Und damit dachte ich, ist das kleine Abenteuer zu Ende. Aber ich konnte nicht aufhören, über Dr. Adair nachzudenken. Ich sah Henrietta an. Ich war sicher, daß auch sie an ihn dachte.

Die letzten Tage in Skutari

Als wir anschließend Seite an Seite, mit hochgekrempelten Ärmeln, die Arme tief im immer grauer werdenden Wasser, in einem enormen Zuber Bettlaken wuschen, unterhielten wir uns über unser Abenteuer.

»Weißt du«, sagte Henrietta, »ich glaube, er hat einen Harem und lebt wie ein Sultan. Ich dachte schon, er würde dort in dem Zimmer in die Hände klatschen und sagen: ›Bringt sie fort, badet sie in Eselsmilch, schmückt ihre Fußgelenke mit Juwelen, parfümiert sie mit den Wohlgerüchen Arabiens, und schickt sie zu mir auf den Diwan!‹«

»Ich glaube, der ist zu allem fähig.«

»Bestimmt. Aber, Anna, ist er nicht das faszinierendste Lebewesen, das dir je begegnet ist?«

»Das merkwürdigste. Ich verabscheue ihn.«

»Ich wundere mich über ihn. Spaziert einfach aus dem Hospital, wenn er es satt hat, und geht in seinen Harem. Wem sonst würde so etwas einfallen? Ich möchte sie gerne mal sehen, du nicht?«

»Wen?«

»Die Haremsdamen natürlich. Ich stelle sie mir schwarzäugig und sinnlich vor. Das schwarze Zeug, mit dem sie ihre Augen umranden, läßt sie sehr verlockend aussehen. Diese verschleierten Frauen haben so ein gewisses Etwas. Stell dir vor, du versagst dich der Welt, weil dein Herr und Meister es dir befiehlt. Diese Frauen haben nur einen einzigen Lebenszweck: den Männern zu gefallen. Wäre es nicht amüsant gewesen, wenn man uns in *seinen* Harem verschleppt hätte?«

»Deine Phantasie geht wieder mal mit dir durch. Ich denke nicht, daß es ein Harem war. Ich nehme an, man versammelt sich dort, um sich zu berauschen. Ich kann mir gut vorstellen, wie die Leute auf Diwans liegen und Wasserpfeifen rauchen.«

»Du bist ja schlimmer als ich! Ich ziehe den Harem entschieden vor. Doktor Adair ist wirklich der interessanteste Mann, der mir je begegnet ist.«

Sie sprach unaufhörlich von ihm.

Es war Winter geworden. Eisige Winde bliesen, und es war unmöglich, die Patienten warmzuhalten. Seit unserer Ankunft hatte sich dank Miss Nightingales Organisationstalent, Beharrlichkeit und Vernunft schon vieles geändert, aber es war noch nicht genug.

Eliza arbeitete neuerdings in der Krankenküche. Miss Nightingale hatte sie eingerichtet und auf eigene Kosten Pfeilwurz und Fleischextrakt für die Schwerkranken besorgt. Die kräftige Eliza hob mühelos die schweren Pfannen, und ich glaubte, diese Arbeit lag ihr mehr als die eigentliche Krankenpflege.

Ethel war wie verwandelt. Sie war viel fröhlicher. Ich entdeckte den Grund dafür, als ich sie eines Tages einen Verwundeten betreuen sah. An der Art, wie sie sein Bettlaken glattstrich, an dem Lächeln auf ihren Lippen und an der Reaktion des Mannes sah ich, daß die beiden sich gut verstanden. Sie war sanft und still, manchen mochte sie unscheinbar erschienen sein, aber ihre Zartheit und Hilflosigkeit besaßen einen eigenen Reiz, zumal für einen Mann im Krankenbett, der sich selbst ziemlich hilflos vorkommen mußte.

Als ich eines Tages in der Küche das Essen für einen Schwerkranken zubereiten half, fragte mich Eliza: »Ist dir an Ethel was aufgefallen?«

»Ja.«

»Sie ist verliebt.«

»In diesen Verwundeten?«

»Richtig. Ich wünschte, der Krieg wäre vorüber. Hoffentlich wird der Junge nicht so weit genesen, daß sie ihn wieder rausschicken. Wenn er noch mal rausgeht, hat er kaum 'ne Chance zurückzukommen.«

»Was ist mit ihm?«

»Das Übliche. Kugel in der Brust. Sie dachten, er macht's nicht mehr lange, als sie ihn brachten wie so viele. Diese armen Teufel! Aber er ist durchgekommen. Wenn du mich fragst, es ist die Liebe, die ihn am Leben hält. Es war bei beiden Liebe auf den ersten Blick.«

»Wie reizend. Sie sieht ganz anders aus, richtig hübsch.«

»Stimmt. Was ein bißchen Liebe doch alles fertigbringt. Weißt du noch, damals an Deck? Sie hätte es wirklich getan, wenn du sie nicht zurückgehalten hättest. Wenn sie dies alles heil übersteht und ihn betreuen kann, das wär' genau das richtige für Ethel.«

»Meinst du, er wird sie heiraten?«

»Gesagt hat er's. Er hat irgendwo 'nen kleinen Bauernhof mit seinem Bruder zusammen. Der Bruder hält den Hof in Schuß, solange er weg ist. Genau das richtige für unsere Ethel. Gott sei uns gnädig! Ich bete, daß der arme Kerl nicht so gesund wird, daß er wieder raus muß, daß er bloß so weit geheilt wird, um nach Hause auf den kleinen Bauernhof geschickt zu werden … mit unserer Ethel.«

»Eliza«, sagte ich, »du bist ein guter Mensch.«

»Ach was! Biste übergeschnappt oder was? Das macht diese Umgebung.«

»Ich will dir sagen, was diese Umgebung macht. Sie macht, daß man Dinge und Menschen klarer sieht.«

»Ich wär' froh, wenn ich Ethel unter der Haube sähe. Sie wünscht es sich ja so. Mich schüttelt's bei dem Gedanken, daß sie in dieses Loch von Zimmer zurückkehrt und weiter näht. Sie würd's da nicht länger als zwei Jahre machen.«

»Wir würden sie nicht lassen.«

»Wieso wir?«

»Du und ich.«

»Sag mal, was geht dich das denn nun eigentlich überhaupt an?«

»Soviel wie dich.«

Sie sah mich mit zusammengekniffenen Augen an und lachte.

»Weißt du noch, was du vorhin zu mir gesagt hast?«

»Ja.«

»Ich geb' das Kompliment zurück.«

»Danke.«

Als ich gehen wollte, sagte sie: »Und ich weiß noch eine, die's genauso erwischt hat wie Ethel.«

»Erwischt? Was?«

»Die Liebe.«

»So?«

»Henrietta.«

»Henrietta? Wer …«

»Ich weiß nicht. Das müßtest du doch wissen. Irgendeiner. Man sieht's ihr am Gesicht an. Und ich sag' dir noch was. Sie ist so, seit ihr neulich abends zurückgekommen seid, als ihr euch verirrt hattet. Ich hab' ihr Gesicht gesehen. Wie sie gestrahlt hat. Den Blick kenn' ich. Ich weiß, was er bedeutet. Ich geh' jede Wette ein, daß es Henrietta genauso schlimm erwischt hat wie unsere Ethel.«

»Du irrst dich. Ich wüßte keinen.«

»Doch, bestimmt. Die olle Eliza läßt sich nicht täuschen.«

»Ich werde es herausbekommen. Ich kenne sie gut.«

»Ja, tu das. Du wirst sehen, ich hab' recht.«

Von da an machte ich mir über Henrietta sehr viel Gedanken.

Die Arbeit ließ uns kaum Zeit für etwas anderes. Zwar kamen nicht mehr so viele Verwundete, dafür wurden aus der Umgebung von Sebastopol halb erfrorene Soldaten eingeliefert, ohne ausreichende Kleidung und unterernährt. Wir arbeiteten tagelang fast ohne Pause und schliefen nur hier und da ein Stündchen auf unseren Diwans.

Wenn ich mich mit Henrietta unterhielt, sah ich, was Eliza gemeint hatte. Henrietta strahlte immerzu. Ich war ziemlich beunruhigt, denn sie sprach sehr viel von Dr. Adair.

»Ich bin gespannt, ob er zurückkommt. Ist es nicht fade ohne ihn? Was für ein Mann! Stell dir vor, er verlustiert sich mit seinem Harem, während wir hier schuften.«

»Ich finde ihn einfach verachtenswert. Er ist ein guter Arzt, und wir brauchen gute Ärzte. Aber er spaziert einfach davon und läßt uns hier allein, um sich zu vergnügen.«

»Einen Mann wie ihn lernt man niemals ganz kennen.«

»Das ist vielleicht auch besser so.«

»Ich würde gern alles über ihn wissen.«

Dieses Leuchten in ihren Augen, dieses Timbre in ihrer Stimme. O nein, dachte ich, Henrietta kann nicht so töricht sein und sich in ihn verlieben. Oder doch? Aber er war ja fortgegangen, und wir würden ihn vielleicht nie wiedersehen. Dann kam mir mein Vorsatz in den Sinn, der Welt zu zeigen, wie er wirklich war, um zu verhindern, daß er die Menschen benutzte, wie er Aubrey benutzt hatte, und sorglos mit Menschenleben experimentierte, wie er es mit meinem Sohn getan hatte. Nein, das stimmte nicht ganz. Er hatte Julian eigentlich nicht das Leben genommen, er hatte ihn nur nicht gerettet, weil er ein Experiment durchführen wollte, genau so, wie er jenem Soldaten Schmerzen zugefügt hatte, um Erfahrungen zu sammeln.

Er war gefühllos, hart und grausam. Ich haßte ihn, aber die Heftigkeit meines Hasses, die Aussicht, ihm wieder zu begegnen, beflügelten mich und gaben meinem Leben einen Sinn.

Eines Tages traf ich auf dem Weg zu den Krankensälen Philippe Lablanche, der dem Hospital wieder einmal einen Besuch abstattete. Er zeigte sich hocherfreut, mich zu sehen. Er hoffe, sagte er, daß mein Abenteuer keine schlimmen Folgen für mich gehabt habe. Ich versicherte ihm, daß es gut ausgegangen war.

»Keine weiteren Ausflüge ins schöne Konstantinopel?«

Ich schüttelte den Kopf. »Das war eine sehr seltene Gelegenheit. Wir haben hier so viel zu tun. Da bleibt wenig Zeit für einen Stadtbummel.«

»Sebastopol muß bald fallen, und dann werden Sie vielleicht etwas Zeit haben, um sich in der unglaublich interessanten Stadt umzusehen.«

»Das werde ich, bevor wir heimkehren.«

»Das wird wohl noch etwas dauern. Sie werden noch eine Weile bleiben müssen, um Ihre Patienten zu betreuen. Dann ist es vielleicht…« Er lächelte mich wohlwollend an und fuhr fort: »Und Ihre Freundin?«

Ich erklärte ihm, wo Henrietta zu finden sei, und er verließ mich.

Später fragte ich Henrietta, ob er sie aufgesucht habe. »Ja«, sagte sie, »unser galanter Franzose. Er ist ein Schatz, nicht?«

»Ich finde ihn sehr charmant.«

»Er kommt sehr oft ins Hospital. Er sagte, er würde uns gern einmal auf eine Rundfahrt durch Konstantinopel mitnehmen.«

»Leider sind wir nicht als Vergnügungsreisende hier.«

»Schade. Ich hätte durchaus nichts gegen eine weitere Begegnung mit unserem faszinierenden Freund einzuwenden. Ich wünschte nur…« Ich sah sie fragend an, und sie fuhr fort: »Ich glaube, du vermißt ihn genauso wie ich.«

»Wen?«

»Den Dämon.«

Ich lachte gezwungen, aber mich durchlief ein Schauder des Unbehagens. Ich konnte Elizas Worte nicht vergessen.

»Ich wünschte, er würde seinen Harem leid und käme zu uns zurück.«

»Wir können wohl von so einem Mann nicht erwarten, daß er die Pflicht über sein Vergnügen stellt.«

Sie lachte mich aus. »Ach Anna, du machst immer so ein

strenges Gesicht, wenn du von ihm sprichst. Und dabei glaube ich die ganze Zeit, du findest ihn genauso faszinierend wie ich. Bestehst du immer noch auf seiner Verfolgung?«

»Wenn du meinst, ob ich immer noch einen Weg suche, ihn bloßzustellen als der, der er ist, ja.«

»Aber wer ist er? Das wissen wir ja gerade nicht. Und das macht ihn zum aufregendsten Subjekt in unserem Leben. Ich bin sicher, daß er uns sowieso überlegen wäre, was immer wir gegen ihn vorbringen würden.«

Sie lachte in sich hinein, und ich dachte: Sie ist von ihm besessen.

Ich selbst war es womöglich auch. Aber das war etwas anderes. Ich wußte, daß er eine Gefahr für die Menschen darstellte. Ich hatte den Verfall meines Mannes gesehen und machte ihn dafür verantwortlich. Ich hatte seine Schriften gelesen und wußte dadurch eine Menge über ihn. Ich hatte seinen heidnischen Geist erspäht.

Ich machte mir Sorgen um Henrietta. Sie konnte so impulsiv sein. Wenn er zurückkehrte und merkte, was sie für ihn empfand, was würde er tun? Würde er versuchen, ihre Gefühle auszunutzen? Ich fürchtete, daß er dazu imstande war.

Hoffentlich kommt er nie zurück, dachte ich bei mir.

Aber im Grunde meines Herzens sehnte ich seine Rückkehr herbei.

Als ich eines Tages in dem kleinen Zimmer neben den Krankensälen zu tun hatte, in dem wir einige Vorräte verwahrten, kam Charles Fenwick herein. Er sah sehr müde aus. Wie alle Ärzte arbeitete er unentwegt; dazu kam der ständige Unmut über die mangelhafte Versorgung.

»Oh, Anna, ich bin froh, daß ich Sie allein antreffe. Ich muß Sie sprechen.«

»Wir haben uns lange nicht mehr unterhalten«, sagte ich. »Wie sieht es drüben bei Ihnen aus?«

»Nicht gut. Diese elende Belagerung! Wenn sie sie nur

durchbrechen könnten. Jetzt haben wir zwar keine Schwerverwundeten, dafür bringt das Wetter unsere Truppen um. Cholera, Ruhr... Das waren stets schlimmere Feinde als die Russen. Es muß ein Ende haben. Sie können nicht ewig durchhalten.«

»Sie sind ein sehr beharrliches, leidgeprüftes Volk. Bedenken Sie, was mit Napoleon geschah, als er nach Moskau marschierte.«

»Das war etwas anderes. Sebastopol muß fallen. Es ist erstaunlich, daß es so lange durchgehalten hat, aber das kann nicht ewig so weitergehen, und wenn es fällt, ist der Krieg praktisch aus. Aber darüber wollte ich nicht mit Ihnen sprechen, sondern über uns.«

»Sie meinen die Ärzte?«

»Nein. Über Sie und mich, Anna.«

Ich sah ihn fragend an. Er legte seine Hand auf meinen Arm. »Ich denke daran, wenn dies alles vorüber ist und wir heimkehren. Haben Sie sich schon Gedanken darüber gemacht?«

»Ein wenig.«

»Werden Sie wieder in Ihr Haus ziehen?«

»Ich kann sonst nirgends hin. Miss Nightingale wird die Hospitäler in der Heimat reformieren. Ich würde ihr gerne dabei zur Hand gehen.«

»Haben Sie schon mal ans Heiraten gedacht?«

»Wieso... nein.«

»Aber ich. Ich möchte all das Grauen hier vergessen... diesen Gestank, die Qual und das Leid ringsum.«

»Gehört das denn nicht zum Leben von Ärzten und Krankenschwestern?«

»Nicht unnötiges Leiden wie dieses, nicht diese entsetzlichen Seuchen, die durch unhygienische Zustände verursacht werden, durch Hunger und eiternde Wunden, die nicht richtig behandelt werden können. Ich kann diese Zeit nur überstehen, indem ich an die Zukunft denke.«

»Ich denke, so geht es uns allen.«

»Ich möchte mich auf die Zukunft freuen können... eine ruhige Praxis irgendwo, vielleicht auf dem Land. Oder in London, wenn Ihnen das lieber ist.«

»Mir?«

»Ich möchte meine Zukunft mit Ihnen teilen, Anna.«

»Verstehe ich Sie richtig?«

»Ich denke schon.«

»Dann ist das ein Heiratsantrag?«

»Allerdings.«

»Aber Charles, ich dachte...«

»Was dachten Sie?«

»Ich wußte, daß Sie mich mögen, aber ich dachte, Sie interessieren sich mehr für Henrietta... ich meine, was das betrifft.«

»Natürlich habe ich Henrietta gern, aber Sie liebe ich.«

»Ich bin baß erstaunt.«

»Meine liebste Anna, natürlich liebe ich Sie. Ich liebe Ihre Kraft, Ihre Ernsthaftigkeit und Hingabe. Ich liebe alles an Ihnen. Wenn Sie mir versprechen würden, daß Sie mich heiraten, sobald wir dies alles hinter uns haben, so hätte ich etwas, worauf ich mich freuen könnte...«

Er hatte meine Hände ergriffen und blickte mir ernst in die Augen.

»Ach Charles«, sagte ich, »es tut mir so leid. Es trifft mich gänzlich unvorbereitet. Ich weiß, das hört sich an wie der Aufschrei einer verschämten Jungfer, aber ich bin wirklich völlig überrascht. Ich hatte keine Ahnung. Ich war überzeugt, es sei Henrietta.«

»Aber da Sie nun wissen, daß sie es nicht ist, was sagen Sie?«

Ich schwieg. Ich dachte an die Landpraxis, ein neues Leben, ein neues Heim, einen Dorfanger, eine uralte Kirche mit hundertjährigen Eiben, Tau auf dem Gras, den Geruch nach feuchter Erde, den sanften Regen, Gänseblümchen und Butterblumen – und ich spürte eine tiefe Sehnsucht nach alledem.

Er sah mich eindringlich an.

»Charles«, sagte ich, »Sie wissen so vieles nicht von mir.«

»Es wird aufregend sein, sich gegenseitig kennenzulernen.«

»Wir sind hier an einem Ort«, gab ich ihm zu bedenken, »wo nichts seinen natürlichen Lauf nimmt. Sie treffen vielleicht Entscheidungen, die Sie später bereuen.«

»Diese bereue ich bestimmt nicht.«

»Wie gesagt, Sie kennen mich nicht.«

»Ich kenne Sie sehr gut. Waren wir nicht zusammen in Kaiserwald? Und hier? Ich kenne Ihren lauteren Charakter, Ihre Aufrichtigkeit, Ihre Güte, Ihr Mitgefühl. Ich habe gesehen, wie Sie sich aus vollem Herzen für die Kranken aufgeopfert haben.«

»Sie haben eine Krankenschwester gesehen, das ist alles. Ich bin eine gute Krankenschwester. Es wäre falsche Bescheidenheit, das zu bestreiten. Aber das ist nur ein Teil von mir. Ich kann unmöglich ans Heiraten denken.«

»Ich kann ja verstehen, daß ich Sie damit überrascht habe. Überlegen Sie es sich! Ich liebe Sie, Anna. Wir würden wunderbar harmonieren. Unsere Interessen sind so eng miteinander verflochten.«

»Ich muß Ihnen etwas sagen, Charles. Ich war schon einmal verheiratet.«

»Anna!«

»Und ich hatte ein Kind.«

»Wo ist Ihr Mann?«

»Er ist tot.«

»Und das Kind?«

»Auch. Es war eine unglückliche Ehe. Mein Mann war rauschgiftsüchtig, und das hat ihn schließlich umgebracht. Mein Kind starb, als es noch nicht ganz zwei Jahre alt war.«

Tränen brannten mir in den Augen. Charles legte seinen Arm um mich. »Meine arme Anna.«

»Ich habe es noch nicht verwunden«, sagte ich zu ihm.

»Ich verstehe.«

»Ich habe meinen Mädchennamen wieder angenommen, um als alleinstehende Frau neu anzufangen. Es fällt mir schwer, über meine Ehe und den Tod meines Kindes zu sprechen, aber Ihnen erzähle ich es, damit Sie verstehen, warum ich nicht ans Heiraten denken kann.«

»Das wird sich ändern … mit der Zeit.«

»Ich weiß nicht. Es kommt mir vor, als sei es erst gestern gewesen. Ich glaube, ich werde nie über den Tod meines Kindes hinwegkommen.«

»Es gibt nur eine Möglichkeit, eine solche Tragödie zu verwinden, nämlich wieder ein Kind zu bekommen.«

Ich schwieg.

»Anna«, fuhr er fort, »sagen Sie noch nicht nein. Denken Sie darüber nach. Überlegen Sie, was es bedeuten würde. Wir hätten etwas vor für die Zeit, wenn wir aus dieser Hölle kommen. Es kann nicht ewig dauern. Das Ende ist in Sicht. Sie und ich, und die Kinder, die wir haben werden, das ist der beste Weg, um das Gespenst der Vergangenheit zu bannen. Sie können nicht ewig trauern.«

Er küßte mir die Hände, und mich erfaßte eine starke Zuneigung für ihn. Er war ein guter Mensch, und ich wußte, er würde mir einen Weg aus meinem Unglück zeigen. Es war ein anderer Weg als jener der Rache, dem ich bislang gefolgt war. Ich sah mich auf dem Land als Arztfrau mit Familie; ich würde Kinder haben, die vielleicht ein wenig wie Julian aussähen … Kinder, die ich lieben und umsorgen könnte … Kinder, welche die schmerzende Leere lindern würden, die in mir war, seit ich Julian verlor.

Auf einmal wurde mir die verrinnende Zeit bewußt. Man bekam jedesmal ein schlechtes Gewissen, wenn man sich ein paar Minuten vom Dienst entfernte.

»Ich muß gehen«, sagte ich.

»Überlegen Sie es sich!« bat Charles abermals.

Ich schüttelte den Kopf.

Er küßte mich zärtlich. »Anna«, sagte er, »ich liebe Sie.«

Ich erzählte Henrietta nichts von Charles' Antrag. Ich konnte nicht darüber sprechen. Ich hatte das Gefühl, daß sie mir zureden würde. Sie hatte Charles sehr gern, sie sagte immer, er sei ein guter Arzt und ein guter Mensch. Zuweilen schien mir, ihn zu heiraten sei das Beste für mich. Sollte ich mein ganzes Leben als alleinstehende Frau verbringen? Sicher, es war mein Wunsch, als Krankenschwester in einem der neuen Hospitäler zu arbeiten, die Miss Nightingale in England einzurichten gedachte, aber war mir das genug? Ich hatte erfahren, was Mutterschaft bedeutete, und die innige Liebe zu meinem Kind hatte mich gelehrt, daß mein Leben ohne Kinder sinnlos war.

Wie viele andere empfand ich für Miss Nightingale eine Verehrung, die an Vergötterung grenzte. Ihr unbeugsamer Wille, ihre aufrichtige Hingabe, ihre stille, ausdauernde Tüchtigkeit hatten auch die Männer beeindruckt, die ihre Bestrebungen anfangs äußerst skeptisch beurteilt hatten. Sie hatte um der Sache willen auf Ehe und Mutterschaft verzichtet; aber sie hatte auch nie das Glück erfahren, ein eigenes Kind in den Armen zu halten. Ich dagegen wußte, daß nichts mir dieses Glück würde ersetzen können.

Hier tat sich mir ein neuer Weg auf. Ich könnte Charles heiraten, um Ehefrau und Mutter zu werden. Ich könnte der Vergangenheit den Rücken kehren und das fruchtlose Verlangen nach Rache vergessen. Durch die neuen Aussichten, die sich mir eröffneten, war ich imstande, die wahre Natur dieses Verlangens zu erkennen: kindische Wut. Kleine Kinder versuchen ihren Schmerz zu lindern, indem sie einen leblosen Gegenstand traktieren. Aubrey war schwach und leicht zu verleiten gewesen; ein starker Mann wäre dem Rauschgift nicht erlegen. Ich hatte Dr. Adair die Schuld an Aubreys Untergang gegeben, und er war gewiß auch mit dafür verantwortlich, aber die Menschen halten ihr Schicksal selbst in der Hand.

Und während ich an meinen Garten Eden in England

dachte, die Landpraxis, die Kinder ringsum, sah ich den Dämon, wie ich ihn in Gedanken immer genannt hatte, mich auslachen.

Ich will ihn vergessen, sagte ich mir. Aber ich wußte, daß es mir nicht gelingen würde. Er besaß teuflische Eigenschaften. Er könnte mich in seinen Bann ziehen. Ich glaubte, daß Henrietta ihm bereits verfallen war. Und ich?

Er hatte den Orient bereist und dort wie ein Eingeborener gelebt. Er hatte alle möglichen fremden Geheimnisse und Bräuche studiert, Mysterien, vielleicht gar Übersinnliches. Er war nicht wie andere Männer. Man konnte ihn nicht nach denselben Maßstäben beurteilen. Was hatte er in dem Haus in Konstantinopel in dieser Verkleidung gemacht? Was hatte es damit auf sich?

Meine Gedanken kehrten zu Charles und seinem Antrag zurück, aber der dämonische Doktor ging mir nicht aus dem Sinn. Und eines Tages sah ich mich ihm von Angesicht zu Angesicht gegenüber.

Er ging in seinem weißen Kittel durch die Krankensäle, als wäre er nie fortgewesen. Er nickte mir kurz zu, wie um anzudeuten, daß sein plötzliches Erscheinen nichts Besonderes sei.

Doch wir bekamen seine Gegenwart bald zu spüren. Er fand Anzeichen von Verwahrlosung in den Krankensälen und machte die Schwestern dafür verantwortlich. Die Patienten seien vernachlässigt worden, sagte er. Als ob er nicht wüßte, daß die armen Mädchen nach der rastlosen Arbeit erschöpft waren. Und diesen Vorwurf erhob ausgerechnet der Mann, der sich einfach eine einwöchige Verschnaufpause gönnte, wenn ihm danach zumute war!

Ich hatte einen grimmigen Zorn auf ihn und fühlte mich dadurch noch belebter als bei unserer letzten Begegnung. Er war der Meinung, daß die Krankenschwestern nicht zu lange am gleichen Platz arbeiten sollten, und wünschte, daß einige von der Baracke ins Hauptgebäude wechselten und umgekehrt.

Henrietta und Ethel sollten ausgetauscht werden. Wir waren bestürzt, denn war es auch keine große Entfernung, so würden wir uns doch nicht mehr so oft sehen.

Henrietta fand sich damit ab. Ethel hingegen war verzweifelt.

»Tom und ich können uns dann nicht mehr sehen«, erklärte sie Eliza und mir.

»Du kannst ihn bestimmt ab und zu besuchen«, tröstete ich sie.

»Aber ich kann ihn nicht mehr pflegen. Ich habe es ihm noch nicht gesagt. Es wird ihn umbringen.«

»Was ist das überhaupt für 'ne Schnapsidee, die Leute auszuwechseln?« wollte Eliza wissen.

»Dieser Doktor Adair sagt, wir haben unsere Pflichten vernachlässigt«, erklärte Ethel. »Ich war bei Tom, als er neulich durch den Saal kam. Er muß was gemerkt haben.«

Ich sagte wütend: »Es ist so dumm. Die Schwestern sind überarbeitet. Da vergessen sie natürlich hin und wieder etwas. Er will uns bloß schikanieren.«

Ethel war untröstlich.

Eliza sagte hinterher zu mir: »Die kleine Ethel ist völlig fertig. Das wird die knospende Romanze ersticken. Meinst du, daß du da was machen könntest?«

»Ich?«

»Sprich mit ihm ... dem Allmächtigen.«

»Glaubst du, er hört auf *mich*?«

Sie sah mich listig an. »Vielleicht ... gerade auf dich.«

»Er verachtet uns alle. Und ich habe nichts getan, was mich in seinen Augen respektabel macht.«

»Ich denke, dich *kennt* er. Ich meine, wir übrigen sind für ihn bloß Inventar, und kein besonders nützliches.«

»Oh, selbst er muß sehen, was die Schwestern hier leisten.«

»Vielleicht, aber er will's nicht sehen. Er ist der großmächtige Doktor, und Krankenschwestern sind bloß Dienstmägde, die nach seiner Pfeife zu tanzen haben.«

»Und du denkst wirklich, ich könnte ihn noch umstimmen?«

Eliza nickte. »Es wäre einen Versuch wert.«

Ich mußte unwillkürlich lachen, beschloß jedoch, den Versuch zu wagen.

Die Gelegenheit ergab sich noch an demselben Nachmittag. Ich sah ihn in das Zimmer gehen, in dem Charles mir den Heiratsantrag gemacht hatte, und folgte ihm.

»Doktor Adair.«

Er drehte sich um, und als er mich ansah, flammten aller Zorn und Widerwille auf, die sich in mir aufgestaut hatten.

»Miss... hm...«

»Ich weiß, Sie halten mich für unverschämt, weil ich Sie anspreche...« Ich hielt inne, und er widersprach nicht. »Aber ich muß Ihnen etwas sagen. Ich glaube, es war Ihre Idee, einige Schwestern zwischen Hauptgebäude und Baracke auszutauschen.«

»Erwarten Sie, daß ich meine Pläne mit Ihnen bespreche?« fragte er beinahe freundlich.

»Ich bitte Sie, nur diesen einen Plan mit mir zu besprechen.«

»Darf ich wissen, warum?«

»Ja. Sie tauschen die Schwestern willkürlich aus, ohne Rücksicht darauf, welche Arbeit sie verrichten.«

»Ich weiß, welche Arbeit sie verrichten.«

»Und Sie verachten diese niedrigen Dienste. Aber, Doktor Adair, sie müssen getan werden, und die Ärzte sollten Miss Nightingale dankbar sein für alles, was sie geleistet hat.«

»Danke, Miss... hm... daß Sie mich über meine Pflichten belehren.«

»Schwester Ethel Carter soll wechseln. Das darf nicht sein.«

Er hob die Augenbrauen, und die dunklen leuchtenden Augen musterten mich. Ich vermochte ihren Ausdruck nicht zu deuten. Vielleicht war es zynische Belustigung.

»Lassen Sie mich erklären«, sagte ich.

»Ich bitte darum.«

»Sie hat sich mit einem jungen Soldaten angefreundet. Sein Zustand hat sich seither merklich gebessert. Die beiden dürfen nicht getrennt werden.«

»Dies ist ein Hospital, kein Eheanbahnungsinstitut, Miss… hm…«

»Sie haben anscheinend Schwierigkeiten mit meinem Namen. Ich heiße Pleydell.«

»Ah… Miss Pleydell.«

»Und ich halte dieses Haus nicht für ein Eheanbahnungsinstitut. Ich bin lange genug hier, um zu wissen, daß dies eine Stätte großen Leidens ist.« Ich war wütend auf mich, weil meine Stimme überschnappte. Ich mußte mich beherrschen, um meine Bewegung nicht zu zeigen. »Wenn man einen Soldaten glücklich machen kann, trägt das nicht auch zu seiner Genesung bei? Aber Sie glauben natürlich nicht an so etwas.«

»Woher wissen Sie, woran ich glaube? Sie nehmen sich sehr viel heraus, Miss Pleydell.«

»Ist es denn zuviel verlangt, daß diese Schwester nicht versetzt werden soll?«

»Wenn ihr Name auf der Liste steht, muß sie gehen.«

»Und was wird aus dem Soldaten, der bereit war, sein Leben für sein Vaterland zu opfern? Wird auf ihn keine Rücksicht genommen, weil irgendein Halbgott eine Liste aufgestellt hat?«

Seine Lippen kräuselten sich kaum merklich. Ich glaube, es gefiel ihm, als Halbgott bezeichnet zu werden.

»Hören Sie mir zu!« fuhr ich fort. Meine Wut steigerte sich mit jedem Augenblick. Ich hatte meinen Feind vor mir, den Mann, den ich zu vernichten trachtete. Ich haßte sein überhebliches Lächeln. Er verspottete mich, machte sich über meinen Gefühlsausbruch lustig, provozierte mich, ihm immer mehr Schmähungen an den Kopf zu werfen, die ich, wie er glaubte, später bereuen würde.

»Mir bleibt kaum etwas anderes übrig«, hielt er mir entgegen, »es sei denn, ich ließe Sie einfach stehen, was denn doch etwas unhöflich sein dürfte.«

Ich fuhr fort: »Der Soldat wurde aus der Gegend von Sebastopol eingeliefert. Er war halb erfroren. Man gab ihm höchstens ein paar Tage zu leben. Ethel Carter pflegte ihn, und zwischen ihnen bahnte sich eine Beziehung an. Seither macht seine Genesung Fortschritte. Und Ethel hatte ein unglückliches Leben. Sie hat ein Kind verloren.« Wieder versagte mir die Stimme. »Die beiden machen Pläne für ein gemeinsames Leben. Sie helfen sich gegenseitig. Sie dürfen nicht getrennt werden. Oh, ich weiß, daß Sie dafür kein Verständnis haben. Sie sind viel zu erhaben über die einfachen Dinge des Lebens. Wenn Sie es satt haben, gehen Sie einfach weg. Sie lassen die anderen schuften, während Sie sich in komischen Verkleidungen amüsieren.«

»Ja? Fahren Sie fort. Wo amüsiere ich mich?«

»Das wissen Sie doch selbst. Ich weiß zum Glück nichts von solchen Stätten, und will auch nichts davon wissen.«

»Unwissenheit ist nicht der Wunsch der Weisen.«

»Sie machen sich lustig über mich. Aber es gibt andere Heilmittel als die, die Sie anwenden. Glück, Zufriedenheit, Zuversicht sind ebenso wirksam wie Medikamente. Oh, ich weiß, es ist töricht, an Sie zu appellieren, noch dazu wegen etwas, dem Sie keine Bedeutung beimessen. Sie sind hart und rücksichtslos. Menschliches Leid bedeutet Ihnen nichts.«

»Ich wußte gar nicht, daß wir uns so gut kennen.«

»Ich verstehe Sie nicht.«

»Und doch haben Sie soeben eine detaillierte Beschreibung meines Charakters geliefert.«

Ich war vor Bestürzung, Abscheu und Verbitterung wie betäubt. Was hatte ich getan? Ich hatte mich gründlich blamiert.

Ich ging aus dem Zimmer. Mit glühenden Wangen und brennenden Augen kehrte ich, den Tränen nahe, an die Arbeit zurück.

Warum hatte ich das alles gesagt? Ich hatte meinen ganzen Haß herausgeschleudert, und er stand da und lachte mich aus. Er war gemein. Er war grausam. Die Gefühle der Menschen kümmerten ihn nicht. Menschen waren Gebrauchsgegenstände; ihre Körper dienten Experimenten, damit er Erfahrungen sammeln und die Welt mit seinem Wissen in Erstaunen versetzen konnte. Könnte ich ihn doch von seinem Podest stürzen und der Welt zeigen, wie er wirklich war!

Am nächsten Tag sah ich Eliza in der Küche. »Der Tausch ist perfekt«, sagte sie. »Die eine Truppe ist jetzt in der Baracke und die andere im Haupthaus.« Sie gab mir einen Stups. »Aber Ethel ist noch hier. Die ist vielleicht froh! Wie die den Tom umarmt hat!« Sie zwinkerte mir zu. »Hast mit ihm gesprochen, ja?«

Ich nickte.

Sie lachte. »Na also! Ich hab' ja gesagt, daß du's kannst.«

»Vielleicht lag es gar nicht an mir. Er hat nicht gesagt, daß er helfen würde, eigentlich eher das Gegenteil.«

»Männer!« sagte Eliza mit wissendem Lächeln. »Manche sind eben so. Von oben herab. Aber was soll's? Du hast es geschafft.« Sie sah mich einen Augenblick ernst an. »Gott segne dich, Anna. Ich hoffe, du wirst es mal gut haben. Du wünschst dir Kinder, jawohl, genau wie Ethel. Manche wollen welche, und manche wollen keine – und ihr zwei gehört zu denen, die welche wollen.«

Der Winter war furchtbar. Hoffentlich werde ich nie mehr einen ähnlichen erleben. Ich mußte ständig an die armen Männer auf der Hochebene vor Sebastopol denken, die sich nach der unausweichlichen Kapitulation sehnten. Es war ihnen gewiß bewußt, daß die in der Stadt Eingeschlossenen, war auch der Untergang unvermeidlich, nicht so elend litten wie die Belagerer.

Eine Krankheit, von einigen asiatische Cholera, von anderen Fleckfieber genannt, befiel das Heer. Ich sah die Männer auf *arabas*, einfachen Karren, ankommen. Viele waren tot, als sie eingeliefert wurden. Es war herzzerreißend, mit anzusehen, wie türkische Frauen große Gruben aushoben, in welche die Leichen geworfen wurden.

Einige Krankenschwestern steckten sich mit dem Fieber an. Es wütete im Hospital, und wir lebten alle in Angst vor dem drohenden Tod.

Es war ein großartiger Anblick, Miss Nightingale bei ihrem nächtlichen Rundgang durch die Krankensäle zu beobachten. Sie sah schön und heiter aus in ihrem schwarzen Wollkleid mit Kragen, Manschetten und Schürze aus weißem Leinen, der weißen Haube und dem schwarzseidenen Halstuch. Sie hielt ihre Lampe hoch, blieb hier und da an einem Bett stehen, berührte eine fiebrige Stirn, sprach ein tröstendes Wort, lächelte und vermittelte eine Botschaft der Hoffnung. Man betrachtete sie als ein Wesen aus einer anderen Welt, einen Engel. Diesen Männern war durchaus bewußt, was sie für sie getan hatte. Es war amüsant zu beobachten, wie diejenigen, die in ihrem Leben kaum einen Satz geäußert hatten, der nicht irgendeine Obszönität enthielt, ihre Redeweise mäßigten, wenn Miss Nightingale zugegen war. Sie war unermüdlich; schlicht gekleidet wie sie war, besaß sie Ausstrahlung, Anmut und Schönheit. Sie verdiente Respekt und Bewunderung. Ich werde es stets als Privileg empfinden, in ihrer Nähe gearbeitet zu haben.

Selbst jener schreckliche Winter mußte einmal zu Ende gehen, und mit der Ankunft des Frühjahrs trafen weniger Verwundete ein. Die Luft war von neuer Hoffnung erfüllt.

Sie können nicht mehr lange durchhalten, hieß es allgemein.

Ich sah Henrietta nicht mehr so oft. In den dunklen Wintermonaten arbeiteten wir den ganzen Tag und bis weit in die Nacht hinein, und wenn wir eine kleine Ruhepause ergattern konnten, schliefen wir erschöpft ein.

Philippe Lablanche war häufig im Spital anzutreffen. Oft

kam er zu mir, und wir wechselten ein paar Worte. Ich wußte, daß er auch Henrietta häufig besuchte. Charles kam zu mir ins Hauptgebäude, wann immer er konnte, aber wie alle Ärzte hatte er noch mehr zu tun als wir. Hin und wieder fragte er: »Überlegen Sie noch?«, und ich antwortete: »Ja.«

Und zuweilen dachte ich, es sei töricht zu zögern. Ich hatte die Chance, mein Leben mit einem guten Menschen zu teilen. Ich könnte ihm sogar bei seiner Arbeit von Nutzen sein. Ich war kein naives Mädchen mehr. Ich hatte Erfahrung mit der Ehe. Ich hielt nicht nach einem Ritter in schimmernder Rüstung Ausschau, der mich auf seinem Roß davontrug. Ich hatte die Möglichkeit zu einem Leben, das interessant und lohnend sein würde. Doch ich zögerte immer noch.

Die Ankunft des Frühlings auf der Krim war Balsam für uns alle. Die Krokusse und Hyazinthen, die auf dem Plateau blühten, brachten uns Hoffnung.

Die Nachrichten von den Zuständen an der Front und in den Hospitälern waren von den Kriegsberichterstattern nach Hause übermittelt worden, und in der Presse war ein Aufschrei erfolgt. Dies hatte neben anderem Gutem zur Folge, daß Monsieur Alexis Soyer, der namhafte Vorsitzende des Reformclubs, die Küchenaufsicht übernahm. Wie wir Monsieur Soyer priesen! Er hatte sich voll und ganz seiner Kunst verschrieben; er holte Soldaten, von denen er annahm, daß sie Talent zum Kochen besaßen, in seine Küche; er brachte ihnen bei, wie man wohlschmeckende und nahrhafte Eintöpfe zubereitete. Er ging mit seiner Mannschaft, die große Suppenterrinen trug, durch die Säle, und die Kranken begrüßten ihn mit Beifall, wenn die Suppe ausgeteilt wurde. Er buk gutes Brot, und er erfand eine Teekanne, die genug für 50 Mann faßte, und auch der 50. bekam sein Getränk so heiß wie der erste. Monsieur Soyer brachte eine gewaltige Veränderung in unser Dasein.

Wir hatten nun hin und wieder ein wenig Freizeit, aber meine Freistunden fielen nicht immer mit denen Henriettas zusammen. Wir waren beinahe heiter in diesen Frühlingstagen. Wir hatten den Winter überstanden, und noch einen konnte Sebastopol unmöglich überleben. Wir rechneten damit, daß wir nächstes Jahr um diese Zeit alle zu Hause sein würden.

In diesen Tagen ereignete sich ein amüsanter Vorfall. Ein überaus pompöser Herr kam, von zwei Dienern mit goldenen Tressen, weiten Hosen und goldfarbenen Schärpen begleitet, ins Hospital. Er war sehr aufgeregt. Wir konnten nicht verstehen, was er sagte, bis jemand auf die Idee kam, Dr. Adair zu rufen.

Er vertiefte sich mit dem pompösen Herrn in ein ernstes Gespräch. Mehrere Schwestern hatten sich neugierig versammelt, darunter Henrietta, Eliza und ich. Schließlich wandte sich Dr. Adair an uns: »Ich muß sofort mit Miss Nightingale sprechen. Dieser Mann bietet im Auftrag seines sehr reichen und vornehmen Herrn eine große Summe für eine Krankenschwester, um sie dessen Harem einzuverleiben.«

Wir starrten ihn verblüfft an.

»Ich bin gespannt, welche es ist«, fügte er hinzu.

Wir mußten nicht lange warten, denn der Herr trat mit breitem Lächeln auf uns zu. Er blieb vor Henrietta stehen und verneigte sich vor ihr. Dann wandte er sich wieder an Dr. Adair.

»Sie sind also die Auserwählte«, sagte Dr. Adair zu Henrietta. Seine Augen hatten einen grübelnden Ausdruck, als frage er sich, welche besonderen Reize Henrietta für den orientalischen Geschmack besitzen mochte. Man mußte sie irgendwo gesehen haben, als sie mit Philippe Lablanche auswärts gespeist hatte.

Henrietta fragte amüsiert: »Was werden Sie ihm antworten?«

»Daß Sie unverkäuflich sind.«

»Wird ihn das nicht kränken?«

»Ich werde es ihm taktvoll erklären. Vielleicht sage ich, daß Sie bereits vergeben sind.«

Henrietta kicherte. »Ich habe mich oft gefragt, wie es mir im Harem eines Sultans gefallen würde.«

»Vielleicht würden Sie es nicht so vergnüglich finden, wie Sie denken. Jetzt verlangt es die Höflichkeit, daß Sie sich zurückziehen und mich die Angelegenheit aushandeln lassen. Es erfordert großes Taktgefühl. Man darf ihn auf keinen Fall beleidigen.«

Wir entfernten uns. Es überraschte mich nicht im geringsten, daß Henrietta die Auserwählte war. Sie war die Hübscheste und Lebhafteste von uns allen. Kein Wunder, daß sie Aufmerksamkeit erregte.

»Sei auf der Hut!« riet ich ihr. »Vielleicht will er dich entführen.«

Ungefähr eine Woche später kam es in Sebastopol zu verstärkten Kampfhandlungen, und die Verwundeten trafen wieder in großer Zahl ein.

Wenn wir die *arabas* zum Hospital kommen sahen, gingen wir Schwestern mit den Trägern hinaus, um die Verwundeten so sanft wie möglich auf die Tragen zu betten.

Wieder wurde ein armer, stöhnender Mann auf eine Trage gehoben. Schmutzig, ungekämmt, den Rock blutbefleckt, sah er aus wie viele andere, und doch kam er mir bekannt vor. Mein Herz schlug schneller vor Schreck, denn es war William Clift, Lilys Mann. »O Gott«, betete ich, »laß ihn nicht sterben!«

Ich dachte an Lily und ihr Baby. Sicher wartete sie zu Hause auf Nachricht. Es durfte nicht die Nachricht vom Tod ihres Mannes sein. Sie hatte sich soviel Hoffnung auf Glück gemacht. »Bitte, laß das Baby kein Waisenkind werden!« betete ich. »Mach Lily nicht zur Witwe!« Doch es gab so viele Witwen und Waisen wegen dieses dummen, sinnlosen Krieges! »Aber nicht Lily«, betete ich weiter, »nicht Lily.«

Ich ging in den Krankensaal, um nach William zu sehen. Ich kniete mich an sein Bett. »William, erkennen Sie mich?« Er schien zuzuhören, aber seine Augen waren nicht auf mich gerichtet. Ich fürchtete, er sei vielleicht schon halb tot. »William«, fuhr ich fort, »ich bin Anna Pleydell, Lilys Freundin.«

»Lily«, murmelte er und versuchte zu lächeln.

»Nicht sterben«, sprach ich leise vor mich hin. »Sie dürfen nicht sterben. Sie müssen gesund werden. Für Lily und das Baby.« Aber ich hatte schreckliche Angst.

Ich ging in das kleine Zimmer, das mir als eine Art Refugium diente. Es hatte für mich eine besondere Bedeutung, seit Charles mich dort gebeten hatte, ihn zu heiraten. Und hier hatte ich auch Dr. Adair überredet, Ethel und Tom nicht zu trennen. Ein gewisser Instinkt führte mich jetzt dorthin. Ich mußte Dr. Adair finden, denn ironischerweise war ich auf die Idee verfallen, daß nur er helfen konnte. Es überraschte mich nicht, ihn dort anzutreffen. Er hatte einige Flaschen aus einem Regal genommen und betrachtete sie stirnrunzelnd.

»Doktor Adair.«

Er drehte sich um. »Miss… hm…«

»Pleydell.«

»Ach ja, richtig.«

Ich sagte: »Da draußen ist ein Mann. Ich kenne ihn. Ich kenne seine Frau. Sie hat ein Baby.«

»Da draußen sind eine Menge Männer. Viele haben Frauen und Kinder. Was ist so Besonderes an ihm?«

»Er darf nicht sterben. Er muß gerettet werden.«

»Es ist unsere Pflicht, alle zu retten, sofern das möglich ist.«

Ich ging zu ihm und rüttelte ihn am Arm. Er machte ein verwundertes und leicht amüsiertes Gesicht.

»Bitte«, sagte ich. »Untersuchen Sie ihn. Sagen Sie mir, daß er gerettet werden kann. Sie *müssen* ihm das Leben retten.«

»Wo ist er?«

»Ich bringe Sie zu ihm.«

Er folgte mir in den Krankensaal und zu dem Bett, in dem William Clift lag. Er untersuchte ihn, was einige Zeit in Anspruch nahm. Ich beobachtete seine geschickt tastenden Finger. Schließlich breitete er die Decke über William. Er ging in das kleine Zimmer, und ich folgte ihm.

Er sah mich an. »Er hat zwei Kugeln im Oberschenkel«, sagte er. »Sie sind vereitert. Er hätte vielleicht eine Chance, wenn sie sofort entfernt würden.«

»Geben Sie ihm die Chance, ich flehe Sie an!«

Er sah mich fest an. »Nun gut. Ich werde sofort operieren. Sie kennen ihn. Sie sollten dabeisein. Vielleicht können Sie helfen.«

»Ja«, sagte ich beflissen, »o ja.«

»Treffen Sie die Vorbereitungen! Stellen Sie einen Wandschirm um das Bett. Ich muß dort operieren, es geht nirgendwo anders.«

»Sofort.« Auf einmal empfand ich Dankbarkeit ihm gegenüber. Er war der einzige, der helfen konnte, wenngleich seine Experimente mich meinen Sohn gekostet hatten.

Es wurde ein seltsames Erlebnis für mich. William lag auf seinem Bett. Er war nicht ganz bei Bewußtsein, so daß er keine Ahnung hatte, was mit ihm geschehen sollte. Ich war froh darüber. Ich flüsterte ihm unentwegt zu: »Alles wird gut, William. Sie werden heimkehren zu Lily und Ihrem wonnigen Baby. Lily ist so stolz auf den Jungen, und Sie werden es auch sein. Nach Hause, William, Sie kommen nach Hause.«

Ich wußte nicht, ob er meine Worte verstand, aber er schien getröstet.

Dr. Adair kam. Er sah mich fest an und sagte: »Ich wünsche nicht, daß Sie über das sprechen, was Sie gleich sehen werden. Ich möchte Sie hierhaben. Ich glaube, der Patient braucht Sie. Aber es bleibt unter uns … dem Arzt, der Schwester und dem Patienten.« Er zog eine Phiole aus seiner Tasche. »Geben Sie mir einen Becher!« Er nahm ihn und goß

eine Flüssigkeit hinein. »Heben Sie den Kopf des Patienten!«
Ich tat wie geheißen und hielt William den Kopf, während
er die Flüssigkeit schluckte.

»Wie heißt er?«

»William Clift.«

Dr. Adair nickte und beugte sich über William. »William
Clift, schauen Sie mich an. Schauen Sie mir in die Augen.
Schauen Sie, schauen Sie. Was sehen Sie? Sie sehen in mich
hinein. Ich hole zwei Kugeln aus Ihrem Oberschenkel. Sie
werden nichts spüren… nichts… überhaupt nichts. Ihre
Freundin ist bei Ihnen, Ihre Freundin aus der Heimat.«

William schloß die Augen und schien eingeschlafen zu
sein.

»Wir müssen rasch handeln«, sagte Dr. Adair zu mir, »solange die Wirkung anhält.«

Ich zitterte. Ich hatte das Gefühl, neben einem mystischen
Wesen zu stehen, dessen unorthodoxe Methoden sich von
allem unterschieden, was ich je gekannt hatte.

»Sprechen Sie zu ihm«, sagte er. »Sprechen Sie von seiner
Frau, seinem Kind, seinem Zuhause…«

»Wir gehen nach Hause, William«, sagte ich. »Lily wartet. Das Baby ist bestimmt schon gewachsen. Der Kleine
möchte seinen Vater sehen. Lily wartet auf Sie… im Laden…
und Sie kehren heim, und es wird kein Blut mehr sein, kein
Gemetzel… Sie gehen mit dem Baby in den Park.« Ich redete
immerzu, alles, was mir gerade in den Sinn kam. Ich sah die
geschickten Finger bei der Arbeit. Dr. Adair hielt eine Kugel
in die Höhe; er lächelte triumphierend, was ich als nahezu
unmenschlich empfand. Ich wunderte mich, daß William
sich während der Operation nicht gerührt hatte.

»Sprechen Sie weiter!« befahl Adair, und ich gehorchte.
Dann stieß er einen Seufzer aus. Er hielt die zweite Kugel in
der Hand. »Geschafft«, sagte er. »Er wird Schmerzen haben,
allerdings nicht gleich. Wenn er aufwacht, bleiben Sie still
bei ihm sitzen. Wenn er sprechen will, antworten Sie ihm. In

etwa einer Stunde werden die Schmerzen einsetzen. Ich werde ihm etwas dagegen geben. Kommen Sie sofort zu mir, sobald Sie Anzeichen von Schmerzen sehen! Ich bin irgendwo im Saal. Lassen Sie den Wandschirm stehen, bis Sie angewiesen werden, ihn zu entfernen!«

Ich saß bei William. Ich hatte ein seltsames, erhebendes Gefühl; es war, als hätte ich einem Wunder beigewohnt. Der Mann besaß eigentümliche Kräfte. Wie hatte Philippe ihn genannt? Einmalig. Das traf zu. Und es gab ein Geheimnis zwischen uns. Ich durfte niemandem etwas erzählen.

Meine Gefühle waren in Aufruhr. Fast eine Stunde saß ich da, dann sah ich, daß Williams Gesicht sich vor Schmerzen verzerrte. Eilends ging ich Dr. Adair holen. Er trat an Williams Bett. Er träufelte ein paar Tropfen aus seiner Phiole auf einen Löffel und verabreichte sie William. »Das wird ihm noch ein paar Stunden Vergessen schenken«, sagte er.

»Und dann?«

»Die Schmerzen werden wiederkommen, aber je länger wir sie abwehren, um so größer ist die Chance für seinen Körper, sich zu erholen. Sie können ihn jetzt allein lassen. Sie haben bestimmt viel zu tun.«

»Danke, Doktor Adair.«

Ich weiß nicht, wie ich an diesem Tag meine Arbeit verrichtete. Meine Gedanken wirbelten durcheinander. Ich mußte unentwegt an die Szene hinter dem Wandschirm denken. Der Mann experimentierte mit seinen seltsamen Fähigkeiten. Was gab ihm das Recht, Menschen als Versuchskaninchen zu benutzen? Aber... wenn er William das Leben gerettet hatte...

Ich durfte mit niemandem über das Geschehene sprechen. Er hatte gesagt, es müsse unter uns bleiben.

Ich verbrachte eine schlaflose Nacht, und als erstes am nächsten Morgen besuchte ich William Clift. Er sah bleich und elend aus. Aber er lebte.

Am nächsten Abend war ich im Krankensaal. Dr. Adair

trat an William Clifts Bett und untersuchte in. Als er fertig war, ging ich in das kleine Zimmer. Ich war gespannt, ob er hereinkommen oder vorbeigehen würde.

Er stand in der Tür und lächelte mich triumphierend an. »Ich denke, unser Patient ist über den Berg.«

Eine Woge der Erleichterung überlief mich. In diesem Moment vergaß ich meine Feindseligkeit. »Sind Sie sicher?«

Er machte ein unwilliges Gesicht. »Niemand kann je ganz sicher sein. Im Augenblick kann ich nur sagen, es geht ihm so gut, wie zu erwarten steht. Und das ist schon ein Fortschritt.« Er sah mich eindringlich an. »Er braucht sorgsame Pflege«, fuhr er fort.

»Selbstverständlich.«

»Kümmern Sie sich um ihn. Unterhalten Sie ihn mit Geschichten von Weib und Kind.«

Meine Stimme zitterte. »Ja.«

Er nickte und ging hinaus.

Eine Woche später sagte Dr. Adair im Krankensaal zu mir: »Ich denke, wir können unseren Patienten bald gesund und munter nach Hause zu Frau und Kind schicken.«

Ich war sehr glücklich.

In den langen Sommermonaten wurden weniger Verwundete eingeliefert, und wie immer litten die meisten mehr an Krankheiten als an Kriegsverletzungen. William Clifts Genesung verlief zufriedenstellend, was gleichbedeutend war mit nicht zu rasch, denn ich fürchtete, wenn er ganz gesund geworden wäre, hätte er wieder an die Front müssen. Er war sehr schwach, aber außer Gefahr – genau, wie ich es haben wollte.

Ethel war nun offiziell verlobt, und sie strahlte. Sie sprach unentwegt von dem Bauernhof auf dem Land. Sie wollte eine Menge Kinder haben und glücklich und in Freuden leben.

Eliza war froh über die Wendung in Ethels Dasein. Sie war eine Frau, die gern jemanden hatte, den sie bemuttern konnte, und da sich Tom nun um Ethel kümmerte, wandte Eliza sich mir zu. Sie gehörte zu den wenigen Menschen, die über meine Vergangenheit Bescheid wußten. Sie wünschte, daß auch ich wie Ethel einen Ehemann fände. Sie meinte, Dr. Fenwick sei der ideale Mann für mich. Es war amüsant, die sanfte Seite ihrer Natur zu entdecken, so kämpferisch sie war, wenn es um die Wahrung ihrer Rechte ging. Viele Schwestern hatten Angst vor ihr – und auch die Patienten. Sie gehorchten ihr ohne Widerrede. Sie nannten sie Eliza die Große. Ich hatte sie recht lieb gewonnen.

Henrietta war ganz ausgelassen. Es hatte ihr geschmeichelt, daß der unbekannte Pascha oder Sultan sie für seinen Harem ausgewählt hatte, und sie lachte viel über den Vorfall. Sie sprach von den Geheimnissen des Orients und meinte, es müsse Spaß machen, sie zu ergründen. Sie könne verstehen, daß Dr. Adair sich mit diesem Thema befasse. Sie kam oft auf ihn zu sprechen. »Ich hab' ihn heute gesehen«, sagte sie etwa. »Er ist wirklich großartig. Er besitzt Autorität. Niemand würde es wagen, seine Anordnungen nicht zu befolgen. Man hat den Eindruck, er sei ein höheres Wesen. Hast du auch das Gefühl, Anna, seit du ihn ein bißchen kennst?«

»Nein. Er ist ein Arzt, der gerne experimentiert. Ich glaube, er liebt das Risiko.«

»Er hat Lilys Mann das Leben gerettet.«

»Manchmal sind Risiken eben erfolgreich. Ich glaube aber, er wollte bloß mit seinem Können angeben.«

»Du bist ungerecht, Anna. Ich finde ihn wunderbar. Ich muß oft über unser ›Projekt‹ lachen. Weißt du noch, wie wir von ihm gesprochen haben? Wie wir uns auf die Suche nach ihm begaben, um ihn als Betrüger zu entlarven, als eingebildeten Scharlatan?«

Ich schwieg.

»Es war alles bloß ein Spiel, nicht? Wir haben es nie ernst gemeint. Und wenn man ihn hier sieht... Neben ihm wirken die anderen richtig unscheinbar. Oh, ganz so habe ich es nicht gemeint. Charles ist so ein guter Mensch, aber...«

»Du ziehst den Sünder dem Heiligen vor.«

»Die Bezeichnungen treffen nicht zu. Charles ist kein Heiliger, oder? Und Doktor Adair... nun ja, vielleicht... Ich halte ihn jedenfalls für den attraktivsten Mann, dem ich je begegnet bin.«

Sie faltete die Hände vor der Brust und hob die Augen zur Decke. Wie ihre Redeweise waren auch Henriettas Gesten oft übertrieben.

Ich sagte nichts mehr. Ich konnte mit Henrietta nicht über ihn sprechen.

Aber Eliza sprach mit mir über Henrietta. »Ich mach' mir Sorgen um sie. Ich finde es nicht gut für 'ne junge Frau, daß sie so für diesen Doktor Adair schwärmt. Es ist genau, wie's bei der armen Ethel war. Und was ist passiert? Der Mistkerl läßt sie mit 'nem Kind sitzen.«

»Was hat das mit Henrietta und Doktor Adair zu tun?«

»Sie hat so 'n Gefühl für ihn. Sie wird wie Wachs in seinen Händen sein.«

»Ach, Eliza, bist du aber theatralisch!«

»Ich kenn' die Männer. Das bringt der Beruf mit sich. Sie wollen bloß bewundert werden. Anfangs können sie nicht genug davon kriegen. Und wenn sie ein Mädchen satt haben, woll'n sie nichts mehr von ihr wissen. Dieser Doktor Hochmut ist auch nicht anders als die anderen. Und sie läuft rum und macht kein Geheimnis draus, daß sie ganz weg von ihm ist.«

»Nein, Eliza, das ist nicht wahr. Wir haben uns nur schon immer besonders für ihn interessiert, das ist alles.«

Sie sah mich scharf an. »Aber du doch nicht! Du bist vernünftiger, oder?«

»Vernünftiger? Inwiefern?«

»Du hältst dir diese Sorte Männer vom Leibe.«

»Ja, Eliza, allerdings.«

»Der andere Doktor ist ein sehr netter Herr. Er ist in dich verliebt, besser könntest du's nicht treffen. Ich will einfach nicht, daß du oder Henrietta euch wegen *Männern* zum Narren macht.«

»Bestimmt nicht.«

Sie schüttelte den Kopf, wie um anzudeuten, daß sie da nicht so sicher sei.

Der August war vorüber, wir hatten September. Uns allen war etwas unbehaglich zumute. Der Gedanke, noch einen Winter hier verbringen zu müssen, war deprimierend.

Die Franzosen und Engländer waren ebenso verzweifelt wie die Russen. Vor Sebastopol tobte eine verheerende Schlacht, und wir warteten ängstlich auf das Ergebnis.

Wir mußten nicht lange warten. Ein Bote kam, und wir eilten ihm entgegen, um die neuesten Nachrichten zu hören: Die Franzosen hatten die Festung Malakoff im Sturm genommen.

»Gott sei Dank!« erhob sich ein Aufschrei, denn die Festung war der Schlüssel zu Sebastopol.

»Die Russen fliehen aus der Stadt, aber was von ihr übrig ist, haben sie in Brand gesteckt. Sie ist ein einziges Flammenmeer.«

Plötzlich lagen wir uns alle in den Armen. Fast zwölf Monate hatten wir gewartet, daß Sebastopol fiel, und nun war es geschehen. Für uns bestand kein Zweifel, daß der Krieg vorüber war.

Wir hatten recht, wenngleich es noch einige Widerstandsnester zu überwinden galt. Der Großteil unserer Arbeit war getan. Alle sprachen von Heimkehr. Aber das Hospital war natürlich voller Patienten, von denen einige zu krank für einen Transport waren. Wir konnten nicht alle fortgehen und diese Menschen allein lassen. Es wurde beschlossen, daß wir in Gruppen abreisen und daß einige von uns bleiben sollten, bis nichts mehr zu tun war.

Aufgrund der außergewöhnlichen Umstände war Ethel unter den ersten, die aufbrachen. Obwohl Tom so weit genesen war, daß er reisen konnte, bedurfte er doch noch besonderer Pflege, und deshalb sollte Ethel ihn begleiten.

Ich stand mit Henrietta und Eliza dabei, als sie sich einschifften. Ethel war jetzt ein ganz anderer Mensch als jenes Mädchen, als das sie hergekommen war. Mir kam der Gedanke, daß selbst aus Bösem etwas Gutes kommen konnte, denn der Krieg hatte Ethel von einem elenden Leben erlöst, das nicht von langer Dauer hätte sein können, und er hatte ihr eine bessere Zukunft beschert.

Sie stand an der Reling und sah zu uns herüber, und wir warteten, bis das Schiff außer Sicht war. Danach kehrten wir, zu gerührt, um zu sprechen, ins Hospital zurück.

Ich hatte Ethel einen Brief für Lily mitgegeben, worin ich ihr mitteilte, daß es William gutging und er sich in meiner Obhut befand.

Im Hospital wurden jetzt täglich Männer nach Hause entlassen. Nur die schwersten Fälle blieben. Einige starben freilich, aber wir hofften, daß die übrigen in wenigen Monaten so weit genesen würden, daß sie heimkehren konnten.

Charles sollte eine Gruppe Verwundeter begleiten. Er informierte mich über die Anordnung und sagte: »Ich wünschte, Anna, Sie könnten mit mir kommen.«

»Ich werde bald zu Hause sein. Ich kümmere mich um William Clift, und geht es ihm auch schon recht gut, so ist er doch noch nicht soweit, daß er reisen kann. Daher werde ich hier noch gebraucht.«

»Für Sie kommt die Pflicht natürlich stets zuerst.«

Ich war nicht sicher, ob das stimmte. Ich wollte einfach noch nicht fort. Ich war mit einer bestimmten Absicht hierhergekommen und hatte mein Ziel noch nicht erreicht. Ich mußte noch eine Weile in Damien Adairs Nähe bleiben, obgleich ich nicht recht wußte, was ich unternehmen sollte.

Charles küßte mich zärtlich. »Sobald Sie zurück sind,

komme ich zu Ihnen. Bis dahin, denke ich, werden Sie sich entschieden haben.«

»Ja, Charles, das wird das beste sein.«

»Wenn wir nach Hause ins normale Leben zurückkehren, sieht alles anders aus.«

Ich stimmte ihm zu. »Es kann nicht mehr lange dauern«, sagte ich.

Er sprach davon, was wir auf dem Land tun würden. Er wollte sich gründlich umsehen. Er wollte seine Praxis sorgfältig wählen und sich nicht entscheiden, ohne sich vorher mit mir zu beraten. Ich wußte, er würde ein rücksichtsvoller Ehemann sein. Es sei ein Glück für mich, sagte ich mir, von einem solchen Mann geliebt zu werden.

Ich sah ihm nach, als sein Schiff davonfuhr, und als er fort war, vermißte ich ihn. Es ist so wohltuend, geliebt zu werden, selbst wenn man sich nicht sicher ist, ob man diese Liebe erwidern kann.

Unsere Arbeit war jetzt vergleichsweise leicht, und wir hatten öfter ein paar Stunden für uns. Dann setzten wir in Gruppen mit dem Boot nach Konstantinopel über. Die Stadt war ganz verändert. Sie stand nicht mehr unter feindlicher Bedrohung. Die Geschäfte waren mit einemmal heller. Auf den Straßen war ständig Musik. Es gab viele Restaurants, wo wir eine Mahlzeit einnehmen oder einfach nur sitzen konnten, um Wein oder türkischen Mokka zu trinken.

Henrietta war vergnügter denn je. Sie wirkte fast fieberhaft ausgelassen. Einmal sagte sie zu mir: »Ich weiß nicht, wie ich mich in England wieder eingewöhnen kann. Am liebsten würde ich weiter nach Osten ziehen. Es gibt noch so vieles kennenzulernen.«

Philippe Lablanche war noch in Konstantinopel und führte uns einige Male aus. Er kam oft ins Hospital, und ich glaubte, er fühlte sich zu Henrietta hingezogen. Sie flirtete ziemlich heftig mit ihm, was er anscheinend reizvoll fand. Sie erregte stets viel Aufmerksamkeit, und mir schien, daß sie dies erwartete und sich darin auch sonnte.

Sie fragte Philippe ständig nach den Sitten und Bräuchen der Völker, und wenn er von seinen Reisen berichtete, war sie ganz gebannt. Ich vermutete, sie stellte sich vor, daß sie durch die Wüste ritt und an einer Oase ihr Zelt aufschlug, alles höchst romantisch. Ich hatte den Eindruck, daß ihre Gedanken fast ständig von Dr. Adair beherrscht waren.

Einmal erstand sie in Konstantinopel ein Kostüm. Es war aus Seide, lose Stoffstreifen hingen über einer bauschigen Pluderhose, die an den Fußgelenken zusammengefaßt war.

»Wozu, um alles in der Welt, hast du das gekauft?« fragte ich.

»Weil es mir gefiel.«

»Das kannst du doch nie tragen.«

»Wieso nicht? Ich zieh's mal an und zeige dir, wie gut es mir steht.«

Kurz darauf stand sie in ihrem Kostüm vor mir und strahlte.

»Du siehst aus wie die Haremskönigin«, sagte ich. »Aber du bist zu blond dafür.«

»Manche *sind* blond. Einige sind Sklavinnen aus fernen Ländern.«

»Henrietta«, sagte ich, »du bist richtig albern.«

»Ich weiß. Aber es macht mir Spaß.«

»Na ja, du könntest es daheim bei einem Kostümfest tragen. Dazu eignet es sich fabelhaft.«

Ihre Miene trübte sich etwas. »Es wird seltsam sein, wieder nach Hause zu kommen«, sagte sie langsam. »Denk doch nur... nach allem hier. Ziemlich prosaisch, findest du nicht?«

Ich starrte sie verblüfft an. Ich hatte gedacht, sie freue sich auf zu Hause wie die meisten von uns. »Sag bloß nicht, es tut dir leid, das Hospital zu verlassen, die Krankensäle, die Leidenden... das ganze Grauen, die Unmöglichkeit, alles sauber zu halten... die Qual, das Blut, die furchtbare Erschöpfung, die Zustände, in denen wir leben mußten. Erzähl mir nicht, daß du dich nicht nach Hause sehnst!«

»Dort ist es natürlich bequemer.«

Ich lachte. »Ist das alles?«

»Hier kann jederzeit etwas Phantastisches geschehen. Und was gibt es schon zu Hause? Bälle, Feste, große Gesellschaften, die richtigen Leute treffen. Kein bißchen Romantik.«

»Henrietta, ich bin sprachlos. Ich dachte, du könntest es gar nicht erwarten, nach Hause zu kommen.«

»Man ändert sich eben«, sagte sie und lächelte abwesend.

Wenige Tage darauf kam Philippe ins Hospital und lud uns ein, am Abend mit ihm zu speisen. Er wollte uns um sechs abholen, um wie üblich mit dem Boot nach Konstantinopel überzusetzen.

Ich trug ein hellgrünes Kleid. Es war sehr schlicht und hatte sich leicht in meiner Reisetasche verstauen lassen. Es war das einzige Kleid, das ich mitgenommen hatte, abgesehen von meiner Uniform. Ich hatte es nicht oft getragen, weil die Uniform ein Schutz war, falls wir einmal in eine heikle Situation gerieten, wie Henrietta und ich bei unserem Abenteuer in den Straßen der Stadt erfahren hatten.

Doch an diesem Abend sollten wir mit Philippe zusammensein, und er kannte sich in Konstantinopel mit den Gepflogenheiten gut aus.

Henrietta trug einen langen Umhang, und zu meinem Erstaunen erblickte ich darunter ihr türkisches Kostüm. Sie sah sehr schön aus. Sie war von einer ansteckenden Fröhlichkeit, die überaus reizvoll wirkte.

Gerade als wir zu dritt in das Boot steigen wollten, trafen wir Dr. Adair. »Beabsichtigen Sie, in Konstantinopel zu speisen?« fragte er.

Philippe bejahte.

»Zwei Damen und ein Herr! Das geht doch nicht an! Darf ich mich Ihnen anschließen?«

Wir waren baß erstaunt. Henriettas Augen funkelten. »Aber das wäre reizend!« rief sie.

»Danke«, sagte Dr. Adair, »dann ist es abgemacht.«

Die Überfahrt über den Bosporus war sehr kurz, und bald stiegen wir aus. Da mehrere Boote gleichzeitig angelegt hatten, herrschte am Ufer ein ziemliches Gedränge. Dr. Adair nahm meinen Arm, Philippe den Henriettas.

»Einen Moment, bitte«, sagte Dr. Adair zu mir. »Werfen Sie einen Blick zurück auf die andere Seite. Sieht es nicht romantisch aus? Gar nicht wie unser Hospital. In diesem Licht wirkt es wie ein Kalifenpalast, finden Sie nicht?« Er lächelte ironisch, unergründlich.

»Ja, es sieht wirklich ganz anders aus.« Als ich mich umdrehte, waren Henrietta und Philippe verschwunden.

Dr. Adair blickte sich suchend um. »Man verliert sich so leicht in dem Gedränge. Aber wir werden sie finden.«

Wir fanden sie aber nicht. Wir gingen am Wasser entlang. Dr. Adair sah mich mit einem Ausdruck an, den ich als gespieltes Entsetzen deutete. »Macht nichts«, sagte er. »Ich glaube, ich weiß, wohin Lablanche wollte.«

»Hat er es Ihnen gesagt? Ich habe nichts gehört.«

»Ich kenne sein Lieblingsrestaurant. Lassen Sie uns dorthin gehen.«

Er führte mich zu einer Mietdroschke, und wir fuhren nebeneinander sitzend durch die Stadt. Sie war überaus romantisch, zumal jetzt am Abend. Ich hatte den Schrecken noch nicht überwunden, plötzlich mit Adair allein zu sein. Er sprach kenntnisreich über die Architektur und stellte Vergleiche an zwischen der Moschee, die Suleiman der Große, und jener, die Sultan Achmed I. errichtet hatte. Wir hatten unterdessen eine Brücke überquert, die ins türkische Viertel führte.

»Ich denke, hier werden wir unsere Freunde finden«, sagte Dr. Adair. »Wenn nicht, müssen wir eben miteinander vorliebnehmen.«

»Wenn es Ihnen lieber ist, Doktor Adair, kann ich nach Skutari zurückkehren.«

»Aber warum denn nur? Ich dachte, Sie wollten auswärts speisen.«

»Ich hatte Monsieur Lablanches Einladung angenommen, aber da ich ihn nun verloren habe...«

»Das ist doch nicht so schlimm. Sie haben ja nun einen anderen Beschützer.«

»Vielleicht hatten Sie andere Pläne.«

»Ich wollte nur auswärts essen. Kommen Sie, lassen Sie uns hineingehen. Es kann gut sein, daß die anderen schon da sind.«

Wir stiegen aus, und er führte mich in das Restaurant. Drinnen war es schummrig, auf den Tischen brannten Kerzen. Ein Mann in einer prachtvollen blau-goldenen Livree mit goldfarbener Schärpe trat auf uns zu. Ich konnte nicht verstehen, was sie miteinander sprachen, aber der livrierte Mann, offenbar der Oberkellner, war sehr unterwürfig.

Dr. Adair wandte sich mir zu. »Unsere Freunde sind noch nicht da. Ich habe um einen Tisch gebeten, und dort werden wir auf sie warten. Sobald sie eintreffen, wird man ihnen sagen, daß wir hier sind. Wenn sie nicht kommen, Miss Pleydell, werden Sie sich leider mit mir begnügen müssen.«

Wir wurden zu einem Tisch in einer Nische geführt. »Ein wenig Abgeschiedenheit ist von Vorteil, wenn man sich unterhalten möchte«, meinte Dr. Adair.

Ich fühlte mich unbehaglich und gleichzeitig beschwingt. Ich hatte einen weiten, gewundenen Weg zurückgelegt, um diesen Mann zu finden, und nun saß ich ihm wahrhaftig gegenüber. Wenn das kein Erfolg war!

»Ich hoffe, Sie wollen die türkische Kost versuchen, Miss Pleydell. Sie unterscheidet sich sehr von den heimischen Speisen oder der Verpflegung im Hospital. Aber man muß etwas wagen, meinen Sie nicht auch?«

»Ja, natürlich.«

»Das hört sich nicht sehr überzeugend an. Sind Sie wage-mutig?«

»Das muß man wohl sein, wenn man mitten im Krieg nach Skutari geht, oder?«

»Bis zu einem gewissen Grade stimme ich Ihnen zu. Aber Sie sind eine berufene Krankenschwester und würden zwei-fellos bis ans Ende der Welt gehen, wenn Ihre Pflicht Sie dorthin riefe. Möchten Sie Kaviar? Ansonsten empfehle ich ein sehr schmackhaftes Gericht aus Fleisch und Paprika-schoten mit verschiedenen Saucen.«

»Aus Furcht, mangelnden Wagemutes bezichtigt zu wer-den, möchte ich es probieren«, sagte ich.

»Fein, und hinterher rate ich zu tscherkessischem Hühn-chen in Walnußsauce.«

»Sollen wir nicht auf die anderen warten?«

»Aber nein…«

»Aber ich bin doch eigentlich Monsieur Lablanches Gast.«

»Er mag die überschwengliche Henrietta bewirten.«

»Glauben Sie wirklich, daß sie hierherkommen?«

»Es wäre möglich. Ich weiß nicht, wie viele Speiselokale es in Konstantinopel gibt, aber dieses ist immerhin recht be-kannt, daher besteht die Möglichkeit, daß sie herkommen.«

»Ich dachte, Sie wären sicher, daß es Monsieur Lablanches Lieblingslokal ist.«

»Er ist ein Feinschmecker, deshalb dürfte er dieses Lokal kennen.«

»Sie drücken sich nicht sehr klar aus. Vorhin haben Sie etwas ganz anderes gesagt.«

»Warum sich mit solchen Belanglosigkeiten befassen, Miss Pleydell? Wir sind hier, wir speisen à *deux*. Eine gute Gelegenheit, um etwas zu besprechen.«

»Haben wir denn etwas zu besprechen?«

»Meine liebe Miss Pleydell, das müßten zwei sehr fade Menschen sein, die nicht genug Gesprächsstoff für einen kurzen Abend hätten. Wir haben zusammen gearbeitet... Sie haben sich ein Bild von mir gemacht...«

»Und Sie von mir. Das heißt, falls Sie mich überhaupt beachtet haben.«

»Ich bin ein scharfsichtiger Mensch. Mir entgeht fast nichts.«

»Aber manches ist doch gewiß zu unbedeutend, um von Ihnen bemerkt zu werden.«

»Auf gar keinen Fall, Miss Pleydell.«

Der livrierte Mann mit der Schärpe näherte sich mit einem um eine Spur weniger prachtvoll gekleideten Kellner unserem Tisch, und wir gaben die Bestellung auf. Dr. Adair wählte den Wein, und kurz darauf wurde der erste Gang serviert.

Dr. Adair hob sein Glas. »Auf Sie... und auf alle Nachtigallen, die ihre Heimat verließen, um übers Meer zu kommen und unsere Soldaten zu pflegen.«

Ich hob das meine. »Und auf die Ärzte!«

»Ihr erster Schutzbefohlener dürfte jetzt wohl auf dem Heimweg sein.«

»Oh, Sie meinen Tom. Ja, er ist mit Ethel unterwegs nach Hause. Sie wollen heiraten.«

»Und glücklich und in Freuden leben?«

»Das ist zu hoffen. Er hat einen Bauernhof, und Ethel stammt vom Lande.«

»Und Ihr zweiter?«

»Sie meinen William Clift. Er erholt sich langsam.«

»Er ist noch mal davongekommen.« Er sah mich fest an. In diesem Augenblick kam das tscherkessische Hühnchen, und wir schwiegen, solange serviert wurde.

»Es wird Ihnen bestimmt schmecken«, sagte Dr. Adair. Er füllte mein Glas. »Ja«, fuhr er fort, »ich wollte mit Ihnen über William Clift sprechen.«

Ich hob die Augenbrauen.

»Sie machen so ein erstauntes Gesicht.«

»Ich *bin* erstaunt, daß Sie mich für würdig erachten, mit Ihnen über einen Patienten zu sprechen. Ich hatte gedacht, Sie seien der Meinung, daß Krankenschwestern an ihrem Platz zu bleiben und nur auf Befehl der Ärzte zu springen und die niederen Arbeiten zu verrichten hätten.«

»Und ist es nicht so? Aber das heißt nicht, daß ich nicht mit Ihnen über William Clift sprechen möchte. Seine Wunden heilen. Als er eingeliefert wurde, war er dem Tode nahe, aber er hat überlebt… und mit der Zeit wird er ganz gesund und vermutlich uralt werden. Er hätte leicht sterben können, wissen Sie.«

»Ja, ich weiß.«

»Die Kugeln waren tief eingedrungen. Sie waren schon vereitert. Es stand auf Messers Schneide.«

Ich sah ihn an und dachte: Ich hatte recht. Er will immerzu gelobt werden. Die ganze Zeit will er nur Ruhm und Ehre für Dr. Adair.

»Sie werden sich gewiß erinnern, daß ich mich unüblicher Methoden bedient habe. Das war ein Glück. Sonst, Miss Pleydell, wäre William Clift nicht mehr am Leben.«

»Sie gaben ihm etwas zu trinken…«

»Mehr noch, ich habe ihn hypnotisiert. Diese Methode wird von der medizinischen Wissenschaft zu Hause nicht anerkannt. Aber, Miss Pleydell, meine Methoden decken sich nicht immer mit den konventionellen, und deshalb bin ich kein konventioneller Arzt.«

»Das weiß ich.«

»Ich glaube, daß Schmerzen die Genesung verzögern. Ein Patient muß, wann immer es möglich ist, von Schmerzen befreit werden. Ich würde jede Methode anwenden, um den Schmerz auszuschalten.«

»Das scheint mir sehr lobenswert.«

»Aber es gibt einige Ärzte, die dem nicht zustimmen. Sagte ich einige? Ich meine viele. Sie glauben, daß Schmerzen von Gott oder sonst einem höheren Wesen als Sühne auferlegt sind. ›Es werde Schmerz, und es ward Schmerz!‹ Ich bin ganz und gar gegen diese Auffassung. Ich bin im Orient gewesen und verachte die Methoden nicht, die sich von unseren unterscheiden. Wir haben in mancher Hinsicht große Fortschritte gemacht, aber andererseits sind wir weit hinter einem Volk zurück, welches man nach gewissen Maßstäben im Vergleich mit uns als primitiv bezeichnen würde. Langweile ich Sie, Miss Pleydell?«

»Keineswegs. Ich finde es hochinteressant.«

»Sie waren dabei, Sie haben gesehen, was mit William Clift geschah. Ich habe ihm das Leben gerettet. Ohne mich wäre er tot, und Ihre Lily wäre eine Witwe, ihr Kind eine Waise.«

Warum muß er so prahlen? dachte ich. Er hat ja recht. Er hat Großartiges geleistet. Aber wozu diese ständige Prahlerei?

»Ich habe ihn in Schlaf versetzt, um operieren zu können, ohne daß sein Körper Widerstand leistete. Diese Methode habe ich in Arabien gelernt. Sie ist nicht leicht durchzuführen. Ich verwende sie bei meiner Arbeit nur, wenn es unbedingt notwendig ist. Sie, Miss Pleydell, bestanden so beharrlich darauf, daß ich das Leben des Mannes rettete. Ich mußte Ihnen zeigen, daß ich es konnte. Und ich habe es getan.«

»Ich verstehe nicht, wieso Sie es *mir* zeigen mußten, einer Krankenschwester … einem von diesen Anhängseln, die zuweilen nützlich sein können, aber im großen und ganzen eine Belastung sind.«

»Sie sind zu bescheiden, und ich glaube, Bescheidenheit ist eigentlich kein Zug Ihres Charakters. Daher muß dies falsche Bescheidenheit sein. Schmeckt Ihnen das Huhn?«

»Danke, ja. Ich bin nicht bescheiden, und Sie haben Ihre Meinung über uns Schwestern ziemlich klar ausgedrückt.«

»Warum mache ich mir dann die Mühe, Ihnen dies alles zu erzählen?«

»Vielleicht möchten Sie, daß alle wissen, wie tüchtig Sie sind?«

»Richtig. Aber ich habe es nicht nötig, Sie darauf hinzuweisen. Sie wissen es längst.«

Ich mußte plötzlich lachen, und er lachte mit mir.

»Kommen wir zur Sache!« fuhr er fort. »Ich glaube, Sie hatten einmal eine sehr schlechte Meinung von mir. Sie dachten, ich hätte meinen Posten verlassen, um mich zügellosen Ausschweifungen hinzugeben. Man brachte Sie zu mir, und ich war in einheimischer Kleidung. Was haben Sie da gedacht?«

»Daß Sie sich eine Verschnaufpause von der harten Arbeit im Hospital gönnen.«

»Haben Sie geglaubt, daß ich irgendwo einen Harem habe, ein genußvolles Leben führe und allen möglichen Lastern fröne?«

»Ich habe Ihre Bücher gelesen.«

»Wie nett von Ihnen.«

»Überhaupt nicht nett. Ich bekam sie geliehen und war von Ihren Abenteuern gefesselt. Ich erkannte, was Sie für ein Mensch sind.«

»Es war sorglos von mir, mich in meinen Büchern zu verraten. Ich habe unter Eingeborenen gelebt, wie ich es beschrieben habe. Nur so lernt man sie richtig kennen. Ich habe ihnen viel abgeschaut. Als man Sie zu mir brachte, wollte ich gerade zu einer Mission aufbrechen. Sie wissen ja, im Hospital herrschte an allem ein schrecklicher Mangel. Erinnern Sie sich an den Mann mit dem amputierten Bein? Können Sie sich den Schock im Organismus dieses Menschen vorstellen: ohne ein Mittel, um den Schmerz zu betäuben? Wie standen seine Genesungschancen? Sehr schlecht. Und doch, die Amputation zu unterlassen hätte den sicheren Tod bedeutet. Es gab eine schwache Hoffnung. Mit gewissen Medikamenten hätte er durchaus eine Chance gehabt. Es war eine Zumutung, so zu operieren. Deshalb zog ich los, um Mittel zu finden, mit denen ich die Menschen in Schlaf versetzen konnte. Ich wußte, wo ich dergleichen bekommen konnte. Rauschgift, Drogen, um unsere Patienten ruhigzustellen, meine liebe Miss Pleydell, und nicht solche Mittel, die normalerweise in Hospitälern verwendet werden. Diese Rauschmittel werden nur an Einheimische abgegeben. Deshalb mußte ich einer der ihren werden. Das ist mehr als nur eine Sache von Kleidung und Sprache, es ist eine Sache der Einstellung. Die Leute kennen mich wie sich selbst. Sie vertrauen mir. Wenn ich mich nicht auf die kleine Expedition begeben hätte – als Sie glaubten, ich hätte meinen Posten im Stich gelassen, um mich den Lüsten des Harems hinzugeben –, hätte ich Ihrem William Clift nicht das Leben retten können.«

»Dann tut es mir leid, daß ich Sie falsch eingeschätzt habe.«

»Es sei Ihnen verziehen. Es ist so leicht, falsche Schlüsse zu ziehen und jemanden in Unkenntnis der Tatsachen zu verurteilen.«

»Das sehe ich ein.«

»Und haben Sie Ihre Meinung über mich geändert?«

»Es steht mir nicht zu, mir eine Meinung zu bilden«, sagte ich. »Ich konnte es nur aus Unkenntnis tun, wie Sie bemerkten.«

Ein Kellner erschien, um die Teller wegzuräumen und ein mächtiges, mit Nüssen und Honig gefülltes Gebäck namens Baklawa aufzutischen. Dazu stellte er noch ein Tablett mit Bonbons vor uns hin.

»Ein köstliches Mahl«, sagte ich.

»Da stimme ich Ihnen zu. Aber ich möchte lieber über uns sprechen als über das Essen.«

Er stützte sich mit den Ellbogen auf den Tisch und sah mich eindringlich an.

»Doktor Adair«, sagte ich, »Sie versuchen doch nicht etwa, mich zu hypnotisieren?«

»Ich fürchte, bei Ihnen würde das nicht so leicht sein. Sie

würden sich widersetzen. Der arme William Clift war dazu nicht imstande. Aber Sie, wie Sie da sitzen – bemerkenswert gutaussehend, wenn ich das sagen darf, trotz Ihres Aufenthaltes im Hospital –, Sie würden sich gegen mich zur Wehr setzen.«

»Was würden Sie tun, wenn ich unterläge?«

»Ich würde versuchen, Sie von Ihrer konventionellen Art abzubringen.«

»Konventionell! Ich bin alles andere als das.«

»Ich würde das Geheimnis der Nachtigall entdecken.«

»Was meinen Sie damit?«

»Genau was ich sage. In Gedanken nenne ich Sie immer Nachtigall. Das ist wohl nicht verwunderlich.«

»Was mich verwundert, ist, daß Sie überhaupt an mich denken.«

»Aber, Miss Pleydell, meine liebe kleine Nachtigall, das wissen Sie doch besser.«

»Nein, keineswegs. Mir ist vielmehr aufgefallen, daß Sie die Krankenschwestern nicht beachtet haben.«

»Ich habe alle beachtet, und ganz besonders Sie.«

»Was Sie nicht sagen!«

»Sie haben mich interessiert. Sie verbergen etwas. Ich wüßte gerne, was es ist. Sie fragen, was ich tun würde, wenn ich Gewalt über Ihr Bewußtsein hätte. Ich würde sagen: Erzählen Sie mir alles... Erzählen Sie mir, was Ihnen zugestoßen ist und Sie zu der gemacht hat, die Sie sind.«

»Was glauben Sie, was mir zugestoßen ist?«

»Das ist das Geheimnis. Etwas ist... etwas, das Ihnen sehr wichtig war... etwas Tragisches... etwas, für das Sie jemanden verantwortlich machen. Ich würde es gerne wissen.«

Meine Lippen zitterten. Es war mir also anzumerken. Die Erinnerung daran, wie ich auf das Gut gekommen war und Julian tot gefunden hatte, brach über mich herein. Und das Wissen, daß dieser Mann dort gewesen war...

Es stimmte, ich hatte ein Geheimnis: meinen Wunsch nach

Rache. Und nun saß er mir hier gegenüber, und ich war sein Gast, und ich wußte nicht, warum alles so anders war, als ich es mir vorgestellt hatte. Ich war furchtbar unsicher, sowohl was ihn, als auch was mich selbst betraf.

»Reden würde vielleicht helfen«, sagte er.

Ich schüttelte den Kopf.

»Wie finden Sie das Baklawa?« fragte er.

»Ziemlich süß.«

»Die Türken mögen es gerne süß. Versuchen Sie ein Bonbon! Da haben wir's, die sind auch süß. Lauter Süßigkeiten.«

Ich dachte, er weiß zuviel. Woher konnte er von meiner tragischen Vergangenheit wissen? Hatte ich es selbst preisgegeben? Nur Eliza und Henrietta wußten davon. Eliza hatte nie Kontakt mit ihm gehabt – und sie würde auch nicht verraten, was man ihr anvertraut hatte. Henrietta? Mir wurde etwas beklommen zumute. Henrietta, die ständig von ihm sprach. Wie begeistert war sie heute abend gewesen, als er bat, sich uns anschließen zu dürfen.

Ich mußte rasch das Thema wechseln und begann von seinen Büchern zu sprechen.

»Hat jemand Sie darauf aufmerksam gemacht?« fragte er.

»Ja, jemand, der in England mit Ihnen befreundet war. Es ist lange her. Stephen St. Clare.«

»Stephen. Ja, er war ein guter Freund von mir. Er hatte ein hübsches Anwesen auf dem Land. Sind Sie mal dort gewesen?«

»O ja.«

»Er ist tot, der arme Stephen ... und sein Bruder auch. Das war ein trauriger Fall.«

»Der Bruder?« echote ich matt.

»Ja. Er ist gestorben. Da Sie die Familie kennen, wissen Sie vielleicht auch, daß Aubrey rauschgiftsüchtig war. Sehr traurig. Er hatte eine unglückliche Ehe.«

»So?«

»Ja. Ein flatterhaftes Mädchen, das nichts taugte. Er hat sie in Indien kennengelernt, glaube ich.«

»Haben Sie ... sie gekannt?«

»Nein, aber ich habe die Geschichte gehört. Armer Kerl. Er war schwach. Er ist in die falschen Kreise geraten. Eine gute, solide Frau hätte ihn vielleicht ändern können.«

»So?« Ich war entrüstet, aber ich mußte meine Gefühle unter Kontrolle halten. Ich hatte mich geirrt, als ich ihn für teilnahmslos hielt. Ihm entging fast nichts.

»Man sollte doch annehmen, daß die Ehefrau eines solchen Mannes alles tut, um ihm zu helfen. Statt dessen hat sie ihn einfach verlassen. Danach ging es mit ihm ständig bergab. Man kann ein solches Laster nicht ewig weitertreiben. Mit der Zeit hat es sich an ihm gerächt. Sie hatten auch ein Kind, das starb auch.«

Ich klammerte mich am Tisch fest. Ich mußte ruhig bleiben. Am liebsten hätte ich ihn angeschrien: Hören Sie sich meine Seite der Geschichte an!

»Ich war damals zufällig dort«, fuhr er fort. »Sie hatten eine unzuverlässige Kinderfrau. Das Kind war vernachlässigt. Man hätte es dieser Schnapsdrossel nicht anvertrauen dürfen. Man hätte einen Arzt rufen müssen.«

»Aber man hat Sie doch hinzugezogen ...«

»Zu spät. Das Kind war schon tot, als ich hinkam.«

Ich starrte ihn ungläubig an.

»Warum interessiert Sie das so sehr?« fragte er.

»Er ist also gestorben«, sagte ich, »und das Kind auch. Was ist aus der Frau geworden?«

»Sie ging fort. Sie lebt in London, glaube ich. Zweifellos liebt sie das gesellige Leben.«

Ich hätte ihn am liebsten geschlagen. Vor Kummer und Zorn hätte ich auf den Tisch hämmern mögen. Es war niederschmetternd, alles so lebhaft wieder vor Augen geführt zu bekommen und zu hören, daß man mir die Schuld daran gab. Am schlimmsten aber war es zu erfahren, daß

Julian schon tot war, als der Teufelsdoktor zu ihm kam, sofern dieser die Wahrheit sprach.

Er hatte mich als leichtfertige, sorglose Frau dargestellt, die ihr Kind wegen eines Ausflugs nach London verlassen und ihrem Mann die Unterstützung versagt hatte, obwohl sie ihn womöglich retten hätte können. Wie viele Menschen glaubten das? Wie konnte ich ihm von den entsetzlichen Orgien in der Höhle erzählen, von den grauenhaften Riten, von dem Schock, als ich entdeckte, was das für ein Mann war, den ich geheiratet hatte? Wie konnte ich ihm plausibel machen, warum ich nach London gegangen war, wie ihm erklären, daß sich alles gegen mich verschworen zu haben schien?

Wie konnte er es wagen, die Angelegenheit so grausam abwertend wiederzugeben?

»Fehlt Ihnen etwas, Miss Pleydell?«

»Nein … nein, überhaupt nicht.«

»Diese herzförmigen Bonbons schmecken köstlich. Nehmen Sie eins?«

»Nein, danke.«

»Ah, da kommt der Kaffee.«

Das Getränk wurde auf einem Messingtablett in goldfarbenen Täßchen serviert. Ich zwang mich zur Ruhe, als es eingeschenkt wurde. Meine Gefühle waren in Aufruhr. Dermaßen vertraut mit ihm zu reden war ungeheuer aufwühlend, und seine Darstellung von den Geschehnissen auf dem Gut hatte mich völlig verstört.

Er musterte mich eindringlich. »Sagen Sie, warum wollten Sie unbedingt Krankenschwester werden?«

»Ich hatte das Gefühl, daß ich es einfach tun mußte.« Am liebsten hätte ich geschrien: Was wissen Sie denn, was auf dem Gut geschehen ist? Wie hätte ich denn bleiben können? Aubrey war nicht mehr zu retten. Er war schon zu weit gegangen. Ich hätte ihm nicht helfen können, indem ich blieb. Ich mußte fort. Ich konnte den Kummer über den Verlust meines Kindes nicht ertragen. Wie können Sie es wagen, von mir als einer leichtfertigen, sorglosen Person zu sprechen! Ich zwang mich fortzufahren: »Ich fühlte etwas in mir, Sie würden es wohl absurd finden. Aber wenn ich Menschen berührte, reagierten sie, als hätte ich eine heilende Kraft in mir.«

Er langte über den Tisch und nahm meine Hand. »Diese Hände«, sagte er. »Schön geformte Hände. Blasse Hände... aber tüchtige... magische Hände.«

»Sie machen sich über mich lustig.«

Er behielt meine Hände in den seinen und sah mich an. Seine Augen flößten mir Angst ein, diese tiefliegenden, dunklen Augen. Ich hatte ihre Macht gesehen. Einen panischen Moment lang fürchtete ich, er würde mir mein Geheimnis entreißen.

»Aber nein«, sagte er. »Ich habe Ihnen erzählt, daß ich den Mystizismus des Orients erlebt habe. Ich glaube, daß gewisse Menschen mit seltsamen Kräften gesegnet sind. Ich habe Sie im Hospital gesehen. Ja, Sie besitzen eine heilkräftige Strömung. Hatten Sie deswegen den Wunsch, Krankenschwester zu werden?«

»Das hat auch eine Rolle gespielt. Ich wollte etwas mit meinem Leben anfangen.«

»Wegen dem, was geschehen war?«

»Was meinen Sie?«

»Das Geheimnis, kleine Nachtigall.«

Ich versuchte zu lachen. »Sie reden von etwas, das es gar nicht gibt.«

»Das ist nicht wahr. Es ist vorhanden. Erzählen Sie es mir! Vielleicht kann ich Ihnen helfen.«

»Es gibt nichts, was ich Ihnen erzählen möchte.«

»Es gibt vielleicht etwas, das zu erzählen hilfreich sein könnte.«

»Hilfreich für wen?«

»Für Sie? Für mich?«

Ich schüttelte den Kopf und entzog ihm schnell meine Hand.

»Sie sind sehr abweisend«, sagte er.

»Inwiefern?«

»Ich glaube, Sie mißtrauen mir.«

Ich lachte und zuckte mit den Achseln.

»Sie wollen nicht, daß ich erfahre, was Sie vor mir verbergen.«

»Vor Ihnen? Warum sollte ich etwas vor Ihnen verbergen?«

»Das ist es ja, was Sie mir erzählen sollen. Wir sind jetzt nicht im Krankensaal. Wir sind frei ... einen Abend lang.«

»Was soll das heißen?«

»Daß keine Pflichten uns von diesem vergnüglichen Zusammensein abberufen. Ich bin froh, daß wir die anderen verloren haben. Sie auch?«

»Ich – hm ...«

»Ach, kommen Sie, sagen Sie die Wahrheit!«

»Es war sehr interessant. Aber mit den anderen wäre es bestimmt auch vergnüglich gewesen.«

»Zu zweit ist es viel gemütlicher als zu viert. Man kann sich viel intimer unterhalten. Zu viert sind oft zwei Gespräche zur gleichen Zeit in Gang. Nein, so ist es mir lieber, und ich bin froh, daß es so gekommen ist. Ich glaube, mit der Zeit könnte ich Sie bewegen, sich zu entkrampfen.«

»Ich bin nicht verkrampft.«

»Das sind Sie wohl. Wegen des Geheimnisses aus der Vergangenheit. Sie lassen zu, daß es Ihr Leben bestimmt. Sie versuchen, Ihre natürlichen Impulse umzusetzen, indem Sie Krankenschwester wurden. Was werden Sie tun, wenn Sie zurückgehen? Sich Miss Florence Nightingale anschließen? Wie ich höre, hat sie in London Großes vor. Oder werden Sie Charles Fenwick heiraten?«

»Woher wissen Sie so viel über mich?«

»Ich sagte Ihnen doch, ich halte die Augen offen. Werden Sie ihn heiraten?«

»Ich weiß nicht. Ich bin mir nicht sicher. Hier ist alles so ganz anders als zu Hause. Ich möchte mit der Entscheidung warten, bis ich daheim in meiner vertrauten Umgebung bin. Ich möchte meine pflegerische Begabung weiterhin nutzen.«

»Wie umsichtig Sie sind! Handeln Sie nie impulsiv?«

»Doch, sehr oft sogar.«

Seine Augen hielten meinen Blick fest. »Das freut mich.«

»Warum?«

»Weil es oft überaus anregend ist. Sie werden also Doktor Fenwick heiraten. Er wird eine nette kleine Landpraxis haben ... nicht zu groß, so daß sie ihn nicht von seiner Frau und den Seinen fernhält. Das Leben eines englischen Landarztes kann sehr angenehm sein.«

»Woher wissen Sie das?«

»Aus Beobachtungen. Ich glaube nicht, daß Sie sich an das behagliche Leben gewöhnen werden. Sie haben etwas in sich, das mehr erwartet ... neue Erfahrungen, Abenteuer. Natürlich können Sie sich in Ihrem netten Haus in Ihrer netten ländlichen Umgebung mit Ihrer netten Familie einrichten und nie etwas von anderen Dingen erfahren. Ein Sprichwort sagt, was man nicht kennt, vermißt man nicht. Aber Sie, Miss Pleydell ... Es würde mich wundern. Es gab etwas in Ihrer Vergangenheit, aufgrund dessen Sie nicht ganz die konventionelle Frau sind, die zu sein Sie bestrebt sind.«

»So? Ist das das Resultat Ihrer scharfen Beobachtungen? Ich würde das eher als Hirngespinste bezeichnen. Aber ich bin geschmeichelt, weil Ihre Gedanken sich mit meinen Angelegenheiten befaßt haben.«

»Sie wären noch mehr geschmeichelt, wenn Sie wüßten, wie viele Gedanken ich Ihnen gewidmet habe.«

Ich hob die Augenbrauen.

»Sie sind nicht richtig überrascht«, sagte er. »Sie wissen, nicht wahr, daß Sie mich ganz besonders interessieren.«

»Ich denke, Sie führen ein sogenanntes höfliches Tischgespräch mit einer Partnerin, von der eine ernste Unterhaltung nicht zu erwarten ist.«

»Das ist doch gewiß nicht der Eindruck, den ich heute abend auf Sie gemacht habe?«

Ich schwieg.

Er fuhr fort: »Wir werden bald aufbrechen. Es war ein äußerst angenehmer Abend. Schade, daß er enden muß.«

»Es war nett von Ihnen, mich zum Essen auszuführen. Ich hatte keine Ahnung, daß Sie mein Gastgeber sein würden.«

»Hätten Sie die Einladung ausgeschlagen, wenn Sie es gewußt hätten?«

»Nachdem ich die von Monsieur Lablanche angenommen hatte...«

»Das meine ich nicht. Haben Sie Angst vor mir?«

»Angst vor Ihnen! Warum sollte ich?«

»Aus einem bestimmten Grunde... vielleicht.«

»Jetzt sind aber Sie geheimnisvoll.«

»Liebe Nachtigall, bin ich das nicht immer? Im Augenblick allerdings nicht so sehr; denn ich glaube, Sie wissen, was in meinem Kopf vorgeht. Ich finde, wir sollten uns näher kennenlernen. Schließlich haben wir zusammen im Hospital gearbeitet.«

»Zusammen! Sie schmeicheln mir. Ich habe lediglich Anweisungen befolgt.«

»Dennoch... zusammen.« Er griff mit der Hand über den Tisch. »Verschließen Sie die geheimnisvolle Vergangenheit nicht in Ihrem Innern! Lassen Sie uns darüber sprechen! Lassen Sie mich Ihnen beweisen, daß Sie nicht nur zur Krankenschwester geboren sind! Sie sind auch eine Frau... und zwar eine sehr anziehende.«

Ich fühlte, wie mir die Röte in die Wangen schoß. »Worauf wollen Sie hinaus?«

»Daß Sie das Leben sehen sollten, wie es ist, und sich nichts versagen, was Ihnen zusteht.«

»Ich bin mir keiner Entsagung bewußt.«

»Ich will Ihnen etwas verraten: Ich kenne Sie gut. Sie sind eine Frau wie andere Frauen, und in diesem viktorianischen

340

Zeitalter der Einschränkung und Unterdrückung trauen sich viele Frauen nicht, sie selbst zu sein. Sie bemühen sich, dem kühlen Idealbild zu entsprechen, das man ihnen vorhält. Sehen Sie nicht, daß es der Männerwelt zustatten kommt, solche Frauen in ihrer Gesellschaft zu haben, solange es eine andere Sorte Frauen gibt, die ihnen Erfüllung bringen? Man erwartet, daß die Frauen ihre Natürlichkeit unterdrücken, ihre Gefühle und die Befriedigung ihrer Sinne, welche, das versichere ich Ihnen, keine Schande wäre. Ich habe Sie beobachtet. Sie sind eine normale, gesunde, vitale Frau, die zu tiefen Gefühlen fähig ist. Sie unterdrücken sie in dieser Berufung zur Krankenpflege. Ich habe Sie arbeiten sehen, als gäbe es nichts anderes im Leben. Sie kämpfen gegen etwas an, halten es in Schach. Wenn Sie mir das Geheimnis anvertrauen würden, wenn wir darüber sprechen könnten, wenn Sie und ich wahre Freunde werden könnten...«

Ich sah ihn fest an. »Wahre Freunde!« wiederholte ich.

»Die besten Freunde, zwischen denen es keine Schranken gibt. Wir gehen fort von hier. Sie kommen mit mir...«

Ich wußte, was der Vorschlag bedeutete, und die Röte schoß mir in die Wangen. Meine Verlegenheit amüsierte ihn. Er hielt mich für gehemmt. Das war eine gänzlich unerwartete Wendung der Ereignisse.

Er war ein schlechter Mensch. Natürlich war er schlecht. Ich hatte es nur vergessen, weil er William Clift das Leben rettete. Und warum hatte er das getan? Nicht aus Menschlichkeit, sondern um sich als allmächtig darzustellen.

Ich erhob mich halb von meinem Stuhl. »Doktor Adair«, sagte ich, »ich möchte ins Hospital zurück.«

Er hob die Schultern und sah mich spöttisch an. »Ich hatte also recht«, sagte er. »Aber ich wußte nicht, wie stark die Gefängnismauern sind, die Sie um sich errichtet haben.«

»Ihr Vergleich trifft nicht zu. Ich bin vollkommen frei und habe mein Leben in der Hand, und ich möchte diese Unterhaltung nicht fortsetzen. Danke für das Essen. Und wenn Sie mir jetzt bitte zeigen wollen, wie ich zurückkomme, möchte ich mich verabschieden.«

»Sie können um diese nächtliche Zeit nicht allein durch Konstantinopel spazieren.«

»Ich wäre dort sicherer...«

»Als bei mir? Das glaube ich nicht. Kommen Sie, gehen wir! Sie sind ja ganz durcheinander. Sie haben mich als Schurken, als Verführer abgestempelt, nicht wahr? Ich habe Ihre Feindschaft immer gespürt; sie fasziniert mich geradezu. Ich habe versucht, es zu ändern... und mich dabei ungeschickt angestellt. Ich habe große Achtung vor Ihnen, Miss Pleydell, aber heute abend habe ich versagt. Die erste Schlacht ist verloren, doch die erste Schlacht ist nicht entscheidend.«

»Sie reden, als befänden wir uns im Kriegszustand.«

»Das ist eine durchaus zutreffende Beschreibung. Aber Sie werden in mir einen gütigen Eroberer sehen, der Ihnen akzeptable Friedensbedingungen stellt.«

»So ein Unsinn!«

Er sah mich innig an, und da wußte ich, daß ich seine Absichten nicht mißverstanden hatte.

Ich wollte allein sein, um über die Bedeutung all dessen nachzudenken, was bei Tisch gesprochen worden war. Er erhob sich mit mir, und der prächtig livrierte Mann geleitete uns unter Verbeugungen aus dem Restaurant. Bald darauf überquerten wir die Brücke, die ins christliche Konstantinopel führte.

»Es genügt, wenn Sie mich bis zu den Booten begleiten«, sagte ich.

»Auf gar keinen Fall. Ich bringe Sie zum Hospital.«

»Das ist nicht nötig.«

»Ich bestehe darauf.«

Ich schwieg. Seine Augen ruhten auf mir. Sein Blick hatte etwas Amüsiertes, fast Hämisches. Mir war unbehaglich, ich fühlte mich gewissermaßen beschmutzt. Ich war ganz verstört. Ich mochte nicht glauben, daß ich seine Absichten richtig gedeutet hatte, doch er war so ein schlechter Mensch, daß ich überzeugt war, mich nicht geirrt zu haben.

Wir gingen den Hang zum Hospital hinauf. Oben dankte ich ihm, so förmlich ich konnte, für seine Gastfreundschaft.

»Das Ende eines Abends, der hätte so anders verlaufen können. Ein konventioneller Abend, wie er mit einer so konventionellen Person nicht anders zu erwarten war.«

»Er konnte nur auf eine Art enden«, sagte ich. »Haben Sie vielen Dank.«

Er hielt meine Hand. »Aber nein. Es ist ein Anfang.«

Ich drehte mich um und ließ ihn stehen. Ich eilte in unsere Schlafkammer. Ich bedauerte, daß es nicht möglich war, allein zu sein. Wir waren jetzt zwar viel weniger und hatten mehr Platz, trotzdem war es unmöglich, ganz für sich zu sein.

Eliza lag schon auf ihrem Diwan. Sie öffnete die Augen, als ich hereinkam. »Wo ist Henrietta? Ich hab' euch zusammen weggehen sehen.«

»Ist sie noch nicht zurück?«

»Nein.«

»Doktor Adair hat sich uns angeschlossen, und dann haben wir Henrietta und Philippe Lablanche verloren.«

Sie hob den Kopf, dann stützte sie sich auf den Ellenbogen und starrte mich an. »Dann warst du mit Doktor Adair allein?«

Ich nickte. »Ich bin so müde, Eliza.«

»Hm«, brummte sie und legte sich wieder hin. Sie sagte nichts mehr, aber ich wußte, daß sie nicht schlief.

Ich mußte unentwegt an den Abend denken. Dr. Adair hatte gesagt, ich hätte Aubrey im Stich gelassen. Es war so ungerecht. Wie war er nur darauf gekommen? Und dieser Vorschlag! So machte er es wohl mit allen Frauen. Er betrachtete uns als Sklavinnen. Hatte er nicht im Orient gelebt? Hatte er sich nicht den Gebräuchen der Völker angepaßt? Er hatte die Frauen gesehen, die Körper mit langen Gewändern verhüllt, mit verschleierten Gesichtern, die nur ihre Gebieter sehen durften. Er hatte unter ihnen gelebt. Er hatte sich ihre Ansichten über Frauen zu eigen gemacht. Wir waren hier auf Erden, um den Männern willfährig zu sein, insbesondere Männern wie Dr. Damien Adair. Der Zufall hatte ihn und mich zusammengeführt. Oder war es gar kein Zufall? Hatte er die anderen absichtlich verloren? Er hatte wohl gedacht, ich sei leicht zu haben. Und dann fand er, ich sei gehemmt! Ich unterdrückte meine natürlichen körperlichen Bedürfnisse in der Krankenpflege. So eine Unverschämtheit! Und er hatte auf eine gewisse Beziehung zwischen uns angespielt. Ich haßte ihn mehr denn je. Ich war verletzt und erschüttert. Was er über meine Ehe gesagt hatte, hatte mich tief getroffen.

Henrietta kam erst viel später. Sie beugte sich über mich. Ich stellte mich schlafend. Sie würde mich sicher über den Abend ausfragen, und ich wollte meine Gedanken erst sammeln, bevor ich ihr antwortete.

Am nächsten Tag konnte ich dem Schwall der Fragen nicht mehr ausweichen. Henrietta wollte alles wissen. »Was ist passiert? Ihr wart von einer Minute auf die andere verschwunden.«

»Ich weiß nicht, wie es passiert ist. Ihr wart auf einmal weg.«

»Philippe hat mich durch das Gedränge bugsiert. Ich dachte, ihr wärt hinter uns.«

»Wir sind stehengeblieben, um zurückzublicken.«

»Dabei muß es passiert sein. O Anna, und dann?«

»Doktor Adair dachte, ihr wärt in ein bestimmtes Restaurant gegangen. Er sagte, es sei Philippes Lieblingslokal. Wir haben dort allein gegessen.«

»Allein mit Adair! O Anna, wie aufregend!«

Ich schwieg.

»Er ist so faszinierend. Philippe ist natürlich sehr nett, aber … Und dann?«

»Wir haben bloß gegessen und uns unterhalten, dann sind wir nach Hause gegangen. Ich war lange vor dir zurück.«

»Ja. Du hast fest geschlafen. Worüber habt ihr euch unterhalten?«

»Ach… über das Hospital.«

»Ich hätte gedacht, ihr wärt froh, das mal hinter euch zu lassen.«

»Er ist schließlich Arzt, und es bedeutet ihm sehr viel.«

»Es muß wunderbar für dich gewesen sein.«

Wieder schwieg ich.

»Wenn ich mit ihm allein gewesen wäre, ich wäre ganz aus dem Häuschen geraten. Ich meine… seine vielen Abenteuer… sein Leben im Harem und alles. Ich hätte so viel mit ihm zu bereden gehabt.«

»Du hast immer mit allen viel zu bereden.«

Sie lachte. »Aber besonders mit ihm. Für mich ist er der erstaunlichste Mann…«

Ich konnte es nicht ertragen, sie von ihm schwärmen zu hören, daher sagte ich, ich müsse jetzt in den Krankensaal.

Ungefähr eine Woche später eröffnete man uns, daß wir bald nach Hause geschickt würden. Die meisten Verwundeten sollten nach England transportiert werden und nur ganz wenige hierbleiben.

Als die Abreise näherrückte, wurde Henrietta immer nachdenklicher. Wieder hatte ich den Eindruck, daß sie nicht fortwollte.

Eliza machte sich meinetwegen Gedanken. Sie war überzeugt, daß es für mich das beste sei, Dr. Fenwick zu heiraten. »Ich sag's immer wieder, du gehörst zu den Frauen, die sich eine Familie wünschen. Du willst Kinder haben. O ja, ich weiß, du siehst in Doktor Fenwick nicht den schneidigen Burschen, für den du durchs Feuer gehen würdest. Das Leben ist nicht so, glaub mir! Und wenn ein Mädchen 'ne gute Partie wittert, sollte sie nicht zu lange überlegen, sonst wird sie ihr weggeschnappt. Solche Chancen wachsen nicht auf Bäumen.«

Ich hatte nichts dagegen, daß sie sich in meine Angelegenheiten einmischte. Das Gefühl, daß Eliza die Große mich unter ihre Fittiche genommen hatte, tat mir wohl.

Ich fragte sie, was sie in England vorhabe.

Sie zuckte mit den Achseln. »Vielleicht geh' ich in eins von den Hospitälern, wo immer die Rede von ist. Schätze, ich hab' inzwischen genug Erfahrung. Oder wieder ins alte Gewerbe, wer weiß? Kommt ganz drauf an.«

»Aber wo wirst du wohnen?«

»Ich such' mir irgendwo ein Zimmer.«

»Eliza, komm mit Henrietta und mir! Ich habe in meinem Haus noch ein Zimmer frei.«

»Was! Bei dir wohnen! Du bist wohl vollkommen übergeschnappt. Eine wie mich kannst du doch nicht in deinem Haus aufnehmen.«

»Meine liebe Eliza, ich suche mir die Leute aus und nehme auf, wer mir gefällt.«

Sie lachte mich aus. »Nein. Du wirst sehen, wenn du nach Hause kommst, ist alles anders. Die Freundinnen von hier sind dort keine Freundinnen mehr. Hier sind wir alle gleich. Aber zu Hause nicht.«

»Es kommt darauf an, was wir daraus machen, Eliza, und ich möchte, daß du mitkommst, bis du weißt, was du tun wirst. Vielleicht gehen wir zusammen in ein Hospital.«

»Du wirst diese Arbeit bestimmt nicht weitermachen. Du heiratest den netten Doktor Fenwick.«

»Eliza, bitte sag, daß du mit uns kommst! Wir gehen Ethel auf dem Land besuchen.«

»Das wär' schön.«

»Dann ist es abgemacht.«

»Du bist mir eine.« Sie runzelte die Stirn. »Hoffentlich geht mit dir und dem Doktor alles gut.«

»Es kommt, wie es kommt.«

»Eine Zeitlang hab' ich schon gefürchtet, du hättest dich in Doktor Adair vergafft wie Henrietta.«

»In den? O nein! Er ist sehr abweisend.«

»Darauf kommt's nicht an. Ich würd' sagen, das ist ein Schlimmer. Dem geht's bloß um die Nummer eins, und das ist Doktor Adair.«

»Da magst du recht haben.«

»Aber er hat so was, das muß ich ihm lassen. Schätze, die Frauen fallen bei ihm um wie die Kegel. Es liegt an seiner Art... dunkel, gutaussehend, das Geheimnis des Orients und alles. Schätze, der hat ein tolles Leben gelebt.«

»Er scheint ja bei *dir* großen Eindruck hinterlassen zu haben.«

»Der würde auch auf 'ner Steinmauer 'nen Eindruck hinterlassen. Ich mach' mir Sorgen um Henrietta. Du bist vernünftig. Du warst verheiratet und weißt, daß das Leben nicht eitel Freude ist. Aber Henrietta ist ein richtiges Baby. Sie ist ein Unschuldsengel... bißchen wie Ethel, aber auf andere Art, falls du verstehst, was ich meine.«

»Ich denke, Henrietta kann auf sich selbst aufpassen. Sie wirkt so leichtfertig und etwas frivol, aber in Wirklichkeit ist sie sehr gescheit.«

»Ich weiß nicht. Wenn's um Männer geht, können Mädchen richtig komisch werden, und bei dieser Sorte Mann kann man nie wissen.«

»Aber du glaubst doch nicht, daß Doktor Adair und Henrietta...«

»Dem trau' ich alles zu. Wenn der mit dem kleinen Finger winkt, ist es um sie geschehen. Du hast doch gesehen, wie sie sich aufführt, wenn er in der Nähe ist... sogar wenn bloß die Rede von ihm ist. Er brauchte bloß ein Wort zu sagen, und sie würd' auf ihn fliegen – und das wär' gar nicht gut für sie.«

»Eliza, du irrst dich. Sie ist sehr viel mit Monsieur Lablanche zusammen.«

»Netter Kerl, wie Doktor Fenwick, aber es sind nicht

immer die Netten, die sich die Leute aussuchen, wenn sie nicht viel Verstand haben, und den haben die wenigsten Frauen. Ich weiß, wovon ich rede.«

Wirklich? dachte ich.

Je näher der Tag der Abreise rückte, um so nachdenklicher wurde Henrietta. Sie verfiel zuweilen in Schweigen, was sonst gar nicht ihre Art war. Ich fragte sie, ob ihr etwas fehle, aber sie versicherte mir, es sei nichts. Ich merkte jedoch, daß ihr etwas im Kopf herumging.

Dann kam der Abend, bevor wir in See stechen sollten. Wir wußten nicht genau, um welche Zeit wir Skutari verlassen würden, aber man hatte uns angewiesen, uns zum Einschiffen bereit zu halten.

Am Tag sah ich Dr. Adair. Er hatte mich gesucht. Wir gingen in das kleine Zimmer neben dem jetzt leeren Krankensaal.

»So«, sagte er, »Sie reisen morgen ab.«

»Ja.«

»Sie wollen nicht fort?«

Ich zögerte. In gewisser Weise hatte er recht. Ich hatte versagt. Ich war mit dem Vorsatz hergekommen, ihn als den zu entlarven, der er war, und was hatte ich getan? Nichts. Er hatte mich in jeder Hinsicht überlistet; das einzige, was ich erreicht hatte, war, von ihm abhängig zu werden. Das gestand ich mir nun zum erstenmal ein. Ich sah jetzt deutlich, daß mich das Zusammensein mit ihm beschwingte und ich mich bei unseren Wortgefechten lebendig fühlte. Ich nährte mich von meinem Haß. Dafür hatte ich gelebt, und es stand fest, daß mein Leben ohne diesen Haß leer sein würde.

»Ich habe also recht«, sagte er triumphierend. »Sie wollen nicht fort.« Er legte seine Hand auf meinen Arm. »Gehen Sie nicht!«

»Wie könnte ich bleiben? Wir haben Anweisung, das Hospital zu verlassen.«

»Es gibt andere Orte als das Hospital. Sie interessieren

sich doch so sehr für die Stadt. Ich könnte Ihnen faszinierende Plätze zeigen.«

»Das ist absurd. Wo sollte ich wohnen?«

»Das kann ich arrangieren.«

»Wollen Sie mir wirklich vorschlagen...«

Er sah mich lächelnd an und nickte. »Kommen Sie, Miss Pleydell! Die gefangene Nachtigall. Tun Sie, was Sie tun wollen, auch wenn es gegen die Regeln verstößt, welche die Gesellschaft für Sie aufgestellt hat. Bleiben Sie hier! Ich lasse alles für Sie arrangieren.«

»Das ist natürlich nicht Ihr Ernst.«

»Doch.«

»Und warum?«

»Weil ich Sie vermissen würde.«

»Bestimmt nicht.«

»Bitte, Miss Pleydell. Ich kenne meine Gefühle.«

»Leben Sie wohl, Doktor Adair.«

»Ich sage nicht Lebewohl. Wenn Sie entschlossen sind, morgen abzureisen, sage ich auf Wiedersehen. Wir werden uns nämlich wiedersehen.«

Er nahm meine Hand und zwang mich, ihm in die Augen zu blicken. Ich war wider Willen gerührt. Ich war sehr traurig, nicht weil ich das Hospital verließ oder weil der Krieg aus war – dies wäre Anlaß zum Jubel gewesen. Aber wenn ich mir die Wahrheit eingestand, war ich traurig, weil ich ihn nicht mehr sehen würde. Ich war schon lange, bevor ich ihn kannte, von ihm besessen gewesen. Ich hatte für meine Rache gelebt, und nun, da wir uns von Angesicht zu Angesicht begegnet waren, war mir die Rache entschlüpft.

Ich wollte weiter mit ihm streiten. Ich wollte mehr solche Tête-à-têtes beim Essen, er mir gegenüber und andeutend, daß zwischen uns eine gewisse Beziehung bestehen könne – ein Gedanke, den ich schändlicherweise erregend fand.

Ich würde deprimiert sein, wenn wir abreisten. Was sollte ich in London anfangen? Ich würde mir die Schrecken des

Spitals von Skutari zurückwünschen – die pausenlose Arbeit, Anblicke, von denen mir übel wurde und die mich mit Mitleid erfüllten, abends erschöpft auf meinen Diwan sinken und den kurzen Schlaf bis zum frühen Morgen auskosten. Aber die ganze Zeit über hatte die Möglichkeit bestanden, ihn zu sehen, gar ein paar Worte mit ihm zu wechseln, etwas zu entdecken, von dem ich mir einreden konnte, es sei ein Teil seiner Selbstgefälligkeit und Schurkerei.

Ich würde ihn vermissen, mehr noch, mein Leben würde leer sein ohne ihn.

»Leben Sie wohl, Doktor Adair!« wiederholte ich.

Er behielt meine Hand in der seinen. »Gehen Sie nicht!« bat er leise.

»Leben Sie wohl!«

»Sie sind unerbittlich.«

»Allerdings. Ich kehre heim.«

»Wir werden uns wiedersehen.«

»Vielleicht…«

»Nicht vielleicht. Ganz bestimmt, dafür werde ich sorgen. Sie werden Ihre Abreise noch bereuen.«

Ich lächelte nur, entzog ihm meine Hand und ging.

Später kam Henrietta zu mir. »Anna«, sagte sie, »ich fahre nicht.«

»Was soll das heißen, du fährst nicht?«

»Ich fahre nicht nach Hause.«

»Du kannst nicht im Hospital bleiben.«

»Ich weiß. Das habe ich auch nicht vor. Aber ich bleibe hier.«

»Wo?«

»In Konstantinopel.«

»Allein?«

»Ja, ich muß nämlich eine Entscheidung treffen.«

»Was für eine Entscheidung?«

»Wegen Philippe. Er hat mich gefragt, ob ich ihn heiraten will. Ich bin nicht sicher. Ich brauche Zeit.«

»Aber du kannst unmöglich hierbleiben.«

»Ich bin nicht die einzige. Grace Curry und Betty Green und noch ein paar andere bleiben auch.«

»Das ist etwas anderes. Sie sind keine jungen Mädchen mehr.«

»Ich muß hierbleiben, Anna. Nichts kann mich davon abbringen.«

»Ach, Henrietta! Wir sind gemeinsam hergekommen, wir waren die ganze Zeit zusammen.«

»Ja, unsere Freundschaft ist wunderbar, aber diese Sache ist mir wichtiger als alles andere. Fahr du nach Hause! Eliza ist ja bei dir. Sie ist besser als ich...«

»Bleib nicht hier, Henrietta!«

»Ich muß.«

»Du hast mir nicht alles erzählt.«

»Es gibt Dinge, über die man nicht sprechen, Gefühle, die man nicht erklären kann. Ich muß es mit mir allein ausmachen.«

»Hast du ernsthaft bedacht, was du tust?«

»Ich denke seit einer Ewigkeit an nichts anderes. Ich warte nicht bis morgen. Ich gehe heute abend.«

»Ich kann es nicht glauben. Ich bin erschüttert.«

»Ich hab's immer wieder aufgeschoben, es dir zu sagen. Ich hätte es schon früher tun sollen. Aber du kennst mich ja. Wenn mir irgendwas nicht paßt, tu' ich, als würde es nicht existieren.«

»Vielleicht sollte ich lieber bei dir bleiben.«

Sie sah mich erschrocken an. »Nein, nein, du mußt nach Hause. Eliza fährt mit dir. O Anna, Jane und Polly werden sich freuen. Und Lily auch. Sie werden einen Festschmaus bereiten.«

»Henrietta, gibt es sonst nichts, das du mir erzählen möchtest?«

Sie schüttelte den Kopf. »Nein.... nein. Ich muß es tun, Anna. Bitte, versuch, mich zu verstehen. Und eines Tages, vielleicht schon bald, komm' ich dich besuchen. Dann erzähl' ich dir alles.« Sie umarmte mich stumm. Wir waren beide zu bewegt, um zu sprechen.

Als ich es Eliza erzählte, sagte sie: »Das hab' ich kommen sehen. Arme Henrietta, sie weiß nicht, auf was sie sich da einläßt.«

»Ich habe mit ihr gesprochen. Ich habe sie gebeten, mit uns zu kommen. Ich habe sogar gesagt, ich würde hierbleiben.«

»Das darfst du nicht. Du mußt nach Hause. Du mußt so leben, wie es dir bestimmt ist. Wenn du erst mit Doktor Fenwick verheiratet bist, wirst du dich fragen, warum du so lange gezögert hast.«

Bedrückt sagten wir Henrietta Lebewohl. Die Frauen, die beschlossen hatten zu bleiben, verließen an diesem Abend das Hospital.

Ich konnte es nicht fassen, daß ich Henrietta verlor. Wir waren so lange zusammengewesen. Ich war verletzt und verwirrt, weil sie mich so einfach im Stich ließ. Sie wußte, wie mir zumute war, konnte sich aber offensichtlich nicht dazu aufraffen, mir alles zu erklären.

»Es ist die Liebe, jawohl«, sagte Eliza. »Die ist stärker als Freundschaft. Alles andere ist vergessen, wenn ein Mann seinem Weibchen winkt.«

Wir sahen Henrietta den Hang hinunter zum Ufer gehen und ins Boot steigen. Und dann erstarrte ich. Dr. Adair hatte sich zu ihr gesellt und stand nun neben ihr.

Eliza sah mich an. »Ich hab's ja gewußt.«

»Was?« fragte ich, obwohl es mir klar war.

»Sie geht mit ihm auf und davon. Der winkt bloß mit dem kleinen Finger, und schon läßt sie alles im Stich. Na ja, das ist der Lauf der Welt.«

»Mir hat sie gesagt, sie geht zu Philippe Lablanche.«

»Wer's glaubt, wird selig. Sie wollte nicht, daß du die Wahrheit erfährst. Sie steht in seinem Bann. Das ist mir klar wie Kloßbrühe ohne Klöße. Sie geht mit ihm auf und davon.

Ach, so ein Dummchen! Und wir werden nicht hiersein, wenn er sie satt hat. Er hat sie sich geschnappt. Ich wette, hinter dir war er auch her. Die Sorte kenn' ich. Gnade Gott unserer kleinen Henrietta!«

»Ich kann es nicht glauben. Das hätte sie mir doch erzählt.«

»Er hat auf sie gewartet, oder? Natürlich hat sie dir gesagt, es wär' Philippe. Sie wollte nicht, daß du die Wahrheit weißt. Ich hab's kommen sehen. Ich kenne das Leben, jawohl. Sie verbringt ein paar Wochen, ein paar Tage, vielleicht bloß ein paar Stunden mit unserem geheimnisvollen Gentleman und findet, das ist es allemal wert.«

»Keiner von beiden würde so etwas tun.«

»Was heißt hier keiner von beiden? Er ist ein Schuft, und sie ist ein Dummchen. Er nimmt sich alles, was er kriegen kann, und sie war seit Wochen darauf versessen.«

»Vielleicht sollte ich sie suchen und zurückholen.«

»Wie? Wo? Sie ist längst mitten in der Stadt, ehe du sie einholst. Sie wird seine Geliebte ... das geht nicht lange gut. Und wir können nichts machen.«

Ich fand während meiner letzten Nacht in Skutari keinen Schlaf. Ich wälzte mich hin und her. Was machten sie jetzt? Sie waren zusammen. Damien – so nannte ich ihn in Gedanken – schlief mit ihr. Er war gewiß ein routinierter Liebhaber, und die arme Henrietta war unschuldig, unerfahren, ein richtiges verträumtes Schulmädchen. Sie glaubte, es würde ewig währen, aber für ihn war sie nur eins von den leichten Mädchen, die man sich für kurze Zeit nimmt und die man fallenläßt, wenn man ihrer überdrüssig ist – wie die Haremsdamen. Vielleicht hatte er in dem Haus in Konstantinopel doch einen Harem? Ich sah das Bild vor mir: Frauen in schönen türkischen Seidengewändern und hauchdünnen Pluderhosen warteten auf den Ruf ihres Herrn und Meisters. Zu denken, daß Henrietta eine von ihnen geworden war ...

eine Sklavin, nichts weiter! Und er hatte versucht, auch mich seiner Schar einzuverleiben. Er hätte uns gewiß gern beide zusammen dort gehabt.

Ich mußte aufhören, an ihn zu denken. Henrietta hatte ihre Wahl getroffen. Sie mußte dazu stehen. Was hatte sie getan? Sie hatte ihre Unabhängigkeit aufgegeben und auf ein zivilisiertes Leben verzichtet, um eine Sklavin zu werden.

Geisterhafte Bilder fuhren mir blitzartig durch den Kopf. Ich stellte mir vor, wie er ihr am Tisch gegenübersaß und sich mit ihr unterhielt, so, wie er sich mit mir unterhalten hatte. Ich malte mir aus, wie sie sich liebten, aber in meiner Phantasie war es nicht Henrietta, die sich mit ihm in erotischen Posen vergnügte, sondern ich. Ich kämpfte einen Kampf mit mir selbst. Ich wollte dort sein. Welch schändliches Eingeständnis. Es war nicht wahr. Ich wollte ihn nie wiedersehen. Ich wollte vergessen, daß ich je von ihm gehört hatte. Aber wie konnte ich? Er war so lange ein Teil meines Lebens gewesen. Ich hatte meinen Gram mit Rachegelüsten genährt. Ich hatte die Leere in meinem Leben mit der Hoffnung gefüllt, mich an ihm zu rächen. Ich hatte ihm alle möglichen Schurkereien zugeschrieben. Er war der – nicht ganz menschliche – Teufelsdoktor gewesen. Er hatte von mir Besitz ergriffen, ganz so, als hätte er meinen Körper genommen. Er war ein schlechter Mensch, und doch war das Leben so leer ohne ihn.

Ich dachte flüchtig an Charles Fenwick. Als ich ihn heimwärts segeln sah, hatte ich nicht diese Leere gefühlt. Doch Charles war ein guter, aufrichtiger Mensch. Er bot mir sehr viel, und ich zögerte. Ich mußte vernünftig sein. Ich mußte den dämonischen Doktor aus meinen Gedanken verbannen.

Ich zwang mich, an meine Heimkehr zu denken. Ich hatte Jane und Polly geschrieben und sie von meiner Ankunft verständigt. Sie würden mir einen Festschmaus bereiten, wie Henrietta gesagt hatte. Was würden wir uns alles zu erzählen haben! Jane, Polly und Lily wollten sicher alles wissen.

Ich mußte ihnen die Sache mit Henrietta erklären und ihnen Eliza vorstellen.

William Clift sollte mit uns kommen. Ich würde ihn nach Hause bringen, als Geschenk für Lily. Was für ein Geschenk! Ich mußte dankbar sein für das, was ich zu tun imstande war.

Und Damien hatte ihm das Leben gerettet. Schon war ich mit den Gedanken wieder bei ihm. Es war zwecklos zu versuchen, ihn aus meinem Denken zu verbannen. Ich rief mir jede Einzelheit jenes Tages zurück, als er William hinter dem Wandschirm mit seinen ungewöhnlichen Methoden das Leben gerettet hatte. Kein anderer wäre dazu fähig gewesen. Kein anderer hätte zu tun gewagt, was er getan hatte. Das durfte ich nicht vergessen, sowenig wie ich vergessen durfte, daß wir ihn falsch eingeschätzt hatten. Als wir ihn mit dem prächtigen Turban antrafen, hatte er nicht in erotischen Abenteuern geschwelgt, sondern er hatte Drogen besorgt, um sie William und anderen zu verabreichen und ihnen so das Leben zu retten.

Er war in mancher Hinsicht teuflisch, aber er war ein guter Arzt. Er hatte vieles getan, was als anrüchig galt, aber wie vielen hatte er das Leben gerettet? Und wie oft war es nicht gelungen? Ärzte können nicht fortwährend Leben retten. Es gehört zur Natur ihrer Arbeit, daß sie experimentieren.

Er beherrschte meine Gedanken, ließ mich nicht schlafen und erfüllte mich mit einem elenden Gefühl der Verlorenheit.

Am nächsten Tag bestiegen wir das Schiff nach Marseille. Es war beinahe so ramponiert wie die »Vectis« und schien gerade noch seetüchtig; aber ich achtete kaum darauf. Mit meinen Gedanken war ich in Konstantinopel. Trost fand ich nur darin, daß ich William Clift heim zu Lily brachte.

Ich war tief bewegt, als wir den Bosporus entlangsegelten und auf die Gestade, die Minaretts und Türme von Konstantinopel und das Hospital von Skutari zurückblickten. Ich stand neben Eliza.

»Ist 'ne Menge Wasser unter der Brücke durchgeflossen, seit wir hier angekommen sind«, bemerkte sie.

Wir gingen hinunter in unsere schmuddelige, enge Kabine. Es war, als wiederholte sich die Geschichte. Nicht lange, und wir hatten Sturm. Eliza und ich begaben uns an Deck. Während die Wellen gegen unser zerbrechliches Schiff schlugen, saßen wir nebeneinander und fragten uns, ob wir überleben würden.

»Es ist genau wie damals, bloß daß wir jetzt nur zu zweit sind«, sagte Eliza. »Ethel ist unterdessen zu Hause und hat es gut. Das beweist, daß man niemals aufgeben darf, stimmt's?«

»Sehr richtig.«

»Denk bloß, wenn du sie nicht davon abgehalten hättest, über Bord zu springen, hätte sie Tom nie kennengelernt, und sie wäre nicht aufs Land gezogen. Gibt es dir nicht so was wie 'n Machtgefühl, so auf ein anderes Leben eingewirkt zu haben?«

»Wirken wir nicht alle gegenseitig auf uns ein?«

»Schätze, da ist was dran. Aber jemandem das Leben retten, das ist schon was.«

Ich dachte an ihn vor dem abgeschirmten Bett, wie er die Kugel in der Hand hielt. Ich dachte an seine Methoden, wie er William dazu gebracht hatte, keinen Schmerz zu fühlen, an die Verabreichung eines Rauschmittels, das in unseren Spitälern zu Hause nicht zulässig gewesen wäre. Er hatte anderen das Leben gerettet... und einige Male war es ihm nicht gelungen. Was mochte das für ein Gefühl sein?

»Du grübelst noch immer«, sagte Eliza.

»Ja, ich muß über manches nachdenken. Wir haben so viel erlebt. Wir müssen andere Menschen geworden sein. Wir haben Dinge gesehen, die unerträglich waren, so viel Grauen, das wir nie vergessen werden. Die Leute zu Hause hören von den Heldentaten und malen sich aus, wie unsere tapferen Soldaten im Galopp den Sieg erringen, alles großartig und romantisch. Aber du und ich, wir wissen, daß es nicht so ist.«

»Allerdings.« Nach einer Pause sagte sie plötzlich: »Du mußt dich entscheiden. Willst du in einem von diesen Spitälern arbeiten, die Miss Nightingale gründen wird, oder willst du Doktor Fenwick heiraten?«

»Ich bin mir noch nicht sicher. Und du, Eliza?«

»Ich werde nie 'nen anhänglichen Liebsten haben. Ich gehör' zu denen, die auf eigenen Füßen stehen müssen. Vielleicht geh' ich ins Hospital. Ich weiß nicht. Ich plane nie weit voraus. Alles findet sich, ob man's plant oder nicht. Aber eine Zeitlang hatte ich Angst, daß du 'ne Dummheit machst. Dieser Mann! Was hat der bloß an sich. Er ist nicht wie andere Männer, nicht?«

»Meinst du Doktor Adair?«

»Stimmt. Seine Augen scheinen direkt durch einen durch zu gucken. Er ist irgendwie faszinierend. Das hab' sogar ich gemerkt. Man hat das Gefühl, er kann einen zwingen zu tun, was er will.«

Ich nickte.

»Ich hab' gesehen, daß dir was an ihm lag.«

»Ich hatte schon von ihm gehört, bevor wir ihm begegnet sind. Er hat Bücher über seine Abenteuer geschrieben.«

»Du glühst ja richtig, wenn du von ihm sprichst.«

»Ich glühe?«

»Ich kann mich nicht so gut ausdrücken. Deine Augen leuchten, und du hast so was in der Stimme. Aber du solltest Doktor Fenwick heiraten und deinem Schicksal dafür danken.«

Wir schwiegen eine Weile, dann sagte ich: »Glaubst du, daß das Schiff es bis Marseille schafft?«

»Klar.«

»Stürme schaffen anscheinend Vertrauen.«

»Ja, weil man unbewußt damit rechnet, daß man nicht überlebt, und da sagt man, was man denkt.«

»Ich hatte keine Ahnung, daß man mir mein Interesse für Doktor Adair angemerkt hat.«

»Liebes Kind, du bist richtig aufgeblüht, wenn er durch den Saal kam. Ich hab' euch aus dem kleinen Zimmer neben dem Krankensaal kommen sehen, dich und ihn, und du hast übers ganze Gesicht gestrahlt.«

»Wie Henrietta?«

»Ja, genau wie sie. Aber bei ihr war es zu erwarten, bei dir nicht. Dafür muß man es bei dir ernster nehmen.«

»Ich werde ihn nie wiedersehen.«

»Laß Doktor Fenwick nicht zu lange warten. Auch die besten Männer verlieren die Geduld.«

Wir schwiegen eine Weile, dann sagte ich: »Der Sturm läßt nach.«

»Ja, er gönnt uns eine Ruhepause.«

»Es wird seltsam sein«, meinte ich, »nach so langer Zeit wieder nach Hause zu kommen.«

Rückkehr nach Kaiserwald

Erschöpft und mitgenommen von der Reise erreichten wir Marseille. Von dort aus fuhren wir nach Paris, wo wir in demselben Hotel übernachteten wie auf dem Hinweg, sodann nach Calais, um mit dem Schiff über den Kanal zu setzen.

Wir hatten mit der Pflege der Soldaten, die mit uns kamen, genug zu tun, auch wenn keiner mehr schwer krank war. Als wir uns den weißen Felsen näherten, war ich innerlich in Aufruhr. Ich freute mich auf mein gemütliches Zuhause, aber mir war, als hätte ich viel von mir zurückgelassen. Ich war erschüttert, als mir klar wurde, wie deutlich ich meine Gefühle verraten hatte. Eliza hatte mir das Ausmaß meiner Empfindungen klargemacht. Hatte ich wirklich so ausgesehen, wie sie gesagt hatte? Hingerissen! »Glühend« war ihr exakter Ausdruck gewesen. War es so offensichtlich? Und hatte er es bemerkt?

Wie töricht war ich doch! Ich war aufgebrochen, ihn zu vernichten, und nun schien es, daß er mich vernichtet hatte. Ich mußte mir endlich die Wahrheit eingestehen: Ich wollte mit ihm zusammensein. Das wünschte ich mir mehr als alles andere. Er war der faszinierendste Mensch, dem ich je begegnet war. Er war eine vielschichtige Persönlichkeit. Es gab so viel über ihn zu entdecken, mehr, als man im Laufe eines Lebens entdecken konnte. Hatte er indirekt mein Kind umgebracht? Nein, Julian war schon tot gewesen, als er kam. Aber ich glaubte, daß er Aubrey beeinflußt hatte. Meine Begegnungen mit ihm waren immer nur kurz gewesen; seine Nähe hatte mich belebt, und was ich für glühenden Zorn gehalten hatte, entpuppte sich nun als etwas anderes.

Und er hatte Henrietta genommen!

Ich hatte das Gefühl, daß er mich das wissen lassen wollte. Er war wütend gewesen, weil ich seinen Annäherungsversuchen widerstanden hatte. Für mich bestand kein Zweifel daran, was er mit seinen Andeutungen bezwecken wollte. Er wollte mich besitzen – als seine willige Geliebte und Sklavin. Von Heirat war nicht die Rede gewesen. Würde ein Mann wie er überhaupt heiraten wollen? Eine Ehefrau, eine normale Familie würden seine Freiheit einschränken. Er wollte seinen Abenteuern nachgehen, wann immer ihn die Lust ankam. Er war arrogant und unmoralisch; er war es gewöhnt, durchs Leben zu schreiten und sich zu nehmen, was er wollte, um sich, wenn er genug hatte, wieder abzuwenden. Er würde sich keiner Frau zuliebe ändern. Er war einmalig. Deswegen fühlte er sich berechtigt zu tun, was ihm beliebte.

Und ich war so dumm gewesen, von ihm gefesselt zu sein. Wie mußte ihn das amüsiert haben! Zu sehen, wie ich vor Freude strahlte, bloß weil er mit mir sprach!

Wenn es Eliza aufgefallen war, mußte es ihm auch aufgefallen sein. Er glaubte sicher, ich sei seinen Annäherungsversuchen ausgewichen, weil ich Angst vor ihm hatte, Angst, aus meinem konventionellen Gefüge auszubrechen.

Und so hatte er statt dessen Henrietta gewunken, und sie war bereitwillig mit ihm gegangen.

Ich hatte alles verpfuscht! Zuerst meine Ehe. Hätte ich bleiben und versuchen sollen, Aubrey zu einem anderen Menschen zu machen? Hätte ich ihm helfen sollen, die schreckliche Sucht zu bekämpfen? Damals hatte ich geglaubt, mir bliebe nichts anderes übrig, als ihn zu verlassen. Hatte ich mich geirrt? War ich gefühllos, gleichgültig gewesen? Ich hatte mein Gelöbnis gebrochen, ihn zu lieben und zu ehren in Gesundheit wie in Krankheit. Und dann hatten meine unsinnigen Rachegelüste mich über Wasser gehalten, als ich nach dem Verlust meines Babys im Meer des Elends zu ertrinken drohte.

Ich war töricht gewesen. Ich hätte mich dem Leben stellen sollen, hätte ihm offen ins Gesicht sehen und mich nicht der Selbsttäuschung hingeben sollen. Nun mußte ich von vorn beginnen.

Konnte ich Charles heiraten? Wäre es ihm gegenüber fair, wenn ich doch dermaßen starke Gefühle für einen anderen hegte ... und dazu noch für solch einen Mann! Einen wie ihn konnte es nicht noch einmal geben. Wenn ich ihn wiedersähe, könnte ich dann stark bleiben? Wie sollte ich Charles unter diesen Umständen heiraten?

Ich war froh, daß Eliza bei mir war. Vielleicht konnten wir zusammen in ein Hospital gehen. Wir waren schließlich für diese Arbeit geschult.

Die Felsen waren nun ganz nahe. Wir waren schon fast zu Hause.

Es war ein Augenblick großer Freude, als wir am Victoria-Bahnhof ankamen, denn mein Brief, in dem ich unser Kommen angekündigt hatte, war rechtzeitig eingetroffen, und Joe Tugg holte uns mit der Kutsche ab. Lily war bei ihm. Nie werde ich den Anblick vergessen, als sie sich in Williams Arme warf.

Sie hielten sich umschlungen. Sie betrachtete ihn, forschte in seinem Gesicht, ob er noch derselbe sei ... ihr William.

Dann wandte sie sich mir zu. »Oh, Miss Pleydell, Sie haben ihn gerettet! Sie haben ihn mir heimgebracht!«

»Nicht ich habe ihn gerettet, Lily. Es war der Arzt, Doktor Adair.«

»Gott segne ihn! Ich wünschte, ich könnte ihm danken für das, was er getan hat.«

Joe stand bloß da und sah mich an. »Endlich daheim«, sagte er. »Die Mädels sitzen wie auf glühenden Kohlen, seit sie's wissen.«

»Und wo ist Miss Henrietta?« fragte Lily.

»Sie bleibt noch eine Weile dort.«

»Ach ... ich dachte, Sie kommen beide nach Hause.«

»Dies ist Miss Eliza Flynn. Sie hat mit mir zusammen die Kranken gepflegt und bleibt vorerst bei uns.«

»Sie hatten's bestimmt nicht leicht«, sagte Lily. »Ich bin so froh, daß Sie dort waren, Miss Pleydell. Ich kann Ihnen gar nicht sagen, wie mir zumute war, als Sie mir schrieben, daß William außer Gefahr ist.«

»Wir sollten losfahren«, meinte Joe. »Die Pferde werden unruhig. Stehen nicht gern lange auf einem Fleck.«

Und dann fuhren wir mit der Kutsche durch die Straßen.

Als wir vor dem Haus hielten, standen Jane und Polly an der Tür. Ich lief zu ihnen, und sie umarmten mich.

»So eine Freude!« sagte Polly. »Wir haben die Tage gezählt, was, Jane?«

Jane bestätigte es. Es sei wundervoll, mich zu sehen, aber wo sei Miss Henrietta?

Ich erklärte ihnen, daß sie noch eine Weile bleibe, und stellte ihnen Eliza vor, die bei uns wohnen werde.

Sie hatten in der Diele ein Banner mit den Worten WILL-KOMMEN DAHEIM angebracht. Es war sehr rührend. Ich betrachtete es bewegt und dachte, welch ein Glück es für mich war, solche Menschen zu haben.

»Es gibt Roastbeef«, verkündete Polly. »Wir dachten, das mögen Sie bestimmt nach dem ganzen gräßlichen Zeug, das Sie im Ausland essen mußten.«

»Ihr denkt aber auch an alles!«

Eliza schien etwas eingeschüchtert, aber Jane und Polly waren sehr lieb zu ihr.

»Ich geb' Ihnen Miss Henriettas Bett, das ist frisch gelüftet«, sagte Jane. »Wie lange dauert's noch, bis Miss Henrietta nach Hause kommt, Miss Pleydell?«

»Das wissen wir nicht genau. Es ist eine gute Idee, Miss Flynn ihr Zimmer zu geben.«

Es kam mir ganz seltsam vor, an einem Tisch mit fleckenloser Leinendecke zu sitzen und das tadellos zubereitete Mahl zu verzehren, das Jane uns servierte. Lily und William blieben zum Essen, und ich bestand darauf, daß auch Jane und Polly sich zu uns setzten. »Das gehört sich nicht«, meinte Jane, aber sie freuten sich trotzdem.

Nach dem Essen kutschierte Joe Lily und William zu den Clifts, die ihnen zweifellos ein herzliches Willkommen bereiten würden.

Noch seltsamer war es, im eigenen Zimmer in einem bequemen Bett zu liegen. Die Laken dufteten nach den Lavendelsäckchen, die Folly zwischen das Leinenzeug zu legen pflegte.

Dennoch war ich unruhig und traurig und hatte das Gefühl, nie wieder Zufriedenheit empfinden zu können. Es war töricht, aber die Wahrheit wurde mir immer klarer: Ich hatte mich in einen Mythos verliebt.

Die Tage wurden mir lang. Es gab nicht genug zu tun. Ich kaufte mir einiges zum Anziehen, obwohl ich eigentlich nichts brauchte. Das füllte die Zeit.

Eliza gewöhnte sich gut ein und hatte sich bald mit Jane und Polly angefreundet. Sie akzeptierten sie als eine der ihren.

»Donnerwetter, die hat Kraft wie ein Mann«, sagte Polly bewundernd, als Eliza einmal in einem Zimmer ein Möbelstück verrückte. Sie wollte sich unbedingt nützlich machen und bestand darauf, bei der Hausarbeit zu helfen.

Wir erkundigten uns nach einem geeigneten Hospital, wo wir arbeiten könnten. Ich las in der Zeitung, daß Miss Nightingale Kapital beschaffte, um an den Spitälern St. Thomas und King's College einen Krankenschwesternorden auszubilden. Während wir noch überlegten, ob das etwas für uns sei, kam Charles Fenwick nach London.

Seine Ankunft freute nicht nur Eliza, die mir oft genug deutlich zu verstehen gegeben hatte, was sie von ihm hielt, sondern auch Jane und Polly. Sie übertrafen sich selbst mit dem Mittagessen, das sie zubereiteten. Anschließend machten Charles und ich einen Spaziergang im Kensington-Park, und dabei erzählte er mir von seinen Plänen.

»Ich sagte zwar, ich würde mich nicht für eine Praxis entscheiden, bevor ich mich mit Ihnen beraten habe. Aber nun ergab es sich so, und es schien mir ideal. Ich mußte mich rasch entschließen.«

»Das ist gut so. Die Entscheidung liegt allein bei Ihnen, Charles.«

»Sie wissen doch, ich hoffe, daß Sie mein Leben mit mir teilen werden.«

»Ich möchte nicht, daß Sie mich in Ihre Überlegungen einbeziehen. Sehen Sie, ich werde vielleicht nicht...«

»Ich verstehe, Sie sind sich nicht sicher. Alles, was geschehen ist, hat Sie aus dem Gleichgewicht gebracht. Ich glaube, niemand, der dort drunten sah und erlebte, was wir gesehen und erlebt haben, wird je wieder derselbe Mensch sein wie vorher.«

»Sie sind so gütig und verständnisvoll, daß es ungehörig von mir scheint...«

»Ach Unsinn! Ich möchte, daß Sie glücklich sind. Sie müssen überzeugt sein, daß das, was Sie tun, das Beste für *Sie* ist.«

»Ich weiß, ich bin töricht. Ich bin einfach unentschlossen.« Wir setzten uns an den Teich und sahen den Kindern zu, die mit ihren Schiffchen spielten.

Ich versuchte, es ihm zu erklären. »Ich bin kein junges unerfahrenes Mädchen. Ich war verheiratet. Am Anfang scheint alles wundervoll, und später sieht man ein, daß man einen großen Fehler begangen hat.«

»Das macht einen mißtrauisch«, räumte er ein.

»Ihnen gegenüber sollte ich es nicht sein. Sie sind so gütig. Sie aber sollten mir gegenüber mißtrauisch sein. Ich habe meinen Mann verlassen. Wäre ich eine gute Ehefrau gewesen, so wäre ich geblieben, einerlei, wie schwer es gewesen wäre. Vielleicht eigne ich mich nicht für die Ehe.«

»Wenn Sie den Richtigen heiraten, bestimmt. Ich sage Ihnen, was wir tun werden. Wir ziehen nach Meriton. So heißt der Ort. Er liegt in Gloucestershire. Eine herrliche Gegend. Es handelt sich um eine eingeführte Praxis. Doktor Silkin ist Mitte Fünfzig und möchte sich etwas entlasten. Er wünscht sich einen Partner, der später die Praxis ganz übernimmt. Es ist eine einmalige Gelegenheit. Ich habe an ihm und dem Ort Gefallen gefunden.«

»Es hört sich ideal an, genau das, was Sie gesucht haben.«

»Ich habe ein hübsches kleines Haus gefunden, das uns fürs erste genügen wird. Es liegt gleich neben der Praxis. Es hat einen zauberhaften Garten mit zwei Apfelbäumen und einem Kirschbaum. Es wäre für den Anfang ideal. Ich kann es kaum erwarten, es Ihnen zu zeigen.«

»Es tut mir so leid…«

»Es braucht Ihnen nicht leid zu tun. Ich verstehe Sie vollkommen. Sie sind sich noch nicht sicher. Da ist es nur klug, nichts zu überstürzen. Aber kommen Sie hin, sehen Sie es sich an! Es verpflichtet Sie zu nichts. Kommen Sie, und sagen Sie mir, was Sie davon halten!«

»Gut, solange Sie verstehen…«

»Aber gewiß doch. Wann werden Sie kommen? Wie wäre es mit Sonnabend? Bringen Sie Eliza mit! Dann müssen Sie nicht allein fahren. Ich hole Sie am Bahnhof ab.«

»Ja«, sagte ich, »ich komme.«

Wir gingen an der Stelle vorbei, wo die Kinderfrauen saßen, während ihre Schützlinge um sie herumtollten. Die Kinder waren so reizend, und mich befiel wieder die Traurigkeit, die Kinder jedesmal in mir erweckten, weil sie mich an Julian erinnerten.

Dann kehrten wir ins Haus zurück, wo Jane warme Brötchen zum Tee bereitete und Polly stolz einen Kuchen präsentierte, »im Handumdrehen gezaubert«, weil wir Besuch hatten.

Alle waren in Hochstimmung, und aus den Blicken, die sie

wechselten, schloß ich, daß sie glaubten, dieser Mann sei sozusagen mein Zukünftiger.

Charles holte uns in dem Zweisitzer, den er für seine Patientenbesuche benutzte, wie verabredet am Bahnhof ab. Er begrüßte uns erfreut; Eliza und ich setzten uns in die Kutsche, er stieg auf den Bock.

Die Landschaft war wunderschön. Vielleicht erschien sie uns dies um so mehr, weil wir so lange keine von Laubbäumen gesäumten Wege und keine grünen Felder gesehen hatten, auf denen Butterblumen und Gänseblümchen wuchsen. Alles wirkte frisch und friedlich.

Wir kamen nach Meriton, einem alten Marktflecken. Blaukissen und Gänsekresse wuchsen aus dem grauen Gemäuer vor den Häusern, dahinter erstreckten sich Gärten mit üppiger Blumenpracht.

Eliza sagte: »Ist das schön hier! Ich wußte gar nicht, daß es so was gibt.«

»Ja, es ist hübsch, nicht wahr?« sagte Charles stolz.

»Und so friedlich.«

Wir fuhren zuerst zu Charles' Haus. Er hatte schon eine Haushälterin eingestellt, eine behäbige Frau mittleren Alters, die, wie bei Menschen ihrer Art üblich, sichtlich entschlossen war, ihn zu bemuttern. Das Haus mit den von Kletterpflanzen bewachsenen Mauern war bezaubernd, der Garten gut gepflegt. »Ein Mann kommt zweimal in der Woche. Ich habe ihn von den Vorbesitzern übernommen.«

»Sie haben sich ja in Meriton schon ganz gut eingelebt«, sagte ich.

»Wir essen bei meinem Partner zu Mittag. Er bestand darauf, als er hörte, daß Sie kommen. Im übrigen bin ich jeden Sonntag bei ihm zum Essen eingeladen. Eine sehr angenehme Abmachung.«

Ich verstand, was er damit meinte. Dr. Silkin, ein rotgesichtiger, grauhaariger Herr, war sehr sympathisch. Er begrüßte uns herzlich, und ich merkte gleich, daß er mit dem Arrangement, das er getroffen hatte, sehr zufrieden war. Charles war gewiß ein vertrauenswürdiger Partner.

»Ich muß Ihnen meine Tochter vorstellen«, sagte Dr. Silkin.

»Dorothy«, rief er, »wo bist du? Unsere Gäste sind da.«

Ich schätzte sie auf etwa 22 Jahre. Sie hatte schöne braune Augen und glatte braune Haare, die ihr Gesicht umrahmten und zu einem Nackenknoten zusammengefaßt waren. Es war ein liebes Gesicht, auf eigene Art schön zu nennen, ohne regelmäßige Züge, aber mit einem sanften Ausdruck. Man mußte sie auf Anhieb gern haben, denn sie strahlte eine Güte aus, die ich manchmal in älteren Gesichtern wahrgenommen hatte, selten jedoch in einem so jungen.

Sie sagte lächelnd zu uns: »Willkommen in Meriton! Charles hat uns von Ihnen und Ihren großartigen Leistungen im Krimkrieg erzählt.«

»Dorothy will ganz genau wissen, was sich zugetragen hat«, sagte Charles. Er sah das Mädchen mit zärtlicher Nachsicht an. »Sie hält Miss Florence Nightingale für eine Heilige.«

»Da hat sie wohl nicht ganz unrecht«, sagte ich.

»Haben Sie sie wirklich gesehen?« fragte Dorothy.

»O ja.«

»Und hat sie mit Ihnen gesprochen?«

»Anna hat schließlich mit ihr zusammen gearbeitet«, sagte Charles. »Anna, man heißt Sie hier so herzlich willkommen, weil Sie in demselben Hospital gearbeitet haben wie Miss Nightingale.«

»Aber nein! Nicht nur deswegen«, protestierte Dr. Silkin.

Sie hatten ein schönes Haus, das von Dorothy ausgezeichnet geführt wurde. Über dem Kamin im Eßzimmer hing ein Ölgemälde. Die darauf dargestellte Frau sah Dorothy so ähnlich, daß ich annahm, es müsse ihre Mutter sein.

Meine Vermutung wurde später bestätigt. Dorothys Mutter war seit vier Jahren tot, und seither hatte Dorothy ihren Vater umsorgt.

»Sie ist eine fabelhafte Haushälterin«, sagte Dr. Silkin, wobei er seine Tochter liebevoll ansah. »Darüber hinaus geht sie mir bei der Arbeit zur Hand. Sie kann großartig mit Patienten umgehen.«

»Sie hält die schwierigen in Schach«, sagte Charles mit einem Lächeln, »und hat das richtige Quentchen Mitgefühl für diejenigen, die es nötig haben.«

Sie sprachen vom Leben in dem kleinen Ort, den freundschaftlichen Zusammenkünften, kirchlichen Veranstaltungen, musikalischen Abenden und kleinen Abendeinladungen. Ich sah, daß Charles sich hier sehr wohl fühlte. Mit den Silkins verband ihn offensichtlich bereits eine tiefe Freundschaft. Es war wahrhaftig eine ideale Abmachung.

Würde ich dazu passen? Warum nicht? Es war ein angenehmes, behagliches Dasein. Ich könnte mich nützlich machen. Meine Kenntnisse in Krankenpflege würden von Vorteil sein. Ich stellte mir mein Leben in dem kleinen Haus mit den mit wildem Wein bewachsenen Mauern vor. Würde ich mir nicht eingeschlossen vorkommen? Doch ich könnte Kinder haben, die mich von dem Schmerz befreiten, den ich immer noch über Julians Verlust empfand.

Es war ein schöner Tag. Am Spätnachmittag fuhr Charles Eliza und mich zum Bahnhof. Er sah mich beim Abschied innig an. »Vielleicht kommen Sie ja bald wieder«, sagte er. »Geben Sie mir nur vorher Bescheid. Ich bin sicher, die Silkins mögen Sie gern.«

»Ich mag sie auch. Ich finde, Sie haben klug gewählt, Charles.«

»Es gefällt Ihnen also. Das ist der erste Schritt.«

Im Zug war Eliza nachdenklich. »Er ist ein guter Mensch«, meinte sie. »Du wirst es gut haben. Du hast wirklich Glück.«

»Wenn ich mich nur entschließen könnte.«

»Jede, die alle fünf Sinne beisammen hat, würde sich für

ihn entscheiden, es sei denn natürlich«, sie sah mich von der Seite an, »es sei denn, sie hätte ganz andere Pläne.«

»Ich habe überhaupt keine Pläne. Es ist bloß so behaglich... allzu behaglich... geradezu erstickend. Als ob man in einem gemütlichen Federbett versänke, immer tiefer, und nicht wieder herauskönnte.«

»Du phantasierst dir was zusammen. Übrigens, was hast du gegen ein Federbett?« Sie sah mich verschmitzt an, und wir schwiegen ein Weilchen. Ich lehnte mich zurück, lauschte auf das Rattern des Zuges und stellte mir vor, wie ich in dem kleinen Haus lebte. Dann drang eine andere Gestalt in meinen Wachtraum und bannte mich zynisch lächelnd mit diesen Augen. Das ist nichts für dich, sagte Damien. Du willst frei sein und die Welt entdecken. Du willst die Konventionen beiseite schieben. Hör auf, daran zu denken, was du tun solltest; denke lieber an das, was du tun möchtest. Finde es heraus... Ich könnte dir zeigen, was...

Aber ich würde ihn wahrscheinlich nie wiedersehen. Und wenn doch, was dann? Oh, Eliza hatte recht; ich hatte wirklich nicht alle fünf Sinne beisammen.

»Wie findest du diese Miss Dorothy?« fragte Eliza.

»Reizend.«

»Ja... und die Tochter vom Doktor. Sie würde eine gute Arztfrau abgeben.«

»Ganz sicher.«

»Schätze, sie wird auch eines Tages eine. Würde alles hübsch zusammenpassen, oder?«

»Meinst du Charles?«

»Klar. Paßt doch wie angegossen, oder?«

»Du drückst dich komisch aus.«

»Ist doch egal, solange du verstehst, was ich meine.«

»Und ob ich es verstehe, Eliza. Du meinst, wenn ich noch länger zögere, könnte Dorothy Frau Doktor Fenwick werden.«

»Darauf könnte es hinauslaufen, nicht? Sie hält 'ne ganze Menge von ihm, weil er mit Miss Nightingale im Krimkrieg gearbeitet hat. Das allein schon macht ihn in ihren Augen zum Helden.«

»Die Ärzte waren ja auch heldenhaft.«

»Und Doktor Fenwick ist beides, ein guter Mensch und ein Held obendrein.«

»Du hast dich jedenfalls immer für ihn eingesetzt.«

»Manchmal weiß man etwas erst richtig zu schätzen, wenn man es verliert.«

»Willst du damit sagen, wenn ich mir Doktor Fenwick nicht bald schnappe, werde ich ihn an Dorothy Silkin verlieren?«

»Genau.«

»Weißt du, Eliza, ich bin eigentlich ganz froh, daß es eine Dorothy Silkin gibt. Ich glaube, sie ist die ideale Ehefrau für Charles. Er verdient die allerbeste, und sie wäre ihm bestimmt eine bessere als ich.«

»Du wärst die bessere für ihn, und er wäre gut für dich.«

»Ich möchte wissen, wie ich mich in so einem Nest eingewöhnen würde. Was ich alles hinter mir habe, ist nicht ohne Wirkung geblieben. Ich habe dir ein wenig vom Gut St. Clare erzählt, aber nicht alles. Es war ein seltsames Erlebnis. Ich verlor meinen Mann und mein Kind. So etwas läßt sich nicht achselzuckend beiseite schieben. Und dann Skutari. Könnte ich mich an ein behagliches Landleben gewöhnen? Ich glaube es nicht, Eliza, nachdem ich es heute gesehen habe. Aber der Gedanke, Charles zu verletzen, wäre mir unerträglich. Und als ich heute das Mädchen kennenlernte, als ich die zwei zusammen sah … Verstehst du, was ich meine?«

»Ja«, sagte Eliza, »es wäre eine Lösung. Dann hätte deine liebe Seele Ruhe, nicht wahr?«

Ich nickte, schloß die Augen und lauschte auf den Rhythmus des Zuges.

Zwei Tage später erhielt ich zwei Briefe. Der eine war von Henrietta. Ich erkannte ihre Handschrift sofort und riß ihn auf.

Meine liebe Anna!
Du hast Dich bestimmt über mich gewundert. Es war ja auch wirklich ungehörig von mir, nicht wahr? Ich meine, Dir in letzter Minute zu erklären, daß ich nicht mitkomme. Ich hätte es Dir früher sagen sollen. Aber ich war so unsicher. Erst wollte ich, dann wieder nicht, Du kennst mich ja. Stell Dir vor, ich bin jetzt eine Ehefrau. Philippe und ich sind verheiratet. Er hatte mir schon vor längerer Zeit einen Antrag gemacht, aber ich war etwas vorsichtig – was mir gar nicht ähnlich sieht. Doch nach dem Erlebnis mit Carlton, Du weißt schon, wollte ich nicht noch einmal so einen faux pas begehen. So habe ich denn gezögert, habe einmal ja und dann wieder nein gesagt. Und dann kam die Zeit der Abreise, und ich dachte, wenn ich jetzt fortgehe, sehe ich ihn nie wieder. Das kommt manchmal vor, wenn man durch eine weite Entfernung getrennt ist. Deshalb mußte ich bleiben und mit mir ins reine kommen.
Dr. Adair war sehr nett. Er hat mir viele gute Ratschläge gegeben. Er kennt die Sprache und die Sitten und alles. Was für ein Mann! Ich halte ihn nach wie vor für das faszinierendste Lebewesen, das ich je sah. Das erzähle ich Philippe nicht, aber ich glaube, daß er es weiß. Er hegt, wie so viele, eine ungeheure Bewunderung für Dr. Adair. Dieser Mann ist einfach etwas Besonderes, wenn Du weißt, was ich meine.
Jedenfalls fand ich am Ende, daß ich Philippe nicht verlassen konnte, und so haben wir geheiratet. Wir wohnen in Konstantinopel, bis Philippe seine Arbeit hier abgeschlossen hat. Alles ist furchtbar wichtig und geheim, er arbeitet für die französischen Behörden, und er muß noch eine Weile hierbleiben. Es geht um Friedensverträge und dergleichen. Philippe ist nämlich ein ziemlich einflußreicher

Mann. Danach werden wir in Paris leben. Ist das nicht herrlich? Du mußt uns dort unbedingt besuchen kommen. Hast Du Dr. Fenwick schon getroffen? Ich hoffe, in dieser Beziehung geht alles gut.

Anna, meine liebste Freundin, bitte verzeih mir, daß ich Dich so gemein im Stich gelassen habe, aber es mußte sein. Ich bin jetzt sehr glücklich. Ich weiß, daß es richtig war, Philippe zu heiraten. Vielleicht kommen wir mal zu Besuch nach England, und Du kommst natürlich nach Paris. Ich vermisse es, mit Dir zu reden.

Es kann sein, daß ich schwanger bin. Aber es ist noch zu zeitig, um sicher zu sein. Wäre das nicht himmlisch? Du sollst die erste sein, die es erfährt.

Mit den allerherzlichsten Grüßen für Dich, meine liebe, liebe Freundin,

Deine Henrietta

Ich lächelte. Es war so typisch für sie. Sie war bestimmt glücklich. Mir war, als wäre eine große Last von mir abgefallen. Henrietta war nicht mit Damien Adair zusammen, sie war bei Philippe. Sie war nicht mit Damien gegangen. Alles war mit einemmal verständlich und ganz natürlich. Er hatte sie auf dem Boot gesehen und war mit ihr hinübergefahren. Philippe muß sie auf der anderen Seite erwartet haben.

Und Damien hatte ihr geholfen. Er kannte die Sprache und die Sitten... Ich hätte nicht auf Eliza hören sollen. Welch großen Kummer fügen wir uns doch selbst zu, indem wir auf Unwissende hören, und meinen sie es noch so gut. Ich war unendlich erleichtert und ungeheuer froh.

Der andere Brief kam zu meiner Verwunderung aus Deutschland, aus Kaiserwald. Ich öffnete und las ihn. Die Diakonissenoberin fragte mich in ihrem ziemlich geschraubten Englisch, ob ich nicht zu einem kurzen Besuch nach Kaiserwald kommen wolle. Sie wisse von meinem Aufenthalt in Skutari und erinnere sich gut an die ausgezeichnete Arbeit, die ich in Kaiserwald geleistet habe. Sie bat mich, Miss Marlington mitzubringen. Ich dürfe eines herzlichen Empfangs gewiß sein. Von allen Krankenschwestern, die eine kurze Zeitspanne in ihrem Hospital verbracht hätten, habe sie vor mir die größte Achtung.

Ich las den Brief wieder und wieder. Ich brauchte etwas, das mich aus dieser Leere herausriß, aus diesem Gefühl, in einem Schwebezustand zu leben, aus dieser stillen Ereignislosigkeit, die auf die schlimmen Tage in Skutari gefolgt war.

Ja, ich wollte nach Kaiserwald.

Ich sprach mit Eliza darüber, doch zuvor erzählte ich ihr von Henrietta. »Siehst du«, sagte ich, »es war doch Philippe und nicht Doktor Adair.«

»Nun ja, jetzt ist sie eben mit Philippe verheiratet.«

»Glaubst du immer noch...«

»Daß sie zuerst zu ihm gegangen ist? Jawohl. Ich glaube, sie ist zu ihm gegangen, und dann hat sie's mit der Angst gekriegt, und als Philippe daherkam, hat sie ihn als Lückenbüßer genommen.«

»Aber nein, Eliza! Das hätte sie mir doch erzählt.«

»Dir? Wo sie wußte, wie bei dir der Hase lief?«

»Was meinst du damit, bei mir?«

»Also, für mich ist das sonnenklar.«

»Zuweilen siehst du etwas, das gar nicht vorhanden ist, Eliza.«

»Von wegen. Er war dir doch nicht ganz gleichgültig, oder?«

»Er kann niemandem gleichgültig sein. Sieh dich an! Dir ist er auch nicht gleichgültig.«

»Oh, aber ich durchschaue ihn.«

»Meinst du nicht, Eliza, daß du dich manchmal etwas überschätzt? Du hast eine heftige Abneigung gegen ihn.«

»Ich hasse alle Männer, die die Frauen so behandeln wie er, darum. Ich hab' so was zu oft gesehen. Manche Männer meinen, wir sind bloß für ihre Bequemlichkeit da. Er ist auch so einer. Ich hasse die ganze Bagage.«

»Ich habe dir noch eine Neuigkeit mitzuteilen: Ich bin nach Deutschland eingeladen.«

Sie war verblüfft. Ich erzählte ihr von dem Brief der Diakonissenoberin.

»Nanu«, sagte sie, »die muß ja 'ne Menge von dir halten. Fährst du hin?«

»Es ist eine ziemlich dringliche Einladung.«

»Du willst hin, nicht?«

»Ich werde hier ganz kribbelig. Es tut sich nichts. Ich dachte, wir könnten in der Krankenpflege arbeiten, aber alles läßt sich so langsam an.«

»Mir geht es genauso.«

»Ach, Eliza, du hast keine Ahnung, wie schön es dort im Wald ist. Es ist ganz eigenartig. Man hat das Gefühl, daß die Kobolde und Riesen und die Figuren aus den Märchen nicht weit weg sind. So etwas habe ich sonst nirgends erlebt. Möchtest du nicht mitkommen?«

»Ich bin nicht eingeladen.«

»Weil die Oberin nicht weiß, daß du bei mir bist. Henrietta war damals mit mir dort. Ich wüßte nicht, warum du nicht mitkommen solltest. Du bist Krankenschwester. Du könntest dich nützlich machen. Die Arbeit ist sehr hart. Die Oberin rechnet mit Henrietta, und statt dessen kann ich doch dich mitbringen.«

»Hartes Arbeiten bin ich gewöhnt.«

»So hart wie in Skutari ist es natürlich nicht.«

»Meinst du wirklich, ich kann mitkommen?«

»Warum nicht? Henrietta ist eingeladen. Warum solltest du nicht an ihrer Stelle mitkommen? O Eliza, ich nehme dich mit nach Deutschland.«

Wenige Tage später waren Eliza und ich unterwegs. Es hatte mich einige Mühe gekostet, sie zu überzeugen, daß sie in Kaiserwald willkommen sei.

»Die Oberin rechnet damit, daß ich Henrietta mitbringe«,

sagte ich, »und es wäre ihr bestimmt nicht recht, wenn ich die Reise allein machte. Unter uns gesagt, du bist eine bessere Krankenschwester als Henrietta, und das dürfte für Kaiserwald ausschlaggebend sein.«

Trotz ihrer Bedenken war Eliza von dem Vorhaben begeistert.

Die Kutsche erwartete uns, als wir auf der kleinen Bahnstation ankamen, und ich nahm den Duft der Tannen wahr, als uns die geheimnisvolle Atmosphäre des Waldes umschloß. Ich warf Eliza einen Blick zu und sah, daß sie bezaubert war. Der Wald hatte sie bereits in seinen Bann gezogen.

Und als die Türme und Zinnen von Kaiserwald vor uns auftauchten, überfluteten mich alte Erinnerungen: die Gänsemagd Gerda, der Hausierer Klaus, Frau Leiben. Arme Gerda, sie war so krank gewesen. Aber sie war genesen und war jetzt gewiß klüger. Das alles war geschehen, bevor ich Damien Adair begegnet war, und ich hatte ihn in Verdacht gehabt.

Wie dumm mir das jetzt vorkam! Aber war es das wirklich?

Ich mußte meinen dämonischen Doktor vergessen. Ich konnte keinen Frieden finden, solange ich ihn nicht aus meinen Gedanken verbannt hatte. Doch das war leichter gesagt als getan. Ich mußte vernünftig sein. Ich würde ihn möglicherweise nie wiedersehen.

Wir wurden von derselben Diakonisse empfangen, die mich und Henrietta damals begrüßt hatte, weil sie ein wenig Englisch sprach. Sie sah Eliza leicht erstaunt an, und ich erklärte ihr, daß Miss Marlington geheiratet habe und Eliza an ihrer Stelle mitgekommen sei. Sie nickte und sagte, die Schwester Oberin erwarte mich und lasse mich ersuchen, gleich nach der Ankunft zu ihr zu kommen.

Wir wurden in ihr Zimmer geführt, und sie trat mir mit ausgestreckten Armen entgegen.

»Miss Pleydell, wie freue ich mich, daß Sie gekommen sind. Es war nett von Ihnen, mir so prompt zu antworten.«

»Ihre Einladung war mir eine Ehre«, erwiderte ich. »Miss Marlington ist verheiratet und hält sich nicht in England auf. Dies ist Miss Eliza Flynn, sie hat mit mir im Krimkrieg als Krankenschwester gearbeitet. Ich hoffe, Sie haben nichts dagegen, daß ich sie mitgebracht habe.«

»Aber nein, im Gegenteil. Willkommen, Miss Flynn! Es ist mir eine Freude, Menschen kennenzulernen, die so gute Werke getan haben. Es wird viel zu besprechen geben.«

Sie bat uns, Platz zu nehmen, und fuhr fort: »Sie haben bestimmt viele Erfahrungen gesammelt. In den Hospitälern und in der Krankenpflege findet weltweit eine Veränderung statt. Endlich scheint diese wichtige Arbeit Beachtung zu finden … dank Miss Nightingale.«

»Ja, so ist es«, bestätigte ich. »Sie hat verschiedene Ausbildungsprojekte in Angriff genommen.«

»Und was machen Sie zur Zeit?«

»Eliza und ich warten ab, was sich für uns ergibt.«

Die Diakonissenoberin lächelte zuerst mich, dann Eliza an. »Sie haben also zusammen gearbeitet«, sagte sie.

»O ja, und wir gedenken es auch weiterhin zu tun. Eliza – Miss Flynn hat sich der Krankenpflege verschrieben.«

»Ja«, bestätigte Eliza, »das stimmt.«

»Das ist die Einstellung, die wir brauchen. Und die Schwester, die damals mit Ihnen hier war, ist nun verheiratet, Miss Pleydell?«

»Sie ist in Konstantinopel geblieben. Sie hat einen Franzosen geheiratet, der dort diplomatisch zu tun hat.«

»Ach ja … die Franzosen, Ihre Verbündeten. Sie war eine sehr nette Person, aber wohl doch keine leidenschaftliche Krankenschwester. Es ist ein harter Beruf, wie Sie ja aus Erfahrung wissen.«

»Allerdings«, bekräftigte Eliza.

»Und wir müssen aufopfernd sein, um Härten zu ertragen.

Ich habe veranlaßt, daß Sie ein Gästezimmer bekommen. Sie möchten sich jetzt sicher zuerst einmal zurückziehen. Wir können uns später weiter unterhalten.«

»Vielen Dank«, sagte ich. Die Diakonisse, die uns bei der Ankunft begrüßt hatte, wurde gerufen und führte uns in unser Zimmer.

Es war sehr klein – fast wie eine Zelle. Es enthielt lediglich zwei Betten, einen Stuhl, einen Schrank und ein Tischchen. Von einem Kruzifix abgesehen, waren die Wände kahl.

»Was für eine Frau«, sagte Eliza. »Und sie leitet dieses Haus?«

Ich nickte. »Eliza, du ahnst ja nicht, welche Ehre man uns hier erweist. Ein eigenes Zimmer! Henrietta und ich haben damals in einem in Kojen unterteilten Schlafsaal geschlafen. Dieses Zimmer ist ein wahrer Luxus.«

»Es ist wunderbar«, sagte Eliza. »Stell dir vor, so ein Haus zu leiten! Ich möchte die Krankensäle sehen. Ich möchte sehen, wie man hier arbeitet. Und der Wald ringsum und die Bäume und alles...«

»Ich freue mich, daß es dir gefällt, Eliza. Ich bin froh, daß du mitgekommen bist. Sie hat vielleicht eine Stelle für uns. Wenn, dann... Oh, es ist noch zu früh. Warten wir es ab!«

Später unterhielten wir uns wieder mit der Oberin. Sie erkundigte sich eingehend nach den in Skutari angewandten Methoden. Wir berichteten ihr von dem entsetzlichen Mangel an Material und Medikamenten und von den Seuchen, mit denen wir hatten fertig werden müssen und die sich als katastrophaler erwiesen hatten als die Verwundungen, welche die Soldaten in der Schlacht davongetragen hatten. Sie erklärte, daß sie allergrößten Wert auf Sauberkeit lege und glaube, unzureichende Hygiene könne eine wesentliche Todesursache sein.

Es war sehr interessant, mit ihr zu reden, und ich fühlte mich ungeheuer geschmeichelt, weil sie mich derart ins Vertrauen zog. Ich war auch dankbar, weil sie Eliza akzeptierte. Sie bezog sie ins Gespräch mit ein und hörte aufmerksam zu, wenn Eliza eine Meinung äußerte.

Ich hatte Eliza selten so frohgestimmt gesehen; es war offensichtlich, daß sie den Besuch genoß.

Abends lag ich in dem einen Bett, Eliza in dem anderen. Ich war so froh, daß sie bei mir war. Ich hatte sie gern und wünschte ihr ein glückliches Leben. Sie war ein wirklich guter Mensch – obwohl sie sich oft Mühe gab, das Gegenteil zu beweisen.

Die gute Eliza war in der Lage, ihr Leben selbst zu bestimmen, und ich war es auch. Oder nicht? Ich war, ohne es zu wollen, in eine Beziehung geraten, die mir kein Glück bringen würde. Ich lag da und dachte an meinen früheren Aufenthalt in Kaiserwald. Damals war ich Dr. Adair noch nicht begegnet. Seltsam, wie mein Leben in Abschnitte geteilt zu sein schien: die Zeit, bevor ich von seiner Existenz wußte, gefolgt von den Jahren, als er eine schattenhafte Bedrohung darstellte, bis hin zur leibhaftigen Begegnung.

Schließlich schlief ich ein und träumte von ihm. Ich war im Wald, und die Gänsemagd Gerda war auch da. Es war ein wirrer Traum, und ich war froh, als ich erwachte.

Eliza war ganz aufgekratzt. »So eine herrliche Luft!« rief sie. »Oh, ich liebe den Duft der Bäume. Es ist so friedlich hier. Ich bin froh, daß ich mitgekommen bin. Würde mir guttun, hier ein bißchen zu arbeiten.«

Ich lächelte sie an. Es war so schön, sie glücklich zu sehen. Wie gut erinnerte ich mich an den langen Holztisch, an welchem wir uns zu Haferschleim, Roggenbrot und dem Gebräu aus gemahlenem Roggen niederließen. Diejenigen Diakonissen, die mich von früher kannten, freuten sich, mich wiederzusehen. Alle nahmen Eliza herzlich auf. So viel war geschehen, seit ich damals hier war, und doch war es fast, als sei ich nie fortgewesen.

Nach dem Frühstück machten wir einen Rundgang durch

die Krankensäle. Danach begaben wir uns zu weiteren Gesprächen ins Arbeitszimmer der Schwester Oberin.

Zu meiner Freude bekam Eliza Gelegenheit, ihr Können unter Beweis zu stellen. Sie sagte, sie würde während ihres Hierseins gern in den Krankensälen arbeiten, denn sie habe festgestellt, daß man durchaus noch Schwestern brauchen könne. So wurde vereinbart, daß wir am nächsten Tag mitarbeiten sollten.

»Gönnen Sie sich heute nachmittag noch etwas Ruhe!« sagte die Oberin. »Sie müssen sich von der langen Reise erholen. Ich weiß, wie gerne Sie im Wald spazierengingen, Miss Pleydell.«

So unternahm ich am Nachmittag mit Eliza einen Spaziergang, wie Henrietta und ich es damals zu tun pflegten.

Eliza war begeistert. »So eine Gegend habe ich noch nie gesehen«, sagte sie. »Was sind das für Glocken, die man ab und zu in der Ferne hört?«

Ich erklärte ihr, daß man die Glocken den Kühen umgebunden hatte, weil diese im Wald leicht verlorengehen konnten. »Die Glocken verkünden, wo sie sind.«

Eliza war entzückt.

Wir gingen an dem Häuschen von Gerdas Großmutter vorüber. Niemand war zu sehen. Als wir zu einer Lichtung kamen, schlug ich vor, daß wir uns ein Weilchen hinsetzten.

Eliza sagte: »Hier würd' ich gern arbeiten. Alles ist so friedlich. Weißt du ... Ich weiß nicht, wie ich's sagen soll. Es ist, als spielten manche Dinge keine Rolle. Jeder ist wichtig und doch nicht wichtig, wenn du verstehst, was ich meine.«

»Ich glaube schon, Eliza.«

»Wenn du heiratest ...«

»Oh, da bin ich nicht so sicher.«

»Du wirst Doktor Fenwick heiraten, wenn du nur einen Funken Verstand hast.«

»Vielleicht habe ich keinen.«

»Hast du wohl. Du bist nicht auf den Kopf gefallen. Bißchen durcheinander bist du, das ist alles. Kannst nicht recht geradeaus gucken. Du wirst ihn heiraten, weil er der Richtige für dich ist … und für dich wird alles gut. Aber was wird aus mir?«

»Eliza, du bleibst immer meine Freundin und wirst willkommen sein, wo ich auch bin.«

»Das weiß ich. Ich halt' große Stücke auf dich. Du bist ein guter Mensch, Anna, 'nen besseren gibt's nicht. Ich werde nie vergessen, was du für Ethel getan hast … und für mich.«

»Du übertreibst. Doktor Adair war es, der Ethels Tom gerettet hat.«

»Der? Aufgespielt hat er sich, das ist alles. *Du* hast Tom gerettet.«

»Das ist lächerlich, Eliza.«

»Ich werd' komisch auf meine alten Tage. Was ich sagen wollte, ich möchte, daß du kriegst, was du verdienst. Schätze, du wirst 'nen Haufen Kinder haben und glücklich und in Freuden leben, denn Doktor Fenwick ist ein guter Mensch, und solche Männer wachsen nicht auf Bäumen. Soviel ich weiß, sind sie so selten wie Schnee im Juli.«

»Du bist eine alte Zynikerin, Eliza. Reden wir nicht über mich. Was möchtest du am liebsten? Wenn du einen Wunsch frei hättest, was würdest du dir wünschen?«

»Ich wäre gern die Diakonissenoberin in einer Gegend wie hier mit einem eigenen Hospital. Ich würde es auf meine Art leiten. Ich hätte das beste kleine Spital der Welt. Komisch, als wir nach Skutari kamen, wäre ich am liebsten gleich wieder umgekehrt. Aber dann, als mir klar wurde, was wir leisteten, war ich heilfroh, daß ich dort war. Von da an wußte ich, daß ich nur noch Kranke pflegen will. Nichts wünsche ich mir mehr als das.«

»Das kann ich dir nachfühlen.«

Wir saßen an einen Baum gelehnt im Gras, und sie erzählte mir von ihren Träumen. Sie hatte Kaiserwald auf den ersten Blick geliebt. Sie wünschte sich ein eigenes Hospital, wo sie die Regeln bestimmen und sich den Kranken widmen konnte.

Wir redeten sehr lange. Noch nie hatte Eliza so viel von sich preisgegeben. Ich hatte sie sehr lieb und betete, daß sich ihre Träume eines Tages erfüllen möchten; denn sie hatte sehr hochherzige Ziele.

Es klopfte an der Tür. Es war eine von den jüngeren Diakonissen. Die Oberin ließ mich bitten, mich sogleich in ihr Arbeitszimmer zu begeben.

Wir waren eben erst von unserem Spaziergang zurückgekehrt, und Eliza war noch ganz in ihren Traum versunken, ein Hospital wie Kaiserwald zu leiten.

»Ich geh' am besten gleich«, sagte ich.

Dann klopfte ich an die Tür des Arbeitszimmers.

»Herein«, rief die Diakonissenoberin, und ich trat ein. Ein Mann stand mit dem Rücken zum Fenster.

Ich starrte ihn ungläubig an. Ich hatte unaufhörlich an ihn gedacht, so daß ich einen Augenblick lang glaubte, ich hätte nur sein Bild heraufbeschworen.

»Ah, da sind Sie ja«, sagte die Oberin. »Es freut mich sehr, daß Sie hier sind. Ich glaube, Sie beide kennen sich gut.«

Ich hörte mich stammeln: »Doktor Adair ...«

»Derselbe«, sagte er. »Wie erfreulich, Sie hier zu finden.« Er war auf mich zugetreten und ergriff meine Hand.

»Miss Pleydell hat mir ausführlich von Skutari berichtet«, sagte die Oberin. »Es ist mir eine Ehre, Sie beide hier zu haben ... und auch Miss Flynn. Sie haben gemeinsam Schreckliches erlebt und dennoch Großartiges geleistet.«

»Wir taten nur, was von uns erwartet wurde, nicht wahr, Miss Pleydell?«

»Ja, natürlich. Wir haben lediglich hart gearbeitet und unser Bestes getan.«

»Es war bestimmt ganz anders als in Kaiserwald«, meinte die Oberin.

»Da war alles anders«, sagte Dr. Adair leise in sich hinein.

»Setzen Sie sich doch! Haben Sie Ihren Waldspaziergang genossen, Miss Pleydell? Miss Pleydell ist von unserem Wald begeistert, Dr. Adair.«

»Das kann ich verstehen. Es ist ja auch eine zauberhafte Umgebung. Romantisch, hm, Miss Pleydell?«

»Ja, das ist wahr.«

Er schob mir einen Stuhl hin, und ich setzte mich. Ich sah über die Schulter und dankte ihm. Er lächelte leicht süffisant, und ich vermochte die Bedeutung dieses Lächelns nicht zu ergründen.

»Bitte, nehmen Sie doch auch Platz, Dr. Adair! Miss Pleydell, Dr. Adair sprach soeben mit mir über ein Projekt, und er meint, Sie würden sich vielleicht daran beteiligen. Ich habe ihm nämlich gesagt, daß Sie hier sind.«

Ich drehte mich zu ihm um und sah ihn an. Ich meinte, in seinen Augen einen schelmischen Blick zu entdecken.

»Ja, Miss Pleydell, ich vernahm mit Freuden, daß Sie nach Kaiserwald gekommen sind. Dieses Projekt betrifft Rosenwald. Der Ort ist Kaiserwald nicht unähnlich, aber weniger groß, weniger gut organisiert.«

Er schenkte der Oberin ein anerkennendes Lächeln, und sie neigte erfreut den Kopf und murmelte: »Es war nicht immer so bei uns wie jetzt, Doktor Adair. Es braucht Zeit, eine solche Stätte zu schaffen.«

»Aber Sie sind mit mir einer Meinung, daß Rosenwald mit der Zeit und unter richtiger Leitung ein zweites Kaiserwald werden könnte?«

»Das glaube ich bestimmt, wenn die richtigen Leute zusammenarbeiten, engagierte Leute, die bereit sind, Opfer zu bringen.«

»Wir haben alle die allergrößte Achtung vor Ihrem Können, Miss Pleydell.«

»Das freut mich zu hören.«

»Ich will mir Rosenwald ansehen«, sagte Adair. »Natürlich kann Schwester Oberin die Reise nicht mit mir machen. Wir haben die Angelegenheit besprochen und sind zu dem Schluß gekommen, da Sie zufällig hier sind«, wieder lächelte er mich so seltsam an, »nun ja, ich dachte, daß Sie mit mir nach Rosenwald fahren und mir Ihre Meinung zu den dortigen Möglichkeiten sagen.«

»Im Hinblick auf ein bestimmtes Ziel?«

»Ich kenne Ihre Pläne nicht.«

»Sie meinen, ich könnte dort arbeiten?«

»Ich möchte Ihre Meinung dazu hören. Sie haben sich als gute Krankenschwester erwiesen. Vielleicht können Sie sich dafür begeistern, diese Stätte aufzubauen ...«

»Das würde bedeuten, ich müßte mein Heim und alles aufgeben ...«

»Sie blicken zu weit voraus. Kommen Sie morgen mit mir! Wir besichtigen zusammen Rosenwald, und Sie sagen mir, welche Möglichkeiten Sie sehen. Ich breche morgen in aller Frühe nach Rosenwald auf ... zu Pferde. Sie reiten doch, Miss Pleydell?«

»Ja, aber ich habe keine Reitkleidung dabei.«

»Könnten wir sie ausstatten?« fragte er.

Die Diakonissenoberin meinte, dies dürfte möglich sein. Natürlich ritt niemand im Hospital, aber Fräulein Kleber, eine leidenschaftliche Reiterin, werde mir das Benötigte sicher gern leihen.

»Wenn sich das heute machen ließe, könnten wir morgen früh aufbrechen. Wir werden den ganzen Vormittag unterwegs sein. Aber wir könnten vor dem Dunkelwerden zurück sein. Sollte es irgendwelche Verzögerungen geben, könnten wir in Rosenwald bleiben.«

Die Oberin machte ein sehr besorgtes Gesicht. Sie war wohl der Meinung, daß wir eine Anstandsdame brauchten. Ich dachte schon, sie würde vorschlagen, eine der Diakonissen sollte uns begleiten, aber ich verwarf den Gedanken sogleich, weil ich wußte, daß keine von ihnen reiten konnte.

Ich sagte: »Eliza Flynn ist mit mir hier, Doktor Adair. Sie werden sich an sie erinnern.«

Er dachte mit gerunzelter Stirn angestrengt nach.

»Sie ist ziemlich groß … eine sehr tüchtige Krankenschwester.«

»Ach ja«, sagte er. »Eliza die Große. Ich denke nicht, daß sie mit von der Partie sein sollte. Aber reitet sie gut?«

»Ich bin fast sicher, daß sie nicht reiten kann.«

»Mein Plan ist, daß Sie und ich allein reiten. Wir wollen nicht in großer Besetzung dort einfallen. Wir besichtigen Rosenwald kurz, um die Möglichkeiten zu beurteilen …«

Ich geriet unwillkürlich in Hochstimmung. Ich würde einen ganzen Tag in seiner Gesellschaft verbringen. Ich dachte nicht einen Augenblick daran, daß ich womöglich in Rosenwald würde arbeiten wollen. Das einzige, was zählte, war, daß er gekommen war und ich mit ihm allein sein würde … einen ganzen Tag.

Weiter als bis dahin dachte ich wirklich nicht.

Eliza war wie vom Donner gerührt.

»Dieser Kerl … hier!«

»Das ist nicht verwunderlich. Es ist ganz natürlich, daß er hier ist. Er ist ein berühmter Arzt. Häuser wie dieses interessieren ihn. In Deutschland gibt es einige der besten Hospitäler Europas, da ist es doch selbstverständlich, daß die Leute hierherkommen.«

»Ich glaub', der hat das alles eingefädelt. Daß du hier bist …«

»Eliza, das ist doch lächerlich! Warum sollte er?«

»Weil er's auf dich abgesehen hat. Er ist fertig mit Henrietta, und jetzt bist du an der Reihe.«

»Wir gehen doch nur ein Hospital besuchen. Daran ist nichts Romantisches oder Mysteriöses.«

»Nur du und er … allein! Ich komme mit.«

»Wir müssen hinreiten, und das kannst du doch gar nicht. O Eliza, es ist nichts …«

»Du siehst richtig vergnügt aus.«

384

»Mich interessiert das Haus Rosenwald. Vielleicht können wir beide für eine Weile dort arbeiten.«

Bei dieser Aussicht heiterte sich ihre Miene ein wenig auf. Ich sagte rasch: »Ich muß jetzt zu Fräulein Kleber. Sie wohnt hier in der Nähe. Schwester Oberin meint, das Fräulein kann mir ein Reitkostüm leihen. Sie hat ungefähr meine Größe.«

»Willst du damit sagen, die Oberin läßt zu, daß du mit ihm allein losziehst?«

»Du machst aus einer Mücke einen Elefanten. Komm, geh mit mir zu Fräulein Kleber!«

Sie kam ein wenig zögernd mit. Fräulein Kleber bewohnte ein sehr hübsches Haus, nicht weit von Frau Leibens Häuschen entfernt.

Es war leicht zu finden, und als wir uns dem Haus näherten, hörten wir einen Schuß. Wir sahen uns erschrocken an, und in diesem Augenblick ertönte ein weiterer Schuß, dann noch einer und noch einer.

»Was geht da vor?« fragte Eliza.

Wir liefen eilends zu dem Haus. Niemand war zu sehen. Als wir durch einen schön gepflegten Garten zu den Stallgebäuden gingen, hörten wir wieder einen Schuß. Das Geräusch kam von der anderen Seite der Stallungen.

Dann sahen wir, was es war. An einem Baum war eine Zielscheibe befestigt, und eine Frau schoß darauf. Sie hörte uns kommen und drehte sich um.

»O Verzeihung!« rief sie. »Ich übe ein bißchen fürs Schützenfest. Es findet in ein paar Wochen statt, und ich bin etwas eingerostet.«

Sie war an die 40 und graumeliert, schlank und ungefähr so groß wie ich.

»Kommen wir ungelegen?« fragte ich.

»O nein, nein. Sie kommen von Kaiserwald, nicht? Ich habe Sie erwartet, und es ist mir ein Vergnügen, Ihnen auszuhelfen.«

Ich stellte ihr Eliza vor, aber da sie nicht Deutsch sprach, konnte sie sich nicht an der Unterhaltung beteiligen.

»Das ist sehr nett von Ihnen«, sagte ich. »Ich habe keine Reitkleidung dabei. Ich hatte nicht gedacht, daß ich hier Gelegenheit zum Reiten haben würde.«

Sie nickte. »Fast hätte ich vergessen, daß Sie kommen. Ich war so mit dem Schützenfest beschäftigt. Es findet jedes Jahr statt, und ich mache jedesmal dabei mit. Ich freue mich schon auf das Tontaubenschießen. Ich hoffe immer, daß ich Schützenkönig werde. Das hat natürlich noch keine Frau geschafft.«

»Ich wünsche Ihnen viel Glück«, sagte ich.

»Kommen Sie ins Haus! Doch zuvor entschuldigen Sie mich bitte, ich muß erst noch mein Gewehr wegbringen.«

Wir waren zu einem Schuppen gekommen, der in eine Art Waffenkammer verwandelt worden war.

»Mein Vater war ein großer Schütze. Er wurde fast jedes Jahr Schützenkönig. Ich habe diese Waffen von ihm geerbt, aber leider nicht sein Talent.«

Sie verstaute das Gewehr in einem Glasschrank und wandte sich uns zu. Sie musterte mich gründlich. »Wir haben ungefähr dieselbe Größe, da dürfte es keine Probleme geben.«

Wir gingen ins Haus und in ihr Schlafzimmer hinauf. Fräulein Kleber besaß vier Reitkostüme. Sie bat mich, das zu nehmen, das mir gefiel, und ich wählte ein hellgrünes, dazu einen grauen Hut.

Ich probierte die Sachen an. »Sitzt wie angegossen«, sagte Fräulein Kleber. »Haben Sie ein gutes Pferd?«

»Das wird für mich besorgt.«

»Aus Herrn Brandts Stall, nehme ich an. Er hat bestimmt das richtige Tier für Sie. Er besitzt etliche sehr edle Pferde.«

»Ich bin Ihnen sehr dankbar, Fräulein Kleber.«

»Ich bin immer froh, wenn ich etwas für Kaiserwald tun kann. Wir sind alle stolz auf das Hospital. Deshalb ist es mir eine Freude, Ihnen auszuhelfen.«

»Eine sehr interessante Frau«, sagte ich, als wir fortgingen. »Schade, daß du sie nicht verstehen konntest.«

»Ein, zwei Worte hab' ich mitgekriegt«, sagte Eliza. »Ich glaub', ich würde die Sprache rasch lernen, wenn ich länger hier wäre.«

»Bestimmt.«

»Der Aufzug steht dir.« Sie sah mich eindringlich an. »Du siehst… anders aus.«

Ich sagte nichts mehr.

Den Rest des Tages verbrachte ich in einem Zustand der Benommenheit. Es war wie ein Traum. Ich war nach Kaiserwald gekommen, und er war da. Es war beinahe ein Wunder. Ich hatte unaufhörlich an ihn gedacht, und es war, als habe ich ihn mit der Kraft meiner Gedanken herbeigezaubert. Und ich sollte einen ganzen Tag mit ihm verbringen… allein. Eliza mißfiel das sehr. Ich wollte mit ihr nicht darüber sprechen. Als wir an diesem Abend zu Bett gingen, tat ich, als schliefe ich gleich ein. Ich war sicher, daß Eliza hellwach lauerte.

Am nächsten Morgen war ich früh auf. Ich zog Fräulein Klebers Reitkostüm an. Es stand mir gut zu Gesicht; ich hatte in Reitkleidern schon immer vorteilhaft ausgesehen. Ich war bei bester Laune.

Dr. Adair hatte die Pferde besorgt. Sie stammten wirklich aus Herrn Brandts Stallungen. Dr. Adair hatte ein edles schwarzes Tier; meins war eine rotbraune Stute. Er ritt ausgezeichnet, wie ich es von ihm erwartet hatte. Zu Pferde erinnerte er mich an eine Gestalt aus der griechischen Mythologie. Ich hoffte, daß man mir meine gehobene Stimmung nicht allzusehr anmerkte.

Als wir uns ein Stück von Kaiserwald entfernt hatten, blickte ich zurück und sah eine Bewegung an einem Fenster. Es war wohl Eliza. Ich konnte mir ihre Miene vorstellen. Eliza war ganz und gar gegen dieses Unterfangen. Sie gehörte zu den Menschen, die, wenn sie sich einmal eine Meinung gebildet haben, daran festhalten. Es würde mich viel Mühe kosten, ihre Meinung über Dr. Adair zu ändern. Sie behauptete steif und fest, daß er Henrietta genommen und sie dann an Philippe Lablanche abgetreten habe, und nichts vermochte sie umzustimmen. Sie machte ein richtiges Melodram daraus.

Aber am meisten fürchtete sie das, was Adair mit mir anstellen würde.

»Wie gefällt Ihnen Ihre Stute?«

»Sie scheint recht fromm.«

»Um so besser. Pferde können manchmal launisch sein, und wir haben einen langen Tag vor uns. Ich hoffe, Sie halten sich zu Pferde mindestens genauso wacker wie im Krankensaal.«

»Ich bin in Indien geritten und später auf dem Land. Ich bin freilich kein Meister, aber ich kann einigermaßen mit einem Pferd umgehen.«

»Nun, ich bin ja auch noch da, um auf Sie achtzugeben.«

»Das«, sagte ich, »ist ein tröstlicher Gedanke. Wie lange sind Sie noch in Skutari geblieben?«

»Nicht länger als nötig. Es gab noch einiges zu regeln. Ich kam nach England, sobald es mir möglich war.«

»Haben Sie Henrietta noch gesehen?«

»O ja. Ich sah sie mit Lablanche. Sie machten einen sehr zufriedenen Eindruck.«

»Henrietta erwähnte in ihrem Brief, daß Sie ihnen sehr behilflich waren.«

»Ich tat, was ich konnte. Den Rest mußte ich ihnen selbst überlassen.«

»Ich hoffe, es geht gut.«

»Auch dies muß man ihnen selbst überlassen.«

»So etwas geht nicht immer gut, auch wenn die Menschen es anfangs glauben.«

»Wir können ihnen nur alles Gute wünschen.«

»Seltsam, daß Sie zur gleichen Zeit in Kaiserwald sind wie ich.«

»So seltsam ist das gar nicht.«

»Nein?«

»Ich habe es arrangiert. Mit anderen Worten, ich bat die Schwester Oberin, Sie einzuladen. Und sobald ich erfuhr, daß Sie da waren, bin ich hergekommen.«

»Aber warum?«

»Ich habe einen Plan.«

»Meinen Sie dieses Rosenwald? Schlagen Sie etwa vor, ich soll dort eine Stelle übernehmen… um was für eine es sich auch handeln mag?«

»Ich fand es gut, Sie zur Besichtigung mitzunehmen.«

»Dann haben Sie das alles geplant?«

»Das gebe ich zu. Sie sehen also, es ist nicht so ein Zufall, wie Sie zunächst dachten.«

»Wie freundlich von Ihnen, daß Sie meine Zukunft planen.«

»Sie sind eine gute Krankenschwester, und Ihr Talent sollte nicht vergeudet werden. Sie kennen die Misere der Hospitäler in aller Welt. Sie sind eine Schülerin von Miss Nightingale und wissen, was sie vorhat.«

»Ja.«

Ich war enttäuscht. Als er sagte, er hätte dies alles arrangiert, hatte ich geglaubt, er habe *mich* sehen wollen.

»Ich bin sehr gespannt auf die Besichtigung des Hauses«, sagte ich kühl.

»Ich wußte, daß es Sie interessieren wird. Ich versichere Ihnen, ich freue mich schon darauf.«

Wir ritten eine Weile schweigend weiter, dann erkundigte er sich nach meinen Plänen. Ich sagte ihm, daß ich eigentlich noch abwarten wolle, wie sich die Lage entwickle. Ich wisse, daß die Hospitäler reformiert werden sollen, sei aber noch nicht sicher, wohin ich mich wenden würde.

»Und Eliza die Große?«

»Wir möchten zusammenbleiben.«

»Mir scheint, Sie sind sehr gute Freundinnen geworden.«

»Sie ist ein guter und sehr verläßlicher Mensch.«

Er schwieg.

Schließlich sagte ich: »Und Sie? Was haben Sie für Pläne? Wollen Sie wieder in ein wildes Land ziehen, um dort als Eingeborener zu leben und die Geheimnisse des Orients zu entdecken?«

»Ich warte die Entwicklung der Dinge ab – genau wie Sie.«

»Dann haben Sie nichts Festes vor?«

»Ich habe sehr viel vor, aber es gibt gewisse Umstände zu berücksichtigen. Manchmal habe ich das Gefühl, es heißt das Schicksal herausfordern, wenn man zu weit vorausplant.«

»Sie meinen, der Mensch denkt, und Gott lenkt.«

»Gott oder sonstwer.«

Wir kamen auf eine Dorfstraße, und wir mußten nun hintereinander reiten. Es wunderte mich nicht, daß die Leute ihn anstaunten, als er vorüberritt, denn er wirkte überaus vornehm.

Als wir wieder auf freiem Feld waren, erzählte er ein wenig von Rosenwald. Die Schwestern seien keine Diakonissen, und es handele sich auch nicht um eine kirchliche Einrichtung, sondern um ein weltliches Hospital. Es stecke noch in den Kinderschuhen. Es habe nur wenige Patienten, nicht mehr als 30, meinte er. Die Krankenschwestern seien einfache Bauernmädchen aus der Umgebung ohne richtige Ausbildung.

»Sie scheinen ja wirklich großes Interesse an diesem Haus zu haben.«

»Mein Interesse besteht darin, die richtige Person für die Leitung zu finden. Die Diakonissenoberin ist eine sehr tüchtige Frau. Ohne sie wäre Kaiserwald nicht, was es ist.«

»Das ist wahr.«

»Ah, jetzt ist es nicht mehr weit. Es war hoffentlich kein zu langer Ritt für Sie.«

»Nein, es war ganz gemächlich.«

»Und die kleine Stute hat sich tadellos benommen. Schauen Sie, von hier aus können Sie die Türme sehen. Hübsche Lage, nicht wahr?«

Vor mir sah ich ein Schlößchen inmitten eines Waldes, Kaiserwald nicht unähnlich.

Wir ritten in einen Innenhof. Ein Mann kam herbei, um sich unserer Pferde anzunehmen, und Dr. Adair gab Anweisung, sie zu füttern und zu tränken.

Wir wurden von einer Frau begrüßt, die ich für die Vorgesetzte der Schwestern hielt. Sie war von Dr. Adair sichtlich tief beeindruckt.

»Eine kleine Stärkung wird Ihnen gewiß guttun«, meinte sie. »Es ist ein weiter Weg von Kaiserwald hierher.«

Er sagte, wir nähmen gerne an und ob wir im Freien essen könnten. Wir hätten einiges zu besprechen.

Wir setzten uns an einen Tisch vor dem Schloß, von wo wir ein Tal überblickten. Die Berge in der Ferne bildeten einen hübschen Hintergrund, und der Wald war wunderschön.

Ich war so glücklich wie schon lange nicht mehr. Warum? fragte ich mich. Weil er mir eine Stelle anbietet. Ich kann hierhergehen und Eliza mitbringen. Vielleicht schaut er gelegentlich vorbei, sofern er zwischen seinen Reisen in exotische Länder Zeit findet; und falls er überhaupt an mich denkt, wird er sagen: Ach ja, Anna Pleydell, die Frau, die ich in Rosenwald untergebracht habe.

»Hübsch ist es hier«, sagte er. »Finden Sie nicht?«

»Ja, sehr hübsch.«

»Ein guter Arbeitsplatz?«

»Es ist wunderschön.«

»Das Leben würde tagaus, tagein so ziemlich gleich verlaufen. Patienten würden kommen und gehen. Wie würde Ihnen das gefallen?«

»Ich verspüre kaum den Wunsch nach nichts anderem als Ruhe und Gemütlichkeit.«

Er lachte. »Nein, das hatte ich auch nicht erwartet. Aber es ist ein hübsches Plätzchen… für die richtige Person. Sie müßte diese Arbeit lieben. Unter der entsprechenden Leitung könnte dies ein kleines Königreich werden. Diese Person würde dieses kleine Reich regieren, aber natürlich darüber hinaus sehr wenige Verbindungen zur Außenwelt haben. Das Bier schmeckt gut, nicht? Und der Sauerbraten mit den unvermeidlichen Klößen. Wir sind schließlich in Deutschland. Und finden Sie die Lage im Wald nicht wunderbar?«

Ich stimmte ihm zu.

»Wenn wir mit dem Essen fertig sind, machen wir unseren Besichtigungsrundgang, denn wir dürfen nicht zu spät aufbrechen.«

Doch er schien es durchaus nicht eilig zu haben, und wir blieben eine ganze Weile bei Bier und Braten sitzen. Es war so friedlich, und das Wetter so schön. Ein leichter Dunst in der Luft verlieh den Bergen eine blaue Färbung. Es machte mich sehr glücklich, einfach dazusitzen; wenn ich ab und zu aufblickte, sah ich seine Augen auf mich gerichtet. Die Szenerie hatte etwas Unwirkliches, und ich hätte mir fast einreden können, daß ich das Ganze nur träume.

Später gingen wir zusammen durch den Krankensaal. Es waren, wie Dr. Adair gesagt hatte, an die 30 Patienten dort. Er sah sich alle an und stellte den Schwestern eine Menge Fragen, nicht nur über ihre Patienten, sondern auch über ihre Aufgaben. Wir besichtigten die Küche und die Unterkünfte. Sie waren ähnlich wie in Kaiserwald. Der langgestreckte Schlafsaal war in Kojen unterteilt. Alles war sehr ordentlich und sauber.

Gegen vier Uhr meinte Dr. Adair, wir sollten aufbrechen. Es wunderte mich, daß er es hatte so spät werden lassen. Ich bezweifelte, ob wir vor dem Dunkelwerden zurück sein würden, aber ihn schien das nicht zu beunruhigen. Wir verabschiedeten uns von den Schwestern und brachen auf.

»Das wäre geschafft«, sagte er. »Ein überaus notwendiger Teil unseres Unternehmens.«

»Der eigentliche Zweck des Ausflugs«, hielt ich ihm entgegen.

Er lächelte mich an, und sein Verhalten kam mir irgendwie verändert vor.

Er sagte eine ganze Weile nichts. Nachdem wir ungefähr anderthalb Kilometer geritten waren, lenkte er sein Pferd dicht neben meins. »Ich fürchte, wir sind etwas zu spät dran, um es bis Kaiserwald zu schaffen.«

»Warum sind wir nicht früher aufgebrochen?«

»Nachdem wir schon einmal dort waren, mußten wir uns alles ansehen. Wir könnten natürlich in ein Gasthaus gehen.«

»Ich habe auf dem Hinweg keines gesehen.«

»Es gibt aber einige. Andererseits, ein Freund von mir hat nicht weit von hier ein Jagdhaus. Ich halte es für eine ausgezeichnete Idee, seine Gastfreundschaft in Anspruch zu nehmen.«

»Die Schwester Oberin erwartet uns zurück.«

»Sie wird annehmen, daß wir in Rosenwald übernachten. Ich hatte angedeutet, daß diese Möglichkeit besteht.«

Wir ritten noch etwa 15 Minuten. Die Sonne stand tief am Himmel; bald würde sie ganz verschwunden sein.

Wir waren jetzt mitten im Wald. »Bald kommen wir zu dem Jagdhaus«, sagte er. »Es ist zauberhaft.«

»Ihr Freund wird überrascht sein. Vielleicht hat er Gäste.«

»Ich bin eingeladen, das Haus zu benutzen, wann immer ich will. Er wohnt ja nicht dort. Es ist schließlich nur ein Jagdhaus.«

»Dann ist es womöglich abgeschlossen.«

»Es wohnen ständig Dienstboten dort.«

Wir waren zu einer Lichtung gekommen, und vor uns lag das Jagdhaus. Es war größer, als ich es mir vorgestellt hatte – ein Miniaturschlößchen mit Turm und Zinnen. Nahebei war eine Hütte, und zu dieser führte er mich. Als wir näher kamen, erschien ein Mann in der Tür. Er sah uns und stieß einen Freudenruf aus.

»Herr Doktor!«

»Wir möchten hier übernachten, Hans«, sagte Dr. Adair. »Ich nehme an, der Graf ist nicht da.«

»Nein, Herr Doktor. Ich schließe Ihnen das Haus auf.«

»Bitte, tun Sie das, Hans. Wir haben einen weiten Weg hinter uns. Wir sind müde und hungrig.«

»Wir sollten vielleicht doch in ein Gasthaus gehen«, wandte ich ein. »Ihr Freund ist nicht hier...«

»Nein... nein. Es besteht eine Abmachung. Wenn der Graf erfährt, daß wir hier waren und wieder gegangen sind, ist er sehr ungehalten. Außerdem könnte er ja noch kommen. Wenn er gerade auf der Jagd ist, wird er bestimmt hier übernachten. In den Kaminen liegt alles zum Feuermachen bereit, die Betten sind gelüftet, und es ist immer etwas zu essen da.«

»Es scheint mir ungewöhnlich...«

»So ist es hier der Brauch.« Er lächelte mich an. »Ich glaube, Sie haben Bedenken.«

»Alles kommt mir mit einemmal verändert vor.«

»Inwiefern?«

»Als wir zu dem Hospital aufbrachen und während wir es besichtigten, sah alles ganz normal aus... vernünftig.«

»Und nun finden Sie es unvernünftig?«

Ein junger Mann war aus der Hütte gekommen, um sich unserer Pferde anzunehmen.

»Guten Abend, Franz«, sagte Dr. Adair. »Geht es Frieda gut?«

»Ja, Herr Doktor.«

»Und dem Kleinen?«

»Sehr gut.«

»Wir bleiben über Nacht. Ihr Vater schließt uns auf. Hat Ihre Mutter wohl etwas für uns zum Abendessen?«

»Aber ja. Sie wissen doch, wir haben immer etwas vorbereitet.«

»Fein.« – »Der Herr Graf war vor knapp einem Monat hier.«

»Ich hörte davon. Es ist so nett von ihm und Ihnen allen, uns ein solches Willkommen zu bereiten.«

»Der Graf wäre böse, wenn Sie das Jagdhaus nicht benutzen würden.«

»Das habe ich meiner Begleiterin auch erklärt.«

Ich sagte: »Ein sehr interessantes Haus.«

»Und so behaglich, dank der guten Familie Schwartz«, sagte Dr. Adair. »Gehen wir hinein! Ich nehme an, man hat die Feuer schon angezündet.«

Er nahm meinen Arm und zog mich zum Jagdhaus.

»Da wären wir«, sagte er. »Sind Sie nun zufrieden? Wir kommen nicht uneingeladen. Ich habe Ihnen nichts vorgeschwindelt. Dies ist tatsächlich das Jagdhaus des Grafen von Spiegel, und er ist wirklich ein Freund von mir und wäre gekränkt, wenn wir eine Unterkunft benötigten und in ein Gasthaus gingen.«

»Welch ein Glück für Sie, solche Freunde zu haben.«

»Da haben Sie recht.«

Wir traten in eine große Diele. Das Feuer war schon angezündet und loderte hoch auf. »Die Schlafräume sind bereit. Man muß nur noch die Wärmflaschen in die Betten legen.«

»Haben wir es hier mit der sogenannten deutschen Tüchtigkeit zu tun?«

»Tüchtigkeit ist es gewiß, und da wir uns in Deutschland befinden, könnten Sie recht haben.«

Eine Frau kam in die Halle. Sie war in mittleren Jahren, ziemlich füllig, mit rosigen Wangen und dichten flachsblonden Haaren.

»Ah, da ist Else«, sagte Dr. Adair. »Else, das ist Miss Pleydell. Na, was haben Sie uns zu bieten?«

»Wir haben heiße Suppe und kaltes Wildbret. Ist Ihnen das recht, Herr Doktor?«

»Hört sich gut an. Genau, was wir brauchen.«

»Und die Zimmer? Das Eichenzimmer und das …?« Sie hielt inne und blickte von ihm zu mir. Die Andeutung ließ mich erröten. Sollte sie ein oder zwei Zimmer herrichten?

Er bemerkte meine Verlegenheit und schien sich zu amüsieren.

»Das Eichenzimmer«, sagte er, »und das daneben bitte, Else. Das wäre ausgezeichnet. Es ist immer wieder schön, hierzusein. Es war wirklich ein guter Einfall von mir, wo doch das Jagdhaus so nahe war. Hier ist es viel behaglicher als in irgendeinem Gasthaus am Wegesrand.« Zu mir gewandt, fuhr er fort: »Setzen Sie sich doch! Mit dem Essen wird es wohl noch ein Weilchen dauern.«

»Eine halbe Stunde, Herr Doktor«, sagte Else.

»Ausgezeichnet. Vielleicht könnten wir uns in der Zwischenzeit den Reisestaub abwaschen. Können wir wohl etwas warmes Wasser bekommen?«

»Ich lasse es Ihnen von Frieda bringen.«

»Und Frieda geht es gut?«

Else stemmte die Hände in die Hüften und machte ein vielsagendes Gesicht.

»Wieder eins unterwegs?« fragte Dr. Adair. »Wie alt ist der kleine Fritz denn jetzt? Nicht älter als zwei, soviel ich weiß.«

»Frieda freut sich.«

»Und geht alles gut?«

»Alles bestens, Herr Doktor.«

»Kommen Sie, setzen Sie sich ans Feuer!« sagte er dann zu mir.

»Sie kennen hier alle anscheinend recht gut.«

»Stimmt. Ich war schon einige Male hier. Der Graf ist sehr gastfreundlich.«

Er sah mich eindringlich an. »Mir scheint«, sagte er, »Ihnen ist etwas unbehaglich zumute. Lassen Sie mich raten. Sie denken, daß Sie mit einem Mann von fragwürdigem Ruf allein sein werden. Habe ich recht?«

»Sollte ich das denn auch wirklich denken?« fragte ich rasch.

»Vielleicht.«

»Sie sind nicht derselbe, der Sie waren, als wir aufbrachen«, sagte ich. »Sie waren kühl… fast abweisend.«

»Und jetzt bin ich warmherzig und ein wenig vertraulich, ja?«

»Sagen Sie mir, warum Sie mich hierhergebracht haben!«

»Um Ihnen eine Unterkunft für die Nacht zu bieten. Es wäre nicht bequem gewesen, im Wald zu schlafen; und die Gasthäuser in dieser Gegend sind nicht besonders gut.«

»Wußten Sie, daß wir hierherkommen würden… ich meine, als wir aufbrachen?«

»Ich hielt es für möglich. Ich will Ihnen die Situation lieber ganz deutlich erklären. Die Dienstboten werden in ihrer Hütte sein. Wir werden das Jagdhaus für uns allein haben.« Er sah mich eindringlich an. »Was halten Sie davon?«

»Ich glaube kaum, daß die Schwester Oberin damit einverstanden wäre.«

»Es geht sie auch nichts an, nicht wahr? Hauptsache, Sie und ich sind zufrieden. Nun, wie ist *Ihnen* dabei zumute? Aber ich brauche Sie gar nicht zu fragen. Sie hatten schon immer ein ausdrucksvolles Gesicht. Ich erinnere mich, bei bestimmten Gelegenheiten Haß und Verachtung in Ihren Augen gesehen zu haben. Dies sind die Tatsachen: Sie und ich werden heute nacht allein hier sein. Ein sehr romantisches Fleckchen, ein Jagdhaus mitten im Wald. Sie meinen, man kann mir nicht trauen. Sie halten mich für ein Ungeheuer, in dessen Gesellschaft sich keine unbescholtene Frau allein begeben sollte. Vielleicht haben Sie recht. Aber ich kann Sie beruhigen. Wenn Sie es wünschen, sage ich Hans und den anderen Bescheid, daß wir doch nicht über Nacht bleiben. Wir suchen uns ein Gasthaus, oder wenn das die Grenzen der Schicklichkeit überschreitet, reiten wir die Nacht durch zurück nach Kaiserwald. Die Entscheidung liegt ganz bei Ihnen.«

»Wie sollten wir jetzt fort? Sie bereiten doch alles für uns vor.«

»Wir könnten sagen, daß wir es uns anders überlegt haben. Das hier sind gute Dienstboten, die zum exzentrischen Benehmen der Herrschaften keine Fragen stellen.«

Frieda erschien mit zwei großen Kannen heißem Wasser. Er sprach ein paar Minuten mit ihr über ihre Kinder – das eine, das sie schon hatte, und das andere, das sie erwartete. Er konnte zuweilen sehr charmant sein.

Dann stiegen wir die Treppe hinauf.

»Das Eichenzimmer ist das beste«, sagte er, »deshalb überlasse ich es Ihnen.«

Es war wirklich traumhaft. Das Feuer knisterte, und die züngelnden Flammen warfen Schatten ringsum. Man hatte Kerzen angezündet. Das Zimmer enthielt ein großes Himmelbett, und in einem Alkoven befand sich ein Waschkrug nebst Becken. Ich wusch mich mit dem warmen Wasser und brachte meine Frisur in Ordnung.

Kurz darauf klopfte es an die Tür. Auf mein »Herein« trat er ein. Er hatte seinen Rock ausgezogen und trug nun ein weißes Seidenhemd mit bauschigen Ärmeln, das am Hals offenstand.

»Ah«, sagte er, »Sie sind fertig. Sie sind bestimmt hungrig. Ich glaube, das Essen wartet schon auf uns. Wir werden unten speisen. Die Dienstboten sind sehr unaufdringlich. Das allerbeste Personal, das man bekommen kann.«

Unten in der Diele mit der hohen Decke und den Trophäen an den Wänden – Gewehre und Speere, die vermutlich irgendwann im Laufe der Jahrhunderte in Gebrauch gewesen waren – stand der gedeckte Tisch. Aus einer Suppenterrine stieg Dampf auf.

Else bediente uns. Sie teilte die Suppe aus, dann schenkte sie Wein ein.

»Er stammt vom Weinberg des Grafen«, erklärte Dr. Adair. »Er würde niemals zulassen, daß seinen Gästen etwas anderes als vom Besten serviert wird. Seine Trauben sind von besonderer Qualität.«

Else sagte, außer der Suppe gebe es nur kalte Speisen. Wildbret und Brot seien aufgetragen; danach solle es Apfeltorte geben, und da auch diese kalt sei, wolle sie uns nun mit unserem Mahl allein lassen.

»Gehen Sie einfach, wenn Sie fertig sind«, sagte sie. »Ich räume dann später ab, damit ich Sie nicht störe.«

»Wie rücksichtsvoll von Ihnen. Gute Nacht, Else!«

Ich wünschte ihr ebenfalls eine gute Nacht.

Diese neue Wendung der Ereignisse machte mich etwas berauscht. Er hatte alles geplant, und ich geriet darüber unwillentlich in Hochstimmung. Es hatte keinen Sinn, mir etwas vorzumachen. Ich wollte mit ihm zusammensein. Ich wollte nicht praktisch und vernünftig sein, wie Eliza mich gerne gehabt hätte. Ich wollte jeden Augenblick auskosten und mich nicht mit der Zukunft und mit dem, was angeblich für mich das Beste war, befassen. So, wie es jetzt war, so wollte ich es haben. Niemand vermochte mich so zu erregen wie er. Mein Dasein war allzulange trübe und ohne jede Heiterkeit gewesen. Ich wollte leben, und die Konsequenzen waren mir einerlei.

Er hielt mir den Stuhl hin, und ich setzte mich, dann nahm er mir gegenüber Platz. Er hob sein Glas. »Auf uns... und diese Nacht!«

Ich trank mit ihm.

»Kosten wir die Suppe! Sie ist bestimmt ausgezeichnet. Else ist eine sehr gute Köchin. Ich habe Ihnen so viel zu sagen, aber zuerst wollen wir essen.«

»Ich bin gespannt, was Sie zu sagen haben.«

Er sah mich über den Tisch hinweg an. »Kerzenlicht ist zauberhaft, finden Sie nicht? Wie still es ist. Manchmal hört man nachts die Geräusche des Waldes... Nachtvögel, die Tiere der Nacht. Das kann faszinierend sein.«

Ich schmeckte die Suppe kaum. Ich war zu aufgeregt, um

auf das Essen zu achten. Ich fragte mich, was er bezwecken wollte. Und im Grunde meines Herzens wußte ich es.

Er stand auf und nahm meinen Teller.

»Sie spielen den Diener. Eine ungewöhnliche Rolle für Sie.«

»Dies«, gab er zurück, »ist auch ein ungewöhnlicher Abend. Das Wildbret dürfte aus diesem Wald stammen. Es wird Ihnen bestimmt munden.«

»Danke. Jagen Sie, wenn Sie hier sind?«

»Ich gehe nicht auf die Jagd... nach Tieren. Dieser Zeitvertreib reizt mich nicht. Sie kennen einige meiner Interessen. Die Jagd gehört nicht dazu.«

»Sie jagen Informationen nach. Sie suchen Erkenntnisse.«

»Gewiß. Ich bin Arzt. Wie Sie wissen, interessiere ich mich sehr für die Methoden, die rund um die Welt angewandt werden. Man könnte sagen, das sind meine Jagdgründe.«

»Ich weiß.«

»In unserem Beruf bestehen eine Menge Vorurteile. Ich bin ein Mensch, der sich nicht gern an die herkömmlichen Regeln hält. Das hat mir Kritik eingebracht... nicht nur von meinen Berufskollegen.«

»Sie meinen, Ihre unüblichen Methoden finden nicht immer Zustimmung.«

Er nickte und füllte mein Glas.

»Der Graf wird wissen wollen, ob uns sein Wein geschmeckt hat. Es würde ihn verdrießen, wenn wir ihm nicht zusprächen.«

»Ich möchte lieber nicht soviel trinken.«

»Ich auch nicht. Alkohol trübt die Sinne. Heute abend möchte ich jeden Moment auskosten.«

»Was wollten Sie mir sagen?«

»Etwas, von dem ich annehme, daß Sie es schon wissen. Ich habe eine Entdeckung gemacht.«

»So? Und was für eine?«

Er sah mich fest an. »Daß mein Leben ohne Sie sehr eintönig ist.«

Ich starrte ihn an.

»Sie sind gar nicht überrascht«, sagte er. »Sie haben es gewußt.«

Ich schüttelte den Kopf. »Sie haben mir eben erst dieses Hospital gezeigt, und Sie haben angedeutet, daß ich vielleicht die Leitung übernehmen könne. Ich dachte, das sei der Grund für Ihr Interesse.«

»Also *das* ist bestimmt nicht meine Absicht.«

»Aber Sie haben so getan...«

»Ich habe die Vorbereitungen getroffen. Ich wollte Sie hierherbringen... mitten in den Wald, wo wir allein sein können... ganz allein.«

Ich erhob mich, und er trat an meine Seite. Er legte seine Arme um mich.

»Du mußt wissen, wie es mit uns beiden ist.«

Dann drückte er mich an sich und küßte mich, nicht einmal, sondern viele Male. Mir war schwindlig vor Erregung. Ich dachte: Es ist mir egal. Und wenn es nur für heute nacht ist, ich will hier sein, ich will bei ihm bleiben. Und wenn es kein anderes Mal gibt... ich muß heute nacht mit ihm zusammensein.

Er ließ mich los und lachte leise. Es war ein triumphierendes Lachen.

»Du siehst, wie es mit uns ist«, sagte er.

Ich sah ihn hilflos an.

»Wir sind füreinander bestimmt«, fuhr er fort. »Wir haben es immer gewußt. Du hast dagegen angekämpft. Du warst entschlossen, mich zu hassen. Du hättest mich nicht so sehr hassen können... es sei denn, du liebtest mich.«

Ich hörte mich sagen: »Ich weiß nicht. Ich bin ganz durcheinander.«

»Aber im Grunde deines Herzens hast du es gewußt. Ich liebe das Rot deiner Haare. Es schimmert im Kerzenlicht.

Und deine Augen sind grün ... sehr grün, wenn du glücklich bist. Jetzt sind sie sehr grün.«

»Bitte«, sagte ich, »wollen wir uns nicht wieder setzen?«

»Und das Mahl beenden? Eine ausgezeichnete Idee. Es gibt noch Apfeltorte. Wir dürfen Else nicht kränken.«

Ich wurde ruhiger. Er saß mir gegenüber, seine Augen leuchteten. Sie wirkten dunkel und tief. Ich dachte daran, wie er William hypnotisiert hatte, und verspürte den Wunsch, mich in diesen dunklen Augen zu verlieren. Eine Stimme in meinem Innern sagte mir, ich müsse auf der Hut sein. Er sei ein routinierter Verführer. Es habe in seinem Leben schon viele Situationen wie diese gegeben. Zweifellos sei dies die Art, wie er mit Frauen umzugehen pflegt, mit denen er sich ein Weilchen amüsieren will. Aber ich wollte nicht wieder auf diese Stimme hören. Ich war zu lange einsam und traurig gewesen.

Ich wollte nicht über diese Nacht hinausblicken. Ich staunte über mich selbst. Dies war der Feind, der Mann, den ich zu vernichten getrachtet hatte, und nun war ich hier bei ihm, sein williges Opfer.

Ich glaube, er wußte, was ich empfand; er wußte, daß er die Macht besaß, jeden Widerstand zu überwinden, den ich meinte leisten zu müssen.

»Du hattest eine Menge Vorurteile mir gegenüber, bevor wir uns begegnet sind«, sagte er. »Ich weiß, warum.«

Ich war einen Augenblick lang verblüfft. Doch dann fuhr er fort: »Du hattest meine Schriften gelesen. Ich hatte gegen Sitte und Anstand verstoßen, nicht wahr? Was sollte eine wohlerzogene junge Dame von einem Mann denken, der als Araber in einem Zelt gelebt hatte und eine Zeitlang selbst ein Araber geworden war, ein Inder, ein Türke ...«

»Du mußt aufregende Erlebnisse gehabt haben.«

»Das Leben sollte immer aufregend sein, findest du nicht?«

»Leider ist es nicht für alle Menschen aufregend.«

»In diesem Fall sollten sie ergründen, warum, und es aufregend machen.«

»Ich sehe, daß du darin sehr geschickt bist.«

»Ich denke, du könntest es auch sein. Du hast deine Geheimnisse. Oh, mach nicht so ein erschrockenes Gesicht! Ich werde nicht versuchen, sie dir zu entreißen. Du hast dir in den Kopf gesetzt, daß du das Leben nicht genießen darfst. Meine Aufgabe, ja meine Pflicht ist es, dir zu beweisen, daß du dich irrst.«

»Und wie willst du das bewerkstelligen?«

»Indem ich dir zeige, wie schön das Leben sein kann.«

»Meinst du, daß dir das gelingt?«

Er nickte und lächelte mich an. »Ja, seit ich weiß, wie sehr ich dich zum Leben brauche.«

»Ich bin nicht das simple Geschöpf, für das du mich vielleicht hältst. Mich kann man nicht mit Beteuerungen und süßen Worten verlocken.«

»Wahrhaftig nicht. Und ich denke auch nicht an Worte, sondern an Taten.«

Er warf seine Serviette beiseite und stand auf. Er streckte seine Hände aus, ergriff die meinen und zog mich hoch, so daß ich neben ihm stand.

»Meine liebe Nachtigall«, sagte er, »es ist unvermeidlich.«

Ich wollte etwas sagen, doch mein Herz klopfte so schnell, daß ich unmöglich sprechen konnte. Er drückte mich an sich, und ich hielt ganz still.

»Es ist noch früh«, sagte er. »Das Eichenzimmer hat einen Balkon. Laß uns von dort den Wald betrachten.«

»Und das da…« Ich wies auf den Tisch.

»Man wird leise hereinschleichen und abräumen, wenn wir uns zurückgezogen haben. Ist dies nicht ein äußerst romantisches Fleckchen? Welch ein Unterschied zu dem kleinen Zimmer im Hospital von Skutari, erinnerst du dich?«

»Ja, ich erinnere mich.«

Er legte seinen Arm um mich, und wir gingen hinauf ins

Eichenzimmer, wo die brennenden Holzscheite ihr flackerndes Licht auf die mit Eichenholz getäfelten Wände warfen. Er führte mich auf den Balkon, und dort standen wir ein paar Minuten und blickten in den dunklen Wald hinein. Der Tannenduft war berauschend. Etwas Dunkles flog vorüber, und ich hörte eine Eule schreien.

»Die Fledermäuse fliegen tief heute abend«, sagte er und küßte mich. Dann fuhr er fort: »Wie ich mir das gewünscht habe... seit langer Zeit. Ich bin so glücklich heute abend.«

»Ich bin so überrascht, so...«

»Glücklich«, ergänzte er.

Ich schwieg, und er fuhr fort: »Sag die Wahrheit, Nachtigall! Du wirst mich nicht abweisen.«

»Ich bin allein hier«, begann ich.

»Aber du bist aus freien Stücken mitgekommen. Anders will ich es nicht haben, sosehr ich dich auch begehre. Wenn du nicht möchtest, daß ich bei dir bleibe, schick mich weg!«

Ich hob meine Hand und berührte sein Gesicht; da nahm er sie und drückte einen flüchtigen Kuß darauf.

»Ich verstehe mich selbst nicht«, sagte ich.

»Aber ich verstehe dich. Liebste, du bist einsam gewesen. Du hast mit deinem Gram gerungen, hast gehaßt, wo du hättest lieben sollen, wolltest partout nicht sehen, wie *schön* das Leben sein kann. Und heute abend wirst du, weil ich hier bei dir bin, weil wir mitten im Wald sind, weil ein Zauber in der Luft liegt, alle Schranken vergessen, die du dir auferlegt hast.«

Mattigkeit hatte von mir Besitz ergriffen. Ich wollte keinen Widerstand leisten. Ich wollte meine Arme nach ihm ausstrecken. Morgen würde ich mich mit meiner Torheit auseinandersetzen, aber heute abend konnte ich nicht dagegen an. Ich ließ mich von ihm zu dem Himmelbett führen, und wir setzten uns nebeneinander darauf.

Er küßte mich und sagte: »Endlich. Laß uns alles vergessen, außer daß wir hier beisammen sind... daß ich dir bedeute, was du mir bedeutest, und wenn dies mit zwei Menschen geschieht, kann es nur zu einem einzigen Ende führen.«

Ich drehte mich zu ihm hin. Er küßte meinen Hals und meine Lippen, und als er mich weiterküßte, glitt ich in eine solche Seligkeit, wie ich sie niemals für möglich gehalten hatte.

Die Morgendämmerung zog soeben herauf. Ich war aufgewacht, und während ich dalag, dachte ich über das Geschehene nach. Nie hatte ich solche Leidenschaft, solche Freuden gekannt. Ich dachte an Aubrey und die ersten Tage unserer Ehe. Er war ein zärtlicher Liebhaber gewesen, und damals war mir unsere Beziehung idyllisch erschienen. Dann kamen das Erwachen in Venedig und die allmähliche Erkenntnis, daß mir nicht so sehr an Aubrey selbst lag, sondern daran, geliebt, bewundert, verehrt zu werden … zu lieben und die Wonnen des Geliebtseins zu genießen.

So war es jetzt nicht. Dies war ein beispielloses Erlebnis mit einem Mann, von dem ich unwiderstehlich angezogen wurde und der mir dennoch ein Geheimnis war.

Ich fühlte mich restlos gefesselt. Ich konnte an nichts denken als an ihn. Was ich für Aubrey empfunden hatte, war etwas ganz anderes. Es war, als vergleiche man das bleiche Licht des Mondes mit den Strahlen der Sonne.

Wieder fühlte ich diese himmlische Mattigkeit. Diese Nacht werde ich nie vergessen, dachte ich. Ich werde sie mir bis an mein Lebensende bewahren. Wenn er fortgeht, bleibt mir die Erinnerung. Ich hätte wissen müssen, daß es einen wie ihn nicht noch einmal gibt.

Vielleicht war ich töricht gewesen. Ich hatte so bereitwillig nachgegeben – nein, nicht nachgegeben: meine Begierde war der seinen gleich. Ich hatte einen neuen Menschen in mir entdeckt, eine sinnliche, fordernde Frau. Ich hatte nicht gewußt, daß ich so sein konnte. Er hatte mein eigenes Ich in mir geweckt.

Plötzlich nahm er meine Hand, die schlaff auf der Decke lag.
»Schon aufgewacht, Nachtigall?«

»Ja. Es wird bald Tag.«

»Und dann gehen wir fort von hier. Du bedauerst nichts, Susanna?«

»Nein«, erwiderte ich, »nichts.« Dann stutzte ich, als mir aufging, daß er mich bei meinem richtigen Namen genannt hatte. Er hatte Susanna gesagt. Ich war für ihn aber immer nur die Nachtigall oder Miss Pleydell gewesen.

»Warum nennst du mich so?« fragte ich.

»Warum nicht? So heißt du doch. Susanna St. Clare, ein hübscher Name. Anna, das warst du nie ganz. Susanna, das ist etwas anderes. Du bist eine Susanna.«

»Du hast gewußt, daß ich …«

»Das streng gehütete Geheimnis der Nachtigall. Für mich war es nie ein Geheimnis.«

»Warum hast du nichts gesagt?«

»Hätte ich etwas zur Sprache bringen sollen, das du so entschieden hinter dich bringen wolltest?«

»Wann hast du es entdeckt?«

»Ich wußte es von Anfang an. Ich habe dich in Venedig gesehen.«

»Oh, ich habe dich auch gesehen. An jenem Abend … du hattest Aubrey nach Hause gebracht.«

»Du hast also gewußt, wer ihn nach Hause gebracht hat. Der verruchte Doktor Damien, der ihn, wie du glaubtest, in seiner Torheit bestärkt hat.«

»Ja, davon war ich überzeugt.«

»Ich weiß.«

»Und du hast gesagt, ich sei eine flatterhafte, frivole Frau und daß es ein Unglück für ihn war, mich geheiratet zu haben, und daß ich ihn womöglich hätte retten können.«

»Hättest du ihn denn nicht retten können?«

»Wie denn? Es war grauenhaft. Und diese Höhle …«

»Aubrey war lächerlich melodramatisch. Als er von Sir

Francis Dashwood in Medmenham hörte, mußte er ihn unbedingt nachahmen. Er ist im Grunde immer ein Junge geblieben.«

»Du hast ihn ermutigt, Rauschgift zu nehmen.«

Er stritt es entschieden ab. »Das ist nicht wahr! Mich hat nur die Wirkung interessiert. Um medizinischen Nutzen zu gewinnen, mußte ich die Leute beobachten, die aus purer Sensationslust Rauschgift nahmen. Ich brauchte Erkenntnisse.«

»Und fandest sie durch diese Menschen. Du hast ihnen Rauschgift gegeben, um die Wirkung zu beobachten.«

»Keineswegs. Ich habe es an mir selbst ausprobiert. Sie haben ihr eigenes Zeug genommen.«

»Du hättest selbst süchtig werden können.«

»Ich nicht. Ich wußte damit umzugehen.«

»Du warst dort... in der Höhle.«

»Ja. Eine erstaunliche Offenbarung.«

»Du warst in Indien, als alles anfing.«

»Sie waren dort mehrere. Die Namen der Leute habe ich vergessen. Eine flatterhafte Frau, die das Leben langweilig fand und diesen kleinen Club gründete. Ich habe mit ihnen verkehrt, um Erfahrungen zu sammeln.«

»Warum hast *du* nicht versucht, Aubrey zu retten?«

»Genau das habe ich getan, denn ich war sehr besorgt um ihn. Sein Bruder war ein guter Freund von mir. Ich dachte, er könnte von der Sucht geheilt werden, aber als er mit dieser Höhle anfing, war es hoffnungslos, und als du ihn verließest, noch mehr. Von da an ging es rasch bergab mit ihm.«

Ich sagte zitternd: »Und in der Nacht, als mein Sohn starb, warst du auch da. Du hast ihm ein Rauschmittel gegeben. Du hast mit ihm experimentiert, und er ist gestorben.«

»Auch das ist nicht wahr. Ich habe dir gesagt, das Kind war schon tot, als ich zu ihm kam. Ja, ich war dort. Ich war in der Höhle. Ich habe das gefährliche Treiben dieser unter

Rauschgifteinfluß stehenden Leute beobachtet. Ich habe dabei eine Menge gelernt. Wir kamen ins Haus. Ein Hausmädchen war ganz hysterisch wegen des Kindes. Die alte Kinderfrau war betrunken. Als ich hinaufkam, war das Kind schon tot. Es war an Lungenentzündung gestorben.«

»Wenn man dich früher gerufen hätte...«

»Wer weiß, vielleicht...«

»Wenn ich nicht fort gewesen wäre...«

»Ach ja, wenn du nicht fort gewesen wärst.«

»Mir scheint, du ziehst bestimmte Schlüsse. Mein Vater lag im Sterben. Ich mußte zu ihm. Mein Kind war ganz gesund.«

»Es tut mir leid«, sagte er. »Ich weiß, wie du gelitten hast.«

Tränen liefen mir über die Wangen. Ich durchlebte alles noch einmal... den furchtbaren Augenblick, als ich nach Hause gekommen war und meinen Julian tot vorgefunden hatte.

Er nahm eine Strähne meines Haares und wand sie um seinen Finger. Sanft sagte er: »Das ist alles vorbei. Du hast eine Zukunft vor dir. Du mußt vergessen, Susanna, Liebste, ein neues Leben erwartet dich. Du mußt aufhören, dich zu grämen. Du mußt wieder leben.«

Ich sagte nichts, und er fuhr fort: »Susanna St. Clare. Ein hübscher Name. Er hat einen harmonischen Klang. Aber Susanna Adair fände ich noch besser.«

Schweigend nahm ich die Bedeutung seiner Worte in mich auf.

Dann sagte ich zögernd: »Schlägst du mir vor, dich zu heiraten?«

»Ich wüßte keine andere Möglichkeit, wie du meinen Namen tragen könntest. Wie findest du ihn? Hübsch, nicht wahr?«

Er nahm mich in seine Arme und hielt mich fest. »Du mußt einwilligen, denn wie gesagt, ich finde mein Leben langweilig ohne dich. Und wenn ich etwas nicht ertragen kann, dann ist es Langeweile. Bitte, heirate mich auf der Stelle, Nachtigall!«

»Du bist voreilig.«

»Keineswegs. Ich hatte es schon lange im Sinn.«

»Du hast mir keinerlei Andeutung gemacht.«

»Ich mußte erst die Mauer des Widerstandes niederreißen.«

»Das ist dir allerdings gelungen.«

»Ja? Vollständig? Ich glaube, du siehst in mir immer noch eine Art Ungeheuer.«

Ich lachte. »Und wenn… es ist mir egal.«

»Das gefällt mir. Du hast mich mit allen Sünden genommen, die ich auf mich geladen habe. Und ich fürchte, ihre Zahl ist Legion. Vieles von dem, was du mir anlastest, ist nämlich wahr.«

»Ich weiß von dem wilden Nomadenleben, den Eroberungen… den Wanderungen auf Pfaden, die englische Gentlemen sonst nicht beschreiten.«

»Stimmt, aber diesen Wanderungen habe ich es zu verdanken, daß ich imstande bin, den Wert meiner wahren Liebe zu erkennen.«

»Du verkehrst alles zu deinem Vorteil.«

»Das ist meine Lebensart, Susanna. Ich werde dir zeigen, wie man es macht. Willst du mich in die wilden, fernen Winkel der Welt begleiten?«

»Ja.«

»Jederzeit, ganz spontan? So ist das nämlich bei mir.«

»Falls wir heiraten…«, begann ich.

»*Wenn* wir heiraten«, verbesserte er mich.

»Könnten Kinder kommen.«

»Die Möglichkeit besteht allerdings.«

»Wenn ich je wieder ein Kind bekomme, will ich es niemals der Obhut von Kinderfrauen überlassen. Niemals. So groß die Versuchung auch sein mag.«

»Und?«

»Angenommen, du möchtest zu deinen Wanderungen aufbrechen, zu deinen wilden Abenteuern. Was dann?«

»Ich bin überzeugt, daß ein Kind mich ebenso verändern wird wie dich. Aber ich werde euch manchmal verlassen, für einen Tapetenwechsel. Ich verspreche dir, daß ich nie lange wegbleiben werde.«

»Ich kann mir nicht vorstellen, daß du dich niederläßt und deinen Beruf ausübst wie ein…«

»Wie ein normaler Arzt? Meine liebe Susanna, ich bin ein vielseitiger Mann. Wenn die Zeit reif ist, mein abenteuerliches Leben aufzugeben, werde ich mich mit meiner Familie niederlassen. Ich werde Mittel und Wege finden, meine Kenntnisse der Medizin und des Lebens zu erweitern. Ich glaube, ich werde ein idealer Vater sein.«

Ich schloß die Augen und dachte: Das vollkommene Glück ist, frühmorgens in einem Jagdhaus mitten im Wald zu sein, mit dem Mann, den ich liebe, an meiner Seite.

Der Wald war wunderschön am frühen Morgen.

Wir hatten bei Tagesanbruch das Bett verlassen und waren nun unterwegs. Alles schien vollkommen: die Morgensonne, die zwischen den Bäumen glitzerte, das Erwachen der Vögel, die sanfte Brise, die in den Tannen raschelte, und der unvergeßliche Duft, der die Luft durchdrang.

Ich hatte nicht gewußt, daß es eine solche Zufriedenheit geben konnte.

Damien sagte: »Wir müssen in den nächsten Tagen abreisen. In England werden wir so bald wie möglich heiraten. Ich sehe keinen Grund für einen Aufschub. Und du?«

»Ich auch nicht.«

Er lächelte mich an. Ich war in Hochstimmung. So hatte ich mich noch nie in meinem ganzen Leben gefühlt. Wie lange hatte ich meinen Gram mit mir herumgetragen und versucht, ihn mit Rachegedanken zu lindern, doch wieviel süßer waren die Gedanken der Liebe.

Das Leben wird wundervoll, dachte ich. Mit Damien wird nichts alltäglich sein. Ich werde ihn auf seinen Abenteuern begleiten, und wenn ich ein Kind habe, wird das Leben vollkommen sein. Natürlich werde ich Julian nie vergessen. Kann eine Mutter ein Kind vergessen, das sie geboren hat? Doch ich werde Julian in diesem Kind sehen, und es wird Damiens Kind sein. Ich werde bis in alle Ewigkeit zufrieden sein. Ich dankte Gott dafür, daß er mich aus meinem Elend in dieses vollkommene Glück geführt hatte, und mir kam der Gedanke, daß die Gegenwart nicht so wunderbar sein könnte, wenn ich in der Vergangenheit nicht gelitten hätte.

In dieser Stimmung kam ich in Kaiserwald an.

Die Diakonissenoberin begrüßte uns. Ich sah ihr an, daß sie unser nächtliches Ausbleiben mißbilligte.

»Wir waren von Rosenwald so gefesselt«, sagte Damien zu ihr, »daß wir den Aufbruch hinauszögerten. Unser Ausflug hätte ja auch keinen Sinn gehabt, wenn wir uns nicht alles angesehen hätten. Wir haben die Nacht im Jagdhaus des Grafen von Spiegel verbracht.«

Sie wirkte erleichtert. »Und wie geht es dem Grafen?«

»Sehr gut.«

Das stellte sie zufrieden. Er warf mir einen verschwörerischen Blick zu.

Mit Eliza war es nicht so einfach. Ich merkte ihr an, daß sie erschüttert war. Ich hielt es für das Beste, ihr alles ohne Umschweife zu erzählen. Ich sagte zu ihr: »Ich heirate Doktor Adair.«

»Oh! Das ist aber ein plötzlicher Entschluß.«

Ich nickte.

»Du siehst ganz anders aus«, sagte sie.

»Ich fühle mich auch anders.«

Das war alles. Sie wechselte das Thema und erkundigte sich nach Rosenwald, aber dabei preßte sie mißbilligend die Lippen zusammen. Ich schilderte ihr begeistert die Möglichkeiten in Rosenwald. »Zur Zeit haben sie nur unausgebildete Krankenschwestern. Es wäre eine lockende Aufgabe, es zu einem zweiten Kaiserwald zu machen.«

»Ich dachte, du würdest das tun.«

»Das dachte ich zuerst auch. Ich hatte angenommen, er wolle mir das Haus aus diesem Grund zeigen.«

»Aber er hatte einen anderen Grund. Du hast nicht lange überlegt, wie?«

»Ich... ich mußte nicht überlegen, Eliza. Ich war mir im klaren. So geht es manchmal.«

»Schätze, du machst einen Fehler. Wenn du ihn heiratest, wirst du's bis in alle Ewigkeit bereuen.«

»Ich glaube eher, ich werde bis in alle Ewigkeit jubeln«, erwiderte ich.

»Dich hat's ganz schön erwischt, was?«

»Ja, Eliza, sehr.«

»Der gehört zu dieser Sorte Männern. Er braucht bloß mit dem Finger zu winken, das genügt. Und du folgst ihm.«

»Meine liebe Eliza, es gibt vieles, was wir nicht voneinander wissen können. Er ist der Richtige für mich. Nie hätte ich gedacht, daß ich so glücklich sein kann. Ich kann meine Traurigkeit hinter mir lassen. Er macht, daß ich mich lebendig fühle...«

»Für wie lange?«

»Für den Rest unseres Lebens, Eliza. Daß es so ist, dafür werde ich sorgen.«

Sie seufzte. »Erzähl mir mehr von diesem Rosenwald!« sagte sie dann.

Ich ließ mich von Elizas düsteren Andeutungen nicht beeinflussen. Ich gab mich dem Glück hin. Er hatte der Diakonissenoberin eröffnet, daß wir in den nächsten Tagen abreisen und bald heiraten würden.

Ihr erster Gedanke galt Rosenwald. »Ich hatte gedacht, daß vielleicht Miss Pleydell... Es wäre eine große Herausforderung für sie gewesen.«

»Ja, gewiß«, sagte er mit einem Lächeln, »aber sie nimmt eine noch größere Herausforderung an.«

Eliza kam mit, als ich Fräulein Kleber das Reitkostüm zurückbrachte. Sobald wir uns dem Haus näherten, hörten wir wieder Schüsse. Sie übte immer noch. Ich ging um den Schuppen herum. Dort waren mehrere Leute versammelt.

»Ah, Fräulein Pleydell«, sagte sie. »Sie bringen das Reitkostüm zurück. War es bequem?«

»Ausgezeichnet. Wie kann ich Ihnen für Ihre Güte danken?«

»Indem Sie mir Glück fürs Schützenfest wünschen.«

»O ja, das wünsche ich Ihnen von Herzen.«

»Die Leute hier sind aus der Nachbarschaft. Sie werden alle am Fest teilnehmen. Ich leihe ihnen Gewehre.«

»Sie sind wohl die Wohltäterin dieser Gegend. Sie verleihen Ihr Hab und Gut.«

»Im Fall der Gewehre ist es dumm von mir; denn die Leute werden meine Rivalen sein.«

»Ich bin überzeugt, daß Sie alle übertreffen werden.«

»Wenn nicht, dann bestimmt nicht aus Mangel an Übung. Sie würden staunen, wie viele zum Üben zu mir kommen. Na ja, so werden die Gewehre meines Vaters wenigstens benutzt. Kommen Sie ins Haus, und trinken wir ein Glas Wein!«

Ich lehnte dankend ab und sagte, ich wolle die Schießübungen nicht unterbrechen, und wir müßten ohnehin nach Kaiserwald zurück. In zwei Tagen würden wir abreisen.

»Ich bin froh, daß ich Ihnen behilflich sein konnte.«

»Nochmals vielen Dank, und mögen Sie jedesmal ins Schwarze treffen!«

»So eine freundliche Dame«, sagte ich, als wir gingen, und Eliza stimmte mir zu.

Ich erzählte ihm, daß ich ihn in Gedanken Dr. Damien, der dämonische Doktor, genannt hatte, und er sagte: »Jetzt werde ich Damien, der perfekte Ehemann, sein.«

»Wir müssen abwarten, ob du die Bezeichnung verdienst. Vorerst nenne ich dich einfach Damien.«

»Es gefällt mir, wie du es aussprichst. Bei dir hört es sich göttergleich an.«

Er beklagte sich, daß wir im Hospital nicht allein sein konnten. Irgend jemand störte immer.

»Deine Freundin, Eliza die Große, klebt an dir wie ein Blutegel. Sie speit jedesmal Feuer, wenn sie mich sieht.«

»Du wirfst Vergleiche und Metaphern durcheinander. Drachen speien Feuer, nicht Blutegel.«

»Sie ist eine sehr tüchtige Frau. Sie kann den Übergang vom Blutegel zum Drachen in einem Augenblick vollziehen. Laß uns im Wald spazierengehen! Dort können wir Pläne schmieden. Ist dir klar, daß es noch viel zu regeln gibt?«

»Ja.«

»Wir gehen getrennt, sonst spürt Eliza uns nach. Wir treffen uns in – sagen wir – zehn Minuten auf der Lichtung.«

Ich war einverstanden.

Nie werde ich diesen Nachmittag vergessen. Ich hatte schon viel Unglück erlebt, aber noch nie war ich so plötzlich aus den Höhen der Ekstase in die Tiefen der Verzweiflung gestoßen worden.

Ich verließ das Hospital frohgestimmt und glücklich. Nie hätte ich gedacht, daß etwas sich so schnell ändern könne.

Ich kam zu der Lichtung. Er war schon dort. Er sah mich, und als er mir entgegenlaufen wollte, knallte ein Schuß. Ich sah Damien eine halbe Sekunde stehen, dann sank er langsam auf die Erde.

Ich raste zu ihm. Alles war voll Blut. Er lag im Gras, ich starrte ihn erschrocken an. Ich hörte mich murmeln: »Damien... tot.«

Ich kniete mich neben ihn. »Damien«, flüsterte ich. Er hatte die Augen geschlossen und war schrecklich still.

Ich mußte sofort etwas unternehmen. Ich glaubte, die

Kugel sei in seinen Rücken eingedrungen. Wir brauchten unverzüglich einen Arzt.

Ich rannte, so schnell ich konnte, zum Hospital zurück.

Ich war Dr. Kratz und Dr. Bruckner dankbar, weil sie zügig und entschlossen handelten. Man schaffte eine Trage herbei und brachte Damien ins Hospital. Es war ein Segen, daß ärztliche Hilfe so nahe war.

Sie waren sehr lange bei ihm. Ich wußte, daß er schwer verletzt war, und betete: »O Gott, laß ihn nicht sterben... nicht jetzt... da wir uns eben erst gefunden haben. Ich könnte es nicht ertragen. Ich will alles tun, alles, aber laß ihn nicht sterben!«

Es war das unzusammenhängende Gebet einer verängstigten Frau, die vom Gipfel des Glücks in die Tiefen der Verzweiflung gestürzt war.

Ich wartete, daß die Ärzte aus seinem Zimmer kämen. Sie achteten mich, und ich wußte, daß sie mir die Wahrheit sagen würden.

»Wir haben die Kugel entfernt«, erklärten sie.

»Wird er genesen?«

Sie schwiegen.

»Sagen Sie es mir! Sagen Sie es mir!« flehte ich.

»Wir wissen es nicht. Sein Rückgrat ist in Mitleidenschaft gezogen. Es ist noch zu früh.«

»Ich werde ihn pflegen«, sagte ich.

»Ja... ja.«

»Kann ich zu ihm?«

»Er ist nicht bei Bewußtsein.«

»Ich möchte ja nur bei ihm sitzen.«

Sie sahen sich an und nickten.

Ich ging hinein und setzte mich. Wie verändert er aussah! Er war so bleich, seine tiefliegenden Augen waren geschlossen, und seine scharfgeschnittenen Züge wirkten noch markanter. Ich hatte ihn immer so vital erlebt, soviel lebendiger als sonst jemanden, den ich kannte, und nun sah er... tot aus.

Die Diakonissenoberin kam herein. Sie legte mir ihre Hand auf die Schulter und sagte: »Es ist besser, wenn Sie ihn allein lassen. Er braucht Ruhe, und Sie brauchen Fürsorge, mein Kind.« Ich drehte mich bekümmert zu ihr um, und sie fuhr fort: »Wir müssen beten, daß er gesund wird. Er hat eine sehr robuste Natur. Er hat stets seinen Willen durchgesetzt, und er will unbedingt leben, nachdem Sie nun gemeinsame Pläne haben.«

Ich ließ mich von ihr in mein Zimmer führen und legte mich aufs Bett.

Eliza kam herein. Die Oberin sagte zu ihr: »Kümmern Sie sich um Miss Pleydell. Sie braucht sie.«

Eliza nickte.

Wie lang mich die Tage dünkten! Wie lang die Nächte! Ich lag schlaflos.

Eliza schlief auch nicht. »Vielleicht ist es so das Beste«, meinte sie.

»Eliza«, sagte ich, »wenn er stirbt, werde ich nie wieder glücklich sein. Ich war so elend, so in meine Tragödie versunken, ich habe über die Grausamkeit des Lebens gegrübelt und sehe jetzt ein, daß ich meine Qual verherrlicht habe. Damit habe ich Schluß gemacht. Er hat mir gezeigt, wie töricht ich war. Mit ihm könnte ich wieder ich selbst werden. Wenn er nicht gesund wird, verliere ich diese Chance. Als er mich bat, ihn zu heiraten, habe ich das vollkommene Glück erlebt. Ich möchte allezeit mit ihm zusammensein. Verstehst du das, Eliza?«

»Ich glaub', ich fang' langsam an, dich zu begreifen.«

»Er muß genesen. Du und ich, wir werden ihn gesund pflegen. Du wirst mir helfen, Eliza?«

»Ja«, sagte sie, »ich werde dir helfen.«

»Ich danke dir.«

»Ich hatte gedacht, du würdest mit Doktor Fenwick in seinem Haus glücklich werden«, sagte sie. »Aber jetzt seh' ich, daß du den hier willst… egal, was für einer er ist.«

»Ich bin froh, daß du es nun endlich auch einsiehst, liebe Eliza.«

Am Morgen hatte ich eine Unterredung mit den Ärzten. Sie hatten ermutigende Neuigkeiten.

»Wir glauben, es bestehen gute Genesungschancen.«

Ich war außer mir vor Freude. Dann sah ich die Blicke, die sie sich zuwarfen.

»Was ist?« fragte ich ängstlich.

»Wir wissen nicht, wie sein Befinden sein wird … wenn er genesen ist.«

»Ich verstehe.«

»Ja, Miss Pleydell, wir können nichts tun als abwarten.«

In meiner Sorge um ihn hatte ich mich kaum um das Geheimnis gekümmert, das alle beschäftigte. Wer hatte den Schuß abgegeben, womöglich in der Absicht, ihn zu töten? Er war allein auf der Lichtung im Blickfeld gewesen. Jemand mußte aus dem Schutz der Bäume auf ihn geschossen haben.

Wegen des bevorstehenden Schützenfestes herrschte ein reges Treiben, und ständig waren Schüsse zu hören. Die Leute schossen überall. Konnte eine verirrte Kugel, vielleicht von einem jungen Menschen abgefeuert, der den Umgang mit Waffen nicht gewöhnt war, Dr. Adair getroffen haben?

Die Kugel wurde untersucht. Es war eine ganz gewöhnliche, aus der sich wenig schließen ließ. Wem mochte daran gelegen sein, Dr. Adair zu töten? Er war kein Hiesiger. Er war nicht mal ein hier praktizierender Arzt, sondern weilte nur zu Besuch.

Fräulein Klebers Übungsschießplatz war nicht weit entfernt. War es wirklich möglich, daß jemand beim Zielen so weit gefehlt hatte? Dies schien die wahrscheinlichste Erklärung.

Die Ermittlungen wurden fortgesetzt, aber niemand kam dem Geheimnis auf die Spur. Die Untersuchungen förderten nichts zutage, was darauf schließen ließ, daß jemand versucht hatte, Dr. Adair zu ermorden.

Eine Woche verging, eine Woche, in der meine Hoffnungen abwechselnd geweckt, zerschlagen und wieder geweckt wurden. Er lebte noch. Dr. Kratz sagte, er klammere sich mit erstaunlicher Zähigkeit ans Leben. Damien spürte meine Nähe, und ich merkte, daß er aus meiner Gegenwart Trost schöpfte. Wenn ich nicht bei ihm war, übernahm Eliza seine Pflege. Ich staunte über die Sorgfalt, mit der sie dies tat. Sie war seine grimmige Beschützerin; sie, die ihn so sehr gehaßt hatte, wollte nun unbedingt, daß er genas.

Anfangs fürchteten wir, er würde gelähmt sein. Ich versuchte mir sein Leben vorzustellen: er, der tatkräftigste aller Männer, ans Bett gefesselt. Ich gelobte, für ihn zu sorgen und ihm mein ganzes Leben zu widmen.

Aber seine grimmige Entschlossenheit zeitigte Wirkung. Binnen einer Woche konnte er seine Beine bewegen, und nach drei Wochen war er imstande, mit Hilfe eines Stocks zu gehen.

Die Untersuchungen wurden unterdessen fortgesetzt. Niemand gab zu, den Schuß abgefeuert zu haben. War es möglich, daß jemand ihn abgegeben hatte, ohne sich dessen bewußt zu sein?

Ich unternahm hin und wieder kurze Waldspaziergänge. Eliza und die Diakonissenoberin bestanden darauf, um meiner Gesundheit willen. Ich hätte am liebsten jede Minute an Damiens Bett verbracht, aber ich sah ein, daß sie recht hatten, und fügte mich.

Meine Spaziergänge führten mich unweigerlich auf die Lichtung, und eines Tages schweiften meine Gedanken zu Gerda und dem, was ihr zugestoßen war. Sie hatte gesagt, sie sei im Wald einem Teufel begegnet. Sie war verführt worden und hatte beinahe mit dem Leben bezahlt, als sie das Gift nahm, um sich ihres Kindes zu entledigen.

Ich erinnerte mich an mein Gespräch mit ihrer Großmutter.

Ich hatte Frau Leiben seit meiner Rückkehr nach Kaiserwald nicht gesehen. Die Tür ihres Häuschens war immer geschlossen gewesen. Nun machte ich mir Gedanken. Damals hatte ich geglaubt, Damien hätte jener Teufel im Wald sein können. War das möglich? Angenommen, er war es gewesen? Angenommen, Frau Leiben hatte es gewußt? Angenommen, sie hatte den Schuß abgefeuert... aus Rache?

Nein. Der Mann, den ich kannte, hätte sich niemals an einem einfältigen Mädchen vergangen. Oder doch? Ich war nicht sicher. Das Wunder war, selbst wenn es so gewesen wäre, es hätte nichts geändert.

Der Gedanke verfolgte mich, und ich spazierte, sooft es ging, zu der Lichtung.

Ich dachte an Frau Leiben. Sie hatte ihre Enkelin geliebt, die nicht so war wie andere Kinder... das einfältige Mädchen, das träumte, während es mit seinen Gänsen umherzog.

Wie mußte Frau Leiben den Mann hassen, der sich an ihrer Enkelin vergangen hatte! Ich konnte mir gut vorstellen, wie sie Rache schwor. Hatte ich nicht dem Mann Rache geschworen, von dem ich glaubte, daß er am Tod meines Kindes schuld war? Ja, ich konnte Frau Leibens Gefühlsregungen verstehen.

Das Häuschen stand am Rand der Lichtung. Sie hätte ohne weiteres aus einem Fenster schießen können. Es wäre ganz einfach gewesen.

Als ich eines Tages vorüberging, stand die Tür auf. Ich ging hin und rief: »Frau Leiben!«

Sie kam an die Tür. Sie starrte mich einen Moment an, dann ging ihr ein Licht auf. »Na, so was, wenn das nicht Fräulein Pleydell ist! Sie sind also wieder bei uns.«

»Ich bin nur für kurze Zeit hier. Ich habe Sie nie gesehen.«

»Ich war verreist. Ich bin eben erst zurückgekommen. Ich war auf Besuch. Hier hat es einen Unfall gegeben, während ich fort war.«

»Ja. Jemand hat auf Doktor Adair geschossen.«

»Wer hat das getan?«

»Es ist ein Rätsel.« Ich sah sie fest an. »Jemand hatte ein Gewehr und...«

»Um diese Jahreszeit wird dauernd geschossen. Aber einen Unfall hatten wir noch nie.«

»Die Annahme, daß es eine verirrte Kugel war, scheint mir ziemlich weit hergeholt.«

Falls sie schuldbeladen war, bewies sie eine bewundernswerte Selbstbeherrschung. Sie sagte: »Ich konnte es nicht glauben, als ich davon hörte.«

»Wie lange waren Sie verreist, Frau Leiben?«

»Einen Monat, vielleicht etwas länger. Ich bin eben erst zurückgekommen.«

Ich stellte mir ihre Heimkehr vor. Verwahrte sie ein Gewehr im Haus? Die meisten Leute hier hatten eine Schußwaffe. Sie schossen Wildtauben, die sie verzehrten, und auf die Füchse, welche die Hühnerställe plünderten. Frau Leiben konnte Damien vom Fenster aus gesehen haben. Ich stellte mir vor, wie sie in einem Wutanfall nach ihrem Gewehr gegriffen und auf ihn geschossen hatte. Es wäre ganz einfach gewesen. Danach hätte sie sich verborgen halten können. Wer würde wissen, wann sie zurückgekommen war? Sie hatte ein perfektes Alibi.

»Es ist entsetzlich«, sagte sie soeben. »Und Doktor Adair? Wie ich höre, geht es ihm schon besser.«

»Ja«, sagte ich.

»Hat er eine Ahnung, wer …?«

Ich schüttelte den Kopf.

»Möchten Sie nicht einen Moment hereinkommen?«

Ich trat in das Häuschen. Das erste, was mir auffiel, war eine Wiege mit einem Baby.

»Ich habe ihn mitgebracht.« Frau Leibens Gesicht legte sich vor lauter Zärtlichkeit in Falten. »Ist er nicht ein kleiner Engel?«

Ich ging hin und betrachtete das Kind. »Wem gehört das Baby?«

»Gerda.«

»Gerda? Wo ist sie?«

»Sie zieht mit ihrem Mann herum. Es hält sie nie lange zu Hause. Sie haben ein hübsches kleines Häuschen, ungefähr vierzig Kilometer von hier. Da bin ich gewesen. Sie sind nicht oft dort. Sie führen ein Wanderleben.«

»Dann ist sie also verheiratet.«

»O ja. Wer hätte das gedacht.«

»Und wer ist ihr Mann?«

»Sie erinnern sich vielleicht an ihn. Es ist Klaus, der Hausierer. Er und Gerda hatten sich schon immer gern. Er ist stets seine eigenen Wege gegangen, und so wird es auch bleiben. Gerda paßt zu ihm. Sie stellt keine Fragen. Keiner von beiden ist wie andere Menschen. Sie wirkt verständiger, wenn sie mit ihm zusammen ist, und er wirkt sanfter … zärtlicher. Er kümmert sich um sie. Gerda ist glücklich. Sie ist die ganze Zeit bei ihm. Sie ziehen über die Straßen. Gerda ist zufrieden. Sie hat jemanden, der für sie sorgt. Ich habe mein Bestes getan. Ihre Eltern sind ja ausgewandert. Sie wollten sie nicht haben. Das kann sich auf ein Kind auswirken. Sie kam mit dem Lernen nicht so gut voran wie die anderen Kinder. Sie hat immer geträumt. Und dann diese Zeit … du liebe Güte, beim bloßen Gedanken daran wird mir angst und bange. Damals, als sie das Kind erwartete, meine kleine Gerda.«

»Weiß Klaus davon?«

»Und ob. Das Kind war von ihm. Er hat es nie abgestritten.«

Eine Welle der Erleichterung überkam mich. Ich war so sicher gewesen, daß ich hier die Lösung finden würde, doch ich hatte mich gleichzeitig davor gefürchtet.

»Aber ich erinnere mich, daß sie erzählte, sie sei im Wald dem Teufel begegnet«, sagte ich. »Wir dachten, es sei ein Unbekannter.«

»So war es nicht. Sie wußte, daß es nicht recht war, was sie getan hatte. Ich habe sie immer gewarnt. Ich habe es wohl nicht richtig gemacht. Ich sagte ihr, daß es Sünde sei und daß der Teufel die Mädchen verführe. Sie dachte, der Teufel in Klaus hätte sie in Versuchung geführt. Sie haben ja keine Ahnung, wie Gerda alles durcheinanderbringt. Sie könnte nie allein zurechtkommen. Sehen Sie, für sie war es der Teufel, der durch Klaus zu ihr kam. So hat sie sich das vorgestellt.«

»Ich verstehe. Aber sie hat versucht, das Kind loszuwerden.«

»Das war auch Klaus. Damals dachte er noch nicht daran, sich eine Frau zu nehmen... und was konnte er mit einem Kind anfangen? Er gab ihr das Zeug, das sie in den ersten zwei Monaten nehmen sollte, falls sie schwanger würde. Arme Gerda, als ob sie das hätte erkennen können! Sie hat es erst viel zu spät gemerkt, und dann wäre es aus mit ihr gewesen... ohne euch gute Menschen in Kaiserwald. Klaus sagte, das Zeug, das er ihr gegeben hat, hätte ihr nicht geschadet, wenn sie nicht zu lange abgewartet hätte. Er hat es schon vielen Mädchen verkauft, und bei denen hatte es die gewünschte Wirkung.«

Das Baby fing an zu schreien.

»Entschuldigen Sie mich«, sagte Frau Leiben. Sie nahm das Kind auf und brachte es zu mir, um es mir zu zeigen.

»Ein kluges Kerlchen... ganz wie Klaus. So heißt er auch. Kläuschen.«

»Es macht Sie glücklich, ihn bei sich zu haben.«

Sie lächelte. »Es kommt mir vor wie in alten Zeiten, als sie mir Gerda anvertrauten. Ich fühle mich wieder jung, ich habe etwas, wofür es sich zu leben lohnt. Kläuschen ist ein gewitzter kleiner Kerl und schwer auf Draht. Nicht wie meine arme Gerda. Schon als sie in seinem Alter war, konnte man sehen, daß sie nicht war wie andere Kinder. Er ist anders. Er ist ganz der Vater.«

»Ich bin so froh, daß mit Gerda alles gutgegangen und daß sie glücklich ist.«

»Ja, sie ist glücklich. Ich hab' sie nie so glücklich gesehen.

Sie liebt das Wanderleben, und Klaus sorgt für sie. Manchmal kommen sie auf ihrer Runde hierher. Wie lange bleiben Sie diesmal bei uns?«

»Ich weiß es nicht genau.«

»Hoffentlich noch eine Weile. Ich werde nie vergessen, was ihr guten Menschen von Kaiserwald für Gerda getan habt.«

Ich sagte, ich müsse gehen, und wanderte nachdenklich durch den Wald zurück.

Ich machte mir Vorwürfe. Ich hatte ihn für Gerda verantwortlich gemacht. Wie konnte ich nur? Ich hatte vorsätzlich einen Fall gegen ihn konstruiert, um meinen Schmerz zu lindern. Ich hatte den Haß als Balsam benutzt.

Wie konnte ich wiedergutmachen, was ich getan hatte?

Sein Zustand besserte sich mit jedem Tag. Er konnte schon kurze Spaziergänge am See entlang machen. Dort setzten wir uns hin und sprachen von der Zukunft.

Eines Tages sagte er: »Um ein Haar hätte ich nicht mehr gehen können.«

»Ich weiß. Ich hatte mir vorgenommen, dich mein ganzes Leben lang zu pflegen.«

»Das wäre kein Leben gewesen für eine vitale junge Frau.«

»Aber ich hatte mich dafür entschieden.«

»Ich glaube, du hättest mich geheiratet und wärst meine Krankenschwester geworden.«

»Ja, und es hätte mich glücklich gemacht.«

»Mit der Zeit hättest du es satt bekommen.«

Ich schüttelte heftig den Kopf.

»Ich hatte vor, gleich nach unserer Heirat nach Ägypten zu gehen. Ein faszinierendes Land. Es hätte dir gefallen.«

»Wir ziehen in mein Haus in London und bleiben so lange dort, bis du reisefähig bist.«

»Und wer entscheidet das?«

»Ich.«

»Ich sehe, ich werde eine wirklich sehr energische Frau heiraten.«

»Nur gut, daß dir das klar ist.«

»In den letzten Tagen habe ich gedacht, daß ich der glücklichste aller Männer bin. Ich werde von einer Kugel getroffen, die mein Rückgrat hätte dauerhaft schädigen können, aber durch die Güte des Schicksals hat sie die entscheidende Stelle verpaßt.

Das allein ist schon ein Wunder. Und obendrein habe ich meine Susanna, die mir behilflich ist und mich den Rest meines Lebens hegt und pflegt.«

»Und ich bin die glücklichste aller Frauen, weil ich den einzigen Mann gefunden habe, den ich mir für den Rest meines Lebens als Gefährten wünsche, und das Wunder ist, daß er mich trotz seiner vielfältigen Abenteuer will.«

»Das ist wahrlich eine wunderbare Fügung. Wir sind keine zwei jungen Menschen, die blauäugig ins Abenteuer des Lebens aufbrechen. Wir kennen die Fallgruben, nicht wahr? Ich habe, wie du weißt, gefährlich gelebt, an den seltsamsten Orten. Ich habe vieles getan, was in der feinen Gesellschaft nicht akzeptiert wird. Mit anderen Worten, ich habe mich voll ausgelebt. Und du, meine Liebste, weißt, was leiden heißt. Laß uns dankbar sein. Unsere Erfahrungen bereichern unser Leben. Und sie machen uns vor allem dankbar für das Jetzt.«

»Du hast recht.«

Ich beichtete ihm, daß ich ihn in Verdacht hatte, Gerdas Verführer zu sein. Er hatte gar nichts von Gerdas Existenz gewußt.

Er meinte lachend: »Es ist ein großer Vorteil, keiner Idealvorstellung entsprechen zu müssen. Ich brauche dir nur zu zeigen, daß ich nicht so schlimm bin, wie du gedacht hast.«

Und so kehrte mein Glück wieder. Er genas rasch. Bald würde er gesund sein.

Er wollte unbedingt nach Hause, aber ich meinte, wir sollten noch eine Woche warten, bis er wieder ganz bei Kräften sei. Ich schlug vor, in mein Londoner Haus zu ziehen, das ich zu behalten gedachte. Es sollte unsere Bleibe in der Stadt werden, in die wir nach unseren Reisen heimkehrten.

»Jane und Polly sind da«, erklärte ich ihm, »und der alte Kutscher Joe. Es ist ihr Heim. Sie gehören sozusagen zur Familie.« Er fand, das sei eine ausgezeichnete Idee. Und sobald wir nach Hause kämen, sollten wir heiraten.

Eines Tages, als wir am See saßen, gesellte sich Eliza zu uns.

»Ich habe euch etwas zu sagen. Ich weiß nicht, was ihr mit mir machen werdet. Ich habe die ganze Zeit überlegt, ob ich schweigen soll, aber ich muß es euch einfach erzählen. So kann ich nicht weiterleben. Ich hab' sogar schon daran gedacht, mich in dem See hier zu ertränken.«

»Eliza, was redest du da?«

»Ich war's, ich hab's getan. Ich weiß nicht, was sie hier mit einem machen. Zu Hause wäre es Mord... versuchter Mord oder so was. Wird man dafür gehängt?«

»Ach Eliza«, sagte ich, »du warst das!«

Sie nickte.

»Es ist ganz plötzlich über mich gekommen. Ich hab' gehört, wie er sich dort mit dir verabredet hat. Da ist was mit mir passiert. Es war nicht bloß er... Es waren mein Stiefvater und die Männer, für die ich arbeiten mußte, die ganze Bagage. *Männer*. Ich wollte einfach mich und alle Frauen rächen. Aber zuallererst kamst du. Ich hab' mir immer gesagt, ich würde mir nie was aus anderen machen, nicht richtig, so daß sie mir wichtiger wären als ich selbst. Und dann dachte ich an dich und alles, was du für Ethel und mich getan hast, und daß es ein großer Tag war, als wir dich kennenlernten. Ich hab' oft an die Sturmnacht gedacht. Und ich wollte, daß du alles bekommst, was du verdienst, alles, was gut und recht ist. Und dann war da dieser Doktor Fenwick, und ich stellte mir dich in dem hübschen Haus vor mit all den Kindern, die ihr haben würdet. Und dann kam er – und machte allem ein Ende.«

»Und da haben Sie kurzerhand auf mich geschossen«, sagte Damien und lächelte. »Eigentlich kein schlechter Schuß. Obwohl er nicht ganz ins Schwarze traf.«

»Gott sei Dank! Ich seh' jetzt ein, was ich angerichtet hätte mit dem Versuch, die Dinge selbst in die Hand zu nehmen. Ich hätte Sie beinahe getötet. Das hätte mir für den Rest meines Lebens auf der Seele gelegen, und jetzt sehe ich, daß ich Anna damit keinen Gefallen getan hätte.«

»War es das erste Mal, daß Sie ein Gewehr in der Hand hatten?« fragte Damien neugierig.

Sie nickte. »Aber ich hab' die Leute beobachtet. Ich wußte, wie man's macht. Die Tür zum Schuppen war offen. Sie hatten vergessen, sie abzuschließen ... Fräulein Klebers Schuppen, Sie wissen schon. Da waren alle Gewehre drin. Ich hab' einfach eins genommen. Es war geladen. Davon hab' ich mich überzeugt. Und dann bin ich rausgegangen und hab' zwischen den Bäumen gewartet. Und als Sie kamen, hab' ich auf Sie geschossen. Dann hab' ich das Gewehr zurückgebracht und bin gegangen. Ein paarmal hab' ich daran gedacht, wieder in den Schuppen zu gehen und mich zu erschießen. Weil ich sah, was ich angerichtet hatte. Ich weiß jetzt, daß man den Menschen nicht sagen kann, was sie zu tun haben. Anna hatte nicht die Absicht, Doktor Fenwick zu heiraten, komme, was da wolle. Ich dachte, ich wüßte es besser als sie ... Ich hab's ihretwegen getan. Als ich dann dachte, Sie seien tot, und ich in ihrem Gesicht gesehen hab', was Sie ihr bedeuten, da wollte ich einfach sterben. Ich wußte, ich hatte unrecht getan, denn egal, was Sie sind, sie will Sie, und sie würde nie drüber wegkommen, wenn Sie tot wären. Ich wollte mich einfach aus der Welt schaffen, ich dachte, hier ist kein Platz mehr für mich, nachdem ich das getan habe.«

»Ach Eliza, du hast es für mich getan.«

»Ja, für dich. Ich glaub', ich werd' komisch, wenn ich Menschen gern hab'. Bei Ethel war ich auch so. Ich mußte mich einfach um sie kümmern, weil ich dachte, daß sie nicht für sich selbst sorgen kann. Und du könntest es auch nicht, dachte ich. Ich hatte Ethel erzählt, sie könnte mehr Geld verdienen, wenn sie's so macht wie ich... und was ist passiert? Sie kriegt ein Kind, und es stirbt. Die arme Ethel ist fast verrückt geworden.

Ich mußte mich einfach um sie kümmern, weil sie nichts vom Leben wußte und von der Gemeinheit der Männer. Dann hat sie diesen Tom gefunden. Er ist in Ordnung, und jetzt ist sie glücklich.

Und dann du. Seit der Sturmnacht hatte ich dich gern. Ich hab' gemerkt, daß du was Besonderes an dir hast. Durch dich hab' ich ein anderes Gefühl für Dinge und Menschen gekriegt. Dann kam dieser Doktor Fenwick, ein guter Mensch, wie man ihn selten findet. Aber du hattest bloß Augen für *ihn*...«

»Und da«, sagte Damien, »beschlossen Sie, mich zu beseitigen und den Weg frei zu machen.«

»Ich dachte, sie würde es mit der Zeit einsehen und merken, was gut für sie ist. Wenn Sie erst tot wären, würde sie schon drüber wegkommen.«

»Das ist alles vollkommen logisch«, sagte Damien.

»Jetzt hab' ich's mir von der Seele geredet. Was werdet ihr unternehmen? Mich anzeigen wahrscheinlich. Er bestimmt. Ich bin erledigt. War sowieso kein großartiges Leben. Komisch, das Beste dran war das grauenhafte Spital in Skutari, als ich mit Ethel und dir gearbeitet hab' und Doktor Fenwick sah und das Gefühl hatte, es gibt doch noch was Gutes auf der Welt.«

»Ach, Eliza.« Ich ging zu ihr und schloß sie in meine Arme.

»So, nun bin ich also eine Mörderin, nicht? Oder jedenfalls so nahe dran, daß es kaum einen Unterschied macht.

Ich hab' gezielt und gefehlt, aber ich hätte ihn ebensogut umbringen können.«

»Ich verstehe, Eliza. Ich weiß, wie du gelitten hast. Dein Stiefvater… und alle die Männer, die Demütigung, die Erniedrigung. Ich verstehe das gut. Und der Doktor ist wohlauf. Seine Genesung macht gute Fortschritte. Ach, Eliza, ich werde alles tun, was ich kann, um dir zu helfen.«

»Ich weiß, ich weiß, obwohl für dich alles aus gewesen wäre, wenn ich ihn getötet hätte. Aber die Entscheidung liegt nicht bei dir, nicht? Sie liegt bei ihm. Er war's, den ich töten wollte.«

Damien sah sie eindringlich an. »Warum haben Sie mich nicht umgebracht, als Sie mich gepflegt haben? Das wäre doch nicht so schwierig gewesen, oder?«

»Aber da wußte ich es ja schon… Vielleicht hab' ich's gleich gewußt, als ich den Schuß abgegeben hatte. Und als ich sie dann später sah… und den ganzen Jammer in ihrem Gesicht, da wollte ich bloß noch weggehen und sterben. Ich hätte alles dafür gegeben, um alles ungeschehen zu machen. Dann hab' ich alles getan, um es wiedergutzumachen. Ich wollte alles tun, was ich konnte, um Sie gesund zu pflegen.«

»Sie haben mich ausgezeichnet gepflegt. Sie sind wirklich eine gute Krankenschwester… eine der besten. Aber ganz logisch war das nicht, zuerst den Schuß abzugeben und mich dann so gut zu pflegen.«

»Ich hab' Ihnen doch gesagt… Da hab' ich's gesehen… wie's mit ihr stand…«

»Sie haben es für sie getan«, sagte er. »Sie sind sehr weit gegangen. Ich habe soeben einen Entschluß gefaßt, was ich in dieser Sache unternehmen werde.«

Wir sahen ihn furchtsam an. Er lächelte unergründlich, und sein Blick wanderte von einer zur anderen.

»Ich schlage vor, daß Eliza nach Rosenwald geht.«

»Nach Rosenwald… wozu?« stammelte ich.

»Um das Haus zu leiten natürlich. Sie ist eine tatkräftige

Frau, die sich nicht scheut, energisch durchzugreifen, wenn sie es für richtig hält. Genau die Persönlichkeit, die wir suchen. Dort, Eliza, können Sie Ihre Sünde wiedergutmachen, und wenn Sie das erste Menschenleben gerettet haben, können Sie sagen: ›Jetzt hab' ich die Tat ausgelöscht.‹«

»Sie meinen... Sie wollen mich nicht anzeigen... belangen, oder wie das heißt?«

»Nein. Ich halte diesen Plan für besser.«

»Wie können Sie mir trauen? Ich wollte Sie umbringen. Woher wollen Sie wissen, daß ich so etwas nicht noch mal versuche?«

»Einmal genügt für eine solche Sache. Das würden Sie kein zweites Mal versuchen.«

»Und Sie wollen mir... Menschen anvertrauen?«

»Es war mein Leben, das Sie auslöschen wollten. In Ihren Augen war es wertlos, eine Bedrohung für einen Menschen, an dem Sie sehr hängen. Das war logisch gedacht, und ich bin ein großer Verfechter der Logik.«

»Aber es war gemein, was ich getan habe...«

»Allerdings. Doch Ihr Motiv war nicht persönlicher Gewinn. Sie haben die Tat für jemand anderen begangen. Das beweist eine große Hingabefähigkeit. Ihnen liegt sehr viel an einem Menschen, an dem auch mir liegt. Das zeigt, daß wir eine Menge Gemeinsamkeiten haben. Ihre Einschätzung meines Charakters ist nicht gänzlich falsch. Ich bin ein äußerst unwürdiger Mensch. Sie besitzen die Energie, um ein Hospital zu leiten. Ein Glück für Sie, daß Ihre Kugel nicht ins Schwarze traf. Wenn Sie mich getötet hätten, könnte ich Ihnen Rosenwald nicht anbieten.«

»Du behandelst die Sache so... ich weiß auch nicht ... obenhin«, sagte ich.

»Durchaus nicht. Eliza hat ihren Gefühlen Luft gemacht. Sie wird nie wieder versuchen zu töten, weil sie jetzt weiß, daß sie niemanden vollständig verdammen darf. Das kann keiner, weil man immer erst sämtliche Umstände kennen muß, ehe man ein Urteil fällt. Sie weiß jetzt, daß niemand vollkommen schlecht ist – nicht einmal ich, und daß niemand vollkommen heilig ist – nicht einmal der gute Doktor Fenwick. Eliza ist klüger als zuvor. Sie weiß, daß wir alle unseren eigenen Weg gehen müssen und daß es keinem von uns zukommt, anderen diesen Weg vorzuschreiben. Sie wird in Rosenwald Gutes tun. Unnütze kleinliche Vorwürfe wären nur Zeitverschwendung. Die Sache geht nur uns etwas an. Ich habe einmal einen Mann getötet. Er kam mit einem Messer in mein Zelt. Ich habe ihn erwürgt und seine Leiche im Sand vergraben. Es hieß, entweder er oder ich. Die Tat hat mich eine Zeitlang gequält, und als ich dann einem Patienten das Leben rettete, war für mich die Rechnung beglichen. Bei Eliza wird es genauso sein.« Er lächelte sie an. »Ich finde, Sie sollten sich Rosenwald bald einmal ansehen.«

Eliza war von Rührung übermannt. Sie sah aus, als sei ihr eine große Last von den Schultern genommen. Sie stand auf. »Ich weiß nicht, was ich sagen soll, außer, daß ich froh bin, daß ihr's wißt. Ich habe nicht gedacht, daß es so ausgehen wird. Es hat mir schwer auf der Seele gelegen. Ich dachte, ich halte es nicht mehr aus.« Sie blickte auf den See. »Er wirkte so friedlich«, fuhr sie fort. »Ich dachte, eines Nachts, wenn alles still ist...«

»O Eliza, ich bin froh, daß du es statt dessen uns erzählt hast.«

»Und er...«, sagte sie, »bietet mir diesen Ausweg an... Also, ich weiß nicht. Ich weiß wirklich nicht, wie jemand so sein kann zu einer, die versucht hat, ihn zu ermorden.«

»Nun ja«, sagte Damien, »es ist leichter für einen Sünder, die kleinen Schwächen von Menschen zu verstehen, als für einen Heiligen. Und wer versteht, der verzeiht. Sie haben Energie, Eliza. Sie haben den Mut zu tun, was Sie für richtig halten. Sie sind fähig, von ganzem Herzen zu lieben, und glauben Sie mir, das ist keine sehr häufige Eigenschaft. Sie wissen die Interessen eines geliebten Menschen über Ihre eigenen zu stellen. Das bewundere ich. Unter Ihrer Leitung wird Rosenwald in kürzester Zeit Kaiserwald überflügeln.«

Sie sah mich an. Ihr Lächeln drückte Erleichterung aus und vor allem Hoffnung. Sie blickte in eine Zukunft, die sie für allezeit verloren geglaubt hatte.

Sie nickte zu Damien hinüber. »Einen wie ihn habe ich nie gekannt«, sagte sie.

»Nein«, erwiderte ich, »ich auch nicht.«

Weltbild Buchverlag –Originalausgaben–
Genehmigte Taschenbuch-Lizenzausgabe 2006
für Verlagsgruppe Weltbild GmbH,
Steinerne Furt, 86167 Augsburg
Copyright © 1968 by Victoria Holt
Copyright der deutschsprachigen Ausgabe
© 1988 bei Droemersche Verlagsanstalt Th. Knaur Nachf., München

Alle Rechte vorbehalten

Projektleitung: Julia Kotzschmar
Übersetzung: Margarete Längsfeld
Umschlaggestaltung: Hauptmann und Kompanie
Werbeagentur GmbH, München
Umschlagabbildung: Copyright © christie's artothek
Satz: Uhl + Massopust, Aalen
Druck und Bindung: CPI Moravia Books s.r.o.,
Pohorelice

Gedruckt auf chlorfrei gebleichtem Papier

ISBN 978-3-89897-884-2